Management

Bibliothek

Michael
Armstrong

Führungs-
grundlagen

Wie man
ein noch besserer
Manager wird

Die Deutsche Bibliothek – CIP-Einheitsaufnahme

Armstrong, Michael:
Führungsgrundlagen: wie man ein noch besserer Manager wird / Michael Armstrong [Aus dem Englischen von Stephan Gebauer und Annemarie Pumpernig]. – Wien/Frankfurt : Wirtschaftsverlag Ueberreuter, 2000
(Management-Bibliothek)
ISBN 3-7064-0707-8

S 0588 2 3 / 2002 2001 2000

Sonderausgabe Management-Bibliothek
Die deutschsprachige Erstausgabe erschien 1990 unter dem Titel „Die Geheimnisse erfolgreicher Manager“. Die vorliegende, vollständig überarbeitete Neuauflage dieses Buches folgt der vierten englischen Auflage aus dem Jahr 1994.
Übersetzung aus dem Englischen: Stephan Gebauer und Annemarie Pumpernig (Einführung, Kapitel 1, 4, 5, 7, 10, 19, 20, 25, 27, 28, 29, 37, 38, 39, 40, 41, 50 sowie Teile der Kapitel 12, 13, 17, 26, 30, 31, 45 und 47); Business Language Center (Rest)
Originaltitel: „How To Be an Even Better Manager“, erschienen im Verlag Kogan Page, London

Umschlag: INIT, Büro für Gestaltung
Printed in Austria

Inhaltsverzeichnis

Vorwort zur Neuauflage in deutscher Sprache

How To Be an Even Better Manager ist in Großbritannien seit 1983 auf dem Markt und wurde dort bislang viermal in überarbeiteter Fassung – jeweils ergänzt um die aktuellen Entwicklungen – neu aufgelegt. Das sagt, so finden wir, schon einiges über die Qualität eines Buches aus – gerade wenn man bedenkt, was sich im Managementbereich Jahr für Jahr so alles tut.

Aber eben das macht ja die Nützlichkeit dieses Buches aus: Es ist ein Handbuch im besten Sinn des Wortes, das einen gut gegliederten, leicht und schnell faßbaren Überblick über neue und bewährte Techniken und Ideen bietet; ein Buch sowohl zum Nachschlagen als auch zum Schmökern, ein Buch für Einsteiger und für Profis ...

Und deshalb bringen wir nun auch diese neue und vollständig überarbeitete Auflage heraus. *Wie man ein noch besserer Manager wird* hat sich (unter dem alten Titel *Die Geheimnisse erfolgreicher Manager*) als Leitfaden im Gewirr der Managementtechniken bestens bewährt und wird es auch weiterhin tun!

Völlig neu oder vollständig überarbeitet sind unter anderem die Kapitel:

- Benchmarking
- Change Management
- Coaching
- Counselling
- Empowerment
- Führung
- Konfliktmanagement
- Kontinuierliche Verbesserung
- Leistungsmanagement
- Organisation

- Organisationseffektivität verbessern
- Re-engineering
- Strategisches Management
- Team-Management
- Total Quality Management
- Ziele setzen

Der Verlag

Einführung

Über das Bemühen, ein besserer Manager zu werden

Wie gut Sie auch sind – oder zu sein glauben –, Sie können immer noch besser werden. Darum geht es in diesem Buch. Es handelt von der Selbstentwicklung, und, wie es Peter Drucker in *The Effective Executive* gesagt hat:

> Die Selbstentwicklung der effektiven Führungskraft ist unerläßlich für die Entwicklung des Unternehmens.

Sie können durchaus bereits ein guter Manager sein, aber um ein noch besserer zu werden, sollten Sie sich ein wenig mit den folgenden Themen beschäftigen:

- Worum geht es im Management?
- Die Ziele des Managements
- Der Managementprozeß
- Die Managerrollen
- Die Qualitäten des Managers
- Die Rolle der Erfahrung
- Die Rolle der Persönlichkeit
- Das Phänomen des Wandels
- Was Sie tun können

Diese Einführung beschäftigt sich mit diesen allgemeinen Themen und ordnet die in den folgenden 50 Kapiteln abgehandelten spezifischen Bereiche in einen größeren Rahmen ein.

WAS IST MANAGEMENT?

Im Management geht es im wesentlichen darum, zu entscheiden, was zu geschehen hat, und dann dafür zu sorgen, daß die Mitarbeiter diese Entscheidungen umsetzen. Diese Definition macht die Mitarbeiter zur wichtigsten Ressource, die den Managern zur Verfügung steht. Mit Hilfe dieser Ressource werden alle anderen Ressourcen gemanagt: Wissen, Geld, Material, Anlagen, Einrichtungen usw.

Aufgabe des Managers ist es, Resultate zu erzielen. In diesem Bemühen muß er mit unvorhergesehenen Ereignissen umgehen können. Mag sein, daß er dies in erster Linie durch den Einsatz der Humanressourcen tut, aber eine übertriebene Betonung dieser Komponente des Managements lenkt die Aufmerksamkeit von der Tatsache ab, daß es zur Lenkung der Ereignisse des persönlichen Engagements des Managers bedarf. Er managt sich selbst ebenso wie andere Menschen. Er kann nicht alles delegieren. Er muß häufig seine eigenen Ressourcen einsetzen, um etwas zu erledigen. Diese Ressourcen sind Erfahrung, Wissen, Fähigkeiten und vor allem Zeit – und all diese Ressourcen fließen nicht nur in die Führung und Motivierung der Mitarbeiter, sondern auch in das Verständnis von Situationen und Aufgaben, in Problemanalyse und -definition. Sie werden für die Entscheidungsfindung gebraucht, für die eigene Tätigkeit und dafür, andere Menschen zum Handeln zu bewegen. Der Manager erhält Unterstützung, Beratung und Hilfe von seinem Mitarbeiterstab, aber bei der abschließenden Analyse ist er auf sich allein gestellt. Er muß die Entscheidungen fällen, er muß die Maßnahmen einleiten und manchmal selbst ergreifen. Ein Unternehmensleiter, der sich gegen ein Übernahmeangebot zur Wehr setzt, wird eine Vielzahl von Ratschlägen erhalten, aber er muß die Krise persönlich bewältigen, wobei er direkt mit den Finanzinstituten, Handelsbanken, Finanzanalytikern, Börsenexperten und der Masse der Aktionäre spricht.

Die grundlegende Definition des Managements sollte daher dahingehend erweitert werden, daß seine Funktion darin besteht, „zu entscheiden, was zu tun ist, und es dann durch einen effektiven Einsatz der Ressourcen zu tun“. Im wesentlichen geht es im Management tatsächlich darum, die Aufgaben durch den Einsatz der Mitarbeiter zu bewältigen; aber direkt oder indirekt ist der Manager auch auf alle anderen Ressourcen angewiesen, einschließlich seiner eigenen.

FUNKTION DES MANAGEMENTS

Management bedeutet, durch den richtigen Einsatz der dem Unternehmen und den einzelnen Managern zur Verfügung stehenden Human-, Finanz- und Materialressourcen Resultate zu erzielen. Die Ressourcen müssen wertschöpfend eingesetzt werden, und das Maß an Wertschöpfung hängt von der Sachkenntnis und dem Engagement der Personen ab, die für das Management des Unternehmens verantwortlich sind.

DER MANAGEMENTPROZESS

Der übergeordnete Managementprozeß ist in eine Reihe einzelner Prozesse untergliedert; dies sind Arbeitsmethoden, die speziell dafür konzipiert sind, zur Erreichung der Ziele beizutragen. Zweck dieser Prozesse ist es, der Tätigkeit der Manager in einem vielgestaltigen, turbulenten und ständiger Veränderung unterworfenen Umfeld ein möglichst hohes Maß an System, Ordnung, Berechenbarkeit, Logik und Beständigkeit zu verleihen. Die wichtigsten Managementprozesse wurden von den klassischen Managementtheoretikern folgendermaßen definiert:

1. *Planen* – die Entscheidung über eine Vorgehensweise, die geeignet ist, ein erwünschtes Resultat zu erreichen und die Aufmerksamkeit auf Ziele und Maßstäbe sowie auf die Programme zu richten, anhand derer die Ziele zu erreichen sind.
2. *Organisieren* – Schaffung und Personalausstattung einer Organisation, die geeignet ist, das Ziel zu erreichen.
3. *Motivieren* – Führung ausüben, um die Mitarbeiter zu motivieren, reibungslos zusammenzuarbeiten und im Team ihr Bestes zu geben.
4. *Kontrollieren* – den Fortschritt der Arbeit anhand des Plans messen und überwachen und erforderlichenfalls korrigierende Maßnahmen ergreifen.

Aber diese klassische Betrachtungsweise wurde von Empirikern wie Rosemary Stewart und Henry Mintzberg in Frage gestellt. Sie untersuchten, womit die Manager tatsächlich ihre Zeit verbringen, und fanden heraus, daß die Arbeit des Managers fragmentiert, vielgestaltig und laufenden Anpassungen unterworfen ist und in hohem Maß von Ereignissen bestimmt wird, auf die der Manager geringen Einfluß hat. Und er übt seine Tätigkeit in einem dynamischen Netzwerk von wechselseitigen Beziehungen zu anderen Menschen aus. Der Manager ist dazu da, seine Umgebung zu lenken, aber manchmal lenkt die Umgebung den Manager. Bewußt oder unbewußt versucht er zu planen, zu organisieren, zu führen und zu kontrollieren, aber seine Tätigkeit besteht fast unvermeidlich in einer durcheinandergewürfelten Abfolge von Ereignissen.

Für die Empiriker ist das Managen ein Prozeß, der sich aus rationaler, logischer Problemlösung und Entscheidungsfindung einerseits und intuitiver Beurteilung andererseits zusammensetzt. Management ist daher zugleich Wissenschaft und Kunst.

Der Manager übt seine Tätigkeit von Tag zu Tag unter Bedingungen unbegrenzter Vielgestaltigkeit, Turbulenz und Unvorhersehbarkeit aus. Der Versuch, all diese Bedingungen mit einem Wort zu beschreiben, würde im Chaos enden. Dennoch erklärt Tom Peters in *Thriving on Chaos*, es sei möglich, unter diesen Bedingungen erfolgreich zu sein.

Der Manager muß, wie Rosabeth Moss Kanter gezeigt hat, auch ein Spezialist für mehrdeutige Situationen sein und die Fähigkeit haben, widersprüchliche und unklare Anforderungen zu bewältigen.

MANAGERROLLEN

Im Verlauf eines typischen Arbeitstages muß ein Unternehmensleiter möglicherweise mit dem Marketingdirektor das Programm für eine Produkteinführung besprechen, mit dem Personaldirektor über die Reorganisation der Vertriebsabteilung entscheiden, mit dem Produktionsdirektor klären, warum die Produktionskosten pro Einheit steigen und was dagegen unternommen werden kann, und mit dem Finanzdirektor vor der nächsten

Aufsichtsratssitzung die aktuellen Rechnungsberichte für die Unternehmensleitung durchgehen. Dieses Aktivitäten könnten unter den Überbegriffen Planung, Organisation, Leitung und Kontrolle zusammengefaßt werden, aber der Unternehmensleiter hätte bei der Entscheidung, wie er seine Zeit einteilen sollte, nicht auf diese Etiketten zurückgegriffen (sofern es überhaupt eine Wahl gibt). Diese Abläufe wurden von der Situation und von der Notwendigkeit auferlegt, eine oder mehrere der Rollen auszufüllen, die zur Tätigkeit des Managers gehören. Bei diesen Rollen geht es grundsätzlich darum

- etwas durchzusetzen – für Bewegung zu sorgen und die Aufgaben zu erledigen;
- herauszufinden, was geschieht;
- auf neue Situationen und Probleme zu reagieren;
- auf Forderungen und Anfragen zu antworten.

In diesen Aktivitäten muß der Manager zahlreiche zwischenmenschliche Beziehungen pflegen, umfangreiches Datenmaterial verarbeiten und laufend Entscheidungen fällen.

Henry Mintzberg schlägt in *The Nature of Managerial Work* vor, die drei Gruppen der Managementaktivitäten – zwischenmenschliche Rolle, informationsverarbeitende Rolle und entscheidungsfindende Rolle – in zehn Unterrollen zu untergliedern.

MANAGERQUALITÄTEN

Pedler, Burgoyne und Boydell kommen in *A Manager's Guide to Self-Development* auf der Grundlage umfangreicher Forschungsarbeiten zu dem Schluß, daß erfolgreiche Manager über folgende Qualitäten oder Eigenschaften verfügen:

1. Kenntnis der grundlegenden Fakten
2. Ausreichendes Fachwissen
3. Ständige Offenheit für neue Entwicklungen
4. Fähigkeit zu Analyse, Problemlösung und Entscheidungsfindung

5. Soziale Fähigkeiten
6. Emotionale Belastbarkeit
7. Tatkraft
8. Kreativität
9. Geistige Beweglichkeit
10. Ausgewogene Lerngewohnheiten und Fähigkeiten
11. Selbstkenntnis

DIE ROLLE DER ERFAHRUNG

„Wie kann ich diese Qualitäten erwerben?“ Eine häufige Antwort auf diese Frage lautet, daß „Manager ihr Handwerk erlernen, indem sie unter Anleitung eines guten Managers führen“. Aber kann Erfahrung der einzige Lehrer sein? Eine Reihe von Autoren haben Zweifel an dieser Einschätzung geäußert. Tennyson bezeichnete die Erfahrung als „böse Amme“. Oscar Wilde bemerkte, die Erfahrung sei „der Name, den man seinen Fehlern gibt“. Und der Historiker Froude schrieb, die Erfahrung lehre „langsam und zum Preis von Fehlern“.

Die Erfahrung ist ein wichtiges Mittel, um zu lernen, sich zu verbessern, aber sie ist ein unvollkommenes Instrument. Wir brauchen auch Anleitung – durch einen guten Manager und andere Quellen, etwa dieses Buch. Diese Anleitung kann uns helfen, die Erfahrung zu deuten, aus unseren Fehlern zu lernen und unsere Erfahrung in der Zukunft besser einzusetzen.

DIE ROLLE DER PERSÖNLICHKEIT

„Manager werden nicht gemacht, sondern geboren.“ Dies ist eine entmutigende Antwort an Manager, die sich um Verbesserung bemühen. Die Aussage, daß weder Erfahrung noch Studien von Nutzen sind, ist selbstverständlich inakzeptabel, aber sie enthält insofern ein Körnchen Wahrheit, als unsere Persönlichkeit unsere Art zu managen und unsere Effektivität als Manager nachhaltig beeinflußt.

Untersuchungen über die von erfolgreichen Spitzenmanagern gezeigten Qualitäten, etwa jene von Rosemary Stewart in *Managers and Their Jobs*, haben eine Reihe allgemeiner Merkmale zum Vorschein gebracht. Dies sind:

- die Bereitschaft, hart zu arbeiten;
- Beharrlichkeit und Entschlossenheit;
- die Bereitschaft, Risiken einzugehen;
- die Fähigkeit, Begeisterung zu wecken;
- Härte.

Die Psychologen vertreten die Auffassung, daß die Persönlichkeit in den ersten Lebensjahren geprägt wird. Augenscheinlich lernen wir in der Wiege oder spätestens im Kindergarten, hart zu sein. Wenn dem so ist, können wir vielleicht nicht mehr viel an uns ändern, wenn wir erwachsen werden und uns für den Managerberuf entscheiden. Jeden Morgen vor dem Spiegel zehn Minuten Härte zu üben, bringt uns dann vielleicht nicht mehr viel weiter. Die Forderung unseres Chefs, bestimmte Eigenschaften zu zeigen, der Besuch von Vorträgen oder die Lektüre von Managementlehrbüchern dürften auch nicht allzuviel bewirken. Wir können unser Verhalten – den Einsatz unserer Persönlichkeit – jedoch modifizieren. Und Anleitung – nicht Befehle – von Außenstehenden sollte ebenfalls helfen. Wenn wir wissen, wonach wir suchen, werden wir es mit größerer Wahrscheinlichkeit finden.

DAS PHÄNOMEN DES WANDELS

Wirtschaft und Unternehmensumfeld sind in den letzten Jahren sehr viel turbulenter, ungewisser und anspruchsvoller geworden. Tom Peters spricht in *Thriving on Chaos* von einer „Ära nie dagewesenen Wandels" und meint, „die Vorhersagbarkeit gehört der Vergangenheit an".

Die Umwelt hat sich in verschiedener Hinsicht verändert:

- Wirtschaftlicher und politischer Wandel haben in den letzten

Jahren zum Aufstieg der Unternehmenskultur und des damit verknüpften Phänomens der Marktwirtschaft geführt. Dennoch begannen die Menschen Ende der achtziger Jahre angesichts der Skandale an der Wall Street und in der Londoner City den ausschließlich auf der Gier beruhenden Managementansatz in Frage zu stellen. Daher die wachsende Bedeutung von Mission statements und Unternehmenswerten, mit denen sich dieses Buch beschäftigt.

- In den achtziger Jahren löste der soziale Wandel einen Trend weg vom Kollektivismus und hin zum Individualismus aus, obwohl mittlerweile erkannt wurde, daß das flachere, dezentralisierte und flexible Unternehmen der neunziger Jahre zunehmend von Engagement und Teamwork abhängt.
- Die Erwartungen der Konsumenten sind höher gesteckt als je zuvor. Die Konsumenten wollten immer Wert für ihr Geld, aber heute fordern sie ganz zu Recht höhere Qualitäts- und Serviceniveaus.
- Das Unternehmensumfeld verändert sich nachhaltig, wobei das Wachstum im Vordergrund steht, die Zahl der Firmenübernahmen zunimmt und die Konkurrenz durch die anderen europäischen Länder, Japan und multinationale Konzerne zunimmt.
- Die Produktlebenszyklen werden kürzer, und die Unternehmen müssen innovativ sein, um Wettbewerbsvorteile aufrechtzuerhalten und stabile Positionen auf zunehmend segmentierten Märkten erobern und verteidigen zu können.
- Neue Technologie spielt insofern eine immer wichtigere Rolle im Managementprozeß, als es in diesem Prozeß hauptsächlich um Informationsflüsse geht.

Der Einfluß der Veränderung auf die Managementeinstellungen

Im letzten Jahrzehnt hat im Management eine Revolution stattgefunden. Die Einstellungen zum Management haben sich folgendermaßen verändert:

- *Markt.* Es wurde endlich anerkannt, daß Unternehmen marktabhängig sind, weshalb das Management marktorientiert sein muß.
- *Kunden.* Kundenbetreuung und Service sind zu wesentlichen Bestandteilen der Marketingstrategien geworden.
- *Perfektion.* Peters und Waterman haben mit *In Search of Excellence* einen Kult der Perfektion ausgelöst. Beispielsweise hat ICL in einer Mitteilung an seine gesamte Belegschaft erklärt, daß „ICLs Blick nunmehr auf weltweiten Erfolg gerichtet ist. Das erfordert Perfektion in allem, was wir tun. Und Perfektion erreichen wir nur, indem wir uns die Einstellung ‚Möglich ist alles' zu eigen machen und im gesamten Unternehmen das Höchstmaß an Zusammenarbeit und Engagement anstreben."
- *Turbulenz.* Die Manager beginnen die Turbulenz als Lebensbedingung anzuerkennen. Tom Peters hat seine ursprüngliche Definition von Perfektion neu überarbeitet:

> Herausragende Unternehmen glauben nicht an Perfektion – nur an stetige Verbesserung und Veränderung. Das heißt, daß die herausragenden Unternehmen von morgen die Unbeständigkeit hochhalten und im Chaos gedeihen werden.

Die Auswirkung des Wandels auf das Unternehmen

Die Entwicklungen im wirtschaftlichen Umfeld und in der Technologie haben die Art und Weise, wie Unternehmen strukturiert sind und gemanagt werden, grundlegend verändert.

Heute haben wir:

- das *reaktionsfähige Unternehmen*, das schnell auf Veränderungen des Markts sowie der Bedürfnisse und Präferenzen der Kunden reagieren muß;
- das *tatkräftige Unternehmen*, das sich den Märkten nicht nur anpassen, sondern sie auch selbst schaffen muß;
- das *flexible Unternehmen*, das seine Struktur, seine Produktpalette, seine Vermarktungsstrategien und seine Fertigungsanla-

gen schnell anpassen muß, um auf Veränderungen zu reagieren und sie, was noch wichtiger ist, vorwegzunehmen;

- das *informationsgestützte Unternehmen*, das um Wissen bemüht ist und sich im wesentlichen aus Spezialisten zusammensetzt, die ihre eigene Leistung anhand organisierten Feedbacks durch die Kollegen, die Kunden und die strategischen Geschäftseinheiten, in die das Unternehmen entsprechend der von ihm belieferten Märkte unterteilt ist, ausrichten und festlegen. Peter Drucker hat in einem Artikel in der *Harvard Business Review* folgendes festgestellt: „Information ist Datenmaterial, dem Bedeutung und Richtung verliehen wurden." Auf dieser Grundlage überdenken viele Unternehmen die Art, in der sie gemanagt werden;
- das *kompakte Unternehmen*, dessen Organisationsstruktur flacher ist, weil überflüssige Managementebenen beseitigt wurden. Peter Drucker schloß an die oben zitierte Aussage über die neue Technologie die Einschätzung an, viele Unternehmen hätten ihre Strukturen noch nicht in Hinblick auf deren Verfügbarkeit überdacht: „Ganze neu installierte Managementebenen fällen keine Entscheidungen und führen nicht. Stattdessen besteht ihre vorrangige, wenn nicht einzige Aufgabe darin, als ‚Schaltstellen' zu fungieren – als menschliche Verstärker für die schwachen, ungezielten Signale, die in der traditionellen Organisation des Präinformationszeitalters für Kommunikation gehalten werden";
- das *dezentralisierte Unternehmen*, das aus strategischen Geschäftseinheiten besteht, die genau in die entsprechenden Marktnischen eingepaßt und in der Lage sind, sich bietende Möglichkeiten rasch zu nutzen. Das Management dieser Einheiten ist strikt an genau definierten Zielen orientiert, und die Unternehmenszentrale mischt sich nur wenig ein;
- das *globale Unternehmen*, das über viele internationale Grenzen hinweg operiert.

Der Einfluß der Manager

Die Manager müssen ebenso wie die Unternehmen, in denen sie arbeiten, lernen, mit der Veränderung zu leben. Sie müssen flexibler werden und schneller auf neue und anspruchsvolle Herausforderungen reagieren.

Im dezentralisierten Unternehmen von heute müssen die Manager imstande sein, unabhängig zu handeln – effektive Manager zeichnen sich vor allem dadurch aus, daß sie ihre selbstgesteckten Ziele erreichen. Aber in der flacheren Organisation müssen sie auch gute Teamarbeiter sein, die in der Zusammenarbeit mit anderen über interne Organisationsgrenzen hinweg breitgestreute Fähigkeiten einsetzen.

Diese Anforderungen können zu Rollenkonflikten und Rollenunklarheit führen, was wiederum Streß auslösen kann. Streßmanagement gehört zu den neu in dieses Buch aufgenommenen Themen. Die Menschen ziehen es im allgemeinen vor, in einer geordneten Struktur zu arbeiten, welche ihnen einen Rahmen bietet, in dem sie ausreichende Autonomie genießen. Sie wissen gerne, wo sie stehen und wohin sie gehen. Sie suchen nach einem gewissen Maß an Voraussagbarkeit, und obwohl sie die Vielfalt begrüßen, muß diese in einem vertretbaren Rahmen bleiben. Aber das Leben in einem Unternehmen sieht anders aus. Es ist geprägt von ständiger Veränderung, Ungewißheit und Unklarheit. Man erwartet von Unternehmen, daß sie sich rational verhalten und in stetiger Bewegung von A nach B gelangen. Das tun sie jedoch nicht. Sie sind Gewebe aus Macht und Politik und bewegen sich unregelmäßig und ruckartig vorwärts.

Die Tätigkeit des Managers ist ein Balanceakt zwischen der Notwendigkeit von Ordnung und Kontinuität und den Anforderungen der Situation, die Flexibilität und Diskontinuität verlangen. Auch Organisationen leiden. Wie Rosabeth Moss Kanter in *When Giants Learn to Dance* zeigt, werden Unternehmen und Manager laufend mit einander widersprechenden Ratschlägen zu dieser und vielen anderen Fragen bombardiert.

WAS SIE TUN KÖNNEN

Die vielleicht beste Antwort auf diese Frage stammt von Francis Bacon: „Studien vervollkommnen die Natur und werden von der Erfahrung vervollkommnet."

Die Kunst des Managements – und es ist eine Kunst – ist wichtig genug, um studiert zu werden. Diese Studien sollten es uns ermöglichen, unsere angeborenen Eigenschaften – unsere Persönlichkeit und Intelligenz – besser einzusetzen, unsere Erfahrung aus der Vergangenheit besser zu deuten und umfassender anzuwenden und die zukünftige Erfahrung schneller und zielgerichteter zu verarbeiten.

WIE DIESES BUCH IHNEN HELFEN KANN, EIN NOCH BESSERER MANAGER ZU WERDEN

Dieses Buch enthält 50 Kapitel, die in alphabetischer Reihenfolge geordnet sind, um dem Leser den Zugriff zu erleichtern. Kein Buch kann alle Fragen beantworten oder Rezepte für jedes mögliche Problem anbieten – letzten Endes wird Ihr Handeln wesentlich von der Situation beeinflußt sein, in der Sie sich befinden. Aber in diesem Buch finden Sie eine Richtschnur, an die Sie sich halten können, um Ihr Managementwissen und Ihre Fähigkeiten weiterzuentwickeln. Das Buch befaßt sich mit folgenden Bereichen:

Persönliche Entwicklung
- Durchsetzungsvermögen (Kapitel 9)
- Ergebnisorientierung (Kapitel 11)
- Streßmanagement (Kapitel 39)
- Vorankommen (Kapitel 47)

Erfolgsfaktoren
- Benchmarking (Kapitel 1)
- Empowerment (Kapitel 10)
- Gewinnsteigerung (Kapitel 13)
- Kostensenkung (Kapitel 22)

- Organisationseffektivität verbessern (Kapitel 30)
- Produktivitätssteigerung (Kapitel 36)
- Re-engineering (Kapitel 37)
- Trouble Shooting (Kapitel 42)
- Unternehmenskultur und wie man sie managt (Kapitel 45)
- Wie etwas mißlingt und wieder behoben wird (Kapitel 48)

Managementprozesse
- Budgetieren (Kapitel 3)
- Politik (Kapitel 32)
- Macht und Politik (Kapitel 26)
- Strategisches Management (Kapitel 38)
- Total Quality Management (Kapitel 41)

Managementfähigkeiten und -techniken
- Berichte schreiben (Kapitel 2)
- Change Management (Kapitel 4)
- Coaching (Kapitel 5)
- Controlling (Kapitel 6)
- Counselling (Kapitel 7)
- Delegation (Kapitel 8)
- Führung (Kapitel 12)
- Innovation (Kapitel 14)
- Interviewtechniken (Kapitel 15)
- Klares Denken (Kapitel 16)
- Kommunikation (Kapitel 17)
- Konferenzen (Kapitel 18)
- Konfliktmanagement (Kapitel 19)
- Kontinuierliche Verbesserung (Kapitel 20)
- Koordination (Kapitel 21)
- Kreatives Denken (Kapitel 23)
- Krisenmanagement (Kapitel 24)
- Leistungsmanagement (Kapitel 25)
- Mitarbeiterentwicklung (Kapitel 27)
- Motivieren (Kapitel 28)
- Organisation (Kapitel 29)
- Planung (Kapitel 31)

- Präsentation einer Idee (Kapitel 33)
- Präsentationen und effektive Rhetorik (Kapitel 34)
- Problemlösung und Entscheidungsfindung (Kapitel 35)
- Team-Management (Kapitel 40)
- Überreden (Kapitel 43)
- Umgang mit dem Chef (Kapitel 44)
- Verhandlungen (Kapitel 46)
- Zeitmanagement (Kapitel 49)
- Ziele setzen (Kapitel 50)

Kapitel 1

Benchmarking

Um festzustellen, wie gut – oder schlecht – Sie arbeiten, und um jene Bereiche zu finden, in denen Verbesserungen möglich sind, lohnt es sich, Ihr Unternehmen mit den besten gleichgearteten Unternehmen zu vergleichen. Sie müssen untersuchen, was die „Klassenbesten" aus der Branche tun – wie gut deren allgemeinen Leistungen im Vergleich mit denen Ihres Unternehmens sind und wie gut sie bestimmte Aktivitäten und Prozesse durchführen.

Auf die Frage, was er von seiner Frau halte, antwortete James Thurber: „Im Vergleich womit?" Was immer wir auch vergleichen – Produkte, Prozesse, Output-Niveaus, Leistungsstandards –, wir alle suchen nach Maßstäben, anhand deren ein sinnvoller Vergleich möglich wird. Darum geht es beim Benchmarking.

WAS IST BENCHMARKING?

Xerox, eines der ersten Unternehmen, die regelmäßige Vergleichsuntersuchungen durchführten, definierte das Benchmarking folgendermaßen:

> Ein kontinuierlicher, systematischer Prozeß der Beurteilung der als Branchenführer anerkannten Unternehmen, um festzustellen, welche Geschäfts- und Arbeitsabläufe die „erfolgreichsten Verfahren" darstellen, und ausgehend davon vernünftige Leistungsziele festzulegen.

Eine im Jahr 1993 von CBI (Confederation of British Industry) und Coopers & Lybrand durchgeführte Studie von 105 der *Times* Top-1000-Unternehmen förderte eine Reihe verschiedener Definitionen von Benchmarking zutage, die in vier Hauptkategorien unterteilt werden können:

1. *Wettbewerbsanalyse* – eine systematische Analyse der Konkurrenzaktivitäten, die als Grundlage für die Verbesserung der eigenen Leistung herangezogen werden kann.
2. *Erfolgreichste Verfahren* – Suche nach erfolgreichen Verfahren im Unternehmensbetrieb.
3. *Leistungsvergleich* – ein Mittel zur Beurteilung der Leistungen des Unternehmens und der einzelnen Abteilungen.
4. *Vorgabe von Standards* – ein Mittel, um die Festlegung geeigneter und anspruchsvoller Leistungsstandards zu erleichtern.

Der Grundgedanke des Benchmarking ist überzeugend: Erst wenn du weißt, was die Konkurrenz tut und wie die Kunden deine Bemühungen im Vergleich zu denen der Konkurrenten bewerten, kannst du sinnvolle Verbesserungsziele festlegen. Ohne Vergleichswerte kann der Erfolg von Verbesserungsprogrammen zu einer Lotterie werden; die Standards auf Branchendurchschnitt zu heben, ist zum Beispiel nicht dasselbe wie die Rivalen mit einem Satz hinter sich zu lassen. Benchmarking erleichtert es einem Unternehmen, sich Ziele zu setzen, die es in die Lage versetzen, einen dauerhaften Wettbewerbsvorteil zu erringen.

WOZU BENCHMARKING?

Das Ziel von Benchmarking besteht darin, Verbesserungsbereiche aufzuspüren und Veränderungen anzuregen.

WAS VERGLEICHT MAN?

Alles, was die Leistung antreibt oder zur Einschätzung ihres Niveaus dient, kann Vergleichen unterzogen werden. Beispiele sind Produktivität, Produktqualität, Servicestandards, Durchlaufzeiten, Bezahlung, Finanzmanagement und Produkteigenschaften.

Benchmarking konzentriert sich manchmal auf allgemeine Leistungsindikatoren und -kennzahlen – die besten Ergebnisse erbringt es zumeist jedoch dann, wenn es operative oder Prozeßleistungsniveaus vergleicht, so daß spezifische Verbesserungsstandards und -ziele festgelegt werden können. Wenn beispielsweise gültige und zuverlässige Vergleichsdaten über die Lieferzeiten verfügbar sind, kann man Managern, die eine Verbesserung ihrer Leistung nicht für möglich halten, sagen: „Die anderen können es, also können Sie es auch."

MIT WEM VERGLEICHT MAN SICH?

Im Idealfall vergleicht man sich mit den direkten Konkurrenten, insbesondere mit jenen, die unter ähnlichen Umständen arbeiten wie das eigene Unternehmen. Aber direkte Konkurrenten sind möglicherweise nicht bereit, Informationen auszutauschen. In diesem Fall können auch mit Unternehmen aus anderen Sektoren sinnvolle Vergleiche angestellt werden. Xerox beispielsweise nahm den Versandspezialisten L. L. Bean unter die Lupe, um die Qualität des eigenen Kundenservices zu beurteilen.

Unter bestimmten Umständen kann es von Nutzen sein, innerhalb der eigenen Organisation ein Benchmarking durchzuführen und auf diese Weise erfolgreiche Verfahren von einer Einheit auf eine andere zu übertragen.

WIE FÜHRT MAN EIN BENCHMARKING DURCH?

Manche Unternehmen bemühen sich um Hilfe von außen, aber es ist möglich, ein eigenes Benchmarking-Programm durchzuführen. Dieses könnte folgende Phasen umfassen:

1. *Planung* – Entscheiden Sie, was Sie vergleichen wollen. Sie können nicht alles auf einmal tun; daher müssen Sie sich auf jene Bereiche konzentrieren, in denen wichtige Fortschritte erzielt werden könnten – d. h. auf die Leistungsträger.

2. *Datensammlung* – Entscheiden Sie, welche Datenquellen (andere Unternehmen, Datenbanken oder Publikationen) Sie anzapfen wollen. Wenden Sie sich an die ausgewählten Organisationen; sorgen Sie dafür, daß die richtigen Personen angesprochen werden, stellen Sie die richtigen Fragen und evaluieren Sie die gewonnenen Informationen. Sie müssen einigermaßen sicher sein, daß diese Informationen kein Propagandamaterial sind, sondern den Tatsachen entsprechen.
3. *Analyseergebnisse* – Vergleichen Sie die von verschiedenen Organisationen bereitgestellten Daten und Lösungen, wobei Sie so weit wie möglich gewährleisten, daß Gleiches mit Gleichem verglichen wird. Berücksichtigen Sie alle signifikanten operativen Unterschiede, die sich auf die Leistungsdaten auswirken könnten. Beurteilen Sie so unvoreingenommen wie möglich, was in Ihrer eigenen Organisation gelernt und umgesetzt werden kann; dabei sollten Sie bedenken, daß die Lösungen anderer Unternehmen nicht zwangsläufig mit Erfolg auf Ihre eigene Organisation übertragen werden können.
4. *Implementierung von Veränderungen* – Entscheiden Sie, welche Verbesserungen erforderlich sind. Planen Sie die Veränderung und führen Sie sie aus. Der Prozeß des Veränderungsmanagements wird reibungsloser verlaufen, wenn die betroffenen Mitarbeiter in Planung, Analyse und Entscheidungsfindung eingebunden werden.
5. *Überprüfung der Fortschritte* – Verfolgen Sie, wie das Veränderungsprogramm vorankommt, und ergreifen Sie, sofern erforderlich, korrigierende Maßnahmen. Möglicherweise ist es notwendig, neue Informationen aus verschiedenen Quellen zu sammeln oder die Gültigkeit der gesammelten Daten zu prüfen.

WELCHE FAKTOREN SOLLTEN BERÜCKSICHTIGT WERDEN?

Die folgenden Faktoren sollten bei der Analyse und Verwendung von Vergleichsdaten berücksichtigt werden:

- Benchmarking wird wahrscheinlich dann am effektivsten sein, wenn das Unternehmen eine klare Vorstellung davon hat, was es anstrebt, und wenn es über gut ausgearbeitete Strategien zur Realisierung dieser Vorstellung verfügt. Sie sollten wissen, welches die Erfolgsfaktoren sind. Selbst wenn direkte Vergleiche zwischen den Resultaten verschiedener Unternehmen angestellt werden können, bleibt möglicherweise unklar, mit welchen Methoden die erfolgreichsten Organisationen ihre Ergebnisse erzielt haben. Daher sollte ein Benchmarking nicht nur die Ergebnisse, sondern auch die Prozesse beinhalten.
- Was in einem Unternehmen gut funktioniert, muß anderswo nicht unbedingt genauso gut funktionieren.
- Selbst wenn man aufschlußreiche, zuverlässige Informationen aus verschiedenen Quellen erhält, bedarf es beträchtlicher Kenntnisse, diese Ergebnisse in für das eigene Unternehmen sinnvolle Aussagen zu übersetzen.
- Sorgen Sie dafür, daß die anderen Organisationen Informationen über ihre tatsächlichen Leistungen zur Verfügung stellen, nicht nur über ihre Zukunftsabsichten.
- Oft kann man aus den Mißerfolgen und schlechten Verfahren von Vergleichsunternehmen (sofern Informationen darüber erhältlich sind) ebensoviel lernen wie aus ihren Erfolgen.

WAS IST ERREICHT WORDEN?

Das beste Beispiel ist Xerox, jenes Unternehmen, das in den achtziger Jahren großen Anteil an der Entwicklung des Benchmarking hatte. Bei Xerox ist Benchmarking zu einer Lebenseinstellung geworden und hat sich zu einem Fachgebiet mit eigenen feststehenden Regeln entwickelt. Das Verfahren wurde ursprünglich in Reaktion auf die Eroberung der Xerox-Märkte durch die Japaner eingeführt. Xerox machte sich daran, genau herauszufinden, an welchen Stellen des Preis-Leistungs-Kampfes es verlor und wie es die Lücke schließen konnte. Die Ergebnisse führten zu neuen Qualitätsanstrengungen, zur Umstrukturierung und zum Re-engineering.

Ein anderes Beispiel ist Cigna UK, der britische Ableger des amerikanischen Versicherungsriesen. Cigna wußte, daß es einen mühsamen Weg vor sich hatte, als es auf dem von großen, etablierten Konkurrenten wie BUPA und Private Patients Plan beherrschten britischen Markt begann, Versicherungspläne für Angestellte zu verkaufen. Cignas Strategie bestand darin, eine vergleichende Beurteilung verschiedener Schlüsselaspekte seiner Tätigkeit durchzuführen. Die Marktstudie zeigte, wo und in welchem Maß das Unternehmen seine Leistung steigern mußte, um hochwertige Dienstleistungen anbieten zu können. Die Ergebnisse bildeten die Grundlage für Cignas Pläne zur Neuausrichtung seiner Kundendienstabläufe. Nach nur 14 Monaten waren die Erträge des Unternehmens um 40 Prozent gestiegen.

Tony Macnulty führt in *Croners Employer's Briefing* (1. November 1993) das Beispiel eines Unternehmens mit langer technischer Tradition an, das dazu neigte, bei seinen Projekten die zeitlichen und finanziellen Grenzen zu überschreiten. Nachdem man mit dem Ziel einer größeren Ausgewogenheit von Zeit, Kosten und Qualität eine Matrixstruktur geschaffen hatte, entschied man, im Rahmen einer TQM-Initiative eine Benchmarking-Studie durchzuführen. Man wollte Informationen über erfolgreiche Verfahren im Projektmanagement sammeln. War eine Matrix die beste Organisationsmethode? Wie viele Mitarbeiter wurden in der Projektabteilung benötigt? Welches waren die Kompetenzen der Projektmanager?

Aufgrund von Zeitmangel und mangelnden Kontakten beauftragte man Berater mit der Studie. Die eigenen Mitarbeiter wurden gefragt, welche Unternehmen sie einbeziehen wollten und welche Fragen ihrer Meinung nach gestellt werden sollten. Alle Zielunternehmen mit einer Ausnahme willigten ein, an der Studie teilzunehmen, wenn sie dafür eine Zusammenfassung der allgemeinen Ergebnisse erhielten. Ausgehend von den von einem Team aus Beratern und Klienten durchgeführten Besuchen wurden acht Zielbereiche herausgearbeitet. Man spürte die erfolgreichsten Verfahren auf und legte neue Tätigkeits- und Produktivitätsziele fest.

Kapitel 2

Berichte schreiben

Die Fähigkeit, sich auf dem Papier klar auszudrücken und effektive Berichte zu schreiben, gehört zu den wichtigsten Funktionen einer Führungskraft. Zumeist werden Sie Ihre Ideen und Empfehlungen in Form von Berichten an Ihre Vorgesetzten und Kollegen weiterleiten, und auch über erzielte Fortschritte werden Sie sie in dieser Form informieren.

EIN GUTER BERICHT – WAS SETZT ER VORAUS?

Sinn und Zweck eines Berichtes ist die Analyse und Begründung einer Situation sowie die Präsentation eines Vorhabens mit dem Ziel, Zustimmung dafür zu erhalten. Er sollte logisch, praktisch, überzeugend und kurz und bündig sein.

Um einen effektiven Bericht zu schreiben, beginnen Sie unter der Voraussetzung, daß Sie etwas Lohnenswertes zu sagen haben. Klares Denken (Kapitel 16), kreatives Denken (Kapitel 23), Problemlösung (Kapitel 35) und Trouble Shooting (Kapitel 42) sind durchwegs hilfreiche Techniken. Ihre Analyse von Ansichten und Fakten sowie Ihre Auswertung vorhandener Optionen sollten als Basis für positive Schlußfolgerungen und Empfehlungen dienen.

Für die Verfassung von Berichten gibt es drei Grundregeln:

- Verleihen Sie Ihrem Bericht einen logischen Aufbau.
- Der Wortlaut Ihrer Botschaft muß unmißverständlich sein.
- Denken Sie daran, wie wichtig eine gute und klare Materialpräsentation ist.

AUFBAU

Ein Bericht sollte einen Anfang, einen Mittelteil und ein Ende haben. Wenn der Bericht ausführlich und kompliziert ist, ist eine Zusammenfassung der Schlußfolgerungen und Empfehlungen erforderlich. Es kann auch sein, daß Sie Anhänge mit detaillierten Informationen und Statistiken beifügen müssen.

Anfang

Ihre Einführung sollte folgende Dinge erklären: warum der Bericht geschrieben wurde, seine Zielsetzungen, seine Aufgabenstellung und warum er gelesen werden sollte. Dann sollten die Informationsquellen genannt werden, auf die sich der Bericht stützt. Schließlich, falls der Bericht aus mehreren Abschnitten besteht, sollten Aufbau und Bezeichnungen der Abschnitte erklärt werden.

Mittelteil

Im mittleren Teil des Berichtes sollten Ihre Fakten und Ihre Faktenanalyse enthalten sein. Schlußfolgerungen und Empfehlungen, die am Ende zur Sprache kommen, sollten auf logische Weise aus dieser Analyse folgen. Eine der häufigsten Schwächen im Berichtwesen besteht darin, daß die Fakten nicht zwingend zu den Schlüssen hinführen; die andere ist, daß die Schlußfolgerungen von den Fakten nicht bestätigt werden.

Fassen Sie die Fakten und Ihre Beobachtungen zusammen. Wenn sie Alternativen ausfindig gemacht haben, führen Sie Für und Wider jeder einzelnen an, aber versäumen Sie nicht, Ihre eigene Präferenz klarzumachen. Lassen Sie Ihre Leser nicht im unklaren.

Ein typischer Trouble-Shooting-Bericht beginnt mit der Beschreibung der gegenwärtigen Situation; dann listet er Probleme und Schwächen dieser Situation auf und geht dazu über, ihre Ursachen zu nennen.

Ende

Der abschließende Teil des Berichtes sollte Ihre Empfehlungen enthalten, wobei aus jeder hervorzugehen hat, wie sie zur Umsetzung des im Bericht enthaltenen Vorhabens bzw. zur Überwindung der aus den Analysen hervorgegangenen Schwächen beitragen wird.

Daraufhin sollten Nutzen und Kosten erklärt werden, die sich aus einer Durchführung der Empfehlungen ergeben würden. Der nächste Schritt gilt dem Vorschlag, wie vorzugehen sein wird – das vollständige Arbeitsprogramm einschließlich der Stichtage und der Namen der Mitarbeiter, die an der Durchführung beteiligt sein werden. Teilen Sie den Empfängern des Berichtes abschließend mit, welches Anliegen er an sie herantragen wird – etwa die Zustimmung zu Ihrem Vorhaben oder die Autorisierung der Aufwendungen.

Zusammenfassung

Bei ausführlichen oder komplizierten Berichten ist es ratsam, Schlußfolgerungen und Empfehlungen zusammenzufassen. Auf diese Weise sichert man sich die Konzentration des Lesers, und außerdem kann die Zusammenfassung bei der Präsentation oder Besprechung des Berichts als Agenda dienen.

Querverweise von den einzelnen Punkten zu den relevanten Absätzen oder Abschnitten des Berichtes können ebenfalls sehr nützlich sein.

UNMISSVERSTÄNDLICHER WORTLAUT

„Wenn Sprache nicht korrekt ist, dann vermittelt das Gesagte nicht das Gemeinte; wenn das Gesagte nicht das Gemeinte ist, dann bleibt, was zu tun ist, ungetan“ (Konfuzius).

Die Überschrift dieses Abschnittes stammt aus dem Buch *The Complete Plain Words* von Sir Ernest Gower. Jeder, dem das Verfassen von Berichten ein Anliegen ist, sollte dieses Buch gelesen haben. Gowers Empfehlungen, wie „Gemeintes" am besten und eindeutig vermittelt wird, aber auch wie eine übermäßige Inanspruchnahme des Lesers vermieden wird, lauten:

1. Verwenden Sie nicht mehr Worte, als für den Ausdruck Ihrer Botschaft notwendig sind, da Sie sonst die Bedeutung verzerren und den Leser ermüden. Verwenden Sie vor allem keine überflüssigen Adjektiva und Adverben, und unterlassen Sie Füllphrasen, wenn ein einziges Wort genügt.
2. Suchen Sie nicht nach weithergeholten Ausdrucksformen, wenn bekannte und übliche Ihre Botschaft ebenso gut zum Ausdruck bringen; denn ein vertrauter Wortlaut wird eher verstanden.
3. Seien Sie bei Ihrer Wortwahl präzise, und unterlassen Sie vage Ausdrucksformen; exakte Bezeichnungen werden der Eindeutigkeit Ihrer Botschaft einen besseren Dienst erweisen. Ziehen Sie konkrete Worte abstrakten vor, da sie präziser sind.

Wenn Sie diesen Punkten Folge leisten, kann Ihnen eigentlich nichts mißlingen.

PRÄSENTATION

Wie Sie Ihr Vorhaben präsentieren, ist ausschlaggebend für Wirkung und Wert Ihres Berichtes. Der Leser sollte in der Lage sein, Ihren Argumenten problemlos zu folgen, und nicht mit zu vielen Details auf einmal konfrontiert werden.

Absätze sollten kurz und jeweils auf ein Thema beschränkt sein. Wenn Sie eine Reihe von Punkten auflisten oder hervorheben wollen, sollten Sie sie tabellarisch darstellen. Zum Beispiel:

Gehaltsrevision
Gehaltsrevisionen sollten unter Kontrolle gehalten werden, wobei den Führungskräften folgende Richtlinien zukommen sollten:
(a) eine maximale prozentmäßige Erhöhung der Gehaltssumme, durch die alle individuellen Gehaltserhöhungen abgedeckt werden müssen;
(b) einen maximalen Prozentsatz für individuelle Gehaltserhöhungen.

Absätze sollten für ein leichteres Zurechtfinden numeriert werden. Manche Menschen bevorzugen ein System, bei dem wichtige Abschnitte fortlaufend 1, 2 etc. und Unterabschnitte 1.1, 1.2 etc. und weitere Unterteilungen mit 1. 1. 1., 1. 1. 2 etc. numeriert werden. Das kann jedoch ungeschickt und verwirrend sein. Um Querverweise leichter herzustellen, ist es ratsam, nicht die Überschriften, sondern jeden Absatz mit 1, 2, 3 etc. fortlaufend zu numerieren; Unterabsätze oder Tabulatoren können mit 1(a), 1 (b), 1 (c) etc. und, falls erforderlich, weitere Unterabsätze mit 1 (a)(i), (ii), (iii) etc. fortgeschrieben werden.

Machen Sie Überschriften, um Ihren Lesern eine Vorstellung dessen zu vermitteln, was sie im Begriffe sind, zu lesen, und um ihnen zu helfen, sich im Bericht zurechtzufinden. Hauptüberschriften sollten sich in Blockbuchstaben von Zwischentiteln abheben.

Ein ausführlicher Bericht sollte mit einem Register abschließen, in dem die Haupt- und Untertitel sowie die Absatznummern wie folgt aufgelistet werden:

	Absätze
GEHALTSVERWALTUNG	83–92
Gehaltsstruktur	84–88
Arbeitsbewertung	89–90
Gehaltsrevisionen	91–92

Bei kürzeren Berichten ist es oft nützlich, bereits in der Einführung Überschriften und Absatznummern aufzulisten.

Ihr Bericht wird dann am effektivsten sein, wenn er kurz und bündig ist. Lesen Sie Ihren Entwurf mehrere Male durch, und streichen Sie überflüssiges Material und ungenaue Ausdrucksformen.

Die entscheidenden Seiten Ihres Berichtes sollten nicht miteiner Unmenge von unverdaulichen Zahlen und Daten durcheinandergebracht werden. Fassen Sie die wichtigsten Statistiken in kompakten, übersichtlichen Tabellen mit klaren Überschriften zusammen. Sekundärmaterial sollte in einem Anhang aufgelistet werden.

Kapitel 3

Budgetieren

DIE NOTWENDIGKEIT VON BUDGETS

Budgets gewinnen keine Freunde, aber sie beeinflussen Menschen. Budgets können aufwendig sein und rauchende Köpfe bescheren, sie drücken unternehmenspolitische Maßnahmen in Geldeinheiten aus, und – ob es uns gefällt oder nicht – nur so werden Pläne ausgearbeitet und Leistungen in letzter Instanz kontrolliert und gesteuert.

Budgets sind aus dreierlei Gründen notwendig:

- als Illustration der finanziellen Konsequenzen der Planung,
- als Festlegung der für die Umsetzung der Planung erforderlichen Ressourcen und
- als Richtlinie, um Ergebnisse in Relation zum Vorhaben zu bewerten, zu überwachen und zu steuern.

DIE GRENZEN VON BUDGETS

Die Hauptschwierigkeiten beim Budgetieren sind:

- eine nicht entsprechende grundsätzliche Vorgangsweise bei der Budgeterstellung: ungenaue Richtlinien, ungenügende Hintergrundinformationen, aufwendige Systeme, mangelnde technische Beratung und Unterstützung für die Manager, willkürliche Kürzungen durch das Spitzenmanagement;
- ein unqualifizierter oder zynischer Zugang zur Budgeterstellung durch die Manager – resultierend aus unangemessenen Verfahren, mangelhafter Führung, Einschulung und Motivation oder aus dem Gefühl, Budgets seien kein nützliches Werkzeug, sondern bloße Schikanen;
- eine unzureichende Einschätzung des zukünftigen Tätigkeitsumfanges;

- die Schwierigkeit, das Budget veränderten Umständen anzupassen;
- die fundamentale Schwäche, beim Budgetieren von Zahlen der Vergangenheit auszugehen, die einfach nur mit Zuschlägen „fortgeschrieben“ werden, anstatt das Budget jeweils in seiner Gesamtheit einer kritischen Prüfung zu unterwerfen;
- ein mangelhaftes Berichtswesen und ein unzureichendes Controlling, wodurch ein Budget als Leistungsmaßstab verhindert wird.

BUDGETVORBEREITUNG

Diese Probleme können bereits im Zuge der Budgetvorbereitung großteils reduziert, wenn nicht gar eliminiert werden, vorausgesetzt folgende Schritte werden beachtet:

1. Bereiten Sie Budget-Richtlinien vor, aus denen hervorgeht, was Sie erreichen wollen und wie Sie vorzugehen beabsichtigen. Diese Richtlinien können in Form von Zielsetzungen für die absetzbare Produktion oder die Auslastung sowie die generelle Marketing- und Produktionsplanung ausgedrückt werden. Außerdem sollten auch Annahmen betreffend der allgemeinen Inflationsrate sowie der Kosten- und Erlössteigerungen bei der Budgeterstellung berücksichtigt werden.
2. Sorgen Sie dafür, daß diejenigen, die mit der Budgetvorbereitung betraut sind, vom Leiter des Rechnungswesens beraten und unterstützt werden. Dieser Experte sollte seine Hilfe zur Verfügung stellen und weder herumschnüffeln noch drohen.
3. Fordern Sie Ihre Mitarbeiter auf, über ihre Budgets gründlich nachzudenken. Unzulässig ist, das Vorjahrsbudget einfach nur auf den neuesten Stand zu bringen. Wann immer die Höhe eines Budgets beeinflußbar ist, sollten die Überlegungen der Ausgangslage berücksichtigt werden und die Begründung für den aktuellen Wert genannt werden (Zero-Base-Budgeting).

4. Akzeptieren Sie im Vergleich zum Vorjahrsbudget keine wesentlichen Zuwächse oder gar Rückgänge, wenn diese nicht begründet werden.
5. Prüfen Sie nach, ob die Ihnen vorgelegten Budgets realistisch sind, und lassen Sie keine prozentuellen Spielräume gelten.
6. Kürzen Sie Budgets nicht willkürlich. Begründen Sie Ihre Kritik. Sie riskieren sonst budgetierte Spielräume oder ein Abstumpfen bei Ihren Mitarbeitern.
7. Bringen Sie die Budgets laufend auf den neuesten Stand, oder nehmen Sie „Anpassungen“ vor, vor allem wenn Auslastung und Kosten großen Schwankungen unterworfen sind.

ZERO-BASE-BUDGETING

Die traditionelle Vorgangsweise bei der Budgeterstellung neigt dazu, die Zahlen des Vorjahres fortzuschreiben. So dienen beispielsweise frühere Aufwendungen als Grundlage für die veranschlagten Kostensteigerungen und -senkungen. Dabei wird jedoch nur ein Teil des Budgets analysiert; und Führungskräfte widmen sich lieber der Rechtfertigung von Kostensteigerungen, anstatt die Notwendigkeit für eine bestimmte Aufwendung in ihrer gegenwärtigen Form zu hinterfragen.

Zero-Base-Budgeting verlangt den Budgetmanagern eine systematische Neubewertung aller Aktivitäten und Vorhaben ab, um festzustellen, ob sie überhaupt noch zweckmäßig sind oder ob sie mit verringertem, ähnlichem oder verstärktem Aufwand zu fördern sind. (Bei Plankosten müssen die direkten Personalkosten nicht inkludiert werden.) Das entsprechende Finanzierungsausmaß unterliegt den Prioritäten, die vom Topmanagement festgelegt werden, sowie der Verfügbarkeit von Mitteln.

Jede Aktivität wird genau definierten Entscheidungseinheiten zugeteilt, die jede für sich folgende Kriterien enthalten sollte:

- ihre Zielsetzungen,
- die Aktivitäten, die durchgeführt wurden,
- die aktuellen Kosten dieser Aktivität,

- der Nutzen jeder Aktivität,
- Normen und sonstige bestehende Leistungsmaßstäbe,
- alternative Maßnahmen zur Zielerreichung,
- Zielsetzungshierarchien,
- die Vor- und Nachteile unterschiedlicher Kostenniveaus.

Diese Liste ist ziemlich umfangreich. Wie sehr Sie ins Detail gehen, wird davon abhängen, welche Bedeutung Sie einer strengen Überwachung Ihrer Kosten beimessen. Zero-Base-Budgeting ist kein Allheilmittel und scheitert oft deshalb, weil die Unternehmen übertrieben umständliche Vorgangsweisen einführen, die spurlos in der Papierflut versinken. Aber der Ansatz ist richtig: Kostenkontrolle bedeutet, Budgetansätze zu hinterfragen und zu rechtfertigen, aber auch die Notwendigkeit, die tatsächlichen Aufwendungen einer Prüfung zu unterziehen. Das sorgfältigst durchdachte Kontrollsystem der Welt ist zum Scheitern verurteilt, wenn es nicht auf festen Fundamenten steht. Mit den Techniken des Zero-Base-Budgeting gelangen die Führungskräfte zu der Einstellung, alle ihre Aktivitäten auszuwerten und zu kontrollieren. Die Techniken sollten nicht als Druckmittel dienen. Vielmehr sollten mit ihrer Hilfe Prioritäten richtig erkannt werden, und es sollte dafür gesorgt werden, daß man Kosten und Nutzen im Interesse aller Beteiligten auswertet.

FLEXIBLE BUDGETS

Wenn es möglich ist, Ertrags- und Kostenveränderungen mit der Auslastung in Beziehung zu setzen, rechnen sich flexible Budgets. Budgets werden „angepaßt", indem die ursprünglichen Erträge und Kosten auf Grundlage der aktuellen Auslastung neu kalkuliert werden. Die Differenz zwischen ursprünglichem und voraussichtlichem (erwartetem) Niveau wird „Auslastungsvarianz" genannt. Die Differenz zwischen voraussichtlichem und aktuellem (tatsächlichem) Niveau ist die „steuerbare Varianz". Diese „steuerbare Varianz" gibt ein realistisches Bild von der entscheidungsrelevanten Kostenentwicklung.

Wenn die flexible Budgetkontrolle nicht zur Gänze durchgeführt werden kann, weil es schwierig ist, einen genauen Bezug zwischen Kosten und Auslastung herzustellen, sollten Sie sich ein Updating-(Aktualisierungs-)System überlegen. Das heißt, daß das Budget mehrere Male im Jahr auf den neuesten Stand gebracht wird, um veränderten Umständen Rechnung zu tragen. Manchmal bezeichnet man das als „rollierendes Budget". Es ist nicht so effektiv wie das flexible System, dafür leichter zu handhaben.

BUDGETKONTROLLE

Eine systematische Budgetkontrolle ist keinesfalls einfach zu realisieren. Es ist kein Problem, ein System mit eleganten Formularen und einer Fülle von Informationen zu entwerfen. Viel schwieriger ist es dagegen, ein Schema, sobald es beschlossen wurde, in seiner nützlichen Form aufrechtzuerhalten. Der Anstoß dafür kann nur von oben kommen. Der Chef muß darauf bestehen, daß das Budget nach rigorosen Grundsätzen aufgebaut und daß ein Berichtswesen eingeführt wird, das belegt, ob die Arbeit in seinem Sinne getan wird. Zudem muß er dafür sorgen, daß jeder einzelne weiß, was von ihm erwartet wird, und daß er für jeden Leistungsrückgang Rechenschaft geben muß.

Kapitel 4

Change Management

Die Veränderung ist das einzige in einer Organisation, was konstant ist. Effektiv ist jene Organisation, die bewußte Schritte unternimmt, um die Veränderung zu steuern. Das wird ihr nicht immer gelingen – Veränderung kann ein traumatischer Prozeß sein –, aber zumindest wird sie sich darum bemühen; und die Versuche zur Steuerung der Veränderung können dem Mininmalziel dienen, die Auswirkungen des Wandels auf das Unternehmen und seine Mitarbeiter zu mildern.

Change Management geht davon aus, daß der Schlüssel zum Erfolg nicht nur darin liegt, daß es eine Persönlichkeit gibt, die, gestützt auf wirkungsvolle Veränderungsmechanismen, in der Übergangsphase die Führung übernimmt. Es bedarf auch der Einsicht, daß es die Mitarbeiter sind, welche die Veränderung durchsetzen; somit entscheiden ihr Verhalten und ihre Unterstützung über den Erfolg im Wandel. Das wichtigste Ziel des Change Management besteht darin, ein Bekenntnis zur Veränderung zu wecken.

Erfolgreiches Change Management erfordert ein Verständnis folgender Faktoren:

- Wichtigste Arten der Veränderung
- Wie wirkt sich Veränderung auf den einzelnen aus?
- Veränderungsprozeß
- Wie weckt man ein Bekenntnis zur Veränderung?

ARTEN DER VERÄNDERUNG

Es gibt zwei Hauptarten von Veränderung: die strategische und die operative.

Strategische Veränderung

Strategische Veränderung betrifft grundlegende, langfristige, unternehmensumspannende Aufgaben. Es geht darum, sich auf einen zukünftigen Zustand zuzubewegen, der in einer strategischen Unternehmensvision und einer Definition der Unternehmenstätigkeit allgemein definiert worden ist. Diese Veränderung umfaßt Unternehmenszweck und Unternehmensauftrag, die Unternehmensphilosophie in bezug auf Wachstum, Qualität, Innovation und mitarbeiterbezogene Werte, Kundenbedürfnisse und Technologien. Diese umfassende Definition mündet in eine Festlegung der Wettbewerbsposition und der strategischen Ziele, die sich das Unternehmen für Wettbewerbsvorteile und die Entwicklung von Produktmärkten steckt. Diesen Zielen dienen Richtlinien für Marketing, Verkauf, Fertigung, Produkt- und Prozeßentwicklung, Finanz- und Personalmanagement.

Strategischer Wandel findet im Kontext von wirtschaftlichem, sozialem und Wettbewerbsumfeld einerseits und von internen Ressourcen, Fähigkeiten, Systemen sowie von Unternehmenskultur und -struktur andererseits statt. Die erfolgreiche Implementierung des Wandels erfordert in der Formulierungs- und Planungsphase gründliche Analysen und ein Verständnis dieser Faktoren.

Operative Veränderung

Die operative Veränderung betrifft neue Systeme, Verfahren, Strukturen und Technologien, die unmittelbar auf die Arbeitsabläufe in einem Teil der Organisation Einfluß haben. Solche Veränderungen können sich nachhaltiger auf die Mitarbeiter auswirken als allgemeinere strategische Veränderungen und müssen daher ebenso sorgfältig durchgeführt werden.

WIE SICH DIE MENSCHEN VERÄNDERN

Wie sich die Menschen verändern, wird am besten durch Bezugnahme auf die folgenden Annahmen von Bandura erklärt:

- Die Menschen entscheiden bewußt über ihr Verhalten.
- Die Informationen, anhand derer die Menschen ihre Wahl treffen, stammen aus ihrer Umwelt.
- Ihre Entscheidungen beruhen auf
  - dem, was ihnen wichtig ist;
  - ihrer Einschätzung der eigenen Fähigkeiten, sich auf eine bestimmte Art und Weise zu verhalten;
- ihrer Erwartung bezüglich der Konsequenzen, die das gewählte Verhalten haben wird.

Daraus ergeben sich für die mit dem Management der Veränderung befaßten Manager folgende Implikationen:

- Je enger die Verbindung zwischen einem bestimmten Verhalten und einem bestimmten Ergebnis ist, desto wahrscheinlicher wird es, daß wir uns für dieses Verhalten entscheiden.
- Je wünschenswerter ein Ergebnis ist, desto wahrscheinlicher wird es, daß wir uns für ein Verhalten entscheiden, welches zu diesem Ergebnis führt.
- Je zuversichtlicher wir sind, daß wir zu einer Verhaltensänderung fähig sind, desto wahrscheinlicher ist es, daß wir es versuchen.

Um das Verhalten der Mitarbeiter zu ändern, müssen wir daher zuerst das Umfeld ändern, in dem sie arbeiten. Als nächstes müssen wir sie davon überzeugen, daß sie imstande sind, sich das neue Verhalten anzueignen (hier sind Trainingsmaßnahmen erforderlich). Drittens müssen wir ihnen klarmachen, daß dieses neue Verhalten zu einem für sie vorteilhaften Ergebnis führen wird. Keiner dieser Schritte ist leicht. Um sie zu bewerkstelligen, ist es hilfreich, mehr über den Prozeß der Veränderung zu wissen.

DER VERÄNDERUNGSPROZESS

Veränderung ist, wie Rosabeth Moss Kanter sagt, der Prozeß, in dem man „die Vergangenheit analysiert, um sich darüber klarzuwerden, welche Maßnahmen gegenwärtig ergriffen werden müssen, um die Zukunft zu sichern". Veränderung heißt also, daß man sich von einem gegenwärtigen, wenn auch übergangsartigen Zustand auf einen erwünschten zukünftigen Zustand zubewegt.

Der Prozeß beginnt mit der Erkenntnis, daß Veränderung notwendig ist. Eine Analyse dieses Umstands und der Faktoren, die ihn erzeugt haben, mündet in eine Diagnose der Charakteristika der Situation und weist die Richtung, in welche die Maßnahmen zielen müssen. Dann können mögliche Vorgehensweisen erarbeitet und bewertet werden, und schließlich wird jenes Vorgehen beschlossen, das am ehesten Erfolg verspricht.

Sodann muß entschieden werden, wie man „von hier nach dort" gelangt. Das Management des Veränderungsprozesses in dieser Übergangsphase ist eine schwierige Aufgabe. In dieser Phase treten die mit der Einleitung der Veränderung verbundenen Probleme auf und müssen unter Kontrolle gebracht werden. Zu diesen Problemen gehören der Widerstand gegen Veränderungen, geringe Stabilität, großer Streß, fehlgeleitete Energie, Konflikte und Verlust der Dynamik. Daher ist es notwendig, alles zu tun, um die Reaktionen auf die Veränderung und die wahrscheinlichen Hindernisse für den Wandel vorauszusehen.

Die Durchführungsphase kann ebenfalls schmerzhaft sein. Bei der Planung der Veränderung neigen die Leute dazu, davon auszugehen, daß es sich um einen vollkommen logischen und linearen Prozeß handelt, in dem sich das Unternehmen von A nach B bewegt. Aber diese Annahme ist vollkommen falsch. Wie Pettigrew und Whipp beschrieben haben, ist die Implementierung des Wandels ein „schrittweiser, kumulativer Prozeß der stetigen Neuformulierung".

DER ZUGANG ZUM CHANGE MANAGEMENT

Michael Beer und seine Kollegen vertraten in einem ausgezeichneten Artikel in der *Harvard Business Review* mit dem Titel

„Warum Veränderungsprogramme nichts verändern" (Why change programs don't produce change) die Auffassung, die meisten derartigen Programme gingen von einer grundsätzlich falschen Theorie der Veränderung aus. Diese Theorie besagt, daß Änderungen in der Einstellung zu Änderungen des Verhaltens führen. „In diesem Modell ähnelt Veränderung einer Bekehrungserfahrung. Sind die Leute einmal ‚bekehrt', werden sich mit Sicherheit Veränderungen in ihrem Verhalten einstellen."

Beer und seine Kollegen glauben, daß diese Theorie den tatsächlichen Veränderungsprozeß auf den Kopf stellt:

> Tatsächlich wird das individuelle Verhalten wesentlich von den Rollen geprägt, welche die Leute in der Organisation spielen. Die wirkungsvollste Methode zur Änderung des Verhaltens besteht daher darin, die Menschen in einen neuen Organisationskontext zu stellen, der ihnen neue Rollen, Verantwortlichkeiten und Beziehungen zuteilt. So entsteht eine Situation, die den Menschen in gewissem Sinn neue Einstellungen und Verhaltensweisen „aufzwingt".

Beer schlägt sechs Schritte zu wirkungsvoller Veränderung vor; diese konzentriert sich auf das, was er als „Aufgabenanpassung" bezeichnet – als Neugestaltung der Rollen, Verantwortlichkeiten und Beziehungen der Mitarbeiter, welche in kleinen Einheiten, in denen die Ziele und Aufgaben klar definiert werden können, spezifische Probleme lösen sollen. In einander überschneidenden Schritten wird das Ziel verfolgt, einen sich selbst nährenden Kreislauf aus Engagement, Koordination und Kompetenz zu erzeugen. Die Schritte sind:

1. Schaffen Sie durch die gemeinsame Analyse der Probleme ein Bekenntnis zur Veränderung.
2. Entwickeln Sie eine gemeinsame Vorstellung von der idealen Organisations- und Managementmethode, um Ziele wie etwa eine größere Wettbewerbsfähigkeit zu erreichen.
3. Stellen Sie einen Konsens bezüglich der neuen Vision her, schaffen Sie Kompetenz für die Verwirklichung und Zusammenhalt für die Inangriffnahme dieser Vision.

4. Erneuern Sie sämtliche Abteilungen, ohne diese Erneuerung von oben aufzuzwingen – erzwingen Sie nichts, sondern lassen Sie jede Abteilung ihren eigenen Weg zur neuen Organisation finden.
5. Institutionalisieren Sie die Erneuerung durch formale Richtlinien, Systeme und Strukturen.
6. Überwachen Sie die Strategien und adjustieren Sie sie, wenn im Erneuerungsprozeß Probleme auftreten.

Der von Michael Beer und seinen Kollegen vorgeschlagene Ansatz ist von fundamentaler Bedeutung für ein wirksames Management der Veränderung. Er kann mit den unten angeführten Richtlinien verknüpft werden.

LEITFÄDEN FÜR DAS VERÄNDERUNGSMANAGEMENT

- Die Durchsetzung nachhaltiger Veränderungen erfordert starkes Engagement des Topmanagements und visionäre Führung.
- Es bedarf der Einsicht in die Kultur der Organisation und in die erfolgversprechenden Veränderungshebel.
- Die auf den verschiedenen Ebenen mit dem Management der Veränderung befaßten Personen sollten genügend Einsatzfreude und geeignete Führungsqualitäten mitbringen, um der Situation der Organisation und ihren Veränderungsstrategien zu entsprechen.
- Es ist wichtig, daß ein Arbeitsumfeld geschaffen wird, das den Wandel erleichtert. Das bedeutet, daß die Firma zu einer „lernenden Organisation“ gemacht wird (siehe Kapitel 20, Seite 166ff.).
- Es mag zwar eine allgemeine Veränderungsstrategie geben, aber der Wandel wird am besten schrittweise in Angriff genommen (ausgenommen unter Krisenbedingungen). Das Veränderungsprogramm sollte in durchführbare Segmente unter-

teilt werden, für die man den Mitarbeitern konkrete Verantwortung übertragen kann.

- Das Belohnungssystem sollte Innovationen anregen und erfolgreiche Veränderungsbemühungen honorieren.
- Veränderung bedeutet stetige Aktivität über einen langen Zeitraum hinweg und „erfordert möglicherweise die beharrliche Fortsetzung fehlgeschlagener Bemühungen oder langsame schrittweise Anpassungen, die dann kleine Durchbrüche ermöglichen" (Pettigrew und Whipp).
- Veränderung wird immer sowohl Erfolge als auch Fehlschläge beinhalten. Man muß mit Mißerfolgen rechnen und aus ihnen lernen.
- Argumente und Daten, die stichhaltig beweisen, daß es einer Veränderung bedarf, sind die wirkungsvollsten Instrumente, um den Wandel herbeizuführen. Es ist allerdings leichter, die Notwendigkeit von Veränderungen festzustellen, als über den richtigen Weg zu Verbesserungen zu entscheiden.
- Es ist leichter, durch Änderung von Abläufen, Strukturen und Systemen das Verhalten zu ändern, als die Einstellungen oder die Unternehmenskultur zu modifizieren.
- Es gibt in einem Unternehmen immer Leute, welche die mit Veränderungen einhergehenden Herausforderungen und Chancen begrüßen. Diese Personen sollten zu Protagonisten der Veränderung gemacht werden.
- Widerstand gegen Veränderung ist unvermeidlich, wenn die betroffenen Personen den Eindruck gewinnen, die Veränderung werde ihre Lage direkt oder indirekt verschlechtern. Diese Reaktion wird durch ungeschicktes Veränderungsmanagement ausgelöst.
- In einer von globalem Wettbewerb, rasanter technologischer Innovation, Turbulenz, Diskontinuität und sogar chaotischen Entwicklungen geprägten Ära ist Veränderung unvermeidlich und notwendig. Das Unternehmen muß alles in seiner Macht stehende tun, um seinen Mitarbeitern deutlich zu machen, warum Veränderung unverzichtbar ist und wie sich diese auf die gesamte Organisation auswirken wird. Darüber hinaus

muß alles getan werden, um die Interessen der von der Veränderung Betroffenen zu wahren.

Vergleiche auch Kapitel 45 über das Management von Änderungen der Unternehmenskultur.

EIN BEKENNTNIS ZUM WANDEL GEWINNEN

All diese Leitfäden weisen in eine bestimmte Richtung: Ist einmal festgestellt, warum Veränderungen notwendig sind und welche Ziele mit welchen Maßnahmen erreicht werden sollen, so gilt es, ein Bekenntnis aller Betroffenen zur vorgeschlagenen Veränderung zu gewinnen.

Eine Strategie zur Gewinnung eines Bekenntnisses zur Veränderung sollte aus folgenden Phasen bestehen:

1. *Vorbereitung*. In dieser Phase werden die Personen, die von der vorgeschlagenen Veränderung wahrscheinlich betroffen sein werden, angesprochen, um ihnen das Veränderungsvorhaben nahezubringen.
2. *Akzeptanz*. In der zweiten Phase werden die Mitarbeiter über das Veränderungsziel, über die geplante Implementierungsstrategie und über die Auswirkungen der Veränderung auf die Betroffenen informiert. Ziel ist es, ein Verständnis für die Bedeutung der Veränderung zu gewinnen und eine positive Reaktion auszulösen. Das gelingt am ehesten, wenn
   - die Mitarbeiter den Eindruck gewinnen, daß sich die Veränderung mit Auftrag und Werten des Unternehmens deckt;
   - die Veränderung nicht als Bedrohung betrachtet wird;
   - die Veränderung geeignet erscheint, den Bedürfnissen der Betroffenen zu entsprechen;
   - es einen überzeugenden und einleuchtenden Grund für Veränderungen gibt;
   - die Betroffenen entsprechend dem Prinzip, daß die Menschen verteidigen, was sie selbst aufgebaut haben, in die

Planung und Implementierung des Veränderungsprogramms eingebunden werden;
- vereinbart wird, daß geeignete Schritte unternommen werden, um mögliche nachteilige Auswirkungen der Veränderung aufzufangen.

Möglicherweise ist es schwierig oder sogar unmöglich, diese Anforderungen zu erfüllen. Daher sollten die Probleme nicht unterschätzt werden, die bei dem Versuch auftreten, ein Bekenntnis zur Veränderung zu gewinnen.
In dieser Phase kann man beobachten, inwieweit die Reaktionen positive oder negative sind, und entsprechende Schritte unternehmen.
Auch müssen die ursprünglichen Pläne in dieser Phase möglicherweise in Reaktion auf legitime Vorbehalte oder neue Überlegungen modifiziert werden.

3. *Bekenntnis.* In der dritten Phase wird die Veränderung durchgesetzt und findet Eingang in die Betriebsabläufe. Der Veränderungsprozeß und die Reaktionen der Mitarbeiter müssen beobachtet werden. Verzögerungen, Rückschläge, unvorhergesehene Probleme und negative Reaktionen der mit der Veränderungsrealität konfrontierten Personen sind unvermeidlich. Vorbehalte der Mitarbeiter müssen aufgegriffen werden, damit man berechtigter Kritik entsprechen oder aber begründen kann, warum die Veränderung wie geplant fortgesetzt werden sollte.
Im Anschluß an die Implementierung geht es darum, die Veränderung in die Betriebsabläufe zu integrieren, da sich ihr Wert erst in der praktischen Umsetzung erweist. In dieser Phase fällt die Entscheidung darüber, ob das Veränderungsprogramm fortgesetzt, modifiziert oder abgebrochen werden soll. Auch hier sollten die Ansichten der Betroffenen berücksichtigt werden.
Nachdem die erforderlichen weiteren Modifikationen stattgefunden haben, wird die Veränderung schließlich institutionalisiert und verwandelt sich in einen festen Bestandteil von Kultur und Arbeit des Unternehmens.

FALLSTUDIE

Change Management in der Benefits Agency (Sozialversicherungsbehörde)

Ann Robinson, frühere Leiterin der Benefits Agency, berichtete auf einer Konferenz im Jahr 1993, wie sie den Veränderungsprozeß in der Benefits Agency leitete:

Die Benefits Agency wurde 1991 als eine Next Steps Agency gegründet. Sie erbte eine sehr große Organisation mit 60.000 Mitarbeitern, hatte ein jährliches Verwaltungsbudget von zwei Milliarden Pfund und zahlte im Jahr 60 Milliarden Pfund an Leistungen aus.

Die alte Organisation hatte eine Reihe von Veränderungen einschließlich einer großen Sozialleistungsreform und einer Umstellung auf computergestützte Bearbeitung erlebt. Sie hatte kein Interesse daran, in eine Next Steps Agency umgewandelt zu werden, und sie hatte kein Interesse an weiteren Veränderungen. In der gesamten Organisation bestand erheblicher Widerstand gegen Veränderungen, und wer wollte es den Leuten verübeln? Die Mitarbeiter wollten wissen, was mit ihnen geschehen sollte und fürchteten sich vor Stellenstreichungen. Es herrschte keine geeignete Atmosphäre für Veränderungsbemühungen.

Aber die Regierung hatte klare Erwartungen. Die Benefits Agency war die größte der Next Steps Agencies, und die Politik der Regierung war auf ihren Erfolg angewiesen. Des weiteren war klar, daß wir aus zwei Gründen ins Leben gerufen worden waren: Erstens sollten wir bessere Dienstleistungen erbringen, und zweitens sollten wir mehr für das Geld leisten.

Das Image der Organisation war schlecht, und das durchaus zu recht. Es war schlecht, weil an zahlreichen Standorten ein minderwertiger und ineffizienter Service erbracht wurde, insbesondere in Gebieten wie London.

Es mußte also zu Veränderungen kommen, und man erwartete von uns, daß wir bereits im ersten Jahr einen signifikanten Umschwung herbeiführten. Dazu mußten rasch eine Reihe von Schritten unternommen werden, die ich nun beschreiben möchte.

Organisation

Der erste Schritt bestand darin, die Struktur von überflüssigem Fett zu befreien. Viele Leute vertreten die Auffassung, die Struktur solle nicht angerührt werden, solange Dinge wie Zukunftsperspektive, Werte und Strategie nicht geklärt seien. In den meisten Fällen haben sie damit recht. Aber unsere Aufgabe war es, eine neue Organisation zu schaffen; also ergriffen wir die Gelegenheit, zwei Managementebenen zu beseitigen. Zu diesem Zeitpunkt war das unerläßlich, denn wir wußten, daß wir die Dezentralisierung vorantreiben mußten, wenn wir dort, wo es darauf ankam – im Kundenkontakt – für eine effektive Problemlösung und Entscheidungsfindung sorgen wollten. Die Leute im Kundenkontakt brauchten die Freiheit, ihre Tätigkeit selbst zu definieren und den erforderlichen Service zu erbringen, und das Gefühl, einen wirklichen Anteil an der Organisation zu haben.

Risikobereitschaft und Innovation

Einer der vorrangigen Gründe dafür, daß wir diesen Zugang wählten, lag darin, daß er Risikobereitschaft und Innovationsgeist fördern würde. Und es war unbedingt notwendig, engen Kontakt zu den Kunden zu suchen, verständnisvoll und schnell auf ihre Bedürfnisse zu reagieren und sie nicht zu zwingen, sich bürokratischen Zwängen unterzuordnen.

Kultureller Wandel

Diese Entwicklungen bildeten den Rahmen für die kulturelle Veränderung. In der alten Organisation herrschte eine bürokratische, defensive Kultur der Vorsicht und der Innenorientierung. Wir wollten jedoch eine nach außen gerichtete und kundenorientierte Kultur der Verantwortung gegenüber der Allgemeinheit. Generell wird angenommen, daß eine Veränderung der Kultur ein langwieriger und langsamer Prozeß ist. Aber wir mußten wirklich rasch eine Veränderung herbeiführen – im ersten Jahr mußte ein sichtbarer Fortschritt erzielt werden.

Der Antrieb war vorhanden – eine Notwendigkeit, als Next Steps Agency einen vollkommen anderen Zugang zu finden. Ein rascher kultureller Wandel wird durch eine äußere Bedrohung oder äußeren Druck begünstigt.

Wir konnten es uns nicht leisten, uns für die Veränderung vier oder fünf Jahre Zeit zu nehmen. Wir mußten das in Angriff nehmen, was uns erreichbar erschien, wobei uns klar war, daß wir es möglicherweise nicht alles erreichen würden. Wir mußten ganz klar sagen, was getan werden mußte und wie wir es tun wollten.

Die Schlüsselbausteine

Eine klare Vision

Eine klare Vision gehört zu den wichtigsten Bausteinen. Rückblickend waren wir diesbezüglich nicht von Anfang an erfolgreich, aber wir waren auf dem richtigen Weg, als ich meinen „One Stop Shop“* einführte, einen ganzheitlichen Zugang zur Leistungserbringung.

Transparenz

Der neue Leiter legte besonderen Wert auf deutliche Transparenz gegenüber den Mitarbeitern. Wenn man die Leute in der alten Organisation nach dem Namen des Organisationsleiters gefragt hätte, wären sie nicht in der Lage gewesen, ihn zu nennen. Die Organisation war zu diffus.

Werte

Wir erarbeiteten klare Werte für:

- Kundendienst, Reaktionsfähigkeit und Flexibilität
- Mitarbeiterbetreuung
- Gegenleistung für das Geld

---

* Etwa: Alles-auf-einmal-Service

- Leistungsorientierung – Wertschätzung für Mitarbeiter, die Resultate erbringen

Es war nicht genug, die zentralen Werte lediglich zu formulieren. Sie mußten in die Tat umgesetzt werden. Um diese Werte im Bewußtsein der Mitarbeiter zu verankern, hoben wir den Stellenwert der Kommunikation und unterstrichen ihre Bedeutung durch unser eigenes Verhalten.

Kapitel 5

Coaching

Coaching ist eine Methode, anhand derer Manager und Trainer den Mitarbeitern im persönlichen Kontakt „on the job“ helfen, ihre Fähigkeiten und Kompetenzen zu entwickeln. Als Manager haben Sie die Aufgabe, Menschen einzusetzen, um Resultate zu erzielen; das bedeutet, Sie tragen persönliche Verantwortung dafür, daß die Mitarbeiter die erforderlichen Fähigkeiten erwerben und entwickeln. Spezialisten für Training und Managemententwicklung können dabei helfen, aber da man in der praktischen Tätigkeit bei weitem am meisten lernt, liegt die Verpflichtung in erster Linie bei Ihnen.

Die Notwendigkeit von Coaching-Maßnahmen kann sich aus formellen oder informellen Leistungsüberprüfungen ergeben; aber auch im Rahmen der normalen Tätigkeit gibt es immer wieder Gelegenheiten für diese Form der Betreuung. Immer, wenn Sie einem Mitarbeiter eine neue Aufgabe übertragen, haben Sie die Chance, ihm dabei zu helfen, sich neue Kenntnisse oder Techniken anzueignen, die er braucht, um die Aufgabe erledigen zu können. Jedesmal, wenn Sie beurteilen, wie sich ein Mitarbeiter einer bestimmten Aufgabe entledigt hat, haben Sie Gelegenheit, ihm zu helfen, sich beim nächsten Mal zu verbessern. Wie man Feedback gibt, wird in Kapitel 25 beschrieben.

DER COACHING-PROZESS

Coaching bedeutet:

- den Mitarbeitern zu Bewußtsein zu bringen, auf welchem Niveau sich ihre Leistungen befinden. Zu diesem Zweck stellt man anhand von Fragen fest, inwieweit ihr Vorgehen durchdacht ist;

- kontrolliert zu delegieren – sorgen sie dafür, daß die Mitarbeiter nicht nur wissen, was von ihnen erwartet wird, sondern auch verstehen, was sie wissen und können müssen, um die Aufgabe zufriedenstellend zu erledigen. Das gibt Ihnen eine Möglichkeit, von vorneherein lenkend einzugreifen – spätere Lenkungsversuche werden möglicherweise als Einmischung betrachtet;
- jede Gelegenheit zur Förderung von Lernprozessen wahrzunehmen;
- die Mitarbeiter zu ermutigen, die übergeordneten Probleme zu sehen und sich zu überlegen, wie sie in Angriff genommen werden sollten.

COACHING-FÄHIGKEITEN

Coaching ist dann am wirkungsvollsten, wenn
- der Coach versteht, daß seine Funktion darin besteht, die Lernbemühungen anderer zu fördern;
- die betroffenen Mitarbeiter motiviert sind – sie sollten sich der Tatsache bewußt sein, daß das Niveau ihrer Kenntnisse oder Fähigkeiten beziehungsweise ihr Verhalten verbessert werden muß, damit sie ihre Arbeit zur eigenen Zufriedenheit und zu der ihrer Vorgesetzten erfüllen können;
- die Mitarbeiter zu dem hingeführt werden, was sie lernen sollten, und daß sie Feedback bezüglich ihrer Lernergebnisse erhalten;
- der Lernprozeß nicht passiv, sondern aktiv ist – die gecoachten Personen müssen von ihrem Coach aktiv einbezogen werden;
- der Coach den betreuten Mitarbeitern zuhört, um ihre Wünsche und Bedürfnisse zu verstehen;
- der Coach einen konstruktiven Ansatz wählt, welcher auf Stärken und Erfahrung aufbaut.

GEPLANTES COACHING

Das Coaching kann informell sein, aber es muß geplant sein. Coaching bedeutet nicht, lediglich von Zeit zu Zeit zu überprüfen, was die Mitarbeiter tun und sie dahingehend zu beraten, was sie besser machen können. Es bedeutet auch nicht, den Mitarbeitern gelegentlich vorzuhalten, was sie falsch gemacht haben, um ihnen dann eine übertriebene Lektion mit erhobenem Zeigefinger zu erteilen. Das Coaching sollte, sofern dies möglich ist, im Rahmen eines umfassenden Plans erfolgen, der die Bereiche beinhaltet, in denen die Mitarbeiter von einer Weiterentwicklung profitieren können. Coachingpläne können und sollten in die allgemeinen Entwicklungspläne eingebettet sein, die in einer Leistungsvereinbarung (siehe Kapitel 25) festzuhalten sind.

DER MANAGER ALS BETREUER

Coaching versetzt Sie, sofern Sie die erforderlichen Fähigkeiten und das nötige Engagement mitbringen, in die Lage, Motivation, Struktur und effektives Feedback zu vermitteln. Gute Manager, die coachen, sind von den Möglichkeiten ihrer Mitarbeiter überzeugt und glauben, daß sie zu diesem Erfolg beitragen können. Sie sind in der Lage festzustellen, was die Mitarbeiter können müssen, um ihre Leistung zu verbessern. Sie müssen dies als wichtigen Teil ihrer Funktion begreifen – als jenen Prozeß des Empowerment, der sich auf die Lernerfordernisse konzentriert.

Kapitel 6

Controlling

Grundsätzlich wollen Sie zwei Bereiche kontrollieren – Input und Output – sowie deren Verhältnis zueinander, also Produktivität oder Leistung. Alle Manager kennen Murphy's Law: Wenn etwas schiefgehen kann, wird es das tun; und von den Dingen, die nicht schiefgehen können, werden es dennoch einige tun.

Ziel einer guten Kontrolle ist es, Ihre Planung so weit als möglich vor der Wirkung dieser Gesetzmäßigkeiten zu schützen. Schwachstellen müssen entdeckt werden, bevor es zu spät ist. Zufällen, die nur darauf warten, einzutreten, muß vorgegriffen werden. Vorbeugen ist besser als Heilen.

GRUNDVORAUSSETZUNGEN EINER KONTROLLE

Controlling ist relativ. Es orientiert sich nicht nach absoluten Werten, sondern unterscheidet nur zwischen guter und nicht so guter Leistung.

Meßbarkeit ist die Basis einer Kontrolle. Sie setzt voraus, daß über das zu Erreichende exakte Informationen vorhanden sind, denn sie dienen als Vergleichsbasis für das, was erreicht werden „sollte", sowie für vergangene Leistungen. Aber damit wird nur der Anfang gemacht. Gute Kontrolle zeigt außerdem Verantwortungsbereiche und die richtige Vorgangsweise auf.

Effektive Kontrolle

Wenn Sie gutes Controlling ausüben wollen, müssen Sie

1. ihre Zielerreichung planen,
2. laufend Ergebnisse messen,

3. aktuelle Leistungen mit Soll-Leistungen vergleichen,
4. in Aktion treten, sobald aus dieser Information neue Möglichkeiten ersichtlich werden und um Abweichungen vom Plan zu korrigieren.

Bedenken Sie, daß Controlling nicht ausschließlich den Zweck hat, berichtigend einzugreifen. Es hat auch seine positiven Seiten – die eingeholte Information kann dazu beitragen, die Leistungen zu verbessern und zu steigern.

Probleme des Controllings

Es ist nicht einfach, ein gutes Controlling aufzubauen. Zwei Dinge sind wesentlich:

- Zielsetzungen, Normen und Budgets müssen fair und den Umständen entsprechend erstellt werden. (Bei beschränkter Quantifizierbarkeit oder Prognostizierbarkeit könnte das schwierig sein.)
- Entscheiden, welche Informationen für die Kontrollzwecke wesentlich sind, sowie Berichte verfassen, die die Information an all jene weiterleiten, die sie benötigen, um den weiteren Aktionsverlauf zu bestimmen. Das ist deshalb problematisch, weil zu viele Kontrollsysteme eine Übersättigung durch unverdaubare Datenmengen verursachen, die dann den falschen Personen zukommen und keine Maßnahmen zur Folge haben. Man kann zu wenige Informationen haben oder auch einen Informationsoverkill verursachen. Überdies neigen manche Menschen dazu, die guten Ergebnisse in ihren Berichten hervorzuheben und die schlechten zu verbergen. Jedenfalls kann es sein, daß die Zahlen nicht die ganze Wahrheit enthalten.

Überwindung des Problems

Für ein gutes Controlling sind fünf Schritte entscheidend:

1. Entscheiden Sie, was Sie kontrollieren wollen.
2. Entscheiden Sie, wie Sie Leistungen messen und überprüfen werden.

3. Führen Sie eine Kennzahlenanalyse durch, um Vergleiche herzustellen sowie Abweichungen und Probleme zu erkennen.
4. Entwerfen Sie ein Frühwarnsystem.
5. Gehen Sie nach dem Prinzip „Management by Exception“ vor.

INPUT-OUTPUT-ANALYSE

Wenn Sie Input und Output und demnach Produktivität kontrollieren, müssen Sie sich einen Überblick verschaffen. Es hat keinen Sinn, sich auf die Inputs zu konzentrieren, die in erster Linie in Kosten ausgedrückt werden, wenn Sie nicht gleichzeitig den Output dieser Ausgaben und die Wirksamkeit der Kosten untersuchen. Untersuchungen von Nutzen und Kostenwirksamkeit sind ein wesentlicher Bestandteil des Controllingprozesses.

Inputkontrolle

Wenn Sie die Inputs kontrollieren, sollte die Leistung folgender Aspekte gemessen und bewertet werden:

- Geld – seine Produktivität, der Zahlungsfluß, die Liquidität und ihre Erhaltung. Es muß Ihnen bekannt sein, wie der Ertrag Ihrer Investitionen im Vergleich zum Ertrag, den Sie anstreben, ausfällt.
  Sie sollten dafür sorgen, daß Sie genügend Bargeld und verfügbares Kapital zur Verfügung haben, um den Betrieb zu führen. Cash-flow-Analysen sind wesentlich. Eine der goldenen Managementregeln wurde von Robert Heller aufgestellt: „Cash-Eingänge müssen höher ausfallen als Cash-Ausgänge.“
  Sie müssen Geldmittel für die Finanzierung zukünftiger Absatz- und Entwicklungsprojekte sowie Kapitalanlagen zur Verfügung haben.
  Die Firmenleitung muß laufend informiert werden, wie effektiv die Finanzierungsquellen für die Produktion von Gütern, Dienstleistungen und die Gewinnverwendung genutzt werden.

Das erfordert eine kontinuierliche und genaue Kontrolle der direkten und indirekten und der allgemeinen Kosten.

- Menschen – die Effektivität der Mitarbeiter, die Sie ausgehend von ihren Qualitäten und Leistungen beschäftigen.
- Material – seine Verfügbarkeit, sein Zustand, seine Austauschbarkeit sowie sein Ausschuß und Abfall.
- Ausstattung – Nutzung und Kapazität der Maschinen.

Outputkontrolle

- Quantitative Kontrollmaßnahmen – die Einheiten, die produziert oder verkauft wurden, die Anzahl der zur Verfügung gestellten Dienstleistungen, die Höhe des Verkaufsumsatzes und die Gewinne, die erzielt wurden. Die Messung der Schlüsselleistungen wird von Unternehmen zu Unternehmen variieren. Die wichtigsten Indikatoren für Erfolg oder Mißerfolg müssen in Form von Analysen herausgearbeitet werden.
- Qualitative Maßstäbe – die Leistung eines Unternehmens (z. B. einer öffentlichen Einrichtung) oder einer nichtproduzierenden Abteilung innerhalb eines Unternehmens (z. B. die Personalabteilung). In diesen Bereichen ist es schwieriger, geeignete Leistungsmaßstäbe zu finden, doch es sollte nicht unversucht bleiben.

Produktivitätskontrolle

Produktivität ist das Verhältnis zwischen Input und Output. Kosten-Nutzen-Untersuchungen sind insofern Produktivitätsstudien, als sie feststellen, welcher Nutzen (Ertrag) aus einem gegebenen Kostenfaktor (Leistung) gezogen werden kann.

Produktivität wird in Form von Verhältniszahlen ausgedrückt. Eine Produktivitätskennzahl kann wie folgt ermittelt werden:

$$\text{Produktivitätskennzahl} = \frac{\text{Output}}{\text{Input}} = \frac{\text{erzielte Leistung}}{\text{eingesetzte Mittel}}$$

KENNZAHLENANALYSE

Einheiten als Prozentsätze oder als Verhältnis zu anderen Einheiten auszudrücken ist die beste Methode, um Inputs, Outputs, Produktivität und die finanziellen Ressourcen der Firma im allgemeinen zu messen und zu steuern. Kennzahlen sollten jedoch nicht isoliert behandelt werden. Sie sollten immer den Bezug zwischen vergangenen und gegenwärtigen Leistungen herstellen. Und Sie sollten Ihre betriebsinternen Kennzahlen mit anderen Unternehmen der Branche vergleichen. Doch vor allem sollten Sie Ist-Kennzahlen mit den Plan-Kennzahlen vergleichen.

Es ist wesentlich, Schlüsselindikatoren für Ihr Unternehmen zu suchen und durch Kennzahlen auszudrücken. Zu diesem Zweck müssen Sie freilich nicht seitenweise Kennzahlen sammeln, doch wenn Sie eine Reihe von Kennziffern vor sich haben, sollten Sie wissen, welche Zahl mit welcher zu dividieren ist, um zu erfahren, was tatsächlich passiert. Es reicht nicht aus, bloß zu wissen, um wieviel der Absatz im letzten Quartal gestiegen ist. Sie müssen auch wissen, wie sich die Anzahl der Vertreter und das Verkaufsvolumen je Vertreter während dieses Quartals im Vergleich zum letzten Quartal und zum Vergleichquartal des Vorjahres verändert hat.

Die wichtigsten Kennzahlen für Finanz und Produktivität werden nachfolgend beschrieben.

Kapitalrentabilität

Dieser Wert wird normalerweise als Nettogewinn im Verhältnis zum eingesetzten Kapital ausgedrückt. Er teilt Ihnen mit, wie rentabel eine Investition ist. Aus der Sicht der Aktionäre gilt dies für das gesamte Unternehmen, für einen Teil des Unternehmens oder für die Rentabilität einer bestimmten Investition. Verglichen mit der Rentabilität, die Sie mit alternativen Investitionen erzielen könnten, erhalten Sie das Verhältnis, in dem die Investition gerechtfertigt ist.

Daraus läßt sich eine Analyse der Opportunitätskosten ableiten, jener Kosten also, die sich aus dem Vergleich mit den erwarteten Gewinnen oder Verlusten einer anderwertigen Investition oder Maßnahme ergeben. Anders ausgedrückt hieße dies: Wenn Sie eine Entscheidung unterlassen oder eine Gelegenheit nicht wahrgenommen haben, die ein besseres Ergebnis produziert hätte, als die von Ihnen getroffene Entscheidung, dann drückt sich der verlorene Ertrag in Form von „Opportunitätskosten" aus.

Wenn Sie die Rentabilität des Kapitaleinsatzes analysieren, versäumen Sie es nicht, die Grundlagen, von denen die Zahlen ausgehen, nachzuprüfen, um sicherzugehen, daß Sie Gleiches mit Gleichem vergleichen. Zu einer Analyse des Kapitaleinsatzes gehören üblicherweise das Aktienkapital, Rücklagen und Rückstellungen (ausgenommen kurzfristige Rückstellungen), langfristige Darlehen und Bankverbindlichkeiten. Die Rentabilitätszahl wird normalerweise Nettogewinn genannt, wobei Zinsen und Kapitalertragsteuer nicht enthalten sind.

Steuern werden deshalb nicht berechnet, weil ihre Sprunghaftigkeit einen alljährlichen Vergleich der Angaben behindert. Die Zinsen werden ausgeklammert, da ihre Miteinberechnung bedeuten würde, daß die Rentabilität gemessen wird, nachdem eine Rentabilität erzielt wurde. Denken Sie daran, daß Vergleiche verzerrt werden können, wenn es nur geringes bilanziertes Anlagevermögen gibt, wenn zum Beispiel die Mobilien und Immobilien gemietet oder geleast sind.

Handels-Rentabilitätskennzahlen

Hier wird die Rentabilität des Unternehmens als Handelsunternehmen gemessen. Ihre Kennzahl lautet:

$$\frac{\text{Nettohandelsgewinn (d. h. die Differenz zwischen Verkaufseinnahmen und -ausgaben)}}{\text{Verkaufserlös}}$$

Liquiditätskennzahlen

Liquiditätskennzahlen messen die kurzfristigen finanziellen Verbindlichkeiten eines Unternehmens – seine Fähigkeit, laufende Verbindlichkeiten fristgerecht zu erfüllen.

Die „laufende" Kennzahl wird wie folgt errechnet:

$$\frac{\text{Ungebundene Vermögenswerte (Aktien, Verbindlichkeiten und liquide Mittel)}}{\text{Laufende Verbindlichkeiten (Forderungen und Rückstellungen)}}$$

Wenn die aktuelle Kennzahl über 1: 1 beträgt, dann sind die laufenden Vermögenswerte höher als die laufenden Verbindlichkeiten. Wäre ein Unternehmen gezwungen, alle laufenden Verbindlichkeiten zu erfüllen, hätte es ausreichende laufende Vermögenswerte, um dem nachzukommen.

Für eine exakte Bewertung der Zahlungsfähigkeit eines Unternehmens erwies es sich jedoch am besten, bei den laufenden Vermögenswerten die Aktienbestände nicht zu berücksichtigen und nur die liquiden Vermögenswerte anzuführen. Denn wäre ein Unternehmen gezwungen, seine Aktienbestände plötzlich zu veräußern, ist es fraglich, ob es den angesetzten Wert erzielen könnte. Die Kennzahl wird dann so errechnet:

$$\frac{\text{Ungebundene Vermögenswerte ohne Aktien}}{\text{Laufende Verbindlichkeiten}}$$

Hier spricht man manchmal vom „Säuretest". Im idealen Fall sollte das Verhältnis zumindest 1: 1 betragen, doch manchmal ist ein Verhältnis, das diesen Wert 1: 1 nur annähernd erreicht, tragbar. Andererseits würde ein zu hohes Verhältnis bedeuten, daß ein Unternehmen von seinen finanziellen Möglichkeiten nicht ausreichend Gebrauch macht – Bargeld allein zeitigt keine großen Gewinne.

Lagerkennzahl

Ein Unternehmen, das zu hohe Lagerbestände hält, wird seine finanziellen Mittel als ungenutzte Vermögenswerte verschwenden. Zu geringe Lagerbestände reduzieren den Verkaufserlös, da die Kunden nicht bedient werden können.

Um zu erfahren, wieviel in Lagerbeständen gebunden ist, errechnen Sie die Kennzahl:

$$\frac{\text{Lager}}{\text{Ungebundene Vermögenswerte}}$$

Um den Lagerumschlag zu errechnen, lautet die Kennzahl:

$$\frac{\text{Verkauf}}{\text{Lagerbestand}}$$

Je höher der Lagerumschlag, desto besser. Wenn mit Gewinn verkauft wird, dann fällt der Erlös am Jahresende um so höher aus, je mehr verkauft wurde.

Andere finanzielle Kennzahlen

Sie können eine Reihe anderer finanzieller Kennzahlen anwenden. Die wahrscheinlich wichtigsten sind:

$$\frac{\text{Forderungen}}{\text{Durchschnittlicher Tagesumsatz}}$$

Hier wird gemessen, wie lang der Cash-flow des Unternehmens zur Kundenfinanzierung reicht, d. h. wie lange den Kunden Kredit gewährt werden kann.

$$\frac{\text{Forderungen}}{\text{Verbindlichkeiten}}$$

Sobald die Zahl der Gläubiger die der Schuldner übersteigt, könnte dies ein Zeichen für übermäßige Handelsaktivitäten des Unternehmens sein. Die Kennzahl für uneinbringliche Forderungen (uneinbringliche Forderungen zu Umsatz) ist ebenfalls aufschlußreich.

$$\frac{\text{Laufende Verbindlichkeiten (ungebundene Vermögenswerte minus Aktien)}}{\text{Gewinn vor Steuern und Zinsen}} \times 365$$

Das ist die laufende Liquiditätskennzahl. Sie zeigt an, wie viele Tage benötigt würden, um mit den laufenden Gewinnspannen das Defizit zwischen laufenden Verbindlichkeiten und liquiden Vermögenswerten auszugleichen.

Produktivitätskennzahlen

Die nützlichste Produktivitätskennzahl lautet:

$$\frac{\text{Ergebnisse}}{\text{Ressourcen}} \text{ d. h. } \frac{\text{Verkauf}}{\text{Angestellte}}$$

Andere wichtige Kennzahlen wären:

$$\frac{\text{Produzierte oder verarbeitete Einheiten}}{\text{Anzahl der Angestellten}}$$

$$\frac{\text{Wertschöpfung (d. h. Umsatz minus Umsatzkosten)}}{\text{Anzahl der Angestellten}}$$

$$\frac{\text{Gewinn nach Steuer}}{\text{Anzahl der Angestellten}}$$

Kostenkennzahlen

Kosten lassen sich am besten als Verkaufsprozentsatz ausdrükken. Daher muß grundsätzlich so vorgegangen werden:

$$\frac{\text{Gemeinkosten}}{\text{Umsatz}} \times 100$$

Oder:

$$\frac{\text{Lohnkosten}}{\text{Umsatz}} \times 100$$

$$\frac{\text{Materialkosten und zugekaufte Halbfertigprodukte}}{\text{Umsatz}} \times 100$$

$$\frac{\text{Verkaufsaufwendungen}}{\text{Umsatz}} \times 100$$

Anwendung der Kennzahlen

Wenden Sie die Kennzahlen so an, wie Sie es mit allen anderen Zahlenangaben tun würden. Sie sind nichts anderes als Indikatoren. Für sich belassen, erzählen sie nicht die ganze Geschichte. Sie müssen weiter vordringen. Ein Kennzahl ist nur ein Symptom. Es gilt, die echte Ursache einer Abweichung oder eines Problems ausfindig zu machen.

KONTROLLSYSTEME

Der Nutzen eines Kontrollsystems

Ihre Grundvoraussetzung sind Berichte, die gute und schlechte Leistungsbereiche eindeutig kenntlich machen, damit entsprechend vorgegangen werden kann.

Für höhere Führungsebenen eignen sich „Ausnahmeberichte", damit deutliche Abweichungen, auf die reagiert werden muß, rechtzeitig erkannt werden. Hier wird es auch notwendig sein, Soll-Ist-Vergleiche und Trends zusammenzufassen, obwohl auf diese Weise zugrundeliegende Abweichungen, die in einem Ausnahmebericht klar hervorgegangen wären, verborgen bleiben.

Die Berichte selbst sollten

- exakte, gültige und zuverlässige Maßzahlen enthalten; ermöglichen Sie einen direkten und einfachen Vergleich zwischen geplanten und tatsächlichen Leistungen;
- Trends analysieren, wobei die Leistung eines Quartals mit jener des vergangenen Quartals oder desselben Quartals des Vorjahres verglichen und, wenn möglich, das Jahr bis zum laufenden Datum zusammengefaßt wird;

- jener Person zukommen, die für den jeweiligen Bereich verantwortlich ist;
- zeitgerecht fertig werden, um nötige Schritte in die Wege zu leiten;
- Erklärungen enthalten, die kurz und bündig auf jede Abweichung vom Plan eingehen.

Maßzahlen

Messungen sind an sich nichts Schlechtes, dennoch sollte allen Angaben mit Vorsicht begegnet werden. Sie könnten mehr verbergen, als sie aufzeigen. Die Schwachpunkte, die es zu beachten gilt, sind:

- Nichtrepräsentative Berichte – ausgewählte Daten, die die Schlüsselbereiche nicht enthalten, verbergen ungünstige Ergebnisse oder betonen die günstigen Leistungen zu stark.
- Gleiches wird nicht mit Gleichem verglichen – das „Apfel-und-Birnen-Syndrom". Zum Beispiel werden in Trends oder Prognosen Veränderungen oder neue Faktoren, die seit der Einholung der Basisinformation die Situation verändert haben oder verändern werden, nicht berücksichtigt.
- Es wird nicht von einer gemeinsamen Basis ausgegangen. Dies ist eine Variante des Problems „Gleiches-mit-Gleichem". Trendgegenüberstellungen sollten sowohl hinsichtlich des Quartals als auch der in der Information enthaltenen Elemente von einer gemeinsamen Grundlage ausgehen.
- Irreführende Durchschnittswerte – Durchschnittswerte sind nicht immer eindeutig, sie könnten Leistungsextreme verbergen, die wichtig sind.
- Unbeabsichtigte Irrtümer – simple Fehler, die bei Kalkulationen, Präsentationen oder Beobachtungen unterlaufen.
- Kontextfremde Maßzahlen – beinahe jede singuläre Messung wird von anderen Maßzahlen beeinflußt oder läßt sich nicht von ihnen trennen. Isolierte Angaben können bedeutungslos sein. Sie müssen sich der Beziehungen und zugrundeliegenden Einflüssen bewußt sein.

MANAGEMENT BY EXCEPTION

Management by Exception ist ein System, das nur dann Alarm schlägt, wenn die Aufmerksamkeit des Managers erforderlich ist. Das Prinzip wurde vom Vater des wissenschaftlichen Managements, Frederick Taylor, erfunden. 1911 schrieb er:

> Unter dem Ausnahmeprinzip sollte der Manager nur kondensierte, zusammengefaßte und gleichbleibend komparative Berichte erhalten, die jedoch alle für das Management relevanten Elemente enthalten sollten. Bevor sie der Manager erhält, sollten sie noch einmal von einem Assistenten sorgfältig überprüft werden. Alle Ausnahmen gegenüber den vergangenen Durchschnittswerten und Standards, und zwar sowohl die außergewöhnlich guten als auch die außergewöhnlich schlechten Abweichungen, sollten deutlich hervorgehoben werden. Der Entscheidungsträger sollte sich daher in nur wenigen Minuten ein eindeutiges Bild über die erzielten Fortschritte oder Rückschläge machen können und den nötigen Freiraum haben, um den eingeschlagenen Kurs flächendeckender zu überdenken und das Wesen und die Qualitäten seiner wichtigen Mitarbeiter zu untersuchen.

Management by Exception erlaubt dem Manager, sich auf das Wesentliche zu konzentrieren. Der Mitarbeiter erhält für seine Arbeit mehr Spielraum und weiß, daß ungewöhnliche Ereignisse nach oben weitergeleitet werden.

Zu entscheiden, worin eine Ausnahme besteht, ist an sich schon eine nützliche Übung. Schlüsselereignisse und Maßnahmen müssen selektiert werden, die gute, schlechte oder indifferente Ergebnisse aufzeigen und ersichtlich machen, ob die Leistung nach Plan verläuft oder nicht.

Die selektierten Indikatoren oder Kennzahlen können untersucht werden, damit die Bedeutung von Veränderungen und Trends rechtzeitig verstanden wird. Was jedoch noch wichtiger ist: Potentielle Abweichungen und ihre Ursachen können analysiert und vorgemerkt werden. Untersuchungen werden dann rasch in die entsprechende Richtung gelenkt; die geeigneten Hilfsmaßnahmen folgen auf den Fuß.

Die meisten von uns hatten bereits die Gelegenheit, mit einem Chef oder Manager zu arbeiten, der aus einer Masse von Ziffern mit beinahe magischer Sicherheit die ausschlaggebende Abweichung oder falsche Angabe sofort entdeckt. Manchmal erinnert das an ein rein instinktives Vorgehen, das es freilich nicht ist. Solche Führungskräfte praktizieren die Kunst des Management by Exception, auch wenn sie das Kind kein einziges Mal beim Namen nennen. Sie wissen aufgrund ihrer Erfahrungen und analytischen Fähigkeiten, wie eine normale Leistung auszusehen hat. Sie haben die Fähigkeit, eine von der Norm abweichende Angelegenheit auf hundert Schritte Entfernung sofort zu erkennen. Sie „wissen" genau, welche Indikatoren wichtig sind, und suchen so lange, bis sie sie gefunden haben. Das ist eine Fähigkeit, die jeder entwickeln kann. Und es lohnt sich ohne Zweifel, sie sich anzueignen.

Kapitel 7

Counselling

Das Institute of Personnel Management beschreibt Counselling folgendermaßen: „Eine Aktivität am Arbeitsplatz, in der eine Person verschiedene Fähigkeiten und Techniken einsetzt, um einer anderen Person zu helfen, ihre beruflichen und persönlichen Entscheidungen in Eigenverantwortung zu treffen."

Counselling ist ein wichtiges Instrument zur Führung und Entwicklung der Mitarbeiter. Jeder Manager übt im normalen Arbeitsleben bestimmte Tätigkeiten aus, die als Counselling bezeichnet werden könnten. Dieses stellt also eine natürliche Komponente des Managements dar – eine alltägliche Aktivität, die entweder aus spontanem Feedback entstehen oder Teil einer formalen Leistungsüberprüfung (siehe Kapitel 25) sein kann.

Zu den wichtigsten Aufgaben des Managers gehört es, die Mitarbeiter anzuregen, die Verantwortung für ihre Weiterentwicklung zu einem Großteil selbst zu übernehmen. Das, was ein Mitarbeiter – mit einem gewissen Maß an Anleitung – selbst herausfindet, wird sich nachhaltiger auf sein Verhalten auswirken als jeder Rat, der ihm von einem Manager oder Trainer erteilt wird. Selbstverständlich muß der Manager klarstellen, was er von einem Mitarbeiter erwartet. Auch muß dafür gesorgt werden, daß der Mitarbeiter ausreichende Schulung und Anleitung erhält, um die an ihn gestellten Erwartungen erfüllen zu können. Es wird Gelegenheiten geben, bei denen man deutlich sagen muß, welche Ergebnisse man erwartet. Aber man wird die Kenntnisse und Fähigkeiten seiner Mitarbeiter nicht weiterentwickeln, wenn man ihnen lediglich *vorschreibt*, wie sie ihre Aufgaben zu erfüllen oder ihre Arbeitsprobleme zu lösen haben. Der Manager hat die Aufgabe, alles zu tun, um seinen Mitarbeitern „zu helfen, sich selbst zu helfen". Auf diese Art werden sie am besten lernen.

DER COUNSELLINGPROZESS

Das IPM untergliedert den Counsellingprozeß in drei Phasen:

- *Wahrnehmung und Verständnis* – die Hinweise auf Probleme und Aufgaben werden erkannt;
- *Empowerment* – die Mitarbeiter werden in die Lage versetzt, ihre Probleme oder ihre Situation zu erkennen, und ermutigt, sich dazu zu äußern;
- *Resourcing* – das Problem wird gemanagt; dies beinhaltet eine Entscheidung darüber, wer sich am besten als Betreuer eignet: der Manager, ein Spezialist oder ein externer Fachmann.

BETREUUNGSPHASEN

Egan schlägt für Counsellingaktivitäten folgende Schritte vor:

1. *Zuhören, verstehen und vermitteln.* In dieser Phase geht es darum, die Sichtweise des Mitarbeiters zu verstehen und ihm Verständnis zu signalisieren. Es findet keine Wertung statt; das Ziel besteht darin, dafür zu sorgen, daß beide Seiten die Situation gleich einschätzen.
2. *Das Bild verändern.* In der gemeinsamen Beschäftigung mit einem Problem kann die Perspektive der betroffenen Person verändert und eine Lösung für das Problem gefunden werden. Aber das ist nicht immer möglich, weshalb Sie als Counsellor möglicherweise zu den „härteren" Methoden der Herausforderung und Konfrontation greifen müssen. Respektieren Sie die Einschätzung des Mitarbeiters, und eröffnen Sie ihm eine neue Perspektive. Die einleitende Phase sollte eine Atmosphäre von Respekt und Offenheit geschaffen haben, womit es nun möglich wird, härter vorzugehen, um den Prozeß mit Blick auf konkrete Maßnahmen voranzutreiben.
3. *Implementierung von Maßnahmen.* In dieser Phase versetzen Sie den Mitarbeiter in die Lage, konkrete Schritte zu unternehmen. Sie helfen ihm, Maßnahmenpläne zu formulieren, und stehen ihm mit der erforderlichen Sachkenntnis und Anleitung

zur Seite. Ihre Aufgabe als Betreuer geht jedoch nicht so weit, daß Sie dem betreuten Mitarbeiter sagen sollten, was er zu tun hat. Sie müssen ihm dabei helfen, selbständig herauszufinden, was und wie es getan werden sollte. Dabei sollten Sie allerdings die erforderlichen Ressourcen in Form von Coaching, Schulungen oder besseren Arbeitseinrichtungen oder -systemen bereitstellen. Auch sollten Sie weiterhin für jede erdenkliche Anleitung und Hilfe bereitstehen.

COUNSELLING-FÄHIGKEITEN

Sie müssen folgende Counselling-Fähigkeiten entwickeln:

- *Problemidentifikation* – erkennen, daß es ein Problem gibt
- *Offene Befragung* – anhand von Fragen, die zu breiteren Ausführungen einladen, feststellen, wo der Kern des Problems liegt, anstatt sich auf seine Symptome zu konzentrieren
- *Zuhören* – die Fähigkeit, aktiv zuzuhören und anhand von Nachforschung, Beurteilung, Interpretation und Ermunterung ein umfassendes Bild zu gewinnen
- *Sensibilität* – für individuelle Überzeugungen und Wertvorstellungen, die möglicherweise zum Teil religiös oder kulturell verankert sind
- *In die Haut des anderen schlüpfen* – die Fähigkeit, das Problem mit den Augen des betreuten Mitarbeiters zu sehen
- *Einfühlungsvermögen* – Berücksichtigung der Empfindungen und Ängste des Betreuten
- *Unparteilichkeit* – die Fähigkeit, sich eines Urteils zu enthalten und darauf zu verzichten, Lösungen vorzuschreiben
- *Aufrichtigkeit* – echtes Interesse am betreuten Mitarbeiter und Offenheit für seine Probleme
- *Glaube* – daran, daß der Mitarbeiter die Mittel hat, um seine Probleme selbst zu lösen, wenn er dazu auch passive oder aktive Hilfe benötigt

Kapitel 8

Delegation

Sie können unmöglich alles selbst tun, daher müssen Sie delegieren. Auf den ersten Blick sieht Delegation einfach aus. Man teilt jemandem bloß mit, was man erledigt wissen möchte, und läßt es ihn dann tun. Aber ganz so einfach ist es freilich nicht.

Es kann zuweilen vorkommen, daß Sie am liebsten alles an Ihren Mitarbeiter delegieren wollen, außer jenen Dingen, die er nicht tun kann. Aber Sie können sich dann nicht einfach zurückziehen. Sie haben zwar arrangiert, daß jemand anderer die Arbeit tut, aber Sie haben deswegen nicht die Verantwortung gleich mit abgegeben. Ihrem Vorgesetzten gegenüber sind Sie für die Handlungen Ihrer Mitarbeiter immer verantwortlich. Das ist auch der Grund, warum häufig davon die Rede ist, daß Verantwortung nicht delegiert werden kann.

Delegieren ist schwierig. Es ist vielleicht sogar eine der schwierigsten Aufgaben im Management. Schwierig dabei ist, zwischen zu viel und zu wenig Delegation und zwischen übermäßiger und mangelhafter Überwachung abzuwägen. Wenn Sie jemandem einen Auftrag erteilen, sind Sie dafür verantwortlich, daß er auch erledigt wird. Dabei sollten Sie Ihrem Mitarbeiter jedoch nicht ständig im Nacken sitzen, Ihre eigene und seine Zeit verschwenden und im Weg herumstehen. Es muß eine ausgeglichene Mischung aus Vertrauen, Anleitung und Überwachung vorhanden sein.

VORTEILE DER DELEGATION

- Sie verschafft Ihnen bei Routinearbeiten und weniger kritischen Aufgaben Erleichterung.
- Sie gibt Ihnen Zeit für vorrangigere Aufgaben – für Planung, Organisation, Motivation und Controlling.

- Sie baut Ihre Führungskapazität aus.
- Sie beschleunigt den Entscheidungsprozeß – die Autorität muß jedoch innerhalb des Aktionsbereiches delegiert werden.
- Sie ermöglicht, daß Entscheidungen dort getroffen werden, wo die Details bekannt sind.
- Sie trägt entscheidend zur Weiterentwicklung der Mitarbeiter bei, da sie lernen, selbst Entscheidungen zu treffen, Arbeiten zu erledigen und Verantwortung zu übernehmen.

WANN DELEGIERT WIRD

Sie sollten delegieren, wenn

- Sie mehr Arbeit haben, als Sie selbst effektiv bewältigen können;
- Sie für Ihre vorrangigen Aufgaben nicht genügend Zeit haben;
- Sie Ihre Mitarbeiter weiterentwickeln wollen;
- die Arbeit von Ihrem Mitarbeiter auch erledigt werden kann.

WIE DELEGIERT WIRD

Wenn Sie delegieren, müssen Sie entscheiden

- was delegiert werden soll;
- an wen delegiert werden soll, wer die Arbeit tun soll;
- wie der Mitarbeiter informiert und angewiesen werden soll;
- wie Sie seine Leistung überwachen werden.

Was delegiert wird

Sie delegieren Aufgaben, die Sie nicht unbedingt selbst erledigen müssen. Sie entledigen sich nicht bloß der schwierigen, mühsamen oder undankbaren Aufgaben, noch sollte ein angenehmeres Leben ihr Ziel sein. Im Gegenteil, durch Delegation wird Ihr Leben zwar schwerer, aber auch lohnender.

Sie delegieren also Routine- und sich wiederholende Arbeiten, von denen nicht erwartet werden kann, daß Sie sie selbst tun – solange Sie die gewonnene Zeit produktiv verwerten.

Fachliche Aufgaben können ebenfalls delegiert werden, allerdings muß der, der sie übernimmt, Können und Know-how mitbringen. Sie können nicht alles selbst tun, noch kann von Ihnen erwartet werden, allwissend zu sein. Sie müssen wissen, wie vorhandene Expertisen ausgewählt und eingesetzt werden können. Aber Sie müssen dem Experten auch klarmachen können, was Sie wollen, und – wenn nötig unter Zwang – darauf bestehen, daß die Arbeit in einer nützlichen Form präsentiert wird. Dann werden Sie keine Probleme haben. Als Manager muß Ihnen klar sein, was der Spezialist für Sie tun kann. Sie sollten genügend Kenntnisse über ein Thema haben, um beurteilen zu können, ob seine Arbeit Ihren Vorstellungen entspricht.

Entscheiden, an wen delegiert wird

Im Idealfall sollte die Person, der Sie eine Aufgabe übertragen, Wissen, Können, Motivation und Zeit haben, um sie zu Ihrer vollen Zufriedenheit zu erledigen. Häufig wird Ihre Wahl jedoch auf einen Mitarbeiter fallen, der die idealen Voraussetzungen nicht ganz erfüllt. Dann sollten Sie sich aber für jemanden entscheiden, der Intelligenz und Begabung, jedoch vor allem die Bereitschaft mitbringt, bei entsprechender Hilfe und Anleitung etwas Neues zu lernen. Nur so entwickeln sich Menschen weiter, und die Entwicklung Ihrer Mitarbeiter sollte ein bewußtes Anliegen sein, wann immer Sie delegieren.

Sie suchen jemanden, dem Sie vertrauen können. Da Sie die Kontrolle nicht übertreiben wollen, müssen Sie bei der Person Ihrer Wahl davon ausgehen können, daß er oder sie die Arbeit verrichtet und genügend Verstand hat, sich an Sie zu wenden, falls Probleme auftreten oder bevor ein grober Fehler unterlaufen könnte.

Wie wissen Sie, wem Sie vertrauen können? Die beste Methode ist, zunächst kleinere und weniger wichtige Aufgaben zu delegieren und den Rahmen systematisch auszubauen, damit

Ihre Mitarbeiter lernen, wie weit sie gehen können, und Sie eine Möglichkeit haben, sie zu beobachten. Bewähren sie sich dabei, wird ihr Verantwortungsgefühl und ihr Urteilsvermögen davon profitieren, und Sie werden in der Lage sein, sie mit anspruchs- und verantwortungsvolleren Aufgaben zu betrauen.

Die Arbeit abgeben

Wenn Sie delegieren, sollten Sie dafür sorgen, daß Ihr Mitarbeiter folgende Dinge verstanden hat:

- Warum die Arbeit getan werden muß.
- Was von ihm erwartet wird.
- Wann er mit der Arbeit fertig sein muß.
- Welche Entscheidungsbefugnisse er hat.
- Die Probleme, die er melden muß.
- Die Fortschritts- und Abschlußberichte, die er vorlegen muß.
- Wie Sie sich die Führung und Überwachung vorstellen.
- Die Ressourcen und Hilfen, die ihm für die Arbeit zur Verfügung stehen.

Ihr Mitarbeiter benötigt vielleicht Ihre Anleitung, wie die Arbeit getan werden soll. Wie weit Sie dabei gehen, hängt klarerweise davon ab, wie viele Kenntnisse er für die Arbeit bereits mitbringt. Sie sollen Ihre Anweisungen nicht zu detailliert machen, da Sie dabei Gefahr laufen, die Eigeninitiative Ihres Mitarbeiters zu drosseln. Solange Sie wissen, daß er die Arbeit erledigen wird, ohne dabei gegen das Gesetz zu verstoßen, sein Budget zu überschreiten, Sie in peinliche Lagen zu versetzen oder andere zu verärgern, lassen Sie ihn gewähren. Halten Sie sich an die goldene Regel von Robert Heller: „Wenn Sie etwas nicht selbst erledigen können, finden Sie jemanden, der es kann – und dann lassen Sie es ihn auf seine Weise tun."

Sie können zwischen „harter" und „weicher" Delegation unterscheiden. *Harte* Delegation findet dann statt, wenn Sie jemanden genau instruieren müssen, was zu tun ist, wie er es tun soll und wann Sie die Ergebnisse erwarten. Sie machen Ihre Anweisungen, formulieren sie schriftlich und notieren sich das Datum, wann die Arbeit erledigt zu sein hat. Und dann verfolgen Sie den Verlauf in regelmäßigen Abständen.

Weiche Delegation findet statt, wenn Sie sich mit Ihrem Mitarbeiter generell einig sind, was zu tun ist, und ihm alles andere überlassen. Sie sollten jedoch auch die Grenzen seiner Entscheidungsbefugnisse festlegen und definieren, was Sie selbst entscheiden wollen. Zudem sollten Sie feststellen, ob er Ihnen Ausnahmeberichte (siehe Kapitel 6) vorlegen soll, und andeuten, wie Sie den Verlauf verfolgen werden. Dann warten Sie ab, bis die Ergebnisse fällig sind, und beobachten aus der Ferne. Schreiten Sie erst dann ein, wenn die periodischen Zwischenkonferenzen stattfinden oder wenn aus den Ausnahmeberichten hervorgeht, daß eine Sache einer genaueren Prüfung bedarf oder wenn ein Problem oder eine Entscheidung an Sie weitergeleitet wird.

Ihre Delegation sollte sich immer nach den Ergebnissen richten, die Sie erwarten. Auch wenn Sie nicht exakt spezifizieren müssen, wie die Ergebnisse zu erzielen sind, ist es keine schlechte Idee, Ihren Mitarbeiter zu fragen, wie er das an ihn delegierte Problem zu lösen beabsichtigt. Sie können Ihre Anleitungen dann gleich zu Beginn anbieten; zu einem späteren Zeitpunkt könnten sie als Einmischung verstanden werden.

Anleitung und Entwicklung

Delegation hilft Ihnen nicht nur, Ihre eigene Arbeit zu erledigen; sie kann auch zur Leistungsverbesserung Ihrer Mitarbeiter, und folglich zu ihrem Vertrauen in ihre Fähigkeiten, verantwortungsvollere Aufgaben auszuführen, beitragen. Instruktionen, Training und Entwicklung sind Teil des Delegationsprozesses.

Leistungsmonitoring

Zu Beginn müssen Sie die Leistung Ihres Mitarbeiters wahrscheinlich sorgfältig überwachen. Doch je eher Sie sich entspannen können und den Verlauf nicht mehr aus der Nähe verfolgen müssen, um so besser.

Sie haben Liefertermine vereinbart, die sie in Ihrem Terminkalender vermerken sollten, damit sie auch wirklich eingehalten werden. Erlauben Sie Ihren Mitarbeitern keinesfalls, diese Termine nicht mit der erforderlichen Sorgfalt zu beachten.

Ebenso sollten Sie dafür sorgen, daß die Fortschrittsberichte wie gewünscht vorgelegt werden und daß Abweichungen vom ursprünglichen Vorhaben rechtzeitig besprochen werden. Sie haben Ihrem Mitarbeiter das Ausmaß seiner Handlungsbefugnisse deutlich erklärt, daher müßte er wissen, daß er mit einem Verweis zu rechnen hat, sollte er seine Befugnisse überschreiten bzw. Sie nicht fortlaufend informieren. Sie können sich keine Überraschungen leisten, und Ihr Mitarbeiter muß wissen, daß Sie es nicht tolerieren werden, im unklaren belassen zu werden.

Versuchen Sie, sich möglichst wenig in den Arbeitsverlauf einzumischen. Am Ende zählen nur die Ergebnisse. Natürlich müssen Sie einschreiten, sobald die Gefahr einer Entgleisung besteht. Die Nelson-Methode ist nicht schlecht, wenn Ihr Mitarbeiter auch wirklich ein Nelson ist. Aber wie viele Nelsons haben Sie? Übereilte Entscheidungen, Budgetüberschreitungen und die Nichteinhaltung festgelegter Einschränkungen und Regeln müssen verhindert werden.

Ein Gleichgewicht zu finden, bei dem der Betroffene weder in einem Dickicht an Vorschriften herumtappt noch in den Genuß der Narrenfreiheit kommt, ist ein delikates Unterfangen. Sie müssen sowohl Ihren Mitarbeiter als auch die Umstände kennen, um für einen entsprechenden Ausgleich zu sorgen. Die besten Delegierer sind jene, die über ein umfassendes Verständnis für die Stärken und Schwächen Ihre Mitarbeiter und für deren Arbeitssituation haben.

Vermeiden Sie auf alle Fälle „den Stoß ins kalte Wasser". Das geschieht, wenn ein Chef eine Aufgabe delegiert, die mehr oder weniger undurchführbar ist. Während der Mitarbeiter bereits „zum dritten Mal untergeht", kann man seinen Chef beobachten, wie er von einer entfernten und geschützten Stelle am Ufer dem Ertrinkenden zuruft: „Es ist wirklich nicht so schwer, Sie müssen sich nur ein bißchen mehr anstrengen."

DIE GEDANKEN EINIGER ERFOLGREICHER DELEGIERER

John H. Johnson, Herausgeber und Verleger der Johnson Publishing Company, Vorsitzender der Supreme Life Insurance Company sowie Vorstandsmitglied mehrerer bedeutender US-Konzerne, sagte über seine Delegationstechniken: „Ich will groß sein und noch größer werden, und ich kann nicht alles selbst tun. Daher versuche ich soweit wie möglich, nur die Dinge zu tun, die außer mir sonst niemand tun kann."

Franklin D. Roosevelt wandte eine besonders unbarmherzige Methode an, wenn er von seinem Stab Informationen erhalten wollte, da sie auf dem Konkurrenzverhalten seiner Mitarbeiter basierte. Einer von ihnen erinnert sich: „Er rief einen von uns zu sich und forderte ihn auf, Informationen über eine besonders komplizierte Angelegenheit einzuholen. Nach ein paar Tagen Schwerstarbeit kam man dann wieder und präsentierte Erkenntnisse, die man unter irgendeinem Stein ausgegraben hatte, und was geschah? Er war längst davon informiert und wußte sogar noch mehr. Er ließ natürlich nicht durchblicken, wo er seine Informationen herhatte, doch nachdem das ein oder zweimal vorgekommen war, ging jeder einzelne von uns verdammt vorsichtig mit seinen Informationen um."

Als Robert Townsend Vorsitzender bei Avis war, bestand seine Delegationsphilosophie darin, „möglichst viele wichtige Angelegenheiten zu delegieren, da auf diese Weise ein Klima geschaffen wird, in dem die Menschen wachsen können".

Als Robert Magaven den Vorsitz bei Safeway Food übernahm, richtete er sich mit folgenden Worten an seine Abteilungsleiter: „Im Gegensatz zu Ihnen kenne ich das Lebensmittelgeschäft überhaupt nicht. Daher werden Sie Ihre Abteilungen von nun an so führen, als handelte es sich um Ihr eigenes Unternehmen. Sie nehmen keine Anweisungen entgegen, außer sie kommen von mir, und ich werden Ihnen nichts vorschreiben. Ich mache Sie höchstens verantwortlich."

Franklin Moore erzählte das folgende Beispiel einer starken

Delegation: Ralf Cordiner, seit zehn Jahren Vorsitzender von General Electric in den Vereinigten Staaten, hatte einen Vizepräsidenten, der ihn wegen eines Problems dringend sprechen wollte. Der Vizepräsident schilderte sein Problem und welche Möglichkeiten er in Erwägung zog. „Nun, Mr. Cordiner", sagte er, „was soll ich tun?" – „Tun?" erwiderte Cordiner, „Sie werden sich in das nächste Flugzeug setzen, in Ihr Büro zurückkehren und eine Entscheidung treffen. Und wenn Sie das nicht können, werden wir jemanden finden, der es kann."

Als Peter Drucker über Verantwortung schrieb, bezog er sich auf ein Zeitungsinterview mit einem jungen amerikanischen Infanteriehauptmann im vietnamesischen Dschungel. Die Frage des Reporters lautete: „Wie können Sie in dieser chaotischen Lage Ihr Kommando aufrechterhalten?" Der Hauptmann erwiderte: „Hier habe ich als einziger die Verantwortung. Wenn diese Männer nicht wissen, was sie tun sollen, sobald sie im Urwald auf den Feind treffen, bin ich zu weit weg, um es ihnen zu sagen. Meine Arbeit ist es, dafür zu sorgen, daß sie es wissen. Wofür sie sich letztlich entscheiden, hängt von der Situation ab, die nur sie beurteilen können. Die Verantwortung liegt immer bei mir, doch die Entscheidung muß dort getroffen werden, wo etwas passiert."

EINE FALLSTUDIE

Eine Gruppe von Wissenschaftern, die sich mit den Delegationsmethoden von Führungskräften auseinandersetzte, fand in einem der Unternehmen, die sie untersuchte, folgende Lage vor:

Die Leute, die wir interviewten, befanden sich in Situationen, wo der Chef für gewöhnlich gehetzt und manchmal unbeständig war. Seine Anweisungen waren oberflächlich und kurz gehalten, und er erwartete von seinen Mitarbeitern, daß sie von selbst den Sinn erkannten. Er erwartete außerdem, daß sie selbst entschieden, welche Informationen sie benötigten, diese ausfindig machten und ihre Aufgaben in Angriff nahmen. Bei repetitiven Aufgaben rechnete dieser typische Chef damit, daß seine Mitarbeiter von selbst wußten, wann eine Arbeit getan werden mußte.

Der Chef wußte oft selbst nicht genau, welche Angelegenheiten in seiner Abteilung einer genaueren Beachtung bedurften. Und obwohl er wußte, was früher oder später erledigt werden mußte, wußten seine Mitarbeiter oft besser Bescheid als er. Daher war es nicht ungewöhnlich, daß der Chef ungenau oder gar ungeduldig wurde, wenn im Zuge einer Arbeit sein Rat erforderlich wurde. Um so genauer wurde er mit seinen Vorstellungen, sobald eine Arbeit erledigt war.

Der Produktionsdirektor kam von einer Vorstandssitzung zurück, bei der er heftig kritisiert worden war, nicht das Beste aus seiner Abteilung rausgeholt zu haben. Er berief sofort eine Mitarbeitersitzung ein und sagte: „Ich beabsichtige keinesfalls, mich noch einmal einer solchen Erniedrigung auszusetzen. Sie werden für Ihre Arbeit bezahlt, und es ist nicht meine Aufgabe, sie an Ihrer Stelle zu tun. Ich habe keine Ahnung, womit Sie Ihre Zeit zubringen, und ich beabsichtige auch nicht, das herauszufinden. Sie kennen Ihre Verantwortung, und diese Zahlen zeigen klar und deutlich, daß Sie sie nicht wahrgenommen haben. Sollte der nächste Bericht keine eindeutige Verbesserung aufzeigen, werden wir hier demnächst ein paar neue Gesichter sehen.“

Kapitel 9

Durchsetzungsvermögen

DURCHSETZUNGSVERMÖGEN UND AGGRESSION

Ken und Kate Back definierten Durchsetzungsvermögen in *Assertiveness at Work* wie folgt:

- den eigenen Rechten Geltung verschaffen, ohne dabei die Rechte anderer zu verletzen;
- Bedürfnissen, Ansprüchen, Ansichten, Gefühlen und Überzeugungen auf direkte, ehrliche und angebrachte Weise Gehör zu verschaffen.

Durchsetzungsvermögen zu haben, bedeutet jedoch nicht, aggressiv sein zu müssen, in diesem Fall würden Sie die Rechte anderer Menschen ignorieren und verletzen, um sich durchzusetzen und eine Situation zu dominieren. Aggressives Verhalten löst zwei konterproduktive Reaktionen aus: Kampf oder Flucht. Mit anderen Worten, Aggression nährt Aggression – womit Sie gar nichts erreichen –, bzw. der Betroffene zieht sich zurück und fühlt sich demoralisiert und unbefriedigt. Wenn Sie andere für gemeinsame Ziele motivieren wollen, wird ein solches Verhalten nicht zweckmäßig sein.

SELBSTBEWUSSTES AUFTRETEN

Selbstbewußtes Verhalten ermöglicht Ihnen, andere Menschen entscheidend zu beeinflussen und positiv auf sie zu reagieren. Selbstbewußte Stellungnahmen

- sind kurz und sachlich;
- verdeutlichen, daß Sie für sich selbst sprechen, wobei Formu-

lierungen wie „Ich denke, daß ...“, „Ich bin der Ansicht, daß ...“, „Mein Gefühl sagt mir, daß ...“ hilfreich sind – Ihre eigenen Überzeugungen und Ansichten zählen;
- sind nicht mit Ratschlägen überladen;
- beinhalten Fragen, um die Ansichten anderer kennenzulernen und deren Reaktionen auf Ihr Verhalten zu testen;
- unterscheiden zwischen Faktum und Meinung;
- werden positiv und nicht dogmatisch vermittelt;
- bringen zum Ausdruck, daß Sie sich der unterschiedlichen Ansichten anderer Menschen bewußt sind;
- beinhalten, wenn notwendig, die Erwähnung negativer Gefühle, die das Verhalten anderer Menschen in Ihnen auslösten – wobei diese Gefühle sachlich vermittelt werden und ein von Ihnen bevorzugtes Verhalten vorgeschlagen wird;
- unterstreichen höflich, aber bestimmt die Konsequenzen dieses Verhaltens.

UMGANG MIT AGGRESSION

Wenn Sie Aggressionen ausgesetzt sind, atmen Sie zunächst tief durch, zählen Sie bis zehn und dann:

- Fragen Sie in ruhigem Ton nach dem Grund für die Aggression.
- Stellen Sie deutlich und ruhig die Sachlage aus Ihrer Sicht fest.
- Beweisen Sie dem Aggressor Ihr Einfühlungsvermögen, indem Sie ihm Ihr Verständnis für seine Sicht der Dinge beweisen, doch erklären Sie ihm gleichzeitig mit der erforderlichen Sachlichkeit, wie sich die Diskrepanz zwischen seiner und Ihrer Ansicht für die tatsächliche Sachlage für Sie darstellt.
- Verweisen Sie für den Fall, daß das aggressive Verhalten anhält, erneut auf Ihre unterschiedlichen Ansichten oder Gefühle, aber entziehen Sie dem Aggressor nicht das Wort – oft sprechen oder schreien sich Menschen ihre Aggression vom Leibe, sobald sie erkennen, daß sie bei Ihnen keine Aggressio-

nen auslösen und mit ihrem Verhalten nichts erreichen werden.

- Machen Sie, wenn alles fehlschlägt, den Vorschlag, die Dinge einstweilen so zu belassen, wie sie sind, um sie nach einiger Zeit, wenn sich die Gemüter wieder abgekühlt haben, erneut zu besprechen.

DIE FÄHIGKEIT, EINFLUSS ZU NEHMEN

Selbstbehauptung ist der Kampf aus der eigenen Ecke. Sie müssen von sich selbst und dem, was Sie tun, überzeugt sein und diese Überzeugungen entschieden und ohne zu zögern anderen weitergeben. Sie müssen also Ihren Einfluß gekonnt geltend machen.

Vier Stilformen bieten sich hierbei an:

1. Selbstbewußtes Vorgehen: Sie müssen Ihre Ansichten klar und deutlich vermitteln.
2. Überreden: Präsentieren Sie Ihren Standpunkt sachlich, logisch und vernünftig, und betonen Sie die Pluspunkte (die Vorteile, die die Organisation oder Ihre Mitarbeiter daraus ziehen können), greifen Sie Einwänden, die sich gegen augenscheinliche Schwächen richten, vor und berufen Sie sich auf die Vernunft.
3. Überbrücken: Fordern Sie andere auf, Ihre Ansichten vorzubringen, demonstrieren Sie Verständnis, loben und würdigen Sie Ideen und Vorschläge und trachten Sie danach, einen Konsens zu finden.
4. Neugier erwecken: Begeistern Sie andere mit Ihren Ideen, vermitteln Sie Menschen das Gefühl, daß sie bei einem aufregenden Projekt mitarbeiten.

Kapitel 10

Empowerment

WAS IST EMPOWERMENT?

Empowerment ist jener Prozeß, in dem den Mitarbeitern mehr Spielraum oder „Macht“ (power) gegeben wird, um ihre Tätigkeit selbst zu bestimmen und die Verantwortung dafür zu übernehmen. Empowerment bedeutet, daß die Mitarbeiter dazu bewegt werden, im Interesse des Unternehmens und seiner Kunden ihren eigenen Verstand einzusetzen. Jan Carlson, Leiter der Fluglinie SAS, wird von Jane Pickard mit den Worten zitiert: „Der Zweck von Empowerment ist, eine Person von der rigorosen Kontrolle durch Instruktionen und Befehle zu befreien, und ihr stattdessen die Freiheit einzuräumen, selbst die Verantwortung für ihre Ideen und ihr Vorgehen zu übernehmen. So kann diese Person verborgene Ressourcen freisetzen, die ansonsten unausgeschöpft bleiben würden.“

Empowerment gibt dem einzelnen Mitarbeiter mehr Raum zur Entfaltung seiner Fähigkeiten, indem es ihn in die Lage versetzt und ermutigt, erheblichen Einfluß auf Entscheidungen zu nehmen.

AUSGANGSPUNKT

Die Überzeugung, Empowerment stelle einen ernstzunehmenden Zugang zur Verbesserung der Organisationseffektivität dar, beruht auf der Tatsache, daß diejenigen Personen, die direkt mit dem Problem konfrontiert sind, auch die möglichen Lösungen am besten beurteilen können, vorausgesetzt, sie verfügen über einen Rahmen, in dem sie ihre Entscheidungen fällen können.

Annahmen über die ermächtigte Organisation

Laut Charles Handy beruht das Konzept der ermächtigten Organisation („empowered organization") auf folgenden Annahmen:

- *Kompetenz* – es wird davon ausgegangen, daß der einzelne Mitarbeiter sein Leistungspotential am ehesten ausschöpfen wird, wenn er nur geringer Überwachung unterliegt;
- *Vertrauen* – es ist nötig, nicht nur an die Kompetenz der Mitarbeiter zu glauben, sondern auch Vertrauen in ihre Bereitschaft zu haben, die Arbeit tatsächlich voranzutreiben;
- *Teamwork* – die wenigsten Probleme einer Organisation können von einer Person im Alleingang gelöst werden. Die Geschwindigkeit der Veränderung und das Maß an Turbulenz erfordern es, daß sich die Mitarbeiter angesichts neuer Herausforderungen und Probleme von sich aus in flexiblen Teams ohne Status- oder Hierarchiegrenzen zusammenfinden, um die Probleme im Rahmen der Ziele und Werte der Organisation zu lösen. Die Organisation wird von diesen Überzeugungen und Werten zusammengehalten – und von Leuten, die einander und ihren gemeinsamen Zielen verpflichtet sind.

Vor kurzem hat Handy jedoch eine interessante Unterscheidung zwischen Empowerment und Subsidiarität vorgenommen: „Empowerment bedeutet, daß jemand auf einer höheren Ebene Macht abgibt. Subsidiarität hingegen bedeutet, daß die Macht in erster Linie weiter nach unten oder nach außen verlagert werden sollte. Wenn die Macht nicht freiwillig abgegeben wird, muß sie entzogen werden."

Gründe für Empowerment

Auf Empowerment wird zurückgegriffen, weil es

- die Entscheidungsfindungsprozesse beschleunigen und die Reaktionszeiten verkürzen kann;
- die kreativen und innovativen Reserven der Mitarbeiter freisetzt;
- für größere Jobzufriedenheit, mehr Motivation und stärkeres Engagement sorgt;

- den Leuten mehr Verantwortung gibt;
- den Mitarbeitern ein ausgeprägteres Gefühl gibt, mit ihrer Arbeit etwas zu bewegen;
- die Betriebskosten senkt, indem es überflüssige Managementebenen, Stabsfunktionen, Qualitätskontrollen und Überprüfungen eliminiert.

Die Ersetzung der Kommandoorganisation

Eine Kommandoorganisation ist eine, in der die Entscheidungsfindung zentralisiert ist. Diese Organisation vertraut auf die Autorität der Manager, die dafür sorgen, „daß die Dinge erledigt werden". Das Management glaubt, daß es immer die beste Lösung kennt (gleichgültig, wie weit es vom Schauplatz – dem Klienten oder Kunden – entfernt ist), und die Beiträge der Mitarbeiter werden nicht gefördert, sondern eher als selbstverständlich hingenommen.

Im Gegensatz dazu zieht die ermächtigte Organisation größeren Nutzen aus den Fähigkeiten und der Begeisterung ihrer Mitarbeiter. Sie hat das Potential, sich auf allen Ebenen in einer stetigen Abfolge kleiner und großer Schritte zu verbessern, indem sie die aus den Erfahrungen gezogenen Lehren in die Arbeitsabläufe einspeist.

Die Kommandoorganisation kann mit einem Dinosaurier verglichen werden, dessen kleines Gehirn schwache Befehle an seinen massiven Körper sendet. Die ermächtigte Organisation ähnelt eher einem Fischschwarm, der sich schnell und geschlossen bewegt und zur Kurskorrektor Signale gibt, die von allen Mitgliedern sofort verstanden werden.

DER EMPOWERMENT-PROZESS

Empowerment wird erreicht durch:

- strukturelle Mittel – Gliederung der Organisation und Arbeitsanordnung;

- das Verhalten und den Führungsstil der einzelnen Manager;
- Mobilisierung der Mitarbeiter zur Bewältigung dringender Organisationsaufgaben;
- Gewinnung von „Herz und Geist“ der Mitarbeiter.

Strukturelles Empowerment – organisationsweit

Die Struktur einer Organisation, die auf Empowerment setzt, wird wahrscheinlich flach sein und mit sehr wenigen Managementschichten auskommen. Eine vielschichtige Struktur filtert den Informationsfluß in beide Richtungen und verhindert, daß die Entscheidungsfindung die Organisation so weit nach unten durchdringt wie erforderlich.

Strukturelles Empowerment – Arbeitsgruppe

Laut Christian Schumacher, dem Autor des berühmten Buches *Small is Beautiful*, kann Empowerment auf Ebene der Arbeitsgruppen erreicht werden, indem man die folgenden Prinzipien anwendet:

1. Die Arbeit sollte rund um die grundlegenden Betriebsabläufe angeordnet werden, um „ganze Aufgaben“ zu schaffen.
2. Die grundlegende Organisationseinheit sollte die ursprüngliche Arbeitsgruppe sein (d. h. vier bis 20 Personen).
3. In jeder Arbeitsgruppe sollte ein Leiter ernannt werden.
4. Die einzelnen Arbeitsgruppen sollten ihre Arbeit gemeinsam mit ihrem Leiter so weit wie möglich selbst planen und organisieren.
5. Jede Arbeitsgruppe sollte in der Lage sein, ihre Leistung an vereinbarten Standards zu messen.
6. Die Arbeit sollte so strukturiert sein, daß jedes Mitglied der Arbeitsgruppen zumindest eine Operation im Prozeß persönlich planen, durchführen und evaluieren kann.
7. Alle Mitglieder der Arbeitsgruppe sollten die Chance haben, sich an den Planungs-, Problemlösungs- und Evaluierungsprozessen in der Gruppe zu beteiligen.

Managementstil

Die Manager ermächtigen die Mitglieder ihrer Teams nicht, indem sie die Kontrolle aufgeben, sondern indem sie die Art ändern, wie die Kontrolle ausgeübt wird. Sie müssen lernen, mehr zu delegieren und den einzelnen Mitarbeitern und Teams bei der Planung, Durchführung und Überwachung ihrer eigenen Tätigkeit größeren Spielraum einzuräumen.

Dennoch haben sie weiterhin die Pflicht, ihren Mitarbeitern die erforderliche Anleitung und Unterstützung zukommen zu lassen. Sie müssen ihnen auch helfen, die Fähigkeiten und Kompetenzen zu entwickeln, die sie benötigen, um in einer Empowerment-Organisation einen wirkungsvollen Beitrag leisten zu können.

Einbeziehung in die Aufgaben

Empowerment kann erreicht werden, indem man die Mitarbeiter einbezieht und sie ihre eigenen Lösungen für spezifische Fragen finden läßt. Das kann man tun, indem von den Teams nicht einfach nur erwartet, daß sie Lösungswege vorschlagen oder hoffen, jemand anderes werde etwas tun, sondern dafür sorgt, daß sie das Problem in ihrem Teil der Organisation tatsächlich anhand der verfügbaren Ressourcen und innerhalb der Grenzen, in denen sie sich bewegen, lösen.

Bei General Electric sorgte der Unternehmenschef Jack Welch dafür, daß die Mitarbeiter aller Ebenen zusammenkamen und daran arbeiteten, die Arbeitsmethoden zu verbessern. Sein Ziel war es, „den Leuten eine Stimme, eine Chance zur Beteiligung zu geben". Welch beschrieb dieses Konzept der gemeinsamen Problemlösung folgendermaßen:

> Letzten Endes sprechen wir über eine Neudefinition der Beziehung zwischen Chef und Untergebenem. Ich möchte erreichen, daß die Leute ihre Vorgesetzten jeden Tag herausfordern: „Warum verlangen Sie von mir, überflüssige Dinge zu tun? Warum lassen Sie mich nicht die Dinge tun, die Sie ohnehin nicht tun können, und wenden sich stattdessen Ihrer Gestaltungsaufgabe zu? Das ist die Aufgabe der Führungskraft – etwas zu schaffen und zu gestalten, nicht zu kontrollieren. Trauen Sie

mir zu, meine Arbeit richtig zu machen, und zwingen Sie mich nicht dazu, meine ganze Zeit damit zu verbringen, mich mit Ihren Kontrolleingriffen herumzuschlagen."

Geist und Herz

Empowerment bedeutet, Geist und Herz der Mitarbeiter zu gewinnen, damit sie die ihnen gebotenen Chancen auf größere Verantwortung wahrnehmen können.

Auf Managementebene kann man dies erreichen, indem man der gesamten Organisation eine gemeinsame strategische Vision und gemeinsame Unternehmenswerte vermittelt und dafür sorgt, daß jene Kompetenz und jenes Vertrauen entstehen können, ohne die es keine ermächtigte Organisation geben wird.

FALLSTUDIEN

Ciba-Geigy

Wie von Jane Pickard beschrieben, sieht der Empowerment-Ansatz bei Ciba-Geigy Großbritannien vor, daß eine allgemeine Empowerment-Philosophie ausgehend vom Zentrum im gesamten Unternehmen verbreitet werden soll, wobei die speziellen Richtlinien den einzelnen Geschäftseinheiten überlassen wird. In der Clayton-Aniline-Fabrik in Manchester beispielsweise erhalten die Arbeitsteams nicht länger Befehle, die durch die Hierarchie nach unten durchsickern – vom Manager über den Abteilungsleiter und die Aufsichtsperson zum Arbeiter. Stattdessen konfrontiert man die Arbeitsteams mit Fragen und Herausforderungen, auf die sie Antworten finden müssen. Häufig liefern sie auch die Fragen. Es gibt keine Ziele, sondern nur eine Politik der kontinuierlichen Verbesserung. Man erwartet von den Leuten, daß sie schriftliche Aufzeichnungen über ihre eigenen Leistungen oder die ihres Teams führen, und man verlangt, daß die Leistungskurve, während sie kurzfristig Sprünge nach oben und unten zeigen kann, grundsätzlich eine Aufwärtsentwicklung zeigt.

Auch gibt es keine neuen Titel oder Verantwortlichkeiten; jedermann ist verantwortlich. Es gibt immer noch „Arbeiter“ und „Aufsichtspersonen“, aber ihre Beziehung zueinander hat sich verändert. Der Vorarbeiter kommandiert und prüft nicht mehr, sondern übernimmt Coaching-Aufgaben und stellt Trainingserfordernisse fest.

Nuclear Electric (ein Fall von Kinsley Lord Ltd.)

In jeder Woche, in der einer der Reaktoren in Nuclear Electrics leistungsstärkstem Atomkraftwerk in Anglesey für Wartungsarbeiten stillgelegt werden muß, geht Elektrizität im Wert von 2,5 Millionen Pfund verloren. Im vergangenen Jahr arbeiteten die Mitarbeiter aller Ebenen zusammen, um diese „Ungeheuerlichkeit“ von acht Wochen zumindest auf sieben zu reduzieren und noch bessere Leistungen anzustreben. In einem Kernkraftwerk mit seinen strikten Sicherheitsbestimmungen ist eine solche Veränderung ein außerordentlich komplexes Unterfangen. Aber die Teams entdeckten neue Verfahren, neue Wege zur Zusammenarbeit und neue Fertigkeiten; es gelang ihnen tatsächlich, das angestrebte Ergebnis in etwas mehr als sechs Wochen zu erreichen. Der jährliche Ertragsgewinn wird rund vier Millionen Pfund betragen.

Kapitel 11

Ergebnisorientierung

Ergebnisse erzielen, Aufgaben erledigen, Dinge bewegen: das ist das Um und Auf des Managements.

Man kann sagen, daß es drei Managertypen gibt: solche, die für die Umsetzung sorgen; solche, die das Geschehen beobachten; und solche, die nicht wissen, was vor sich geht. Drei Fragen sind zu beantworten, bevor auf die erste Kategorie näher eingegangen wird.

- Ist die Fähigkeit, Dinge umzusetzen, bloß eine Frage der Persönlichkeit – muß man demnach mit Eigenschaften wie Engagement, Entschlossenheit, Ehrgeiz und Führungsqualitäten ausgestattet sein – mit denen vielleicht der eine gesegnet ist, aber der andere schon nicht mehr?
- Und was kann getan werden, wenn man die Voraussetzungen Engagement, Entschlossenheit und so fort nicht mitbringt?
- Inwieweit ist die Fähigkeit, für die Umsetzung zu sorgen, eine Frage der Technik, die erlernt und weiterentwickelt werden kann?

Persönlichkeit ist wichtig. Wenn Ihnen Willenskraft und Engagement fehlen, wird nichts erledigt werden. Denken Sie aber daran, daß Ihre Persönlichkeit sowohl von Ihrem Naturell als auch von Ihrer Erziehung geprägt ist. Bestimmte Eigenschaften sind angeboren. Der, der Sie sind, werden Sie jedoch erst durch Elternhaus, Erziehung und Bildung, doch vor allem durch Erfahrung.

Wir sind vielleicht nicht in der Lage, unsere Persönlichkeit zu verändern, von der Freud behauptete, sie werde in den ersten Lebensjahren geprägt. Aber wir können sie weiterentwickeln und anpassen, indem wir bewußt aus unserer eigenen Erfahrung lernen und das Verhalten anderer Menschen analysieren.

Techniken zum Erzielen von Ergebnissen, wie Planung, Organisation, Delegation, Kommunikation, Motivation und Controlling, können erlernt werden. Sie werden in diesem Buch behandelt. Doch grundsätzlich sind sie nur so effektiv wie die Person, die sie anwendet. Sie müssen richtig angewandt und den Umständen entsprechend eingesetzt werden. Die Auswahl der richtigen Methode hängt jedoch erneut von Ihrer Lebenserfahrung ab, während Ihre Persönlichkeit bestimmend dafür sein wird, wie Sie sie anwenden.

Um jenen Menschen anzugehören, die dafür sorgen, daß etwas geschieht, müssen Sie daher in einem fortlaufenden Prozeß des Verstehens, Analysierens und Lernens die erforderlichen Fähigkeiten und Kenntnisse entwickeln. Vier Dinge sollten Sie tun:

1. Verstehen Sie, warum jemand Erfolg hat – erkennen Sie die Persönlichkeitsmerkmale, die zur erfolgreichen Beendigung einer Aufgabe führen.
2. Beobachten Sie, wie diese Menschen vorgehen – wie arbeiten sie, welche Methoden wenden sie an?
3. Analysieren Sie Ihr eigenes Verhalten (Verhalten, nicht Persönlichkeit), vergleichen Sie es mit dem der erfolgreichen Spitzenkräfte, und überlegen Sie sich, wie Sie Ihre Effektivität erhöhen können.
4. Eignen Sie sich die vorhandenen Managementtechniken weitgehend an.

WAS MACHT ERFOLGREICHE FÜHRUNGSKRÄFTE AUS?

David McClelland von der Harvard-Universität erforschte in umfangreichen Untersuchungen die Beweggründe von Führungskräften. Er interviewte, beobachtete und analysierte viele Manager an ihrem Arbeitsplatz und hielt seine Beobachtungen fest, bevor er zu seiner Theorie gelangte. – Bevor Sie sofort alles, was unter dem Deckmäntelchen Theorie verbreitet wird, von sich weisen, denken Sie an die Worte von Douglas McGregor vom Massachusetts Institute of Technology: „Nichts ist so praktisch wie eine gute Theorie."

McClelland erkannte drei Bedürfnisse, die seiner Ansicht nach für die Motivation eines Managers entscheidend sind:

- das Leistungsbedürfnis,
- das Machtbedürfnis (Kontrolle und Einfluß über Menschen zu haben),
- das Anerkennungsbedürfnis (von anderen akzeptiert zu werden).

Alle erfolgreichen Manager haben diese Bedürfnisse bis zu einem gewissen Grad, doch die bei weitem entscheidendste Rolle spielt die Leistung.

Es zählt also die Leistung, und McClelland zufolge haben Spitzenkräfte folgende Eigenschaften:

- Sie setzen sich realistische Ziele, die sie mit einer gewissen „Extra-Anstrengung" erreichen können.
- Sie bevorzugen Situationen, die sie weitgehend selbst beeinflussen können, gegenüber solchen, wo der Zufall eine Rolle spielt.
- Die Qualität ihrer Leistungen ist ihnen wichtiger als die Früchte des Erfolgs.
- Für sie ist Leistung lohnender als Geld oder Lob. Das bedeutet nicht, daß sie auf Geld keinen Wert legen. Geld ist so lange eine Motivation, solange es als realistischer Maßstab für die erbrachte Leistung gilt.
- Spitzenkräfte sind immer dann am erfolgreichsten, wenn sie Entwicklungen selbst vorantreiben können.

WAS TUN SPITZENKRÄFTE?

Spitzenkräfte erfüllen die meisten, wenn nicht alle folgenden 14 Punkte:

1. Sie definieren für sich selbst ganz genau, was sie zu tun beabsichtigen.

2. Dafür erstellen sie anspruchsvolle, jedoch nicht undurchführbare Zeitpläne.
3. Sie geben klare Anweisungen, was bis wann geschehen soll.
4. Sie sind bereit, den vorgesehenen Kurs zu diskutieren, zuzuhören und Ratschläge entgegenzunehmen. Sobald eine bestimmte Vorgangsweise beschlossen wurde, lassen sie sich jedoch nicht mehr davon abbringen, außer sie werden von den Ereignissen zu einer Kursänderung gezwungen.
5. Sie verfolgen ihr Ziel mit Ausdauer, und im Falle von Widrigkeiten beweisen sie Durchhaltevermögen und Entschlossenheit.
6. Sie fordern sich selbst ein hohes Maß an Leistung ab und sind insofern oft gefühllos, als sie von allen anderen ähnlich hohe Leistungen erwarten.
7. Unter Druck arbeiten sie hart und gut; de facto arbeiten sie dann am besten.
8. Mit dem Status quo geben sie sich in der Regel nicht zufrieden.
9. Mit ihrer eigenen Leistung sind sie nie wirklich zufrieden, und sie stellen sich ständig selbst in Frage.
10. Sie nehmen kalkulierte Risiken auf sich.
11. Rückschläge erschüttern sie nicht in ihrer Persönlichkeit, und es gelingt ihnen rasch, ihre Kräfte und Ideen neu zu sammeln.
12. Eine Aufgabe stimmt sie enthusiastisch, und sie vermitteln diese Begeisterung auch anderen.
13. Sie sind insofern entschlußfreudig, als sie Situationen rasch durchschauen und in der Lage sind, Alternativen zu finden, den erforderlichen Kurs zu bestimmen und ihren Mitarbeitern zu vermitteln, was geschehen soll.
14. Sie überwachen laufend ihre eigene Leistung und die ihrer Mitarbeiter, um jede Kursabweichung rechtzeitig korrigieren zu können.

WIE WIRD DAS EIGENE VERHALTEN ANALYSIERT?

Eine Analyse Ihres eigenen Verhaltens wird erst dann sinnvoll, wenn Sie Kriterien zur Leistungsbeurteilung zur Verfügung haben. Sie müssen sich selbst Maßstäbe setzen, und erst wenn Sie sie nicht erreicht haben, können Sie nach den Gründen der Nichterfüllung fragen. Die Antwort sollte eine Lehre für das nächste Mal sein.

Die wichtigsten Fragen, die Sie sich stellen sollten, sind:

- Was habe ich mir zum Ziel gesetzt?
- Habe ich es erreicht?
- Wenn ja, wie ist es mir gelungen und warum?
- Wenn nein, warum nicht?

Es geht darum, Ihre Erfahrungen effektiv einzusetzen. Nehmen Sie die Liste mit den 14 Führungseigenschaften zur Hand, und überprüfen Sie damit Ihr eigenes Verhalten und Ihre Arbeitsweise. Sollte Ihre Leistung irgendeinem dieser Punkte nicht gerecht werden, fragen Sie sich nach den spezifischen Ursachen und entscheiden Sie, wie Sie diese Schwierigkeit das nächste Mal bewältigen werden. Das ist nicht immer leicht. Es ist zum Beispiel schwer, sich selbst eingestehen zu müssen, daß man nicht mit der nötigen Begeisterung bei der Sache war. Noch schwerer wird es wahrscheinlich sein, diesem Mangel beizukommen. Sie wollen Ihren Enthusiasmus natürlich auch nicht übertrieben zur Schau stellen. Aber Sie können sich überlegen, wie Sie Ihre Begeisterungsfähigkeit verbessern können, um andere mitzuziehen.

LERNEN

Es gibt eine Anzahl von Managementtechniken, die Sie kennen sollten. In vielen Kapiteln dieses Buches wird auf diese Techniken näher eingegangen. Die für Sie besonders wichtigen sind:

- Controlling
- Delegation
- Entscheidungsfindung
- Führung
- Kommunikation
- Koordination
- Motivation
- Planung
- Ziele setzen

CONCLUSIO

Laufendes Beobachten, Analysieren und Lernen wird Ihnen helfen, eine Spitzenkraft zu werden. Aber denken Sie daran, daß Sie Vereinbarungen, die sie mit sich und anderen getroffen haben, einhalten müssen, um zu Resultaten zu gelangen. Einen ausgezeichneten Rat gibt Robert Townsend in seinem Buch *Up the Organization*: „Halte Vereinbarungen ein! Wenn Sie gefragt werden, wann Sie etwas liefern können, bitten Sie um Bedenkzeit. Berücksichtigen Sie einen Sicherheitsrahmen, und nennen Sie erst dann einen Termin. Daraufhin liefern Sie früher als versprochen.“

Kapitel 12

Führung

Führungskräfte spielen in der Entwicklung effektiver Organisationen eine Schlüsselrolle. Sie dirigieren die Mitarbeiter in die richtige Richtung, gewinnen ihr Bekenntnis zur Verwirklichung der „Mission" der Organisation und motivieren sie dazu, ihre Ziele zu erreichen.

Wie John Kotter geschrieben hat:

> Die richtunggebende Funktion der Führung mündet nicht in die Erstellung von Plänen; sie erzeugt Visionen und Strategien. Diese definieren eine Tätigkeit, eine Technologie oder eine Unternehmenskultur als das, was sie langfristig werden sollte, und beschreiben einen gangbaren Weg, auf dem dieses Ziel erreicht werden kann.

Und wie Warren Bennis und Burt Nanus folgern:

> Führungskräfte artikulieren und definieren, was bis dahin nur implizit oder überhaupt nicht ausgesprochen wurde; dann finden sie Bilder, Metaphern und Modelle, welche einen neuen Brennpunkt für die Aufmerksamkeit darstellen können. Indem Führungskräfte dies tun, stabilisieren sie das herrschende Wissen oder stellen es in Frage. Mit wenigen Worten: Ein wesentliches Merkmal effektiver Führung besteht in der Fähigkeit, die Mitglieder der Organisation zu beeinflussen und ihrer Arbeit Sinn zu geben.

WAS IST FÜHRUNG?

Führung bedeutet, mit Hilfe anderer Menschen etwas zu erreichen. Geführt wird, wenn es ein Ziel zu erreichen oder eine Aufgabe zu erfüllen gilt und wenn dazu mehrere Personen benötigt werden. Managen bedeutet führen. Der Manager kann seine Aufgabe nur mit Unterstützung seines Teams erfüllen, welches dazu bewegt werden muß, ihm zu folgen. Führung bedeutet daher, einzelne Mitarbeiter und Teams dazu zu bewegen, ihr Bestes zu geben, um ein angestrebtes Ziel zu erreichen.

Die grundlegende Zielsetzung der Führungskraft besteht darin, die gestellte Aufgabe mit Hilfe ihrer Gruppe zu erfüllen. Um dieser Zielsetzung gerecht werden zu können, muß die Führungskraft drei Dinge erreichen:

1. Sie muß Ihr Team zu engagierter Kooperation bewegen.
2. Sie muß die Gruppe dazu bewegen, die vereinbarten Zielsetzungen umzusetzen.
3. Sie muß die Fähigkeiten, Energien und Begabungen des Teams vollkommen ausschöpfen.

Die Führungskraft versucht, die Menschen durch freiwillige Mitarbeit und nicht durch widerstrebende Unterwerfung dazu zu bewegen, das in ihren Augen Notwendige zu tun. Die Führungskraft sorgt für eine gute Gruppenmoral, die dann hoch sein wird, wenn das Team produktiv ist und gut zusammenarbeitet. Dabei geht es nicht darum, den Gruppenmitgliedern ein angenehmes Leben zu verschaffen; tatsächlich werden sie häufig einen stärkeren Leistungsdruck verspüren als wenn sie selbst über ihren Arbeitseinsatz entscheiden dürften. Wenn sie jedoch gemeinsam etwas bewegen, werden sie daraus Befriedigung ziehen.

FÜHRUNGSQUALITÄTEN

Effektive Führungskräfte konzentrieren sich auf relativ wenige Schlüsselaufgaben, haben eine sehr klare Vorstellung davon, wie sie diese erfüllen wollen, und sind imstande, ihren Mitarbeitern eine Richtung vorzugeben.

Erfolgreiche Führung scheint davon abzuhängen, ob man zum richtigen Zeitpunkt die richtigen Qualitäten vorweisen kann. Aber von welchen Faktoren hängen diese Fähigkeiten ab? Eine Studie über britische Spitzenmanager ergab die folgende Rangliste von Erfolgsfaktoren:

	Bewertung von 100
1. Die Fähigkeit, mit Menschen zu arbeiten	78
2. Frühzeitige Verantwortung für wichtige Aufgaben	75
3. Das Bedürfnis, Resultate zu erzielen	75
4. Führungserfahrung in der Frühphase der Karriere	74
5. Umfassende Erfahrung in vielen Funktionen	68
6. Fähigkeit, Kompromisse einzugehen und zu verhandeln	66
7. Bereitschaft, Risiken einzugehen	63
8. Größerer Ideenreichtum als Kollegen	62
9. Talente werden durch unmittelbare Vorgesetzte gefördert	60
10. Fähigkeit, den Managementstil an die Erfordernisse anzupassen	58

Diese Liste besteht aus einer Mischung der Fähigkeiten oder Kenntnisse (1, 3, 6, 7, 8 und 10) und jenen Erfahrungen, aufgrund derer sich diese Fähigkeiten entwickelt haben (2, 4, 5 und 9). Die Liste verdeutlicht die Tatsache, daß kein Manager alle erforderlichen Fähigkeiten von Natur aus mitbringen kann. Sie entfalten sich in den Erfahrungen und in Situationen, in denen potentielle auf erfahrene Führungspersönlichkeiten treffen.

Führungsfähigkeiten werden zum Großteil erworben. Zunächst braucht eine Führungspersönlichkeit Intelligenz, eine positive Einstellung und eine Mischung aus Mut, Schlauheit und gesundem Menschenverstand. Erfolgreiche Führungskräfte bauen auf diesen natürlichen Talenten auf und entwickeln in der Erfahrung die erforderlichen umfassenden Fähigkeiten.

VISIONÄRE FÜHRUNG

Visionäre Führungskräfte haben die Begabung, erfolgsorientierte Organisationen zu schaffen oder solche Organisationen, denen diese Eigenschaft fehlt, wieder auf den Erfolg auszurichten. Sie sind imstande, sich vorzustellen, welche Gestalt die Organisation annehmen und was sie erreichen sollte, und sie haben die Kraft, ihre Vision zu verwirklichen. Tom Peters hat es so ausgedrückt: „Die Vision und das, was der Manager täglich tut, um sie entschlossen zu verwirklichen, stellen das Steuerruder dar, welches das Boot auf Kurs hält und verhindert, daß die Mitarbeiter in den Wogen der Veränderung vom Kurs abkommen."

Visionäre Führungspersönlichkeiten können Einzelgänger sein – Menschen, welche die Dinge anders sehen und anders handeln. Oft sind sie Außenseiter, die von einer Organisation angeworben werden; oder sie sind unkonventionelle Insider, Leute aus der Organisation, deren Vorstellungen über die richtige Funktionsweise der Organisation deutlich von der Auffassung der Mehrheit abweichen. Beispiele sind Jan Carlzon von SAS, Sir John Harvey-Jones (ICI), Lord King und Sir Colin Marshall (British Airways), Barry Sullivan (First Chicago) und Jack Welch (General Electric).

Bill Richardson zufolge zeichnen sich visionäre Führungskräfte durch folgende Eigenschaften aus:

- Sie fühlen sich durchaus wohl in zwiespältigen Situationen und können ohne sichere Antworten leben, solange sich noch keine Entwicklungstrends und Lösungen herauskristallisiert haben.
- Sie sind selten originäre Denker – ihre Vorstellungen beruhen auf Zuhören und Beobachtung; neue Zugänge finden sie, indem sie Verbindungen zwischen anderswo stattfindenden Entwicklungen und den Anwendungsmöglichkeiten in ihrem eigenen Bereich herstellen.
- Sie streben Perfektion an, suchen nach Lücken zwischen ge-

genwärtigem und idealem Zustand und bemühen sich um Verbesserungen.
- Sie neigen zum Handeln – sie sprechen lieber als zu schreiben oder zu planen.
- Sie beherrschen die Kommunikation und verfügen über die Fähigkeit, der gesamten Organisation Bedeutung und Implikationen ihrer Vision nahezubringen.
- Sie gehen mit Bedacht Risiken ein.
- Sie sind „Reparierer" im Sinn von Tom Peters: „Sie reparieren überall, wo sie hinkommen, jeden Fehler, den sie finden".
- Sie sind unabhängig – sie hören zu, aber sie machen sich ihre eigenen Gedanken.
- Sie sind ergebnisorientiert – sie sind entschlossen, Resultate zu erzielen und die Hindernisse zu umgehen, die sich dem Visionär bei der Verwirklichung neuer Ideen unvermeidlich in den Weg stellen.
- Sie sind belohnungsorientiert – sie wollen, daß man ihre Leistungen mit Belohnungen finanzieller und nichtfinanzieller Natur honoriert.
- Sie sind optimistisch – sie glauben, daß die Welt unendliche Möglichkeiten bietet und daß fast alles möglich ist.

FÜHRUNGSTYPEN

Führungspersönlichkeiten können anhand von Eigenschaften, Erfolgsfaktoren und Persönlichkeitsmerkmalen eingeordnet werden. Will man die Frage „Wer ist eine Führernatur?" beantworten, so sollte man auch untersuchen, wie diese Faktoren in ihrer Kombination verschiedene Führungstypen erzeugen.

Es gibt eine Reihe von Methoden zur Klassifizierung der verschiedenen Führungstypen. Hier einige der üblichsten Kategorisierungen:

1. *Charismatisch – uncharismatisch.* Charismatische Führungspersönlichkeiten zeichnen sich durch ihre Ausstrahlung, ihre Persönlichkeit und ihre Begeisterungsfähigkeit aus. Dies sind

natürliche Eigenschaften, obwohl die Erfahrung diese Personen wahrscheinlich gelehrt hat, wie sie sich am besten selbst darstellen können. Uncharismatische Führerpersönlichkeiten zeichnen sich vor allem durch ihr Know-how, ihr vertrauenerweckendes Auftreten und ihre kühle, analytische Annäherung an Probleme aus.

2. *Autokratisch – demokratisch*. Autokratische Führer zwingen ihrer Umgebung ihre Entscheidungen auf und neigen dazu, sich mit Ja-Sagern zu umgeben. Gestützt auf ihre Position zwingen sie die Mitarbeiter, ihre Anweisungen zu befolgen. Demokratische Führerpersönlichkeiten ermutigen ihre Mitarbeiter, sich an der Entscheidungsfindung zu beteiligen. Sie setzen ihre Autorität ein, um Resultate zu erzielen, vertrauen jedoch mehr auf ihr Know-how und ihre Überzeugungskraft als auf die mit ihrer Position verbundene Macht.
3. *Visionär/Ermöglicher oder Überwacher/Manipulator*. Der Visionär/Ermöglicher inspiriert die Mitarbeiter mit seinen visionären Zukunftsvorstellungen. Dem Überwacher/Manipulator geht es im wesentlichen um die Verwaltung des internen Systems.
4. *Geschäftsmann – Gestalter*. Burns unterscheidet zwischen Führungskräften, die Wohlverhalten gegen Geld, Jobs und Sicherheit tauschen, und Führungskräften, die andere motivieren, nach höheren Zielen zu streben, anstatt nur kurzfristige Interessen zu verfolgen.

DIE ROLLE DER FÜHRUNGSKRAFT

Führungskräfte haben im wesentlichen zwei Funktionen zu erfüllen. Sie müssen:

1. *Die gestellte Aufgabe erfüllen* – aus diesem Grund existiert ihre Gruppe. Die Führungskraft hat dafür zu sorgen, daß die Gruppe ihren Zweck erfüllt. Gelingt das nicht, so führt dies zu Enttäuschung, Disharmonie, Kritik und schließlich vielleicht zur Auflösung der Gruppe.

2. *Funktionierende Beziehungen aufrechterhalten* – das betrifft sowohl die Beziehung zwischen dem Führer und den Gruppenmitgliedern als auch die Beziehungen innerhalb der Gruppe. Diese Beziehungen sind effektiv, wenn sie der Erfüllung der Aufgabe dienen. Es gibt Beziehungen, die das Team, seine Gruppenmoral und seinen Sinn für die gemeinsame Aufgabe betreffen, und solche, die die einzelnen Gruppenmitglieder und ihre Motivierung betreffen.

John Adair untergliedert diese Anforderungen in drei Bereiche mit Erfordernissen, welche die Führungskraft zu erfüllen hat. Dies sind:

1. *Aufgabenerfordernisse* – Erfüllung der Aufgabe
2. *Gruppenerfordernisse* – Schaffung und Aufrechterhaltung von Teamgeist
3. *Individuelle Erfordernisse* – Harmonisierung der Erfordernisse des einzelnen Mitarbeiters mit jenen der Aufgabe und der Gruppe

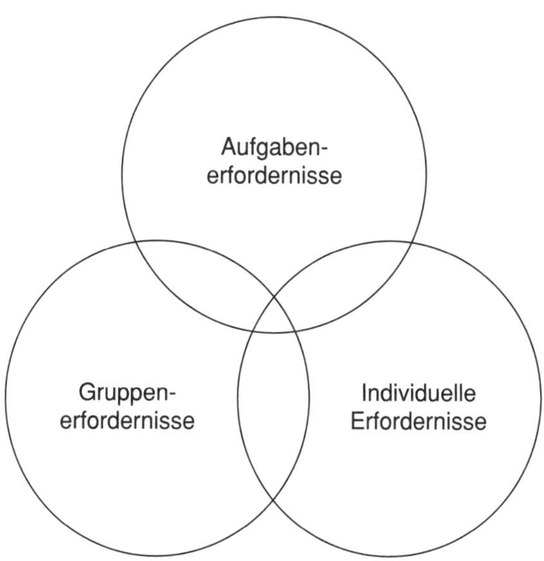

Abbildung: Führungserfordernisse

Die Interdependenz dieser drei Erfordernisse läßt sich am besten in Form von drei einander überlappenden Kreisen darstellen.

DAS GESETZ DER SITUATION

Welcher Art die ausgeübte Führung ist und welchen Erfolg man als Führungskraft hat, hängt wesentlich von der Situation und von der Fähigkeit der Führungskraft ab, die Umstände richtig einzuschätzen und entsprechend zu handeln. Zur den Situationsumständen gehören die Natur der Aufgabe, der Einfluß der Organisation – ihre Richtlinien, ihre Kultur und ihr Umfeld. Sodann muß gefragt werden, inwieweit die Situation klar oder zwiespältig ist, welche Art von Personen der Arbeitsgruppe angehören und welcher Art die Autorität der Führungskraft ist – zugeteilt oder angeeignet.

Fiedler hat darauf hingewiesen, daß die Leistung einer Gruppe sowohl mit dem Führungsstil als auch damit zusammenhängt, inwieweit es die Situation der Führungskraft ermöglicht, ihren Einfluß geltend zu machen. Fiedlers Forschungsergebnisse legen den Schluß nahe, daß sich ein aufgabenorientierter Zugang anbietet, wenn die Führungskraft Macht und formalen Rückhalt hat und eine relativ klar definierte Aufgabe vorfindet. Unter diesen günstigen Umständen ist die Gruppe bereit, sich führen zu lassen und Anweisungen zu befolgen.

Unter Not- oder Krisenbedingungen ist die aufgabenorientierte Führungskraft wahrscheinlich effektiver als eine rücksichtsvolle Führungspersönlichkeit, der die Beziehungen zu ihren Mitarbeitern am Herzen liegen. Die rücksichtsvolle Führungskraft wird die geeignete sein, wenn ihre Macht begrenzt, die Aufgabe nicht ganz klar definiert oder die Situation unklar ist.

Fiedler bezeichnete dies als Umstandstheorie der Führung und hob die Situationseinflüsse hervor, denen die Führungskraft unterliegt:

> Die Führungsleistung hängt also ebenso von der Organisation wie von den persönlichen Eigenschaften der Führungskraft ab. Im allgemeinen ist es einfach nicht sinnvoll, von einer effektiven oder ineffektiven Führungskraft zu sprechen. Vielmehr sollten wir davon sprechen, daß eine Führungskraft in der einen Situation effektiv und in der anderen ineffektiv sein wird.

Die Situation entscheidet nicht nur darüber, welche Art von Führung erforderlich ist, sondern sie bestimmt auch die Bedingungen, unter denen sich neue und andere Führungstypen herausbilden, die ausreichend qualifiziert sind, um die sich verändernden Herausforderungen zu bewältigen.

CHECKLISTE FÜHRUNG

Die Aufgabe

1. Was muß warum getan werden?
2. Welche Resultate gilt es zu erzielen?
3. Welche Probleme sind zu bewältigen?
4. Liegt die Lösung für diese Probleme auf der Hand oder gibt es ein gewissen Maß an Unklarheit?
5. Befinden wir uns in einer Krisensituation?
6. Welchen zeitlichen Rahmen gibt es für die Erfüllung?
7. Welchem Druck wird die Führungskraft ausgesetzt sein?

Das Team

8. Wie setzt sich das Team zusammen?
9. Wie gut ist das Team organisiert?
10. Arbeiten die Teammitglieder gut zusammen?
11. Was wollen sie mit ihrer Arbeit erreichen?
12. Wie kann das Engagement dieses Teams geweckt werden?
13. Wie können Resultate erzielt werden, indem man die Bedürfnisse der Teammitglieder erfüllt?
14. Wie werden sie auf die möglichen Führungsstile oder -ansätze reagieren?

Die einzelnen Teammitglieder

15. Welche Stärken und Schwächen haben die einzelnen Teammitglieder?
16. Welche Aufgaben sind geeignet, sie zu motivieren?
17. Wie werden ihre individuellen Reaktionen auf die angewandten Führungstechniken oder -stile aussehen?

FALLSTUDIEN

Im folgenden werden die Führungsstile dreier überaus erfolgreicher Manager beschrieben. In allen Fällen wurde der Stil von drei Faktoren beeinflußt: von der Umwelt, den Beteiligten und der jeweiligen Persönlichkeit der Manager.

Edward Smith

Ted Smith leitete die Planungsabteilung eines großen Bauunternehmens. Den Abteilungen, die seiner Kontrolle unterlagen, gehörten rund 200 Mitarbeiter an, die entweder in der Produktionsplanung, der Lagerverwaltung oder der Produktionssteuerung tätig waren. Er hatte eine sehr verantwortungsvolle Position inne. Seiner Belegschaft gehörten hochqualifizierte Techniker ebenso an wie Büroangestellte, die Routinearbeiten verrichteten.

Smith mußte dafür sorgen, daß seine Abteilungen mit der Präzision einer Uhr funktionierten. Jeder mußte genau wissen, wann er was zu tun hatte. Es war also wesentlich, daß die seiner Kontrolle unterworfenen drei Abteilungen entsprechend kooperierten. Die Führung im Stile eines Charismatikers war erst gar nicht gefragt. Er mußte kühl und gelassen sein, eine gewisse Distanz aufrechterhalten und durfte nicht maßlos werden. Seine Mitarbeiter mußten das Gefühl haben, er wisse genau, was er tat und wollte.

Aus diesem Grund setzte er sich in regelmäßigen Abständen mit allen Mitarbeitern zusammen, um eine rasche und effiziente Fortschrittsbewertung durchzuführen, Instruktionen zu erteilen und bei Bedarf Probleme zu diskutieren. Bei diesen Treffen war er immer darauf eingestellt, von der Person, die immer genau weiß, was sie will und von anderen erwartet, genau das zu tun, was ihnen aufgetragen wird (da es sinnvoll und richtig für sie ist), in eine andere Rolle zu schlüpfen, bei der er zum geduldigen Zuhörer wurde, der unterschiedliche Meinungen abwog und in seinen Entscheidungen berücksichtigte. Manchmal wies er seine Manager absichtlich an, ein Problem zu lösen und ihm in der Folge Bericht zu erstatten.

Smith sorgte auch dafür, daß seine Manager den Inhalt dieser Sitzungen an die unterste Vorgesetztenlinie weiterleiteten. Diesen wurde wiederum aufgetragen, in ihren Abteilungen eigene Konferenzen abzuhalten. Wiederholt betonte er die Teamarbeit und demonstrierte sein eigenes Engagement, da er bei den abteilungsübergreifenden Konferenzen den Kooperations- und Kommunikationsproblemen automatisch Priorität einräumte. Das einzige Mal, wo er wirklich wütend wurde, war, als die Arbeit aufgrund von Streitigkeiten zwischen den Abteilungen in Mitleidenschaft gezogen wurde.

Elwyn Jones

Elwyn Jones leitete die Personalabteilung eines großen Lebensmittelkonglomerates, das 80.000 Mitarbeiter beschäftigte. Aufgrund von Übernahmen war das Unternehmen rasch gewachsen und besonders dezentralisiert. Die Hauptverwaltung des Unternehmens beschäftigte bewußt wenige Angestellte, wodurch Jones nur vier Führungskräfte direkt unterstanden. Allerdings mußte er in den einzelnen Divisionen personalpolitische Maßnahmen durchführen, weswegen ihm die divisionalen Personalleiter Rechenschaft schuldeten.

Jones' Position erlaubte nicht, den Divisionen bezüglich seiner Absichten Vorschreibungen zu machen. Er konnte lediglich Einfluß auf sie ausüben und war der Ansicht, daß neue Maßnahmen erst dann eingeführt werden sollten, nachdem sie wirklich akzeptiert wurden. Daher mußte er im Falle einer von ihm erwünschten Veränderung oder Innovation Konsultationen abhalten bzw. bei fast allen neuen Ideen um die Kooperation der anderen Abteilungen ansuchen.

Im Umgang mit seiner Belegschaft in der Hauptverwaltung entschloß sich Jones für einen formlosen, beinahe lockeren Ansatz. Er erteilte ihnen grobe Richtlinien, mit denen sie in ihren Abteilungen für die Weiterentwicklung neuer Ideen sorgen sollten, doch primär förderte er selbständiges Denken und Eigeninitiative. Er behalf sich kein einziges Mal mit formalen Konferenzen. Lieber ging er ins nächste Pub, wo er unter der Obhut der »großen, dicken Nelly« mit seinen Kollegen Gin trank und unter völlig gleichberechtigten Voraussetzungen Strategien besprach. Mit den Personalleitern der Divisionen verhielt es sich ähnlich. Nur ein- oder zweimal im Jahr lud er alle in ein Hotel ein (es mußte selbstverständlich vom »Good Food Guide« empfohlen worden sein), wo sie ein paar angenehme Tage verbrachten und Dinge besprachen, die im Interesse aller standen.

James Robinson

Robinson war Managing Director eines mittelgroßen Betriebes (1000 Angestellte), in dem schnellebige Konsumgüter hergestellt wurden. Er hatte sich nach oben gearbeitet und war der Branche immer treu geblieben. Die Konkurrenz war beträchtlich, und der Druck, den Marktanteil zu halten, geschweige denn zu vergrößern, erheblich. Produkt-, Markt- und Personalentscheidungen mußten häufig und rasch erfolgen. Im Vorstand saßen ein Mitglied ohne Geschäftsbefugnisse und drei auswärtige Mitglieder, ebenfalls ohne Geschäftsbefugnisse, die Robinson völlige Entscheidungsfreiheit zugestanden, solange er die erwünschten Ergebnisse lieferte – was er auch tat.

Robinson war ein Despot, wenngleich ein wohlwollender. Er kannte das Geschäft länger und besser als die vier anderen Entscheidungsträger im Vorstand, so daß der Vorsitzende und die Schlüsselinstitutionen (die von den Vorstandsmitgliedern ohne Geschäftsführung vertreten wurden) seinen Entscheidungen unausgesprochen vertrauten.

Robinsons Führungsstil glich dem eines Wüterichs. Inkompetenz ließ er nicht gelten, und wiederholten sich Fehler oder Leistungsmängel, dann schritt er energisch ein. Die wichtigsten Entscheidungen traf er selbst. Bei den Vorstandssitzungen sagte er zwar zuweilen, daß ihn die Vorschläge anderer interessierten, doch er machte kein Geheimnis daraus, daß er sich längst entschieden hätte und daß es großer Überredungskünste bedürfen werde, um ihn umzustimmen.

Doch sein detailliertes Verständnis für das Geschäft und seine Fähigkeit, rascher zu denken als alle anderen, führten dazu, daß seine Mitarbeiter, die sein autokratisches Verhalten momentan verletzte, fast immer den Rat erteilten, »das mußt du dem Alten zeigen – er kennt sich aus und er hat recht«. Er führte, sie folgten, und zwar aus dem einfachen Grund, weil sie wußten, daß er in dem unsteten Umfeld, in dem sie alle tätig waren, allen Erfordernissen entsprach.

Kapitel 13

Gewinnsteigerung

Robert Heller schrieb, daß „Betriebe und Manager keine Gewinne machen, sondern Geld verdienen. Gewinn ist eine Abstrahierung der wahren, ihm zugrundeliegenden Bewegung der baren Ein- und Ausgänge." Es kann also argumentiert werden, daß Gewinn das Ergebnis und nicht das Ziel guten Managements ist.

Als Bilanzposten für sich belassen ist Gewinn nicht unbedingt ein akkurater Erfolgsmaßstab für den Betrieb. Gewinnangaben können von Faktoren „beeinflußt" werden, die mit dem Betriebsergebnis des Unternehmens nicht viel zu tun haben. Dazu gehört die Art, wie Forschung und Entwicklung in der Buchführung gehandhabt, wie Lagerbestände und unfertige Erzeugnisse bewertet und wie Geldflüsse, die aus den Investitionen und der Veräußerung von Investitionen resultieren, verwertet werden. Rolls-Royce ist das klassische Beispiel eines Unternehmens mit irreführenden Gewinnangaben, die durch die Handhabung der Forschungs- und Entwicklungsausgaben bedingt waren.

Der Präsident von International Harvester sagte einmal: „Das einzige, was Sie als Geschäftsmann tun müssen, ist, irgendein Zeug herstellen und es anderen mit Gewinn verkaufen." Der Controller von Bethlehem Steel meinte: „Unser Geschäft ist nicht die Herstellung von Stahl, auch nicht der Schiffbau oder die Bauwirtschaft. Unser Geschäft ist Geldverdienen."

So einfach, wie die beiden behaupten, ist es selbstverständlich nicht, doch beide Stellungnahmen betonen eindeutig den Geldfluß. Gewinnsteigerung heißt, den Geldfluß in das Unternehmen zu steigern und den Abfluß nach außen so weit als möglich zu reduzieren. Es geht nicht um die Maximierung des abstrakten Begriffes „Gewinn", der zahllosen Sondereinflüssen unterworfen ist. Vielleicht sollten wir statt von Gewinnsteigerung von einer finanziellen Leistungssteigerung sprechen. Aber die meisten nennen es Gewinnsteigerung, daher wollen wir unter Beibehaltung der genannten Einwände bei diesem Begriff bleiben.

FAKTOREN, DIE DIE GEWINNSTEIGERUNG BEEINFLUSSEN

Die drei Schlüsselfaktoren der Gewinnsteigerung sind Umsatz, Kosten und Effektivität.

Umsatz

Die Maximierung der Umsatzerlöse hängt in erster Linie von einem guten Marketing ab. Für Marketing gibt es zwei Ansätze.

Der eine besteht in der Marktbewertung hinsichtlich dessen, was vorhandene und potentielle Konsumenten kaufen werden. Eine Analyse der bestehenden Bedürfnisse und Kaufmuster sowie möglicher zukünftiger Bedürfnisse muß vorgenommen werden. Der andere bewertet den Rahmen, der sich für die Schaffung von Bedürfnissen, die momentan nicht vorhanden sind, anbietet und für den neue Produkte oder Dienstleistungen entwickelt und angeboten werden können.

Ein Unternehmen kann seine Marktdurchdringung durch Marktentwicklung (neue Märkte für bestehende Produkte schaffen), Produktentwicklung (verbesserte oder neue Produkte für bestehende Märkte schaffen) und Diversifizierung (neue Produkte für neue Märkte schaffen) maximieren.

Gutes Marketing gewährleistet, daß das Unternehmen und seine Produkte dem Konsumenten durch Werbung, Verkaufspolitik und Öffentlichkeitsarbeit auf eine Weise vorgestellt werden, die die Umsatzerlöse optimal vorantreibt.

Schließlich sorgt gutes Marketing dafür, daß die Preise der Zahlungswilligkeit des Konsumenten entsprechen, wobei das Ziel die Maximierung der Beiträge zu den Gewinnen und den direkten Kosten ist. Gewinnmaximierung heißt, das richtige Gleichgewicht zwischen hohen Margen und hohem Umsatzvolumen herzustellen.

Der Umsatz hängt also von gutem Marketing ab, aber er folgt nicht unmittelbar daraus. Eine gut ausgebildete, gut motivierte und gut gesteuerte Absatzorganisation ist ebenfalls ein entscheidender Faktor.

Der letzte, freilich oft vernachlässigte Faktor ist die Distribution. Die Effektivität von Marketing und Verkauf wird null und nichtig gemacht, wenn die Auftragsabwickelung ineffizient ist, wenn der Umschlag der Konsumentenaufträge zu lange dauert, wenn in bezug auf Geschwindigkeit, Zuverlässigkeit und Kosten die falschen Distributionskanäle verwendet werden oder wenn mit den Beschwerden der Kunden nicht entsprechend umgegangen wird.

Kosten

Eines der vielen weisen Dinge, die Peter Drucker sagte, lautete: „Kosten stehen alles in allem nicht für sich. Sie entstehen nur dann – zumindest ansatzweise –, wenn ein Ergebnis erzielt werden soll. Wichtig ist daher nicht das absolute Kostenniveau, sondern das Verhältnis zwischen Anstrengungen und Resultaten."

Daher sollte der Ansatz zur Kostensenkung zwischen jenen Kosten, die Ergebnisse liefern, und jenen, die das nicht tun, unterscheiden. Undifferenzierte Angriffe auf sämtliche Kosten – der Zehn-Prozent-Kürzungs-Ansatz – sind konterproduktiv. Der selektive Grundansatz erfordert vielleicht zuweilen die Auflassung eines gesamten Bereiches, aber er ist in jedem Fall besser als die Serie marginaler Kostenreduktionen. Drucker meinte: „Es ist wenig sinnvoll, etwas billiger zu tun, wenn es gar nicht getan werden sollte."

Effektivität

Effizienz alleine genügt nicht. Sie müssen effektiv sein: Es zählt nicht nur, Dinge richtig zu tun, sondern Sie müssen die richtigen Dinge tun.

Effektivität sollte in den folgenden Bereichen angestrebt werden:

- *Produktivität* – für weniger mehr zu bekommen, ob nun im Falle des Personals (Pro-Kopf-Leistung), des Kapitals (Rückfluß aus Investition) oder der Ausstattung (Output je Einheit)
- *Finanzwesen* – Kreditrahmen enger schnallen, uneinbringliche Schulden attackieren, Mengen- und Skontoregelung kontrollieren, Bargeldbestände optimieren und gleichzeitig bei Geldüberschüssen den bestmöglichen Zinssatz ausfindig machen sowie bei Kontoüberziehungen Zinsbelastungen auf ein Minimum reduzieren
- *Inventar* – das gebundene Betriebskapital so gering zu halten, daß Kundenwünsche noch befriedigt werden können
- *Beschaffungswesen* – den Lagerraum des Lieferanten in bestimmten Intervallen „auf Abruf" zu benutzen, um sich bei allen neuen oder zu erneuernden Verträgen den Wechsel auf kompetitivere Angebote vorzubehalten; weiters sollte den Käufern klar sein, wie sie ihren „Einfluß" geltend machen, um bessere Konditionen zu bekommen; wie sie der Versuchung, zu umfangreiche Bestellungen vorzunehmen, widerstehen – und sie sollten die Gewinnaufschlagspolitik genau kennen

ZUGANG ZUR GEWINNSTEIGERUNG

Gewinnsteigerungen sollten laufend angestrebt werden. Sie sollten diese Aufgabe nicht solange hinausschieben, bis Sie von einer Krise gezwungen werden, sich damit zu befassen. Finden Sie anhand von Benchmarking (Kapitel 1) heraus, was andere Unternehmen zur Verbesserung ihrer Ertragslage tun, welche Lehren sich aus ihren Erfahrungen und Erfolgen ziehen lassen, und wie Sie diese Lehren auf Ihr eigenes Unternehmen anwenden können. Begehen Sie nicht den Fehler zu versuchen, die Ideen oder Praktiken anderer Organisationen auf Ihr eigenes Unternehmen zu übertragen, ohne sie Ihrer Situation – Ihrer Technologie, Ihrer Marktposition, Ihrer Unternehmenskultur und Ihrem Managementstil – anzupassen.

Holen Sie sich zusätzliche Ideen und Anregungen aus Büchern und aus den Wirtschaftsteilen der Zeitungen. Aber schließen Sie sich nicht sofort der neuesten Mode an, sondern denken Sie zuerst sorgfältig darüber nach, ob eine bestimmte Methode auch in Ihrem Unternehmen funktionieren wird.

Ihr Weg zur Gewinnsteigerung kann in Form eines Re-engineering der Geschäftsprozesse erfolgen (siehe Kapitel 37). Dieses kann eine radikale und grundlegende Veränderung und einen leistungsmäßigen Quantensprung herbeiführen. Ein Re-engineerung beginnt damit, daß sämtliche Annahmen bezüglich der Führung des Unternehmens in Frage gestellt werden. Sodann konzentriert man sich auf die Geschäftsabläufe – warum macht die Organisation die Dinge so, wie sie sie macht, und sollte sie überhaupt so vorgehen?

Beginnen Sie die Neugestaltung Ihrer Geschäftsabläufe mit einer Analyse Ihrer derzeitigen Situation (oder, wenn Sie nicht so weit gehen wollen, tun Sie dies statt dem Re-engineering). Verwenden Sie dafür die Checkliste, die Sie am Ende dieses Kapitels finden.

Untersuchen Sie die gesamte Produktpalette für jeden einzelnen Markt, und bewerten Sie relative und potentielle Rentabilität aller Produkte und Märkte. Versuchen Sie, jene ausfindig zu machen, deren Potential im Schwinden ist, sowie jene, die im Kommen sind. Überlegen Sie sich, welche Erleichterungs- oder Kürzungsmaßnahmen für verschwindende Produkte und Märkte zu treffen sind, aber auch, was zu unternehmen ist, um die Fortschritte im Kommen befindlicher Produkte und Märkte zu sichern bzw. zu beschleunigen.

Wenden Sie die 20/80-Regel (Pareto's Law) an, um die 20 Prozent Ihrer Produkte/Märkte aufzuspüren, die 80 Prozent Ihrer Gewinne erzielen. Konzentrieren Sie sich auf die Effektivitätsmaximierung in 20 Prozent der Bereiche, die die größte Wirkung haben werden.

Machen Sie betriebsinterne Faktoren ausfindig, die für das Potential des Unternehmens hinderlich sind, und „machen Sie allseits gefürchtete Gefahren zu Gelegenheiten“ (Drucker). Bauen Sie auf Stärken und nicht auf Schwächen auf.

Blicken Sie als nächstes in die Zukunft. Fertigen Sie Trendprognosen an, antizipieren Sie Probleme, und, wann immer möglich, erneuern Sie dahingehend, daß Sie der Zukunft vorgreifen können, anstatt von ihr überrumpelt zu werden.

Doch vor allem halten Sie sich die Ergebnisse vor Augen, die William Hall in seiner einschlägigen Untersuchung herausfand. Hall beschäftigte sich eingehend mit 64 Firmen, um festzustellen, welche in einer feindseligen Umgebung die höchsten Überlebenschancen hätte. In einem Artikel in der *Harvard Business Review* identifizierte er zwei Schlüsselfaktoren. Die besten Überlebenskünstler wären erstens jene, die ihre Produkte zum niedrigst möglichen Preis liefern, und/oder zweitens jene, die die „höchste Differenzierungsposition" einnehmen. Das bedeutet, daß man Produkte anbietet, die der Konsument als eindeutig verschieden von anderen auffaßt, sowie – was noch viel wichtiger ist – respektiert und sich somit nicht veranlaßt fühlt, zur Konkurrenz überzugehen.

WIE MAN IM GESCHÄFT BLEIBT

Möglicherweise müssen Sie nicht nur versuchen, Ihre Rentabilität zu verbessern, sondern befinden sich in einer Situation, in der Sie gezwungen sind, etwas zu unternehmen, um überhaupt im Geschäft zu bleiben. Zu diesen Schritten können gehören:

- Verbesserung Ihrer Handelsbedingungen, indem Sie weniger Kredit gewähren, und Ihre eigenen Zahlungsbedingungen verbessern.
- Mieten, leasen oder leihen Sie Anlagen, anstatt sie zu kaufen. Dadurch vermeiden Sie die Aufnahme von Krediten und gewinnen mehr finanzielle Flexbilität.
- Lehnen Sie unrentable Mengenaufträge ab: Produzieren Sie weniger, indem Sie die Preise erhöhen.
- Ziehen Sie ein Factoring Ihrer Schulden in Erwägung, um

den Cash-flow zu verbessern. Sie erhalten den größten Teil des Geldes und bezahlen dem Factoring-Agenten eine Provision in Höhe von ein bis drei Prozent.

- Ziehen Sie die Aufnahme eines neuen Partners, der frisches Kapital einbringen kann, in Betracht.
- Beschleunigen Sie den Geldkreislauf, indem Sie Lagerbestände und Zahl der Schuldner reduzieren.
- Handeln Sie einen neuen Überziehungsrahmen für mittelfristige Kredite aus und vergeben Sie Kapitalbeteiligungen. Diese eignen sich besser zur Finanzierung von Kapitalinvestitionen, da die Rückzahlung so geplant werden kann, daß die Ertragslage verbessert wird.

GEWINNSTEIGERUNGS-CHECKLISTE

Betriebsanalyse

1. Analysieren Sie Ergebnisbereiche (Abteilungen, Märkte, Produkte) anhand ihres Gewinnbeitrages und der Kosten, die sie verursachen.
2. Bewerten Sie für jede Produktlinie oder für jedes Produkt auf jedem Markt die folgenden Aspekte:
   (a) inwieweit es blühend, statisch oder rückläufig ist,
   (b) sein zukünftiges Potential, und zwar ausgehend von unterschiedlichen Annahmen bezüglich des Investitions- oder Kostenniveaus, das für Entwicklung oder Überleben entscheidend ist.
3. Stellen Sie die betrieblichen Leistungsergebnisse der Planung gegenüber, und erklären Sie Varianzen.
4. Analysieren Sie indirekte Kosten in Gegenüberstellung zum Plan, und erklären Sie Abweichungen.
5. Bewerten Sie die Umsetzung der Entwicklungsvorhaben (Produkt und Markt) in Gegenüberstellung zum Plan, und erklären Sie Abweichungen.

6. Analysieren Sie Schlüsselkennzahlen im Finanzwesen (laufende und Trends), und etablieren Sie die Ursachen für Abweichungen von der Norm.
7. Führen Sie eine Budgetierung durch, die Zero-Base-Budgeting zur Grundlage hat, um alle wichtigen Aufwendungen zu rechtfertigen.
8. Beantworten Sie drei Schlüsselfragen:
   (a) In welchem Geschäft sind wir?
   (b) In welchem Geschäft sollten wir sein?
   (c) In welchen Bereichen sind wir gut?
9. Bewerten Sie betriebliche Stärken und Schwächen in den Bereichen Organisation, Managementkönnen, Personal, Arbeitnehmer-Arbeitgeber-Beziehungen, Planung, Entwicklung, Marketing, Produktivität, Produktionsmethoden und -ausstattungen, Verwendung neuer Technologien einschließlich Computer, Informationsstand im Management und finanzielle Kontrolle.
10. Bewerten Sie Gefahren und Opportunitäten:
    (a) externe, also Konkurrenz, Politik und Einschreiten seitens der Regierung, Markt- und Produktentwicklung, Inflation, Wechselkurs;
    (b) interne, also Personal, Innovationen, Systeme, finanzielle Mittel (einschließlich Cash-flow).

Strategische Pläne

11. Bereiten Sie strategische Pläne vor, die
    (a) Gelegenheiten und Stärken nutzen, die aus der Betriebsanalyse hervorgehen,
    (b) realistische Annahmen und Prognosen zukünftiger Trends zur Grundlage haben,
    (c) den Geldaufwand berücksichtigen, der für die Finanzierung von Expansionsvorhaben sowie Produkt- und Marktentwicklung erforderlich ist.

Marketing

12. Finden Sie möglichst alles über vorhandene Konsumenten heraus: Kaufgewohnheiten, Neigungen und Abneigungen, Wunsch nach Veränderungen oder Verbesserungen bei Produkten oder Dienstleistungen.
13. Stellen Sie das Potential neuer Konsumenten fest – was die Firma tun kann, um vorhandenen Bedürfnissen entgegenzukommen oder neue zu schaffen.
14. Segmentieren Sie den Markt dort, wo verschiedene Konsumenten angesprochen und Gewinne gemacht werden können.
15. Durchdringen Sie neue Märkte dort, wo es rentabel ist.
16. Überprüfen Sie die Kosteneffektivität der Werbe- und Förderungsaufwendungen. Setzen Sie Werbekampagnen neuerlich ein, und bauen Sie sie aus, wenn sie eindeutig zum Absatz beitragen.
17. Widmen Sie dem Warenhandel mehr Aufmerksamkeit: Verkaufsberatung für Einzelhändler/Vertreter, besondere Verkaufsförderung, Verfügbarmachung besserer POS-Systeme (Point of Sale).

Produktmix und Entwicklung

18. Rückverteilen Sie Ressourcen (Finanzwesen, Mitarbeiter, Produktion und Vertrieb) entsprechend zwischen Produkten, um den Investitionsrückfluß zu optimieren.
19. Maximieren Sie Produktrentabilität, indem Sie
    (a) Projekte mit hohem Kapitalaufwand und hohem Risiko kürzen,
    (b) Produkte mit geringen Kosten und niedrigem Risiko weiterentwickeln,
    (c) Kosten senken – Werbung, Verkaufsförderung, Verpakkungsmaterial, Service oder Verkauf,
    (d) Lagerbestände reduzieren,
    (e) Preisnachlässe reduzieren,
    (f) Preise anheben.

20. Entwickeln Sie neue Produkte oder Dienstleistungen, um definierten Marktbedürfnissen zu begegnen oder um neue Bedürfnisse zu schaffen.
21. Eliminieren Sie Produkte oder Märkte, die unrentabel sind.

Umsatz

22. Steigern Sie das Auftragsvolumen pro Vertreterbereich durch bessere Außendienstkontrollen, Training und ein gezielteres Anreizsystem.
23. Konzentrieren Sie sich auf die Hauptkunden.
24. Eliminieren Sie unrentable Konten.
25. Entwickeln Sie Großkunden mit hohen Volumen.
26. Verbessern Sie die Diskontstruktur.
27. Bieten Sie dem Konsumenten Anreize, umfangreichere Bestellungen zu machen oder den Firmenprodukten gegenüber loyal zu sein.
28. Verbessern Sie die Unterstützung für das Verkaufspersonal durch Werbung, Werbebriefe, Verkaufshilfen und direkte Rundschreiben.
29. Beschleunigen Sie die Stellungnahme zu etwaigen Kundenanfragen.

Distribution

30. Analysieren Sie Transportkosten, und gehen Sie auf wirtschaftlichere Methoden über.
31. Rationalisieren Sie die Lagerstruktur, um Lieferungen zu beschleunigen und Distributions- und Lagerkosten zu senken.
32. Reduzieren Sie die Anzahl der Vertriebsvehikel, indem Sie deren Kapazität und Lebensdauer anheben.
33. Führen Sie dort automatische Kommissioniermethoden ein, wo es der Investitionsrückfluß rechtfertigt.
34. Nutzen Sie den Lagerraum optimal aus.

Produktion

35. Wenden Sie exakte und rasche Untersuchungen an, um jene Bereiche zu identifizieren, wo der Output verbessert werden kann, z. B. durch die Eliminierung von Engpässen, unlogischen Arbeitsflüssen, ineffizienten Arbeitsplänen.
36. Wenden Sie Wertanalysetechniken an, um die Materialkosten zu senken.
37. Wenden Sie Inselfertigungstechniken an, um assoziierte Prozesse zu selbständigen und kontrollierten Arbeitseinheiten zu vereinigen.
38. Rationalisieren Sie das Produktdesign, damit mehr Teile austauschbar sind.
39. Sorgen Sie für Verarbeitungsmethoden, die dem Auftragsvolumen und den Prioritäten in der Betriebskapazität entsprechen.
40. Verbessern Sie die Betriebsauslastung und die vorhandene Produktionssteuerung, um für einen gleichmäßigen Arbeitsfluß, eine Rationalisierung der Aufgabenverteilung und eine Eliminierung von Verzögerungen aufgrund von Material-, Bestandteils- oder Werkzeugengpässen zu sorgen.
41. Revidieren Sie Designmaßstäbe und -toleranzgrenzen, um sie den Produktionsmöglichkeiten anzupassen.
42. Reduzieren Sie Verpackungs- und Ausschußquoten.
43. Steigern Sie die Maschinenauslastung.
44. Führen Sie Automatisierung (Mechanisierung) ein, wo es der Investitionsrückfluß rechtfertigt.

Einkauf

45. Machen Sie Ihren „Einfluß" geltend, um bessere Bedingungen zu erhalten (hüten Sie sich jedoch vor zu umfangreichen Bestellungen).
46. Finden Sie alternative, billigere oder zuverlässigere Lieferquellen.
47. Reservieren Sie Kapazitäten, falls ein echtes und prognostizierbares Bedürfnis vorhanden ist.

48. Plazieren Sie garantierte Aufträge im Austausch für Mengenpreise.
49. Zeigen Sie zu detaillierte Spezifikationen auf, und reduzieren Sie sie auf ein Maß, das die gewünschte Qualität noch gewährleistet.
50. Lieferungen "auf Abruf" für regelmäßig benötigte Güter senken die Lagerkosten.
51. Verändern Sie das Produktdesign dahingehend, daß Standardteile eingekauft werden können.

Inventar

52. Gehen Sie bei den Bestellmengen wirtschaftlich vor, um ein Bestellpunktesystem zu erstellen, das Inventur-, Speditions-, Auftragsvorbereitungskosten und die Stücknachfrage berücksichtigt.
53. Führen Sie eine Materialbedarfsplanung (MRP = material requirements planning) durch, um dafür zu sorgen, daß die exakte Materialmenge lagernd ist bzw. rechtzeitig geliefert wird, um der Verkaufsnachfrage Rechnung zu tragen.
54. Nehmen Sie Computersysteme zu Hilfe, um den idealen Lagerbestand zu ermitteln, d. h. das gebundene Kapital bei Aufrechterhaltung der Mindestlagermengen zu reduzieren.
55. Verbessern Sie die Inventarinformation, damit rechtzeitig Schritte unternommen werden können, um die Bestände auf einen optimalen Niveau zu halten.

Kostensenkung

56. Erforschen Sie den Kostensenkungsrahmen in allen wichtigen Bereichen, in denen Kosten verursacht werden:
    (a) Arbeitskosten – machen Sie Überbesetzungen, vor allem in den allgemeinen, Dienstleistungs- und Personalabteilungen, ausfindig.
    (b) Fertigungskosten – rationalisieren Sie Produktionsmethoden, und reduzieren Sie Materialkosten.
    (c) Verkaufskosten – Werbung, Verkaufsförderung, Öffentlichkeitsarbeit, Verpackungs- und Displaymaterial.

   (d) Inventar – zu hohe Lagerbestände.
   (e) Betrieb – Raum, Computer, Service, Werk, Ausstattung.
57. Wenden Sie die Zero-Base-Budgetierung sowie Organisations- und methodische Techniken an, um jede Aktivität, die in keinem direkten Zusammenhang mit der Produktion steht, zu analysieren. Stellen Sie fest, inwieweit jede einzelne wesentlich ist und inwieweit die Kosten gesenkt werden können, ohne eine signifikante Wirkung auf Produktivität und Betriebseffizienz zu haben.
58. Reduzieren Sie von der Firma verursachte Leerläufe, indem Sie folgende Dinge eliminieren:
   (a) unnötige Formulare,
   (b) übertrieben komplizierte Schreibarbeiten,
   (c) zu viele Führungsebenen,
   (d) Verzögerungen im Entscheidungsprozeß aufgrund mangelhafter Autoritätsdelegation nach unten,
   (e) Engpässe und ineffiziente Arbeitsflüsse.
59. Reduzieren Sie verschwenderische Praktiken seitens des Personals, z. B. Zeitvergeudung, Fehlzeiten, unzweckmäßige Benutzung der Firmenausstattung.

Produktivität

60. Sorgen Sie für die Einführung oder den Ausbau umfassender Methoden zur Produktivitätssteigerung.
61. Führen Sie Zeitstudien durch, um Maßstäbe zu entwickeln, bieten Sie bessere Kontrollinformationen, und verbessern Sie Methoden und Verfahrensweisen.
62. Führen Sie neue Technologien ein, die jedoch – ausgehend von einer Kosten-Nutzen-Grundlage – gerechtfertigt sein müssen.
63. Legen Sie Leistungsziele in der Produktivität fest.
64. Kaufen Sie sich mittels Produktivitätsvereinbarungen von restriktiven Praktiken los.

Mitarbeiter

65. Machen Sie effektive Führungskräfte ausfindig, und fördern Sie sie.
66. Machen Sie uneffektive Führungskräfte ausfindig, und ersetzen Sie sie.
67. Führen Sie Lohnschemata ein, die sich auf signifikante Weise auf die Motivation auswirken.
68. Fördern und schulen Sie die Motivationsfähigkeiten von Führungskräften und Vorgesetzten.
69. Verbessern Sie die Motivation, indem Sie die Organisation (mehr direktes und unmittelbares Management) und die Qualität des Arbeitslebens verbessern. Engagieren Sie die Angestellten in Produktivitäts- und Qualitätssteigerungsprogrammen.

Finanzwesen

70. Engen Sie den Kreditrahmen ein.
71. Legen Sie für Kapitalaufwendungen Prioritäten fest.
72. Nehmen Sie eine Reduktion der uneinbringlichen Schulden vor.
73. Halten Sie Zahlungen so lange zurück, solange dies von Ihren Gläubigern in Kauf genommen wird.
74. Analysieren Sie Schlüsselkennzahlen (z. B. Gewinne als Prozentsatz des Umsatzes und Cash-flow im Verhältnis zu kurzfristigen Verbindlichkeiten), und sorgen Sie dafür, daß gegen widrige Tendenzen etwas unternommen wird.
75. Sorgen Sie dafür, daß Führungsinformationen, die die Aufrechterhaltung einer geeigneten Kontrolle über sämtliche Betriebsaspekte möglich machen, rasch verfügbar sind.

Kapitel 14

Innovation

Innovationen sind der Lebenssaft einer Organisation. Eine Organisation – oder die Menschen, die ihr angehören – kann sich keine größere Blöße geben als durch die Behauptung, die alten Methoden seien seit jeher die besten. Unternehmen, die sich im Stillstand versuchen, haben keine Überlebenschancen.

Erneuerungen erfordern Kreativität, klares Denken und die Fähigkeit, etwas zu Ende bringen zu können. Denker und Ausführende müssen eng zusammenarbeiten, und die Unternehmensspitze muß ein Klima schaffen, in dem die Manager nicht nur neue Ideen entwickeln können, sondern auch die für die Durchführung erforderlichen Mittel zur Verfügung haben.

Der Erfolg eines innovativen Projektes ist daher von zwei Dingen abhängig: von den Eigenschaften der einzelnen Führungskräfte und vom Organisationsklima.

INDIVIDUELLE EIGENSCHAFTEN

Um ein effektiver Erneuerer zu sein, müssen Sie

- zunächst eine klare Vorstellung von den Ergebnissen haben, die Sie sich vorgenommen haben – Sie sollten sich zu Beginn nicht so sehr darum kümmern, wie sie dorthin gelangen werden;
- Ziele und Nutzen des Projektes klar definieren;
- Sinn und Zweck des Projektes überzeugend vortragen;
- nicht nur von Ihrem Vorgesetzten, sondern auch von Ihren Kollegen und Mitarbeitern unterstützt werden – Sie müssen eine Koalition aufbauen, in der jeder von der Nützlichkeit des Projektes gleichermaßen überzeugt ist;
- Mut haben, kalkulierte Risiken einzugehen und sich dem

Sturm entgegenzustellen, wenn die unvermeidbaren Rückschläge eintreten;
- fähig sein, Menschen zu aktivieren – Sie müssen sie mobilisieren, das Projekt mit allen Mitteln zu unterstützen, dafür eignet sich der partizipative Führungsstil;
- die Kraft haben, Unterstützung und Ressourcen zu mobilisieren und eine Umsetzung der Arbeit zu erreichen;
- die Fähigkeit besitzen, Widerstand oder Einwände, die sich gegen das Projekt richten, aus der Welt zu schaffen – zuweilen kommt der Widerstand offen zum Ausdruck, doch oft tritt er in passiver oder versteckter Form auf: Einzelheiten des Plans werden kritisiert, Anfragen verspätet beantwortet oder die Zuweisungen für Zeit und Ressourcen verzögert – versteckter Widerstand zählt zum gefährlichsten;
- die Charakterstärke beweisen, die erforderlich ist, damit die anfängliche Begeisterung für das Projekt nicht abreißt, sobald die ersten Unannehmlichkeiten auftreten.

EIGENSCHAFTEN DER ORGANISATION

Die organisatorischen Merkmale, die innovative Maßnahmen fördern, sind:

- ein freier Informationsfluß ist wichtig, der die Führungskräfte in unerwarteten Bereichen auf neue Ideen stoßen läßt und sie veranlaßt, Informationsfragmente zu kombinieren.
- Die einzelnen Abteilungen stehen in einem engen und häufigen Kontakt zueinander. Sowohl laterale als auch vertikale Beziehungen werden durch die freie Verfügbarkeit von Ressourcen, Informationen und Unterstützung gefördert.
- Teamarbeit und gleiche Anerkennung für alle sind Tradition.
- Spitzenkräfte, die an die Notwendigkeit von Innovationen glauben und die dafür erforderlichen Mittel verfügbar machen, sind notwendig.

- Manager, die die Fähigkeit und den Wunsch haben, Gelegenheiten beim Schopf zu packen und sich für Innovationen Zeit zu nehmen sind ebenfalls unerläßlich.

FALLSTUDIEN

Flußglas

Die Entwicklung bei Pilkington wird manchmal als Ein-Mann-Kampagne von Alistair Pilkington bezeichnet. Das stimmt nicht ganz. Tatsächlich bewies Alistair Pilkington die Eigenschaften eines erfolgreichen Innovators und setzte die Innovationen auch um. Er wußte, was er wollte und wann es sich lohnen würde, und ging entsprechend hartnäckig vor, um sein Vorhaben allem Widerstand zum Trotz durchzusetzen.

Aber er war in der glücklichen Lage, in einem Unternehmen zu arbeiten, in dem Innovationen vorangetrieben wurden. Ihm stand eine Forschungsabteilung zur Verfügung, die zu den hervorragendsten der Welt zählte und über Können und Einrichtungen verfügte, die er für die Durchführung des enormen Entwicklungsprogramms benötigte. Gleichermaßen ausschlaggebend war die Pilkington-Tradition, Führungsgremien einzusetzen. Obwohl diesem Führungsstil oft nachgesagt wird, Innovationen und Leistungen zu bremsen, erwies er sich für die Forschung und Entwicklung als äußerst hilfreich.

Da alle relevanten Abteilungen – Forschung, Entwicklung, Produktion und Verkauf – vertreten waren, war das Flußglas-Projekt vom ersten Moment an voll integriert. Mißverständnisse und Kooperationsprobleme, die ansonsten bei jedem wichtigen Projekt unvermeidbar sind, konnten erst gar nicht aufkommen. Die traditionellen Rivalitäten zwischen Forschung, Entwicklung und Produktion verflogen zwar nicht über Nacht, doch die Bereitschaft, Spannungen auf ein Minimum zu reduzieren, war gegeben. Das Projekt war ein triumphaler Erfolg.

Innovation in der Weiterbildung von Führungskräften

John Raimes war Personalleiter der zur British Aircraft Corporation gehörenden Filton-Division. Bereits zwölf Jahre bevor die Weiterbildung von Führungskräften als die große Neuentdekkung galt, war es ihm gelungen, Projekttraining und „Do-it-yourself"-Schulungen einzuführen.

Raimes war mit dem herkömmlichen Training für Führungskräfte nicht mehr zufrieden. Er war der Ansicht, daß die Führungskräfte von einem direkten Engagement in echte Firmenbelange weit mehr profitieren würden. Eine adäquate Gruppierung der Manager würde nicht nur der Firma in Form eines Ideenauslösers Gewinn bringen, sondern den Managern ermöglichen, voneinander zu lernen, ihr Verständnis für die Betriebsführung auszubauen und ihre eigenen Fähigkeiten für die Problem- und Ideenauswertung zu testen. Ein „Do-it-yourself"-Element könnte eingeführt werden, um den an den Projekten teilnehmenden Managern die Möglichkeit zu geben, Kurse zu besuchen, sich (begrenzt) an auswärtige Berater zu wenden und ihren Informationsstand zu erweitern.

Raimes mußte seine Idee dem Topmanagement schmackhaft machen, das an den konventionellen Trainingsmethoden bis dahin nichts auszusetzen gehabt hatte. Er mußte all seine Überredungskünste einsetzen, um glaubhaft zu machen, daß sein Konzept der Firma und den Führungskräften mehr Nutzen bringen würde als die konventionellen Methoden. Beweisen konnte er das allerdings nicht. Er konnte seine Idee nur kraft seiner totalen Überzeugung vorbringen – und es gelang.

Seine feste Überzeugung war der Hauptgrund, warum er sich erfolgreich durchsetzen konnte. Doch zweifellos half ihm das in der Firma vorherrschende Klima, da sie als Teil der Luftfahrtindustrie auf Innovationen und Kreativität angewiesen war. Im Vorstand saßen Leute, die erkannten, daß die Managementbedürfnisse dieser Branche anderer Natur waren und daher einen originellen Ansatz erforderten.

Kapitel 15

Interviewtechniken

Jeder glaubt, ein guter Interviewer zu sein. So wie jeder glaubt, ein guter Autofahrer zu sein. Sieht man sich jedoch die Unfallstatistiken an, erhält man ein ganz anderes Bild. Ebenso verhält es sich mit falschen Personalentscheidungen – auch dazu gibt es Aufzeichnungen –, die vielfach auf ein Versagen bei der Selektion zurückzuführen sind. Die Forschung ergab, daß die häufigsten Ursachen dafür falsche Prognosen sind, die aus den Interviews aufgrund von Voreingenommenheit, unrichtigen Informationen oder Fehlinterpretationen der erhaltenen Information hervorgehen. Um diese Probleme weitgehend zu vermeiden, sollten Sie sich für eine systematische Vorgangsweise entscheiden, die sich auf die vom Bewerber zu erfüllenden Anforderungsprofile und Anstellungsspezifikationen stützen sollte. Dann sollten Sie sich eine Interviewmethode überlegen, und zwar ausgehend davon, wie Sie das Interview führen und wie Sie die daraus resultierenden Informationen auswerten werden.

DER INTERVIEWANSATZ

Ein Interview ist ein Gespräch, das einen bestimmten Zweck verfolgt. Es ist ein Gespräch, bei dem der Bewerber veranlaßt werden soll, frei über sich und seine Karriere zu sprechen. Der Interviewer sollte sich, abgesehen von den erforderlichen Kommentaren zu Stellung und Firma, auf Fragen und Ermutigungen beschränken. Fragen, die offengelassen werden, fördern Antworten mit dem höchsten Informationsgehalt; „Ja-oder-Nein"-Fragen sollten möglichst vermieden werden. Mit der Aufforderung, „erzählen Sie mir von Ihrer jetzigen Arbeit", werden Sie mehr erfahren. Lücken können mit Folgefragen aufgefüllt werden. Vermeiden Sie Suggestivfragen, die die von Ihnen erwartete Antwort bereits andeuten.

Sinn und Zweck eines Interviews ist es, ausgehend von den vorhandenen Belegen, die richtige Prognose zu erstellen, inwieweit sich ein Kandidat für einen Posten eignet. Es verfolgt jedoch noch zwei weitere Ziele: Der Kandidat soll über die Arbeit und die Firma informiert werden und einen vorteilhaften Eindruck erhalten. Damit wird bezweckt, daß sich der geeignete Kandidat veranlaßt sieht, der Firma beizutreten, während der zurückgewiesene Bewerber keinen Grund erhält, verärgert zu sein.

DIE INTERVIEWFÜHRUNG

Sie müssen das Interview planen, um vom Kandidaten die entsprechenden Informationen zu erhalten, ob seine Erfahrung, Qualifikationen und persönliche Eignung dem Anforderungsprofil entsprechen. Für den Ablauf eines Interviews gibt es keine optimale Methode. Ein mehr oder weniger typischer Ansatz wäre folgender:

1. Der Bewerber soll seine Nervosität ablegen – er wird mit Sicherheit nervös sein, und Ihre Aufgabe ist es, ihn zu entspannen, damit er frei sprechen kann.
2. Erklären Sie ihm, wie Sie das Interview gestalten werden.
3. Beschreiben Sie zunächst kurz die Arbeit und die Firma. Halten Sie sich aber nicht zu lange damit auf, vor allem wenn es sich um einen Randkandidaten handelt. Ausführlich können Sie am Ende des Interviews werden.
4. Setzen Sie beim Lebenslauf an. Der Bewerber soll seinen Bildungsweg und seine bisherige Karriere selbst erzählen. Konzentrieren Sie sich nicht zu sehr auf die Vergangenheit, sondern in erster Linie auf seine gegenwärtige Tätigkeit. Wenn nötig, stellen Sie ihn auf die Probe, um ein einheitliches Bild zu erhalten. Natürlich wird er versuchen, weniger erfolgreiche Abschnitte seiner beruflichen Laufbahn zu beschönigen.

Er soll Ihnen nicht nur mitteilen, was er tat, sondern warum er es tat. Das ist vor allem dann von Relevanz, wenn Berufswahl und Gründe für den Stellungswechsel besprochen werden. Das ermöglicht Ihnen, seine Motivation zu bewerten.
5. Geben Sie ihm Gelegenheit, über seine Erfolge zu sprechen und eventuelle Rückschläge zu erklären.
6. Nehmen Sie sich am Ende des Interviews Zeit für seine Fragen.

Der informative Teil des Interviews sollte je nach Anforderungsniveau nicht länger als 20 bis 40 Minuten dauern.

Wenn es um Schlüsselpositionen geht, wäre es ratsam, ein zweites Interview mit einem höherrangigen Mitglied der Firma zu arrangieren.

DIE INTERVIEWAUSWERTUNG

Die einzigen Fragen, die am Ende des Interviews noch offen sein sollten, lauten:

- Entspricht dieser Kandidat den Anforderungen?
- Wie gut ist dieser Kandidat im Vergleich zu anderen Bewerbern?

Qualifikationen können relativ leicht bewertet werden, außer es geht nicht klar hervor, woher sie stammen. Die Auswertung der Erfahrungswerte sollte ebenfalls kein Problem sein, vorausgesetzt, Sie haben die Behauptungen des Bewerbers auf ihre Richtigkeit überprüft. Funktionsbezeichnungen sind irreführend; Sie müssen sich über das tatsächliche Verantwortungsniveau informieren, damit Sie es mit den Schlüsselbereichen der Arbeit, für die der Bewerber in Frage kommt, vergleichen können. Dabei helfen Informationen über besondere Aufgaben und Erfolge.

Seine bisherigen Fortschritte sind ein Hinweis dafür, wie er in Zukunft weiterkommen wird. Sie wollen herausfinden, ob seine berufliche Laufbahn gleichbleibend kontinuierlich verlief. Jeder kann einmal versagen, und die Gründe sind nicht immer unbedingt bei ihm zu suchen. Ist diese Linie allerdings immer wieder durch Arbeitsplatzwechsel unterbrochen, dann ist das höchst verdächtig. Wenn die Karriere des Bewerbers Lücken aufweist, finden Sie heraus, wo er war und was er tat.

Eine Bewertung der persönlichen Qualitäten eines Bewerbers gehört zu den Schwierigkeiten der Interviewführung. Zu entscheiden, ob Ihnen seine Manieren zusagen oder nicht, mag nicht schwer sein, aber Merkmale wie Engagement, die Fähigkeit zur Zusammenarbeit mit anderen sowie Führungseigenschaften sind nicht so leicht feststellbar.

Interviewer werden immer vor dem „Echo-Effekt“ gewarnt. Man soll tunlichst vermeiden, sich vom Erscheinungsbild oder den Manieren eines Bewerbers beeindrucken zu lassen und dabei die Beurteilung wesentlicher Aspekte seines Charakters oder seiner Fähigkeiten zu vernachlässigen. Ebenso gefährlich ist der „Hörner-Effekt“, bei dem den unattraktiven Merkmalen zu viel Bedeutung eingeräumt wird. Es zählt nicht nur der erste Eindruck, wenngleich er für die Arbeit selbst entscheidend sein könnte, sondern alle Aspekte sind von Bedeutung, die aus der Laufbahn des Bewerbers hervorgehen.

Persönliche Stärken und Schwächen werden aus einer Analyse der Karriere und der Interessen des Bewerbers ersichtlich. Jemand, der sich viel vorgenommen hat und bisher alles erreichen konnte, ist klarerweise entsprechend motiviert. Ein Mensch aus armen Verhältnissen, der über frühe Rückschläge triumphieren konnte, verfügt sicherlich über mehr Engagement als jemand, der aus den Gelegenheiten, die sich ihm boten, nicht das meiste herausholte.

Die Interessen des Bewerbers können als Hinweis dienen, ob er gerne mit anderen Menschen verkehrt und bereit ist, eine Führungsposition zu übernehmen. Seine Freizeitgestaltung kann auch als Hinweis für sein Engagement und seine Entschlossenheit dienen. Schwerpunkt Briefmarkensammler mag nicht unbedingt reizvoll klingen, doch wenn sich herausstellt, daß er auf Grund seines Eifers in Großbritannien zur ersten Instanz für Kolonialbriefmarken aus der Mitte des 19. Jahrhunderts avancierte, können Sie sich ein Bild von seinen Umsetzungsfähigkeiten machen.

Sie können mehr über einen Bewerber erfahren, wenn Sie ihn sprechen lassen – das kann sogar so weit gehen, daß er seine Inkompetenz für die Stellung selbst enthüllt. Wenn jemand beispielsweise erzählt, daß er die letzten drei Male gekündigt hat, weil er mit seinem Chef nicht zurechtkam, ist das ein Hinweis dafür, daß er entweder eine Abneigung gegen Vorgesetzte hat oder zur Paranoia neigt oder beides. Er hat auf ein Verhaltensmuster aufmerksam gemacht, das sich jederzeit wiederholen könnte.

DIE ENDGÜLTIGE BEWERTUNG

Das für die Bewertung eines Kandidaten erforderliche Material setzt sich aus den vielfältigen Interviewaspekten, dem Bewerbungsschreiben oder dem Bewerbungsformular zusammen. Es muß dem Anforderungsprofil gegenübergestellt und auf einem Bewertungsformular zusammengefaßt werden, insbesondere wenn sich mehrere Kandidaten um die Stellung beworben haben.

RICHTIGE BZW. FALSCHE VORGANGSWEISE BEI EINEM INTERVIEW

Richtig:

- Das Interview planen.
- Für ein entspanntes, formloses Gesprächsklima sorgen.
- Den Bewerber zum Sprechen ermuntern.
- Das Terrain wie vorgesehen erforschen.
- Falls nötig, den Bewerber auf die Probe stellen.
- Karriere und Interessen analysieren, um Stärken, Schwächen und Verhaltensmuster zu enthüllen.
- Richtung und Zeitaufwand des Interviews unter Kontrolle halten.

Falsch:

- Das Interview unvorbereitet beginnen.
- Zu rasch auf schwierige Fragen übergehen.
- Suggestivfragen stellen.
- Zu Schlußfolgerungen gelangen, die sich auf unangemessene Aussagen stützen.
- Isolierten Stärken oder Schwächen zu viel Bedeutung einräumen.
- Zulassen, daß der Bewerber wichtige Tatsachen beschönigt.
- Zu viel reden.

Kapitel 16

Klares Denken

Klares Denken ist logisches Denken. Es ist ein Prozeß der Einsicht, in dessen Verlauf Urteile aneinandergereiht werden, bis aus den vorhandenen Aussagen und Belegen die korrekten Schlüsse gezogen werden können. Klares Denken geht analytisch vor: Die Information wird sorgfältig überprüft, was von Relevanz ist, wird selektiert, Bezüge werden hergestellt und bewiesen.

Wenn Sie sagen, jemand sei logisch, meinen Sie, er ziehe die korrekten Schlußfolgerungen – seine Schlußfolgerungen können unter Berufung auf die Fakten, auf die sie sich stützen, belegt werden. Er vermeidet schlecht fundierte und tendenziöse Argumente, verallgemeinert nicht und bleibt sachlich. Seine Argumentationskette ist eindeutig, rational und basiert auf relevanten Tatsachen.

Klares Denken – ein logischer Ansatz zur Problemlösung, Entscheidungsfindung und Fallpräsentation – ist eines der wesentlichen Attribute des erfolgreichen Managers. Das heißt jedoch nicht, daß es die einzig richtige Denkweise ist. Edward de Bono vertritt ein laterales, d. h. kreatives Denken, das seiner Ansicht nach für den innovativen Manager ein notwendiger Denkvorgang ist, den er in Verbindung mit den traditionelleren vertikalen oder logischen Denkmustern (siehe Kapitel 23) anwenden sollte. Aber ein logischer Ansatz ist trotz alledem eine wesentliche Voraussetzung.

Ein weiteres Attribut des erfolgreichen Managers ist die Fähigkeit, überzeugend zu argumentieren und die Schwachstellen in der Argumentation anderer aufzuspüren. Klares Denken und überzeugende Argumentation setzen voraus, daß Sie erstens verstehen, wie eine Behauptung oder ein Einzelfall grundsätzlich aufzubauen ist; zweitens, wie Sie Ihre Behauptung prüfen; und drittens, wie Sie irreführende Argumente vermeiden und Trugschlüsse anderer aufzeigen.

EINE BEHAUPTUNG ENTWICKELN

Im altbewährten „Training-Within-Industry"-Programm für Führungskräfte lautete die oberste Regel: „Beschaffen Sie sich Fakten!" Für klares Denken gilt sie nach wie vor. Die Fakten müssen für die in Betracht kommende Angelegenheit relevant sein. Wenn Vergleiche angeführt werden, muß Gleiches mit Gleichem verglichen werden. Trends müssen einem dafür geeigneten Ausgangsdatum entsprechen, und wenn Trends miteinander verglichen werden, sollte von derselben Basis ausgegangen werden. Gehen Sie mit Meinungen vorsichtig um, solange Sie keine Beweise haben. Vermeiden Sie oberflächliche Analysen oberflächlicher Daten. Gehen Sie in die Tiefe. Nehmen Sie nichts für gegeben. Überprüfen Sie die Beweisführung sorgfältig, und lassen Sie Unerhebliches weg.

Ihre Schlußfolgerungen sollten sich direkt auf die Fakten stützen. Wenn möglich, sollte ein Zusammenhang zwischen Fakten und Schlußfolgerungen bestehen, wobei dieser Zusammenhang durch relevante und verifizierbare Erfahrungswerte oder durch Information oder ähnlich gelagerte Fälle gestützt werden sollte.

Wenn – was sehr wahrscheinlich ist – aus den Fakten nicht nur eine, sondern mehrere Schlußfolgerungen gezogen werden können, sollte jede dieser Überlegungen einer Prüfung unterzogen werden, um festzustellen, welche am eindeutigsten den bereits gemachten Erfahrungswerten entspricht. Es ist jedenfalls müßig, „die Vernunft" oder „den gesunden Menschenverstand" anzurufen. Sie müssen Beweise bringen, die Ihre Schlüsse untermauern und das vage Konzept des „gesunden Menschenverstandes" mit den Informationen und Erfahrungswerten, die ihm zugrunde liegen, unterstützen. Descartes zufolge ist „gesunder Menschenverstand das meistverbreitete Gut der Welt, da jeder Mensch überzeugt ist, reichlich damit ausgestattet worden zu sein".

ÜBERPRÜFUNG DER BEHAUPTUNG

„Wir begnügen uns damit, jeden Glauben ohne Umschweife zu akzeptieren, solange er unseren Vorurteilen entspricht und sein Wahrheitsgehalt für die Befriedigung unserer Bedürfnisse notwendig ist." Diese Worte stammen von Susan Stebbing. Klares Denken darf sich nicht in diese Falle locken lassen.

Bei der Formulierung einer Behauptung generalisieren wir ausgehend von unseren Beobachtungen – unserer eigenen Analyse oder Erfahrung – und folgern daraus, was nicht beobachtet wurde. Zudem beziehen wir uns auch auf Aussagen – die Beobachtungen und Erfahrungen anderer Menschen.

Wenn Ihre Behauptung oder Überzeugung von einer Generalisierung ausgeht, die auf besonderen Ereignissen basiert, sollten sie mit der Beantwortung der folgenden Fragen getestet werden:

- War der Bereich, den Sie erforscht haben, auch wirklich umfassend?
- Sind die Beispiele repräsentativ, oder wurden sie nur ausgewählt, weil sie eine Sichtweise unterstützen?
- Gibt es widersprüchliche Beispiele, nach denen nicht gesucht wurde?
- Steht die in Frage kommende Behauptung oder Überzeugung im Widerspruch mit anderen Überzeugungen, für die wir ebenfalls gute Gründe anführen können?
- Wenn es widersprüchliche Meinungen oder Fakten gibt – wurden sie in Gegenüberstellung zur ursprünglichen Behauptung einem adäquaten Test unterzogen?
- Können die Beweise oder die Beobachtungen zu gleichermaßen gültigen Schlüssen führen?
- Gibt es Faktoren, die nicht berücksichtigt wurden und die womöglich die Beweismittel, und demnach die Schlußfolgerungen beeinflussen?

Wenn sich Ihre Überzeugung auf Beobachtungen stützt, sollten Sie ihre Zuverlässigkeit und ihre Relevanz einer sorgfältigen Prüfung unterziehen, um festzustellen, ob Ihre Überzeugung einer logischen Folgerung aus den Unterlagen folgt, d. h. ob sie den Fakten entspricht.

TRÜGERISCHE UND IRREFÜHRENDE ARGUMENTE

Ein Trugschluß ist ein unhaltbares Argument, das zu einer fehlerhaften Beweisführung führt oder irreführende Eindrücke vermittelt. Die wichtigsten Trugschlüsse, die es zu vermeiden oder in der Argumentation anderer aufzudecken gilt, sind:

- ausschweifende Stellungnahmen,
- undifferenziertes Denken,
- besondere Plädoyers,
- zu starke Vereinfachungen,
- falsche Schlußfolgerungen,
- Petitio principii (Annahme einer erst zu beweisenden Sache),
- falsche Analogien,
- Zweideutigkeit bei der Wortwahl,
- Haarspaltereien.

Im folgenden werden die angeführten Punkte kurz besprochen.

Ausschweifende Stellungnahmen

Da wir uns nach Gewißheit sehnen und unsere Sache auf den Punkt bringen wollen, neigen wir oft zu ausschweifenden Stellungnahmen. Wir wiederholen uns und werden dabei von Mal zu Mal lauter und zorniger, bloß, weil wir unseren Gegner überzeugen wollen. Wenn wir das oft genug und entsprechend heftig tun, kann es sogar geschehen, daß wir uns selbst täuschen.

Es wurde bereits erwähnt, daß „es niemals fair, niemals weise und niemals sicher ist, zu generalisieren“. Aber das ist schon in sich eine Verallgemeinerung. Wissenschaftliche Methoden basieren auf Verallgemeinerungen. Solange sie aus adäquaten, relevanten und zuverlässigen Befunden gefolgert wurden, wird niemand ihre Gültigkeit bestreiten.

Verallgemeinerungen verlieren dann ihre Gültigkeit, wenn sie sich auf Fakten stützen, die extrem vereinfacht wurden, oder wenn Beispiele zugunsten der Argumentation ausgewählt wurden, während Widersprüche einfach ignoriert wurden. Die klassische Form einer „trügerischen Verallgemeinerung" besteht in der Behauptung, wenn ein Teil von A B ist, dann muß A zur Gänze B sein. Es kommt oft vor, daß jemand A ist gleich B sagt, obwohl er weiß, daß A nur zum Teil B ist oder im besten Fall A dazu tendiert, B zu sein. Das Argument wird irreführend, wenn der Hinweis „teilweise" bzw. „Tendenz" nicht ausdrücklich angeführt wird.

Viele der folgenden Trugschlüsse stellen besondere Formen der Verallgemeinerung dar, die das üblichste Symptom unseriöser Beweisführung ist.

Undifferenziertes Denken

Undifferenziertes Denken entsteht dann, wenn wir mit Schlagworten und leeren Phrasen argumentieren und wenn wir eine Behauptung ungebührlich in die Länge ziehen.

Es ist ein natürliches Anliegen, komplizierte Angelegenheiten zu vereinfachen und selbstsicher Vorschläge einzubringen bzw. Handlungen zu setzen. Und es ist ebenso natürlich, diese Überzeugungen in einem einzigen Satz oder Gedanken zu komprimieren. Aber es ist riskant, verkürzte Aussagen zu übernehmen, nur weil man sich selbst das Denken ersparen möchte. Sie können erst dann akzeptiert werden, wenn ihnen neuerliche Überlegungen vorangegangen sind.

Besondere Plädoyers

Wenn jemand zu Ihnen sagt: „Jeder weiß, daß", „Es ist eindeutig, daß" oder „Niemand wird bestreiten, daß", können Sie sicher sein, daß diese Person die Behauptung, die sie im Begriff ist aufzustellen, nicht in Frage stellt.

Wir greifen zum besonderen Plädoyer (Appell), wenn wir unser Anliegen betonen und nicht bemerken, daß es auch noch andere Ansichten und Perspektiven gibt. Ein Appell dieser Art passiert dann, wenn wir uns von unserem eigenen Umfeld nicht distanzieren können. Oft stolpern wir, weil wir vergessen, daß sich unser Verhalten vom Verhalten anderer in der gleichen Situation nicht unterscheidet.

Gegen diese Art von Fehler kann man sich absichern, indem man vom “Sie“ zum „Ich“ übergeht. „Ich“ empfinde also, daß „Sie“ nicht sehen können, was offenbar nicht zu übersehen ist. „Sie“ empfinden, daß „Ich“ nicht sehen kann, was direkt vor meinen Augen passiert. Eine Regel, die, wird sie Ihnen auferlegt, Gültigkeit zu haben scheint, kann im umgekehrten Fall, wenn Sie von mir verlangen, daß ich sie mir selbst auferlege, ungeeignet scheinen.

Freilich kann übermäßiges Abwägen anderer Ansichten zu Unentschlossenheit führen. Ein Problem hat nicht unbedingt immer zwei Seiten, doch auch wenn es so ist, müssen Sie sich irgendwann – und meist rasch – für eine Seite entscheiden. Bevor Sie sich jedoch entscheiden, überprüfen Sie, ob die anderen Ansichten und Ansätze gültig sind, und berücksichtigen Sie sie in Ihren eigenen Ausführungen.

Zu starke Vereinfachungen

Bei zu starken Vereinfachungen handelt es sich um eine besondere Form des undifferenzierten Denkens oder des speziellen Appells. In den Worten von Susan Stebbing tritt die „Übervereinfachung“ oft in Form einer „trügerischen Schwarzweißsicht“ auf, also in der irrtümlichen Forderung nach einer exakten Linie, wenn diese de facto nicht vorhanden ist. Es ist zum Beispiel nicht möglich, zwischen dem Normalen und dem Verrückten oder dem Klugen und dem Unintelligenten klar zu unterscheiden. Unsere Neigung, solche Fehler zu begehen, kann von einem unehrlichen Gegner ausgenutzt werden, der von uns verlangen könnte, etwas präzise zu definieren, das keine Definition zuläßt.

Falsche Schlußfolgerungen

Zu den häufigsten Trugschlüssen gehört der Denkvorgang: Wenn „ein Teil" so ist oder sein kann, muß folglich „alles" so sein. Eine Behauptung über mehrere Fälle wird auf eine Weise zurechtgerückt, daß sie für alle Fälle gleichermaßen gilt. Die Schlußfolgerung folgt nicht der Prämisse.

Die üblichste Form dieser fälschlichen Denkweise wird von den Logikern, die vom traditionellen Syllogismus Prämisse, Mittelglied und Schlußfolgerung ausgehen, „Trugschluß in Folge eines falsch angewandten Mittelwerts" genannt.

Ein gültiger Syllogismus sieht so aus:

Prämisse:	Alle Kühe sind Vierbeiner.
Mittelwert:	Alle Vierbeiner sind Wirbeltiere.
Schluß:	Daher sind alle Kühe Wirbeltiere.

Das kann auch so dargestellt werden:

Prämisse:	Jedes A ist gleich B.
Mittelwert:	Jedes B ist gleich C.
Schluß:	Daher ist jedes A gleich C.

Das ist logisch. Der Mittelwert wurde korrekt angewandt. Alles, das für A gilt, gilt auch für B, alles, das für B gilt, gilt auch für C, daher muß alles, das für A gilt, auch für C gelten.

Ein ungültiger Syllogismus würde so aussehen:

Alle Kühe sind Vierbeiner.
Alle Maultiere sind Vierbeiner.
Daher sind alle Maultiere Kühe.

Anders dargestellt sieht das dann so aus:

Jedes A ist gleich B.
Jedes C ist gleich B.
Daher ist jedes A gleich C.

Das ist insofern falsch, als zwar alles, das für A und C gilt, auch für B gilt, allerdings nichts darauf hindeutet, daß A und C durch eine Beziehung zu B in einem Zusammenhang stehen.

Den Unterschied zwischen wahren und falschen Syllogismen zeigt folgende Darstellung:

Wahrer Syllogismus   Falscher Syllogismus

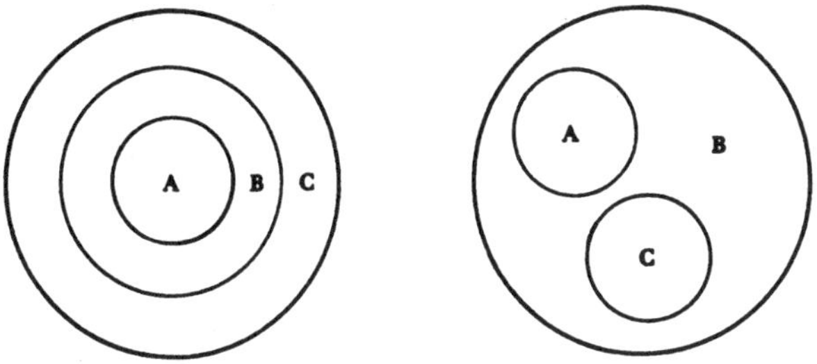

Beim wahren Syllogismus könnten A und C unterschiedliche Elemente darstellen, obwohl sie beide innerhalb B enthalten sind. Eine Verbindung der drei Elemente ginge über die ursprüngliche Evidenz hinaus. Denn auch wenn die Faktoren A und B in Relation zu einem anderen Faktor C stehen, bedeutet das nicht unbedingt, daß sie in Relation zueinander stehen. Wenn wir eine Beweisführung erarbeiten, ziehen wir viel zu oft den voreiligen Schluß, daß „etwas" „alles" bedeutet.

Schlußfolgerungen, die über die Evidenz hinausgehen, können auch dann entstehen, wenn die Wirkung (die Konsequenz) bekannt ist und dadurch die Annahme entsteht, die Ursache (das Antezedens) sei ebenfalls bekannt. Doch mit dieser Annahme kann man völlig falsch liegen. Ein Effekt kann viele verschiedene Ursachen haben. Dieser „Trugschluß der logischen Folgerung", wie er genannt wird, kann folgendermaßen illustriert werden:

Wenn er im Lotto gewinnt, fährt er in die Karibik.
Er ist in die Karibik gefahren.
Daher hat er im Lotto gewonnen.
D. h. wenn L dann K,
K,
daher L.

Die Gründe, warum er in die Karibik fuhr, sind, abgesehen vom Lottogewinn, viel vielschichtiger. Ein klarer Schluß kann nur dann gezogen werden, wenn die Ursache in einer direkten Relation zur Wirkung steht, daher:

Wenn er im Lotto gewinnt, fährt er in die Karibik.
Er hat im Lotto gewonnen.
Daher wird er in die Karibik fahren.
D. h. wenn L, dann K,
L,
daher K.

Hinzu kommt die Gefahr, daß man aus der Evidenz Schlüsse zieht und dabei außer acht läßt, wie ein Fall durch begleitende Umstände verändert werden kann. Was in der Vergangenheit geschah, muß nicht unbedingt noch einmal geschehen, außer die Umstände sind unverändert. Sie können freilich aus der Geschichte Schlüsse ziehen, doch verlassen können Sie sich darauf nicht. Die Zeiten ändern sich.

Petitio principii (Annahme einer erst zu beweisenden Sache)

Wir nehmen eine erst zu beweisende Sache an, wenn wir für erwiesen halten, was erst zu beweisen ist. Das kann so weit gehen, daß die zur Debatte stehende Sache ohne entsprechende Beweisführung postuliert wird. Die Logiker nennen das Petitio principii.

Wenn Ihnen auffällt, daß jemand eine Prämisse für gegeben hält, die in seiner Schlußfolgerung nicht aufscheint, müssen sie die Annahme in Frage stellen und darum bitten, über die Prämissen, von denen die Schlußfolgerung ausgeht, informiert zu werden. So können Sie beurteilen, ob der Schluß eine logische Folgerung aus diesen Prämissen ist.

Annahmen in Frage zu stellen ist ein notwendiger Bestandteil des klaren Denkens. Sie sollten Ihre eigenen Annahmen ebenso in Frage stellen wie die, zu denen andere gelangen.

Falsche Analogien

Analogien bilden die Grundlage unseres Denkens. Wir bemerken, daß zwei Fälle ähnlich gelagert sind, und weiten in der Folge diese Ähnlichkeit aus. Analogien helfen auch, unbekannte Themen zu verstehen.

Analogien können falsch sein, wenn sie nicht wirklich erwiesen sind. Nur weil A gleich B ist, wobei beide Faktoren bekannte Tatsachen sind, ist X nicht gleich Y, wobei X und Y unbekannte oder abstrakte Faktoren sind. Wenn wir mit Analogien argumentieren, behaupten wir, wenn

x die Eigenschaften von p1, p2, p3 und f hat und
y die Eigenschaften von p1, p2 und p3 hat, dann hat
y auch die Eigenschaft f.

Das ist richtig, wenn y keine Eigenschaft hat, die mit f unvereinbar ist. Im anderen Fall wäre das Argument falsch.

Analogien können als Vermutung für einen Schluß dienen, doch sie können ihn nicht herstellen. Sie können auch zu weit gehen. Manchmal ist ihre Relevanz mehr Schein als Wirklichkeit.

Wenden Sie Analogien argumentativ an, um eine Sache damit zu unterstützen, aber verlassen Sie sich nicht darauf. Erlauben sie auch sonst niemandem, weit hergeholte Analogien aufzustellen. Sie sollten getestet und ihre Relevanz unter Beweis gestellt werden.

Zweideutige Wortwahl

Lewis Carrolls Ansatz – „Wenn ich ein Wort verwende, hat es genau die Bedeutung, die ich ihm beizumessen wünsche, nicht mehr und nicht weniger" – ist ein beliebter Trick all jener, die andere täuschen wollen. Sie wenden Worte an, um ihre Argumente wortkräftig zu unterstützen. Die Worte, die sie auswählen, mögen ein und dieselbe Bedeutung haben, doch sie können grundverschiedene Dinge ausdrücken. Wenn ich also behaupte, ich sei entschlossen, kann ich dasselbe Wort auf andere beziehen, indem ich den einen als eigensinnig, einen anderen dagegen als borniert und stur bezeichne.

Haarspaltereien

> „Andererseits", setzte Tweedledee fort, „wenn es so war, dann mag es so gewesen sein, und wenn es so wäre, dann würde es so sein; da es jedoch nicht so ist, ist es nicht so. Das nenne ich Logik."

Haarspaltereien müssen nicht immer diese Form annehmen, doch irreführend sind sie allemal. Zum Disput dieser Art gehören folgende Argumentationsfinten:

- Die Argumente werden zugunsten einer Behauptung gewählt, wobei gleichzeitig alles, was der Behauptung widersprechen könnte, ignoriert wird.
- Das Argument eines Gegners wird so lange verzerrt, bis es eine ganz andere Bedeutung als die ursprünglich beabsichtigte hat – kurz: Jemandem werden Worte in den Mund gelegt.
- Ein Gegner wird durch die Aufforderung abgelenkt, eine Behauptung, die er gar nicht aufgestellt hat, zu beweisen.
- Die zur Debatte stehenden Punkte werden bewußt ignoriert.
- Irrelevantes wird in die Diskussion eingebracht.
- Immer wieder werden Dinge angesprochen, denen nicht zugestimmt wurde, und andere werden ignoriert, auf die man sich geeinigt hat.

Kapitel 17

Kommunikation

Zwar sind sich die Menschen der Notwendigkeit zur Kommunikation bewußt, doch fällt ihnen das Kommunizieren schwer. Wie Schopenhauers Igel wollen sie einander näher kommen, aber ihre Stachel hindern sie daran. Worte mögen präzise klingen oder scheinen, aber sie sind es nicht. Erst wenn die vielfältigen Kommunikationsbarrieren zwischen Sender und Empfänger überwunden sind, ist der Empfänger in der Lage, eine Botschaft in ihrer wahren Bedeutung aufzunehmen.

KOMMUNIKATIONSBARRIEREN

Wir hören, was wir hören wollen

Was wir im Gespräch mit anderen hören oder verstehen, hängt großteils von unseren Erfahrungen und unserer Herkunft ab. Anstatt zu hören, was uns gesagt wurde, hören wir, was unser Verstand uns mitteilt, was der andere gesagt hat. Wir bilden uns bereits eine Meinung, bevor jemand überhaupt etwas gesagt hat, und sollte das Gesagte unserem Bezugsrahmen nicht entsprechen, werden wir es so lange abstimmen, bis es paßt.

Widersprüchliche Informationen ignorieren

Wir neigen dazu, Mitteilungen, mit denen wir nicht einverstanden sind, zu ignorieren oder zurückzuweisen. Weisen wir sie nicht zurück, finden wir Wege, wie wir sie verzerren und formen können, bis sie in unser vorgefaßtes Meinungsbild passen. Wenn eine Mitteilung mit vorhandenen Meinungen nicht übereinstimmt, wird der Empfänger ihre Gültigkeit nicht anerkennen, sich nicht weiter damit auseinandersetzen, sie sogar vergessen oder sich an das Gehörte nur undeutlich erinnern.

Vorgefaßte Meinungen über den Sprecher

Es ist nicht leicht, das Gehörte von den Gefühlen zu trennen, die wir für den Menschen empfinden, der sich uns mitteilt. Womöglich unterstellen wir ihm Beweggründe, die gar nicht vorhanden sind. Wir sind eher bereit, eine Mitteilung unkritisch aufzunehmen und den Gehalt des Gehörten zu akzeptieren, wenn wir für den Sprecher Sympathien hegen, als wenn wir ihn nicht ausstehen können.

Einfluß der Gruppe

Die Gruppe, der wir uns zugehörig fühlen, beeinflußt unsere Ansichten und Gefühle. Was von einer Gruppe gehört wird, hängt von ihren Interessen ab. Ein Arbeiter wird eher seinem Kollegen, mit dem er den Arbeitsalltag teilt, zuhören als dem außenstehenden Manager oder Gewerkschaftsfunktionär.

Worte werden unterschiedlich aufgefaßt

Im wesentlichen bringt Sprache Tatsachen und Gefühle zum Ausdruck, wobei sie sich einer Reihe von Symbolen bedient. Genau genommen können wir nicht „Bedeutungen" vermitteln, sondern „Worte". Zu glauben, daß eine Sache, die für den einen eine bestimmte Bedeutung hat, von einem anderen mit derselben Bedeutung aufgefaßt wird, ist daher ein Irrtum.

Nonverbale Kommunikation

Beim Versuch, die Bedeutung dessen zu verstehen, was jemand sagt, hören wir nicht nur auf die Worte, sondern wir nehmen auch andere Signale wahr, die eine Bedeutung vermitteln. Wir achten demnach nicht nur darauf, „was" jemand sagt, sondern auch „wie" er es sagt. Unsere Eindrücke werden von der sogenannten „Körpersprache" geprägt – von Augen, Mund, Gesichtsmuskeln, ja sogar von der Körperhaltung unseres Gegenübers. Diese Eindrücke vermitteln uns vielleicht sogar mehr vom tatsächlich Gesagten als die Worte, die wir hören. Dennoch ist die Wahrscheinlichkeit, das Gehörte falsch zu deuten, sehr hoch.

Emotionen

Unsere Emotionen beeinträchtigen unsere Fähigkeit, den eigentlichen Sinn einer Nachricht zu vermitteln oder zu empfangen. Wenn wir verunsichert oder in Sorge sind, scheint das Gehörte bedrohlicher, als wenn wir uns sicher und im Einklang mit unserer Umwelt fühlen. Wenn wir zornig oder deprimiert sind, neigen wir eher dazu, uns Ideen oder Anliegen zu verweigern, die wir unter anderen Umständen durchaus vernünftig oder gut fänden. Viele Dinge, die in einer hitzigen Diskussion zur Sprache kommen, werden vielleicht nicht verstanden oder nur verzerrt zur Kenntnis genommen.

Lärm

Jeder Eingriff in die Kommunikation ist „Lärm". Es kann sich dabei um Lärm in dem Ausmaß handeln, der ein Hören der Botschaft unmöglich macht, oder aber auch um Geräusche, die ablenken oder verwirren und die Bedeutung des Gesagten verzerren oder trüben.

Umfang

Das Kommunikationsproblem wird um so größer, je größer und komplexer eine Organisation ist. Die ursprüngliche Bedeutung einer Botschaft läuft um so mehr Gefahr, mißverstanden zu werden, je mehr Führungsebenen durchlaufen werden müssen.

KOMMUNIKATIONSBARRIEREN ÜBERWINDEN

Passen Sie sich der Welt des Empfängers an

Versuchen Sie vorherzusehen, welche Wirkung Ihre schriftliche Botschaft oder Ihre Worte auf die Gefühle und Einstellungen des Empfängers haben könnten. Passen Sie Ihre Mitteilung an Vokabular, Interessen und Werte des Empfängers an. Seien Sie sich bewußt, auf welche Weise die Information aufgrund von Vorurteilen, Einflußnahmen anderer und der menschlichen Neigung, Dinge abzuweisen, die man nicht zur Kenntnis nehmen will, falsch interpretiert werden kann.

Feedback

Sorgen Sie dafür, daß Sie vom Empfänger eine Nachricht erhalten, aus der hervorgeht, wieviel er verstanden hat.

Kommunizieren Sie von Angesicht zu Angesicht

Sofern es möglich ist, sollten Sie mit Ihren Mitarbeitern das Gespräch suchen, anstatt ihnen zu schreiben. Auf diese Weise erhalten Sie ein Feedback. Anhand der Reaktionen können Sie Ihre Botschaft entsprechend anpassen oder verändern. Außerdem haben Sie die Möglichkeit, Ihr Anliegen menschlicher und verständnisvoller zu vermitteln, wodurch Vorurteile überwunden werden. Verbale Kritik hat oft eine konstruktivere Wirkung als ein schriftlicher Tadel, der meistens schwerwiegender empfunden wird.

Untermauern Sie Ihr Anliegen

Um zu gewährleisten, daß Ihre Botschaft tatsächlich verstanden wird, werden Sie zuweilen unterschiedliche Mittel anwenden müssen. Verweisen Sie immer wieder auf die wichtigen Punkte, und führen Sie dann weiter aus.

Wenden Sie eine direkte und einfache Sprache an

Das dürfte klar sein. Und dennoch sorgen viele Menschen für ein heilloses Durcheinander, da sie sich von ihrem Jargon nicht lösen können und sich in endlos langen Worten und komplizierten Sätzen mitteilen.

Handeln Sie Ihrem Wort entsprechend

Kommunikation muß glaubwürdig sein, um eine Wirkung zu haben. Wenn Sie sagen, Sie werden etwas tun, dann tun Sie es. Beim nächsten Mal wird man Ihnen eher Glauben schenken.

Benutzen Sie verschiedene Kanäle

Manche Mitteilungen müssen schriftlich erteilt werden, damit sie prompt und unverändert ihr Ziel erreichen. Unterstützen Sie jedoch, wenn möglich, die schriftliche Nachricht mit dem gesprochenen Wort. Umgekehrt sollte ein mündliches Briefing schriftlich verstärkt werden.

Reduzieren Sie den Problemumfang

Reduzieren Sie, wenn möglich, die Anzahl der Führungsebenen. Fördern Sie ein vernünftiges Maß an informeller interner Öffentlichkeitsarbeit. Aktivitäten sollten von Gruppen wahrgenommen werden, damit die Kommunikation im Falle von Gemeinschaftsleistungen leichter fällt.

DIE KUNST DES ZUHÖRENS

Es gibt viele gute Redner und Schreiber, aber es gibt kaum gute Zuhörer. Die meisten Menschen filtern die an sie gerichteten Worte und nehmen nur einen Teil der Information auf – zumeist jenen Teil, den sie hören wollen. Das Zuhören ist eine Kunst, die nur die wenigsten beherrschen. Aber diese Fähigkeit ist sehr wichtig, weil ein guter Zuhörer mehr Informationen sammelt und eine bessere Beziehung zu seinem Gesprächspartner aufbaut als ein schlechter Zuhörer. Und diese beiden Resultate guten Zuhörens sind unverzichtbare Bestandteile guter Kommunikation.

Menschen können nicht gut zuhören, weil sie

- aus irgendeinem Grund unfähig sind, sich zu konzentrieren;
- zu sehr mit sich selbst beschäftigt sind;
- zu sehr daran denken, was sie als nächstes sagen werden;
- nicht genau wissen, was sie hören oder warum sie zuhören;
- unfähig sind, den Aussagen oder Argumenten des Sprechenden zu folgen;
- an dem, was gesagt wird, einfach nicht interessiert sind.

Gute Zuhörer

- konzentrieren sich auf den Sprechenden und folgen nicht nur seinen Worten, sondern auch seiner Körpersprache, seiner Mimik und Gestik, denn diese unterstreicht häufig die Bedeutung seiner Worte und verleiht der Botschaft Leben;
- reagieren sofort auf wichtige Feststellungen des Sprechenden, und wenn auch nur durch aufmunterndes Murmeln;
- stellen häufig Fragen, um die Bedeutung des Gesagten zu klären und dem Sprechenden Gelegenheit zu geben, eine Feststellung neu zu formulieren oder zu untermauern;
- kommentieren die Feststellungen des Sprechenden, ohne den Redefluß zu unterbrechen, um das wechselseitige Verständnis zu prüfen und sicherzustellen, daß sich Sprechender und Zuhörender immer noch auf derselben Wellenlänge befinden. Diese Kommentare können eine Aussage des Sprechenden widerspiegeln oder zusammenfassen, womit dem Gegenüber Gelegenheit gegeben wird, seine Aussage zu überdenken oder zu verdeutlichen;
- machen sich Notizen über die Schlüsselpunkte - auch wenn später nicht auf diese Notizen Bezug genommen wird, fördert dieses Vorgehen die Konzentration;
- beurteilen laufend die vermittelten Botschaften, um zu überprüfen, ob sie verstanden wurden und für das Meeting relevant sind;
- achten ständig aufmerksam auf die Nuancen aller Aussagen des Sprechenden;
- versinken nicht in ihrem Sessel - sie beugen sich vor, zeigen Interesse und erhalten durch mündliche Antworten und Körpersprache den Kontakt aufrecht;
- sind bereit, den Sprechenden mit einem Mindestmaß an Unterbrechungen fortfahren zu lassen.

Kapitel 18

Konferenzen

NIEDER MIT DEN KONFERENZEN!

Meetings bloody meetings ist der Titel eines bekannten Trainingfilms, der in uns allen eine vertraute Saite anschlägt. Wenn Sie sich überlegen, wie viele Gremien in einem Unternehmen aktiv sind und wie viele Konferenzen abgehalten werden, so ist es doch bemerkenswert, wie schwierig es ist, jemanden zu finden, der ein gutes Wort für sie einlegt.

Gremien, heißt es, setzen sich aus den Ungeeigneten zusammen, die von den Inkompetenten damit beauftragt werden, das Unnötige zu tun. Ein Kamel ist ein Pferd, weil es vom Gremium so bestimmt wurde – die Erfahrung mit sinnlosen, schlecht organisierten Konferenzen ist so weit verbreitet, daß diese zynischen Bemerkungen in den Augen vieler der Wahrheit sehr nahe kommen.

WAS IST AN KONFERENZEN FALSCH?

Konferenzen werden aus den folgenden Gründen kritisiert:

- Sie sind eine Zeitverschwendung – zu viele Leute reden zu viel.
- Sie eignen sich nicht für die Beschlußfassung und sind zähflüssig, ärgerlich und frustrierend – sie legitimieren Aufschübe und Unentschlossenheit.
- Sie werden in der Regel von einigen wenigen dominiert, die starke Persönlichkeiten sind.
- Sie produzieren niedrigste gemeinsame Empfehlungsnenner.
- Sie begünstigen politische Entscheidungen, bei denen Privilegien aufgrund von Lobbywesen und Druckausübung vorherrschen können.

- Sie verwässern die Verantwortlichkeiten.
- Sie verursachen hohen Zeit- und Geldaufwand.
- Sie konzentrieren sich eher auf Trivialitäten, die innerhalb ihres Fassungsvermögens liegen, anstatt auf die wichtigen Angelegenheiten. In diesem Zusammenhang zitierte Northcote Parkinson ein Gremium, das, ohne es wirklich verstanden zu haben, einem Kapitalförderungsprojekt in der Höhe von einer Million Pfund in nur zehn Minuten zustimmte, während es zwei Stunden lang über eine Luftzykluserneuerung stritt, die 800 Pfund kosten sollte.

WAS IST AN KONFERENZEN RICHTIG?

Konferenzen werden dieser Kritik oft deshalb ausgesetzt, weil sie nicht richtig organisiert sind. Eine gut organisierte Konferenz, die zum rechten Zeitpunkt das richtige Thema behandelt, kann sehr nützlich sein.

- Sie gewährleistet, daß wichtige Angelegenheiten von allen Beteiligten entsprechend in Erwägung gezogen werden.
- Sie fördert klares Denken, da alle Beteiligten ihre Standpunkte vor den anderen Anwesenden rechtfertigen müssen.
- Sie gewährleistet, daß unterschiedliche Standpunkte angehört werden.
- Sie dient als Medium für den Informationsaustausch.
- Sie spart Zeit, da sich mehrere Mitarbeiter versammeln.
- Sie fördert die Zusammenarbeit.
- Sie führt zu Gemeinschaftsleistungen der Gruppe, die von einzelnen in separaten Arbeitsgängen nicht erbracht werden könnte – dies ist der Prozeß des „Synergismus“, d. h. der engen Kooperation, bei der das Ganze mehr ergibt als die Summe der einzelnen Teile.

Um Konferenzen richtig einzusetzen, müssen drei Dinge geschehen:

- Sie sollten einen geeigneten Aufbau haben.

- Der Vorsitz sollte gut besetzt sein.
- Die Teilnehmer sollten effektiv partizipieren.

WAS IST BEI KONFERENZEN ZULÄSSIG UND WAS NICHT

Richtig:

- Eine Konferenz abhalten, wenn die Information oder das Urteil von einem allein nicht bewältigt werden kann.
- Gremien nur dann einsetzen, wenn es im wesentlichen darum geht, die unterschiedlichen Standpunkte am selben Ort zum selben Zeitpunkt zu versammeln.
- Einen Vorsitzenden ernennen, der fähig ist, eine Konferenz zu steuern und das Beste aus ihr rauszuholen.
- Gremien so gestalten, daß die Ideenfindung von den einzelnen Beiträgen der unterschiedlichen Abteilungsmitglieder profitieren kann.
- Den Gremien klar machen, was ihre Aufgabe ist und wozu sie befugt sind.
- Explizit sein, wann der Bericht der Konferenz erwartet wird.
- Konferenzen dort einsetzen, wo sie am nützlichsten sind – bei der Revision oder Weiterentwicklung politischer Maßnahmen, bei der Entscheidungskoordinierung – und dafür zu sorgen, daß alle, die von einem Programm betroffen sind, konsultiert und informiert werden.
- Gremien auflösen, sobald sie ihren Zweck erfüllt haben.

Falsch:

- Eine Konferenz einberufen, wenn die Arbeit von einem einzelnen Mitarbeiter erledigt werden kann.
- Ein Gremium einsetzen, wenn die Verantwortlichkeiten klar und präzise verteilt sein sollen.
- Eine Konferenz für Verwaltungszwecke einsetzen.

- Eine Konferenz oder ein Gremium beauftragen, wenn rasche Vorgangsweisen erforderlich sind.
- Ein Gremium umfangreicher als nötig besetzen – über zehn Mitglieder fördern die Schwerfälligkeit.
- Unnötige Konferenzen abhalten – es mag nützlich sein, an jedem ersten Freitag im Monat eine Versammlung abzuhalten, doch eine Versammlung nur dann einzuberufen, wenn es etwas zu besprechen gibt, ist noch nützlicher.

VORSITZ

Erfolg oder Mißerfolg einer Konferenz sind großteils vom Können des Vorsitzenden abhängig. Wenn Sie bei einer Konferenz den Vorsitz führen, sollten Sie folgende Maßnahmen treffen:

Vor der Konferenz

Bevor die Konferenz beginnt, sollten Sie sich vergewissern, daß die Aufgabenstellung relevant ist und die Teilnehmer kurz informiert werden, womit sie zu rechnen haben und welche Beiträge von ihnen erwartet werden. Planen Sie die Tagesordnung im voraus, um eine strukturierte Sitzung zu ermöglichen, bei der alle Angelegenheiten in logischer Reihenfolge behandelt werden. Bereiten Sie Briefings vor, aus denen Aufbau und Hintergründe der Konferenz hervorgehen, und verteilen Sie sie. Auf diese Weise sparen Sie Zeit und müssen während der Konferenz nicht erst die Details erklären oder reine Faktenberichte erteilen.

Während der Konferenz

1. Beginnen Sie damit, die Zielsetzungen der Konferenz klar zu definieren und einen Zeitplan festzulegen, an den Sie sich halten werden.
2. Gehen Sie die Tagesordnung Punkt für Punkt durch, und sorgen Sie dafür, daß handfeste Schlußfolgerungen gefaßt und aufgezeichnet werden.

3. Stellen Sie jeden Punkt zur Diskussion, indem Sie kurz die Sachlage erklären und um Beiträge bitten – bitten Sie um Antworten auf spezifische Fragen (die Sie bereits vorher vorbereitet haben sollten), oder erteilen Sie zunächst einem Teilnehmer das Wort, der den besten Einführungsbeitrag zum Thema leisten kann (im Idealfall sollten Sie diesen Teilnehmer bereits vor der Konferenz informiert haben).
4. Laden Sie die anderen Konferenzteilnehmer ein, Beiträge zu leisten, sorgen Sie jedoch dafür, daß niemand die Diskussion beherrscht.
5. Sorgen Sie für Ordnung, wenn vom Thema abgekommen wird.
6. Wenn zu viel gesprochen wird, erinnern Sie die Teilnehmer, daß es ihre Aufgabe ist, Fortschritte zu machen.
7. Fördern Sie die Artikulation unterschiedlicher Standpunkte, aber machen Sie es nicht zu offensichtlich, wenn jemandem eine unpassende Bemerkung unterläuft.
8. Erlauben Sie unter den Konferenzteilnehmern das Aufkommen von Meinungsverschiedenheiten, aber greifen Sie behutsam ein, wenn die Atmosphäre zu gespannt wird.
9. Melden Sie sich zuweilen mit Fragen oder kurzen Bemerkungen zu Wort, beherrschen Sie aber nicht die Diskussion.
10. Fassen Sie zu geeigneten Zeitpunkten die Diskussion zusammen, nennen Sie die Ansichten, zu denen die Teilnehmer bis dahin gelangten, und heben Sie Ihre Auffassung der Übergangs- oder endgültig gefaßten Entscheidung hervor. Vergewissern Sie sich daraufhin, ob alle einverstanden sind, ändern Sie nötigenfalls die Schlußfolgerung, und sorgen Sie dafür, daß der exakte Wortlaut in den Bericht übernommen wird.
11. Fassen Sie am Ende der Konferenz zusammen, was erreicht wurde und wer was bis wann tun soll.
12. Wenn eine weitere Konferenz erforderlich ist, einigen Sie sich über den Zweck und darüber, was bis zum nächsten Mal von den Anwesenden vorbereitet werden soll.

TEILNEHMER

Konferenzteilnehmer sollten folgende Punkte beachten:

1. Sie sollten gründlich vorbereitet sein und alle Fakten und die nötigen Belege bei der Hand haben.
2. Sie sollten Ihre Ansichten klar, kurz und bündig und positiv vortragen – geben Sie der Versuchung, zu viel zu reden, nicht nach.
3. Bleiben Sie still, wenn Sie nichts zu sagen haben.
4. Halten Sie Ihr Pulver im Trockenen, wenn Sie die Diskussion nicht anführen oder zum Thema nichts Wissenswertes beitragen können. Hören Sie zu, beobachten Sie, und sparen Sie sich Ihre Argumente so lange auf, bis Sie einen echten Beitrag zum Thema leisten können. Stürzen Sie sich nicht übereilt oder mit aller Ausführlichkeit ins Geschehen – es könnte noch andere zwingende Argumente geben.
5. Wenn Sie sich Ihrer Sache nicht ganz sicher sind, sollten Sie Stellungnahmen wie: „Ich glaube, wir müssen folgendes tun“ vermeiden. Stellen Sie dem Vorsitzenden oder anderen Teilnehmern statt dessen beispielsweise die Frage: „Besteht Ihrer Ansicht nach ein Grund für diese Vorgangsweise?“
6. Seien Sie bereit, Ihre Sache entschlossen zu vertreten, doch lassen Sie davon ab, sobald Sie merken, daß es verlorene Mühe ist. Ärgern Sie sich nicht, wenn Sie sich nicht durchsetzen können; nehmen Sie die Niederlage mit Würde zur Kenntnis.
7. Denken Sie daran, daß eine Niederlage nicht aller Tage Abend ist. Eines Tages werden Sie vielleicht noch einmal die Chance haben, Ihren Kampf in einer anderen Zusammensetzung wiederaufzunehmen.

Kapitel 19

Konfliktmanagement

Konflikte sind ein unvermeidlicher Bestandteil des Organisationslebens, denn die Ziele, Wertvorstellungen und Bedürfnisse der verschiedenen Gruppen und Einzelpersonen können nicht immer deckungsgleich sein. Konflikte können ein Zeichen für ein gesundes Organisationsleben sein. Es wäre unnatürlich und würde die Organisation schwächen, wenn über alles Einvernehmen herrschte. Es sollte widersprüchliche Vorstellungen über Aufgaben und Projekte geben; Meinungsverschiedenheiten sollten nicht unterdrückt werden. Nur wenn sie ans Tageslicht treten, können offene Fragen geklärt und Konflikte gelöst werden.

Es gibt so etwas wie den kreativen Konflikt – durch eine gemeinsame Neubewertung der verschiedenen Standpunkte können neue Ideen, Einsichten, Zugänge und Lösungen gefunden werden; allerdings muß diese Neubewertung auf einem objektiven und rationalen Austausch von Informationen und Ideen basieren. Ein Konflikt wird kontraproduktiv, wenn er auf persönlichen Auseinandersetzungen beruht oder als ein ungehöriges Durcheinander betrachtet wird, das in aller Eile beseitigt werden muß. Statt dessen sollte der Konflikt als Problem betrachtet werden, das gründlich durchgearbeitet werden muß.

Bei der Konfliktlösung sind Auseinandersetzungen zwischen Gruppen und zwischen Einzelpersonen zu unterscheiden.

DER UMGANG MIT KONFLIKTEN ZWISCHEN GRUPPEN

Es gibt drei grundsätzliche Methoden für die Lösung von Konflikten zwischen Gruppen: friedliche Koexistenz, Kompromiß und Lösung des Problems.

Friedliche Koexistenz

Das Ziel besteht hier darin, die Unterschiede auszuklammern und die Gemeinsamkeiten zu betonen. Die Betroffenen werden angeregt, zu lernen, wie sie miteinander leben können; Information, Kontakt und Meinungsaustausch finden in ausreichendem Maß statt, und die einzelnen Personen bewegen sich frei zwischen den Gruppen (beispielsweise zwischen Zentrale und Niederlassung oder zwischen Verkauf und Fertigung).

Dies ist ein schönes Ideal, das in vielen Situationen jedoch nicht praktikabel sein dürfte. Es gibt zahlreiche Belege dafür, daß Konflikte nicht unbedingt gelöst werden, indem man die Leute zusammenbringt. Eine Verbesserung der Kommunikation und Techniken wie etwa die Schaffung von Informationsgruppen scheinen gute Ideen zu sein, sind jedoch nutzlos, wenn das Management nichts zu sagen hat, was die Leute hören wollen. Darüber hinaus besteht die Gefahr, daß die wirklichen Konflikte, die kurzfristig einer Atmosphäre des oberflächlichen Wohlwollens weichen, später wieder aufbrechen.

Kompromiß

Die Auseinandersetzung wird durch Verhandlungen oder einen Handel beigelegt, so daß keine Partei gewinnt oder verliert. Dieses Konzept, das darauf zielt, einander auf halbem Weg entgegenzukommen, ist im Grunde pessimistisch. Es geht davon aus, daß es keine „richtige“ oder „beste“ Lösung gibt. Die Vereinbarungen beruhen auf einer Anerkennung der Gegensätze. Es ist nicht wahrscheinlich, daß es zu einer Lösung der eigentlichen Konflikte kommen wird.

Lösung des Problems

Es wird ein Versuch unternommen, eine wirkliche Lösung für das Problem zu finden, anstatt die Gegensätzlichkeit der Standpunkte einfach hinzunehmen. Hierher gehört das augenscheinliche Paradox des „kreativen Konflikts“. Konfliktsituationen können genutzt werden, um bessere Lösungen zu finden.

Damit in der Problemlösung Fortschritte erzielt werden können, müssen jene Personen eingebunden werden, die für die Umsetzung der Lösungen verantwortlich sind. Die Vorgehensweise sieht folgendermaßen aus: zunächst arbeiten die Betroffenen daran, das Problem festzustellen, und einigen sich auf die Ziele, die mit der Problemlösung erreicht werden sollen; in einem zweiten Schritt erarbeitet die Gruppe alternative Lösungsvorschläge und diskutiert über deren jeweilige Vorteile; schließlich einigt man sich auf die geeigneten Maßnahmen und die Methoden zu ihrer Umsetzung.

UMGANG MIT KONFLIKTEN ZWISCHEN EINZELPERSONEN

Der Umgang mit Konflikten zwischen einzelnen Personen kann noch schwieriger sein als die Beilegung von Konflikten zwischen Gruppen. Ob der Konflikt nun von offener Feindseligkeit gekennzeichnet ist oder verdeckt ausgetragen wird, er kann von starken persönlichen Gefühlen beherrscht sein. Aber wie James Ware und Louis Barnes sagen:

> Die Fähigkeit, solche Konflikte produktiv zu managen, entscheidet über den Erfolg des Managers. Interpersonale Gegensätze treten häufig dann am schärfsten zutage, wenn für die Organisation viel auf dem Spiel steht; aber in fast allen Organisationen kommt es auch vor, daß kleine Gegensätze zu großen Konflikten aufgeblasen werden. Das Problem des Managers liegt darin, daß er auf verschiedenen Meinungen aufbauen muß, gleichzeitig jedoch nicht zulassen darf, daß diese die Gesamtleistung, die Jobzufriedenheit und das Wachstum untergraben.

Daran schließen Ware und Barnes die Feststellung an, daß interpersonale Konflikte ebenso wie Konflikte zwischen Gruppen eine Organisationsrealität sind, die weder gut noch schlecht ist. Konflikte können destruktiv sein, aber sie können auch eine positive Wirkung haben. „Probleme entstehen üblicherweise dann, wenn potentielle Konflikte künstlich unterdrückt werden, oder wenn sie der Kontrolle der Widersacher oder vermittelnder Dritter entgleiten.“

Eine Möglichkeit zur Lösung interpersonaler Konflikte besteht darin, daß sich eine der beiden Parteien zurückzieht und der anderen das Feld überläßt. Dies ist die klassische Konstellation, in der es einen „Gewinner“ und einen „Verlierer“ gibt. Das Problem wurde durch Druckausübung gelöst, aber eine Lösung, die Gegenargumente ignoriert und tatsächlich unterdrückt, wird möglicherweise nicht von Dauer sein. Im Augenblick mag der Gewinner triumphieren, aber der verärgerte Unterlegene wird entweder demotiviert sein oder sich entschließen, die Auseinandersetzung eines Tages wieder aufzunehmen. Der Konflikt ist verdrängt, aber nicht beigelegt.

Eine andere Möglichkeit besteht darin, die Gegensätze zu glätten und so zu tun, als sei der Konflikt beigelegt, obwohl kein Versuch unternommen wurde, zu den Wurzeln des Problems vorzudringen. Auch dieser Ansatz ist unzureichend. Das Problem wird wahrscheinlich zu einem späteren Zeitpunkt wieder auftreten, womit die Auseinandersetzung erneut beginnt.

Ein anderer Ansatz besteht darin, mit einem Handel einen Kompromiß zu erreichen. Das bedeutet, daß beide Seiten bereit sind, bei bestimmten Punkten nachzugeben, während sie bei anderen ihren Standpunkt durchsetzen können. Das Ziel ist eine für beide Seiten akzeptable Lösung. Ein solcher Handel bringt allerdings alle möglichen taktische Spiele mit sich, die oft kontraproduktiv sind. Und die Parteien sind häufig versucht, statt solider Lösungen lediglich akzeptable Kompromisse anzustreben.

Ware und Barnes nennen zwei weitere Zugänge zur Beherrschung interpersonaler Konflikte: Kontrolle und konstruktive Konfrontation.

Kontrolle

Kontrolle kann bedeuten, daß ein Aufeinandertreffen der Streitparteien verhindert, daß ihre Interaktion strukturiert oder daß der externe Druck verringert oder abgelenkt wird.

Die Verhinderung des Aufeinandertreffens ist eine Strategie, die zum Einsatz kommt, wenn die Emotionen überschäumen.

Der Konflikt wird kontrolliert, indem die Parteien voneinander ferngehalten werden, in der Hoffnung, daß sich die beteiligten Personen ungeachtet weiterbestehender Gegensätze im Lauf der Zeit beruhigen und für konstruktivere Ansätze zugänglich werden. Dieses Vorgehen kann jedoch nur zeitweilig für Abhilfe sorgen, und es besteht die Möglichkeit, daß es am Ende zu einer noch explosiveren Konfrontation kommt.

Die Strukturierung der Interaktionsformen kann eine sinnvolle Strategie sein, wenn es nicht möglich ist, die Konfliktparteien voneinander zu trennen. In einem solchen Fall können Grundregeln für den Umgang mit dem Konflikt ausgearbeitet werden. Dabei müssen Verhaltensweisen, wie die Weitergabe von Informationen oder die Behandlung spezifischer Fragen, geregelt werden. Dies kann jedoch ebenfalls nur eine temporäre Strategie sein, wenn die starken unterschwelligen Emotionen nicht ausgeräumt, sondern nur unterdrückt werden.

Die persönliche Beratung ist eine Strategie, die nicht auf den Konflikt an sich zielt, sondern sich darauf konzentriert, wie beide Betroffenen reagieren. Persönliche Beratung gibt den Leuten die Chance, die aufgestauten Spannungen abzubauen. Möglicherweise erhalten sie in der Beratung Anregungen für neue Wege zur Lösung des Konflikts. Aber die Beratung zielt nicht auf den eigentlichen Konflikt, auf die gestörte Beziehung zwischen zwei Personen. Aus diesem Grund bietet die konstruktive Konfrontation die besten Chancen für eine dauerhafte Lösung.

Konstruktive Konfrontation

Die konstruktive Konfrontation ist eine Methode, um die Konfliktparteien zusammenzubringen, wobei nach Möglichkeit eine dritte Person einbezogen werden sollte, deren Aufgabe es ist, ein konstruktives und kooperatives Klima zu schaffen.

Zweck der konstruktiven Konfrontation ist es, die beteiligten Parteien dazu zu bewegen, die Auffassung und die Gefühle der Gegenpartei zu verstehen. Es geht darum, gegenseitiges Verständnis zu entwickeln, um eine für beide Seiten akzeptable Situation zu schaffen. Ausgehend von einer gemeinsamen Analyse der situationsbezogenen Fakten und des tatsächlichen Verhaltens der Beteiligten regt der Vermittler eine Gegenüberstellung der gegensätzlichen Standpunkte an. Die Konfliktparteien äußern ihre Gefühle, aber diese werden nicht anhand von Spekulationen über die Motive, sondern in bezug auf spezifische Ereignisse und Verhaltensweisen analysiert.

Der dritten Partei kommt in diesem Prozeß eine Schlüsselfunktion zu, und diese stellt hohe Ansprüche an ihre Vermittlerfähigkeiten. Der Vermittler muß Einigkeit über die Grundregeln für die Diskussion herstellen; diese Regeln dienen dazu, die Fakten zutage zu fördern und das feindselige Verhalten auf ein Mindestmaß zu reduzieren. Der Vermittler muß beobachten, wie die negativen Gefühle geäußert werden, und die Konfliktparteien ermutigen, das Problem und seine Ursachen neu zu definieren und eine neue Motivation zu finden, um gemeinsam nach einer Lösung zu suchen. Der Vermittler muß der Versuchung widerstehen, einen der beiden Widersacher zu unterstützen oder diesen Eindruck zu erwecken. Er sollte als Berater fungieren und

- aktiv zuhören;
- sowohl beobachten als auch zuhören;
- die Konfliktparteien in ihrem Versuch unterstützen, das Problem zu verstehen und zu definieren; zu diesem Zweck stellt er sachdienliche Fragen, auf die nicht nur mit ja oder nein geantwortet werden kann;
- die Gefühle der Beteiligten respektieren und zulassen, daß sie ihre Empfindungen ausdrücken;
- den Beteiligten helfen, die Probleme selbst zu definieren;
- die Beteiligten ermutigen, alternative Lösungen in Betracht zu ziehen;
- die Konfliktparteien dazu bewegen, ihre eigenen Implementierungspläne auszuarbeiten, und ihnen, sofern sie dies wollen, Rat und Hilfe anbieten.

CONCLUSIO

Konflikte sind an sich durchaus begrüßenswert; sie sind unvermeidliche Begleiterscheinungen von Fortschritt und Wandel. Bedauerlich ist jedoch das Unvermögen, konstruktiv mit Konflikten umzugehen. Effektive Problemlösung und konstruktive Konfrontation lösen Konflikte und öffnen Wege zum Gespräch und zu kooperativem Handeln.

Vor vielen Jahren schrieb die Autorin Mary Parker Follett, die Pionierarbeit auf dem Gebiet des Managements geleistet hat, etwas über das Konfliktmanagement, was auch heute noch Gültigkeit hat:

> Gegensätze können zum gemeinsamen Besten beitragen, wenn sie nicht durch Beherrschung oder Kompromiß, sondern durch Integration aufgehoben werden.

Kapitel 20

Kontinuierliche Verbesserung

Das Konzept der kontinuierlichen Verbesserung beruht auf der Annahme, daß das stetige Streben nach immer höheren Standards in jedem Unternehmensbereich zu einer Reihe schrittweiser Verbesserungen führt, die ihrerseits bessere Leistungen ermöglichen. In Japan trägt dieser Prozeß die Bezeichnung *kaizen*; dieser Terminus setzt sich zusammen aus den Worten *kai*, was *Veränderung* bedeutet, und *zen*, was soviel bedeutet wie *gut* oder *zum Besseren*. Kontinuierliche Verbesserung bedeutet, daß in der Organisation ein Umfeld geschaffen wird, in dem *alle* Mitarbeiter in ihrer normalen und laufenden Tätigkeit zur Verbesserung der Leistungen und der allgemeinen Effektivität beitragen können.

In einer Umgebung, die auf kontinuierliche Verbesserung ausgerichtet ist, etwa jener bei Nissan, besteht das vorrangige Ziel von Managern und Teamleitern darin, aus ihren Mitarbeitern neue Ideen und Konzepte herauszuholen. Aufgabe der Manager ist es, ein Umfeld zu schaffen, in dem neues Denken begrüßt und gefördert wird. Das Management von Nissan ist überzeugt, daß alle Mitarbeiter die Aufgabe haben, sich kontinuierlich zu verbessern. Dies ist ein grundlegender Unternehmenswert, der nicht durch Verlautbarungen, sondern durch praktische Schritte gefördert wird – etwa durch Workshops, in denen Mitarbeiter neue Ideen für Arbeitsabläufe oder andere Veränderungen in die Praxis umsetzen können.

Von der Aufsichtsperson wird erwartet, daß er die Aktivitäten zur Problemlösung und zur kontinuierlichen Verbesserung leitet; aber mit wachsender Erfahrung übernehmen auch andere Teammitglieder die Verantwortung in den Verbesserungsgruppen. Manager und Aufsichtspersonen akzeptieren, daß sie kein Monopol auf das Wissen um die besten Methoden zur Ausführung einer Aufgabe oder zur Durchführung von Verbesserungen haben. Dabei wird davon ausgegangen, daß der Mitarbeiter, der die eigentliche Tätigkeit ausführt, wahrscheinlich sehr viel mehr über das Problem weiß als seine Vorgesetzten.

Wenn Methoden wie diese verfolgt werden und ihre Bedeutung auf allen Ebenen stetig hervorgehoben wird, kann die kontinuierliche Verbesserung zur Lebenshaltung eines Unternehmens werden. Sie kann und sollte zu einem seiner Schlüsselwerte werden, der sich im Verhalten aller Mitglieder der Organisation ausdrückt und durch Prozesse wie Leistungs- und Belohnungsmanagement unterstrichen wird. Dabei wird die Fähigkeit, Verbesserungen anzuregen und zu verwirklichen, zu einem wichtigen Kriterium für die Beurteilung und Honorierung der Leistung.

DIE IMPLEMENTIERUNG KONTINUIERLICHER VERBESSERUNG

Zur Implementierung kontinuierlicher Verbesserung sind folgende Schritte erforderlich:

1. Formulieren Sie die Unternehmensstrategie und vermitteln Sie sie den Mitarbeitern.
2. Definieren Sie die Schlüsselbereiche, in denen eine Politik der kontinuierlichen Verbesserung der Unternehmensstrategie dienlich sein wird.
3. Ernennen Sie ein Mitglied des Topmanagements zum Verantwortlichen.
4. Arbeiten Sie Programme zur kontinuierlichen Verbesserung aus, insbesondere im Hinblick auf Prozeßoptimierung, Qualität und Beschleunigung von Entwicklung, Fertigung und Lieferzeiten.
5. Sorgen Sie im Interesse kontinuierlicher Verbesserung dafür, daß Ideen systematisch gesammelt, geprüft und entwickelt werden, z. B. mit Hilfe von Improvement Groups, Teammeetings, Vorschlagsplänen usw.

6. Führen Sie Schulungen zur Entwicklung und Realisierung von Ideen durch.
7. Erarbeiten Sie Leistungsmaßstäbe, die eine Überwachung der Fortschritte ermöglichen und sich dazu eignen, Prioritäten für zukünftige Entwicklungen festzulegen.
8. Sorgen Sie dafür, daß gute Ideen anerkannt werden – die Anerkennung muß nicht unbedingt finanzieller Natur sein.
9. Vermitteln Sie allen Mitarbeitern die Ziele der kontinuierlichen Verbesserung, und machen Sie ihnen klar, welche Beiträge man von ihnen erwartet und was bisher erreicht wurde.
10. Sorgen Sie für Durchschaubarkeit. Vermeiden Sie einander überlagernde Initiativen und konzentrieren Sie sich auf Entwicklungen, die signifikante Verbesserungen versprechen.

Die Entwicklung einer Kultur der kontinuierlichen Verbesserung wird auch dann gefördert, wenn das Unternehmen eine lernende Organisation ist und über Richtlinien für die kontinuierliche Verbesserung verfügt.

DIE LERNENDE ORGANISATION

Eine lernende Organisation kann als eine Organisation definiert werden, die sich kontinuierlich verändert und allen ihren Mitgliedern die Möglichkeit gibt, laufend zu lernen.

Laut Alan Mumford zeichnet sich eine lernende Organisation dadurch aus, daß sie

- Manager und Mitarbeiter ermutigt, ihre Lernerfordernisse selbst festzulegen;
- die Leistungen und Lernfortschritte des einzelnen Mitarbeiters regelmäßig überprüft;
- die Mitarbeiter ermutigt, sich selbst anspruchsvolle Lernziele zu stecken;
- regelmäßiges Feedback bezüglich Leistung und Lernerfolgen bietet;

- überprüft, inwiefern die Manager die Entwicklung der Mitarbeiter fördern;
- den Mitarbeitern hilft, Lernchancen in ihrer Tätigkeit zu erkennen;
- versucht, neue Erfahrungen anzubieten, aus denen die Leute lernen können;
- Schulungen „on the job" anbietet oder ermöglicht;
- ein gewisses Maß an Fehlern toleriert, vorausgesetzt, die Mitarbeiter versuchen, aus ihnen zu lernen;
- die Manager ermutigt, Lernaktivitäten zu überprüfen, durchzuführen und zu planen;
- die Mitarbeiter ermutigt, herkömmliche Arbeitsmethoden in Frage zu stellen.

Charles Handy stellt fest, daß eine lernende Organisation zweierlei sein kann und sein sollte: eine Organisation, die lernt und/oder eine Organisation, die ihre Mitarbeiter zum Lernen ermutigt. Handy glaubt, daß eine lernende Organisation über formelle Methoden verfügen muß, anhand derer Fragen gestellt und Theorien ausgewählt, getestet und überdacht werden können. Die lernende Organisation konzipiert die Welt und ihre eigene Position in dieser Welt ständig neu. Die Mitglieder der Organisation werden ermutigt, Verbesserungen vorzuschlagen. Die Organisation muß Antworten auf Fragen nach ihren Stärken und Begabungen, nach ihren Schwächen und ihrer angestrebten Gestalt finden. Und sie muß ihre „negative Leistungsfähigkeit" kultivieren, d. h. ihre Fähigkeit, aus den eigenen Fehlern zu lernen.

Lernende Organisationen unternehmen ausdrücklich Schritte, um aus der Erfahrung zu lernen. Sie schaffen verschiedene Foren wie Entwicklungszentren, Teammeetings, Konferenzen „im Grünen" und Workshops, um ihre Mitarbeiter in die Lage zu versetzen, darüber nachzudenken, was sie gelernt haben und was sie noch lernen müssen. Solche Überlegungen bilden die Grundlage für die Formulierung von Verbesserungsplänen sowohl für die Organisation als auch für die einzelnen Mitarbeiter.

Eine lernende Organisationen ist bemüht, auf allen Ebenen Kenntnisse und Fähigkeiten weiterzuentwickeln, indem sie das informelle Lernen „on the job“ unter der Anleitung von Managern und Kollegen fördert. Sie erkennt die Bedeutung dessen an, was Alan Mumford als „beiläufiges Lernen“ bezeichnet – als Lernen, das aufgrund von alltäglichen Erfahrungen am Arbeitsplatz erfolgen kann. Leistungsmanagement (Kapitel 25) ist ein Prozeß, der dieses beiläufige Lernen systematisieren kann, indem er dafür sorgt, daß die Leistungen an den vereinbarten Zielen gemessen und die Verhaltensweisen, die zu Erfolg oder Mißerfolg beigetragen haben, analysiert werden.

CHECKLISTE ZUR KONTINUIERLICHEN VERBESSERUNG

1. Fördert die Unternehmenskultur neues Denken und die Einbindung der Mitarbeiter aller Ebenen in die Problemlösung und in die Verbesserungsbemühungen?
2. Werden die Mitarbeiter ausreichend in die Verbesserungsbemühungen und in die Bewilligung, Anerkennung und Belohnung neuer Ideen einbezogen?
3. Werden die Mitarbeiter ermutigt, herkömmliche Arbeitsmethoden in Frage zu stellen?
4. Unternimmt die Organisation Schritte, um sicherzustellen, daß Topmanagement und Mitarbeiter aller Ebenen genügend „Raum“ und Unterstützung haben, um über ihre Erfahrungen nachzudenken und aus ihnen zu lernen?
5. Werden Manager und Mitarbeiter ermutigt, ihre Lernerfordernisse selbst festzustellen und sich selbst Lernziele zu stekken?
6. Werden Manager und Mitarbeiter ermutigt, in ihrer alltäglichen Arbeit nach Lernmöglichkeiten Ausschau zu halten?
7. Gibt es systematische Bemühungen seitens der Organisation und ihrer Manager, neue Erfahrungen anzubieten, aus denen die Mitarbeiter lernen können?

8. Werden die Mitarbeiter ermutigt, nicht nur aus ihren Erfolgen, sondern auch aus ihren Fehlern zu lernen?
9. Wird den Mitarbeitern die Teilnahme an Foren (Meetings, Konferenzen usw.) angeboten, in denen sie aus ihren Erfahrungen lernen und Verbesserungspläne entwickeln können?
10. Werden die Manager ermutigt, Lernerfordernisse festzustellen und ihnen zu entsprechen?

Kapitel 21

Koordination

Koordinieren – oder in Urwicks Worten „eine Einheit der Bemühungen erlangen“ – ist keine separate Managementfunktion. Sune Carlson schrieb: „Das Konzept der Koordination umfaßt kein ‚partikuläres‘ Vorgehen, sondern ‚alle‘ betrieblichen Vorgänge, die zu einem bestimmten Ergebnis hinführen.“

Koordination ist erforderlich, weil individuelle Aktivitäten synchron verlaufen müssen. Manche Tätigkeiten folgen unmittelbar aufeinander. Andere müssen gleichzeitig und parallel zueinander verlaufen, um gemeinsam beendet zu werden.

WIE KOORDINIERT WIRD

Wenn die Zusammenarbeit unter Ihren Mitarbeitern gut funktioniert, werden Sie eine gute Koordination erhalten. Das setzt voraus, daß Sie die einzelnen Teilbereiche zu einem einheitlichen Ganzen integrieren, gut kommunizieren, aktiv führen und die Teamarbeit fördern (dafür gibt es jeweils ein eigenes Kapitel in diesem Buch). Dennoch sollten Sie die in der Folge diskutierten Techniken beachten.

Planung

Die Koordination oder Abstimmung aller Teilbereiche muß geplant sein. Sie müssen also entscheiden, was zu welchem Zeitpunkt getan werden muß. Daher muß die Gesamtaufgabe auf eine Reihe von aufeinander folgenden und verwandten Teilaufgaben aufgeteilt werden. Erst dann werden Prioritäten und Zeitpläne fixiert.

Organisation

Sie wissen, was getan werden muß. Nun entscheiden Sie, von wem es getan werden soll. Wenn Sie eine Arbeit aufteilen, sollten Sie jene Aufgaben, die miteinander in Verbindung stehen und nicht eindeutig voneinander getrennt werden können, so weit als möglich als Ganzes belassen.

Ihr größtes Problem wird darin bestehen, die Grenzen zwischen unterschiedlichen und dennoch verwandten Aktivitäten festzulegen. Sobald diese Grenzen zu rigide oder nur ungenügend definiert sind, könnten Sie Koordinationsprobleme haben. Stützen Sie sich nicht zu sehr auf die formale Organisation, wie sie in Anforderungsprofilen, Diagrammen und Handbüchern zu finden ist. Tun Sie es dennoch, können Starrheit und Kommunikationsbarrieren die Folge sein, die sich auf die Koordination fatal auswirken.

Informelle Organisationsformen, wie sie in jedem Unternehmen üblich sind, können bei der Koordination helfen, da die Menschen, sobald sie miteinander arbeiten, ein soziales Beziehungssystem entwickeln, das über die formale Organisation hinausgeht. Es entsteht ein Netzwerk informeller Gruppen, die dazu neigen, sich selbst zu disziplinieren. Das befreit die Geschäftsleitung von detaillierten Überwachungs- und Kontrolltätigkeiten und gestattet ihr mehr Zeit für Planung, Problemlösung und die Überwachung der Gesamtleistung.

Delegation

Die informelle Organisation kann hilfreich sein, doch es wird sich nicht vermeiden lassen, einzelnen Mitarbeitern Aufgaben zu übertragen, wobei eindeutig hervorgehen muß, was erwartet wird und wie über die Zusammenarbeit mit anderen ein koordiniertes Ergebnis erzielt werden muß.

Die Kunst dabei ist, allen Beteiligten die Verbindungsstellen verständlich zu machen sowie den Zeitpunkt, zu dem ihre Aktivitäten abzuschließen sind. Ihre Mitarbeiter sollten keiner „Anweisung" zur Koordination bedürfen, vielmehr sollte die *Koordination* wie von selbst zustande kommen. Delegieren Sie daher nicht nur spezifische Aufgaben, sondern sorgen Sie auch für eine reibungslose Zusammenarbeit.

Kommunikation

Nicht nur Sie sollten Ihre Erwartungen eindeutig vermitteln. Ermuntern Sie auch Ihre Mitarbeiter, miteinander zu kommunizieren.

Vermeiden Sie Situationen, in denen jemand sagen kann: „Warum hat mir das niemand gesagt? Wenn ich das gewußt hätte, hätte ich einen Weg aus der Patsche gefunden." Niemand sollte die Möglichkeit haben, den Rückzug in James Forsytes Entschuldigung „mir wird nie etwas gesagt" anzutreten. Jeder sollte selbst herausfinden, was er wissen muß, und nicht erst Instruktionen abwarten.

Controlling

Wenn Sie die oben angeführten Techniken erfolgreich anwenden, werden Sie theoretisch mit der Koordination keine Probleme haben. Die Praxis sieht freilich anders aus. Sie müssen Aktivitäten und Ergebnisse im Auge behalten, Probleme ausfindig machen und rasch die erforderlichen Korrekturmaßnahmen in die Wege leiten.

Koordination passiert nicht einfach. Sie erfordert kontinuierliche Arbeit, darf jedoch auch nicht zu offensichtlich sein. Erlauben Sie Ihren Mitarbeitern einen möglichst großen Spielraum, indem Sie die Entwicklung horizontaler Beziehungen fördern. Die Koordination kann auf diese Weise viel effektiver gestaltet werden als durch eine rigide und autoritäre Steuerung von oben.

EINE FALLSTUDIE

Die Koordination mehrerer Aktivitäten ist von Fall zu Fall verschieden. Sie hängt vom Wesen der Tätigkeiten und von den

Umständen ab, in denen sie ausgeführt werden; so etwa von der gegenwärtigen Organisationsstruktur, dem Vorhandensein von Koordinationsgremien und davon, ob die Umstände eine Kommunikation zwischen den Beteiligten zulassen oder nicht. Schlußendlich setzt eine gute Koordination die Bereitschaft aller Beteiligten – zu koordinieren oder koordiniert zu werden – voraus. Mechanische Mittel wie Ausschüsse erfüllen nicht unbedingt den Zweck. Ein Beipiel für gute Koordination fand in einer Firma statt, die für einen neuen Markt ein neues Produkt entwikkelte. Da weder das Produkt noch der Markt mit der vorhandenen divisionalen Organisationsstruktur übereinstimmten, wurde beschlossen, einen Mitarbeiter als Projektleiter einzusetzen, um das Produkt auf den Markt zu bringen. Ihm standen zwei Angestellte – ein Produktmanager und eine Bürokraft – zur Verfügung. Entwicklung, Produktion, Marketing, Verkauf und Kundenbetreuung wurden den entsprechenden Abteilungen in den einzelnen Bereichen übertragen.

In den einzelnen Abteilungen hatte der Projektleiter Status und Autorität, um sich durchzusetzen. Außerdem stand der Vorstand hinter dem Projekt und hatte die erforderlichen Prioritäten und Ressourcen festgelegt. Doch nun mußten die einzelnen Aktivitäten koordiniert werden, und das konnte nur der Projektleiter tun.

Das einfachste wäre gewesen, ein Gremium mit der Koordination zu betrauen und es dabei zu belassen. Das hätte nicht funktioniert. Derart komplexe Projekte können nicht durch Ausschüsse koordiniert werden.

Der Projektleiter entwickelte eine andere Vorgangsweise, die äußerst erfolgreich war. Zuallererst nahm er sich vor, alle Beteiligten für das Projekt zu begeistern. Er wollte sie von seiner Wichtigkeit überzeugen, damit sie eine enge Zusammenarbeit mit den anderen Abteilungen wie von selbst anstrebten.

Als nächstes besprach er das Projekt mit den einzelnen Abteilungsleitern, um ein vollständiges Verständnis für das Arbeitsprogramm, das für jeden Bereich erforderlich war, zu erlangen. Mit der Hilfe eines Projektplaners entwarf er daraufhin eine

Übersicht, aus der die wichtigsten Ereignisse und Aktivitäten, deren Beziehungen zueinander und die Reihenfolge, in der sie für einen erfolgreichen Projektabschluß erledigt werden müßten, hervorgingen. Diese Übersicht wurde an alle Abteilungsleiter verteilt und enthielt Erklärungen, die die für jede Programmphase erforderliche Arbeit deutlich machten. Erst dann berief er eine Sitzung ein, um Schwierigkeiten vorzugreifen und dafür zu sorgen, daß jeder genau wußte, was er zu welchem Zeitpunkt zu tun hatte.

Er errichtete ein System laufender Lageberichte und traf sich mit den Abteilungsleitern, um die erzielten Fortschritte zu besprechen. Diese Versammlungen wurden aber nur bei Bedarf einberufen und dienten nicht als zuverlässiges Koordinationsinstrument. Er verließ sich vielmehr auf persönliche Kontakte mit den einzelnen Führungskräften. Mit ihnen besprach er Probleme und erforderliche Programmanpassungen, und bei Bedarf stimulierte er die Manager, sich noch mehr anzustrengen. All das war zwar zeitaufwendig, doch er verlor nie den Kontakt und konnte dadurch möglichen Verzögerungen, Rückschlägen oder Kommunikationsschwierigkeiten vorgreifen und jederzeit in Aktion treten. Sein wichtigstes Instrument war die Übersicht, denn sie half ihm, für die plangemäße Durchführung kritischer Ereignisse zu sorgen.

Das Projekt konnte deshalb erfolgreich koordiniert und abgeschlossen werden, weil nicht nur eine Methode, sondern mehrere für die Situation relevante Techniken kombiniert wurden. In diesem Fall waren es: Motivation, Planung, Teamentwicklung, Integration, Überwachung und laufendes Controlling.

Kapitel 22

Kostensenkung

Kosten erfordern laufende Kontrollen. Sie sollten von der Annahme ausgehen, daß die Kosten zu hoch sind und gesenkt werden können. Manche Firmen sicherten sich durch drastische Kostensenkungsmaßnahmen nicht nur ihr Überleben, sondern es gelang ihnen sogar, in der Folge wieder zu florieren. Wenn Sie das Fett, das immer da ist, entfernen, wird Ihr Unternehmen schlanker und kräftiger daraus hervorgehen.

Die Kostensenkung erfordert folgende Grundansätze:

- Entscheiden Sie, wo und was zu kürzen ist.
- Planen Sie, Kürzungen vorzunehmen.
- Führen Sie die Kostensenkung durch.

WAS GEKÜRZT WIRD

Ihre Kostenangriffe sollten sich auf folgende sechs Bereiche konzentrieren:

- *Arbeitskosten.* In arbeitsintensiven Unternehmen können die Arbeitskosten über 50 Prozent der Einnahmen verschlingen. Ein zu hoher Personalbestand, insbesondere in den Dienstleistungs- und Personalabteilungen, ist eine der Hauptursachen für übermäßig hohe Kosten. Zu den Arbeitskosten gehören direkte Kosten für Gehälter, Löhne und Bonuszahlungen sowie indirekte Kosten für Personal- und Schulungsaufwendungen.
- *Fertigungskosten.* Das sind die eigentlichen Kosten, die bei der Produktfertigung anfallen; in ihnen sind Arbeits-, Material- und Betriebskosten enthalten, doch vor allem auch der Aufwand für die Produktentwicklung.

- *Vertriebskosten.* Diese werden zwar in erster Linie vom Verkaufskader verursacht und fallen unter die Arbeitskosten, aber zu diesen Aufwendungen gehören auch Werbung, Verkaufsförderung, Public Relations, Verpackung und Display.
- *Entwicklungsaufwand.* Das sind die Kosten für die Entwicklung neuer Produkte, Märkte, Verarbeitungsmethoden und Materialien sowie für Neuübernahmen.
- *Material- und Lagerkosten.* Kosten für Materialkauf und Halbfertigprodukte sowie für die Aufrechterhaltung optimaler Lagerbestände.
- *Betriebsaufwand.* Alle anderen im Betrieb anfallenden Kosten. Dazu gehören Raum, Computer, die Werksausstattung, Bürosysteme und sämtliche Dienstleistungen, die einen reibungslosen Betrieb ermöglichen.

VERSCHWENDUNG VON RESSOURCEN

Jede Kostenprüfung sollte den Zweck haben, verschwenderische Praktiken aufzudecken. Jene Bereiche, wo Verschwendungen auftreten können, müssen vor der Beschließung der Kostensenkungsmaßnahmen festgestellt werden, damit man Probleme verhindern kann. Konzentrieren Sie sich sowohl auf die Unternehmenspraktiken oder -vorgänge, die überflüssige oder sinnlose Kosten verursachen, als auch auf jene Bereiche, in denen das Personal Zeit verschwenden oder unnötige Ausgaben verursachen kann.

Die Firma kann sich in einigen oder allen der folgenden Bereiche als unrentabel erweisen:

- unnötige Formulare oder übertriebener bürokratischer Aufwand;
- eine Arbeit wird zu oft überprüft oder verifiziert;
- zu viele und/oder zu große Ausschüsse;
- zu viele Führungsebenen;
- Engpässe und ineffiziente Arbeitsflüsse oder Beschaffungsmethoden;

- Verzögerung des Entscheidungsprozesses aufgrund mangelnder Autoritätsdelegation nach unten;
- zu rigide Einhaltung von Regeln und Vorschriften;
- zu sehr der Bürokratie verhaftet.

Zu den verschwenderischen Personalpraktiken gehören Zuspätkommen bzw. den Feierabend verfrüht in Anspruch zu nehmen, in die Länge gezogene Kaffee- oder Essenspausen, unnötige Pausen sowie die Erledigung persönlicher Angelegenheiten während der Arbeitszeit.

Kostenverursachende Praktiken sind Fehlzeiten und häufige Abwesenheit aus Krankheitsgründen (die gerechtfertigt sein können oder auch nicht). Andere verschwenderische Praktiken sind übermäßige Inanspruchnahme der Firmenausstattungen, wie Kopierer, Telefone und Büromaterial.

DIE PLANUNG VON KOSTENSENKUNGEN

Erstens bauen Sie, wenn möglich unter Anwendung von Wertanalysen, Kostenwirksamkeit in Ihre Planung mit ein. Daraufhin sollten Verfahren eingeführt oder bereits vorhandene verbessert werden, wodurch die Kosten, die eingegangen werden können, definiert und zu einem späteren Zeitpunkt dem Budget gegenübergestellt und kontrolliert werden können. Die Technik des Zero-Base-Budgeting wurde bereits in Kapitel 3 beschrieben und eignet sich, um bei jeder Ausgabe „abzuwägen", inwieweit sie gerechtfertigt ist.

Pläne

Pläne sollten sich auf Kosten-Nutzen-Aufstellungen stützen, mit denen die optimale Kennzahl zwischen Ausgaben und Resultaten, also minimale Kosten bei maximalem Nutzen, festgestellt wird. Legen Sie den Schwerpunkt dabei auf Sachlichkeit. Es lohnt sich, vorauszudenken und unternehmerisch zu handeln. Wenn das jedoch zu Ihren persönlichen Merkmalen gehört, laufen Sie Gefahr, die Zukunft zu euphorisch zu bewerten, den Nutzen zu überschätzen und die Kosten zu unterschätzen. In der Planungsphase müssen Sie die Kosten realistisch einschätzen. Akzeptieren Sie keine Durchschnittswerte und angenommene Kostenangaben. Besorgen Sie sich aktuelle Angaben. Finden Sie heraus, was Sie wirklich ausgeben werden, und berücksichtigen Sie mindestens zehn Prozent für Zufälle. Denken Sie auch an Inflation und Preissteigerungen.

Nicht minder realistisch sollten Sie mit Nutzenprognosen vorgehen. Stellen Sie „Sensitivitätsanalysen" an, um die Auswirkungen optimistischer, realistischer und pessimistischer Leistungsprognosen festzustellen.

Entwurf

Sorgen Sie beim Entwurf von Produkten, Systemen oder Dienstleistungen dafür, daß die Kostensumme und -struktur während jeder einzelnen Phase ausgewertet wird. Wenden Sie zu diesem Zweck Wertanalysen an.

Wertanalyse

Produkte, Dienstleistungen und Systeme werden mit Wertanalysen detaillierten Untersuchungen unterworfen, damit unter Beibehaltung der Qualität mögliche Kostensenkungen aufgedeckt werden. Sie gehen von der Annahme aus, daß das, was Sie erstellen oder kaufen, mit geringeren Kosten erledigt oder gekauft werden kann.

Im Fertigungswesen werden Wertanalysen oft von einem Ausschuß durchgeführt, wobei unter Anwendung von Brainstorming-Techniken alternative und kostengünstigere Fertigungsmethoden für ein Produkt gefunden werden. Zu den Funktionen eines Produktes gehört sein Verwendungszweck, daher müssen nicht nur die Herstellungskosten, sondern auch Marketing und die Preispolitik berücksichtigt werden. Doch das Hauptziel der Wertanalyse besteht darin, die Kosten für Material, Verarbeitung und Arbeit zu reduzieren. Die folgende Checkliste enthält alle wichtigen Punkte:

1. Trägt der Verwendungszweck des Produktes zum Wert bei?
2. Sind die Herstellungskosten proportional zur Nützlichkeit?
3. Sind alle Produktmerkmale notwendig?
4. Gibt es für den Verwendungszweck bessere Alternativen?
5. Kann ein verwendbarer Teil kostengünstiger hergestellt werden?
6. Kann an seiner Stelle ein Standardteil oder ein kostengünstigerer Teil verwendet werden?
7. Ist ein anderer, zuverlässiger Lieferant billiger?
8. Gibt es für Material und Bestandteile billigere Alternativen?
9. Kann ein Teil unter der Verwendung weniger qualifizierter Arbeitskräfte oder billigerer Maschinen oder Ausstattungen hergestellt werden?
10. Kann er auf eine Art hergestellt werden, die die Anzahl der üblicherweise erforderlichen Arbeitsstunden reduziert?
11. Kann das Design vereinfacht werden, um die Fertigungskosten zu reduzieren?
12. Können die Toleranzgrenzen modifiziert werden, um die Fertigung zu vereinfachen und die Ausschußraten zu reduzieren?

Obwohl die Wertanalyse zunächst als Designtechnik für das Konstruktionswesen gedacht war, eignet sich diese Methode nicht minder für den Entwurf von Systemen und Dienstleistungen, bei denen die Teilkosten berechnet werden können.

KOSTENSENKUNGSMASSNAHMEN

Eine Kostensenkung muß geplant werden und hat zum Ziel, Kosten um einen bestimmten Betrag zu kürzen. Folgende Schritte sind dafür erforderlich:

- *Zielsetzungen*, entweder für unmittelbare Kürzungen in Krisensituationen oder für spezielle kurzfristige Kürzungen (die in Wochen und nicht in Monaten gerechnet werden). Ziele können für bestimmte Bereiche gelten, etwa eine zehnprozentige Personalkürzung, für eine umfassendere Kürzung der Kosten oder für Produktivitätssteigerungen.

Die signifikante Auswirkung der Kosten auf die Gewinne sollte allen klar sein. Interessanterweise würde eine Firma mit einem Umsatz von 200.000 Pfund, wobei die Gewinne zehn Prozent des Erlöses ausmachen, bei einer Verringerung der Kennzahl Arbeitskosten zu Erlösen von elf auf zehn Prozent (bei einem Arbeitskostenanteil von 50 Prozent an den Gesamtkosten) eine Gewinnsteigerung von zehn Prozent erzielen. Letztendlich zählt nur das, was unter dem Strich steht!

Wenn Produktivitätszielsetzungen in finanziellen Werten ausgedrückt werden – zum Beispiel „Reduziere Kosten je Produktionseinheit um drei Prozent!“ –, hat das vielleicht keinen unmittelbaren Sinn, doch als Langzeitziele könnten sie auf nützliche Weise in ein Kostenreduktionspaket eingebaut werden. Die Produktivität wird gesteigert, indem die Kosten im Verhältnis zur Produktion gekürzt bzw. die Produktion im Verhältnis zu den Kosten gesteigert oder vorzugsweise sowohl die Kosten reduziert als auch die Produktion gesteigert werden (siehe Kapitel 36). Es muß klar sein, daß die Kosten je Einheit jederzeit anzugreifen sind – am Ende aggregieren sie in den Gesamtkosten. Konzentrieren Sie sich, wo es möglich ist, auf die wesentlichen Dinge – auf den Fertigungsbereich und das Hauptbüro. Dort werden die höchsten Kosten verursacht. Werden Sie nicht zu kompliziert. Prüfen Sie spezifische Aufwendungen. Wenden Sie Wertanalysen an. Vergleichen Sie und stellen Sie gegenüber, um jene Bereiche ausfindig zu machen, wo die Kosten zu hoch ausfallen.

- *Beschließen, wo gekürzt werden soll.* Kürzungen werden wahrscheinlich beim Personalstand oder bei verschwenderischen Praktiken vorzunehmen sein. Abteilungsleiter, die sich zunächst mit Händen und Füßen gegen eine zehnprozentige Kürzung ihrer Belegschaft wehren, kommen in der Folge erstaunlich gut zurecht. Spezialisten behaupten sogar, daß sie jederzeit den Personalstand um 15 Prozent kürzen können, ohne die Leistung zu beeinträchtigen.

Wie verschwenderischen oder unnötigen Praktiken beizukommen ist, wurde von Sir Derek Rayner in seiner Kampagne für Marks & Spencer illustriert. Ein Angriff auf den bürokratischen Aufwand führte zur Eliminierung von jährlich 26 Millionen Formularen, während der Personalstand um 25 Prozent gekürzt werden konnte.

- *Beschließen, wie gekürzt werden soll:* Verantwortungen zuteilen, ein Programm entwerfen und es zum Einsatz bringen.

Verantwortung für die Kostensenkungsmaßnahmen

Das wichtigste dabei ist, eine möglichst hochrangige Führungskraft, vorzugsweise ein Vorstandsmitglied, mit der Durchführung der Kostensenkung zu betrauen. Sie sollte engagiert, energisch und entschlossen sein, doch vor allem sollte sie über Autorität und Courage verfügen, um auch die unangenehmsten Maßnahmen durchzuführen.

Als nächstes muß dieser Führungskraft ein Assistent zur Verfügung gestellt werden. Dafür könnten Managementkonsulenten in Frage kommen, die in speziellen Problembereichen mit Rat und Tat zur Seite stehen. Beauftragen Sie die Konsulenten jedoch nicht mit der Hauptaufgabe. Wenn Ihre Firma nicht fähig ist, selbst die drastischsten Maßnahmen einzuleiten, verdient sie nicht zu überleben.

Sie sollten auch keinen Ausschuß für die Steuerung der Durchführung einsetzen. Ausschüsse sind für aktive Maßnahmen hinderlich. Sie könnten eine aus Führungskräften bestehende Projektgruppe (maximal drei Personen) einsetzen, die jedoch nicht als ständiger Ausschuß mit Tagesordnung, Protokoll usw. verstanden werden darf. Noch besser wäre es, einem Direktor die Durchführung zu übertragen, der nach eigenem Ermessen entscheidet, mit wem er arbeitet, wann er etwas zu tun gedenkt und wann Sitzungen erforderlich sind.

Der für die Durchführung zuständige Direktor benötigt Anhaltspunkte, anhand deren er vorzugehen hat. Diese werden normalerweise in Form von Zielsetzungen vermittelt, die er zu einem bestimmten Zeitpunkt oder in einer bestimmten Zeitabfolge erreicht haben sollte. Wenn die Aufgabe mit Einschränkungen verbunden ist (z. B. „Kündigen Sie nicht den Schwiegersohn des Vorsitzenden!"), sollte er das sofort erfahren. Er sollte sich auch über das Ausmaß seiner Entscheidungsbefugnisse im klaren sein und wissen, wann und unter welchen Umständen er Bericht erstatten sollte.

Dann kann er sich von den Erfordernissen ein Bild machen, Fakten einholen, die Inhalt und Aussagekraft des Bildes vervollständigen oder Widersprüche aufdecken, Problembereiche definieren, entscheiden, was zu tun ist, und ein Programm für die Durchführung entwerfen.

Wie vorzugehen ist

Das überaus erfolgreiche Kostensenkungsprogramm, das von Marks & Spencer durchgeführt wurde, ging mit möglichst einfachen Fragestellungen vor:

- Was ist zu tun?
- Warum muß es getan werden?
- Muß es überhaupt getan werden?
- Wenn es getan werden muß, kann es einfacher oder kostengünstiger durchgeführt werden?

Die Grundlage für diese Annäherung bildete ein Gedanke Wittgensteins: „Wenn überhaupt etwas getan werden muß, kann es einfacher getan werden."

Die Erfahrung, die bei Marks & Spencer gemacht wurde, ergab eine Reihe von Grundsätzen, die universell anwendbar sind. Sir Derek Rayner faßte sie wie folgt zusammen:

- Spitzenkräfte müssen eine Revision der Verwaltungsaufgaben akzeptieren. Das Topmanagement hat der Verwaltung unzählige Regeln und Vorschriften auferlegt, um zu gewährleisten, daß die vom Betrieb angewandten Systeme und Methoden absolut sicher sind. Scheinbar gingen sie „großteils von der Annahme aus, daß alle Angestellten in zwei Kategorien einzuteilen sind: in Dumme und in Gauner". Sir Derek weiter: „Wenn Sie den Verwalter zum Bürokraten stempeln, wird er seine Rolle hervorragend spielen." Die Begleiterscheinungen derartiger Verwaltungssysteme können nur vom Topmanagement beseitigt werden.

- Der Preis für Perfektion ist untragbar: ein vernünftiger Ansatz kostet weniger. Oder in Voltaires Worten: „Das Beste ist der Feind alles Guten." Streben Sie nach Perfektion, doch übertreiben Sie nicht. Produktivität, übertragen auf den Verwaltungsbereich, bedeutet, daß ein Mensch sich vornimmt, 95 Prozent der Leistung zu erbringen und sein Ziel erreicht, anstatt daß zwei Menschen versuchen, 100 Prozent zu erbringen und nur 90 Prozent schaffen.
- Den meisten Angestellten kann man trauen. Setzt sich dieses Prinzip durch, kann auf viele Kontrollen und Überprüfungen verzichtet werden. Statt dessen können sich Manager dem Management und Vorgesetzte der Aufsicht widmen. Die täglichen Managementaufgaben könnten mit gründlichen Vor-Ort-Kontrollen unterstützt werden.
- Alle Angestellten können dazu beitragen, die gewünschten Veränderungen herbeizuführen. Die meisten Menschen haben eine klare Vorstellung davon, wie ihre Arbeit vereinfacht oder rationalisiert werden kann. Man muß sie nur fragen.
- Mitarbeiter können zu spezialisiert werden. Zu viele Spezialisten schaffen unnötige Arbeit und behindern die Flexibilität. „Spezialisten sind dazu da, dem Betriebsablauf zu dienen und ihn zu vereinfachen, und nicht, um sich Initiativen in den Weg zu stellen, hinderlich zu sein oder gar die Papierkette zusätzlich zu verlängern."
- Gesetze können niemals alles regeln. Trauen Sie so weit wie möglich dem gesunden Menschenverstand der Führungskräfte.
- Persönlich einer Sache auf den Grund gehen kann durch nichts ersetzt werden. „Sie werden merken, daß Ihre liebsten Dokumente und Berichte eine Fülle von Ungenauigkeiten und Versäumnissen aufweisen. Scheuen Sie sich nicht, probe-

weise eine unmittelbare Untersuchung vorzunehmen. Sie ist oft viel genauer, als die allesumfassende schriftliche Version – und verwechseln Sie eine persönliche Sondierung nicht mit einem Privatgespräch hinter verschlossenen Türen."

EINE FALLSTUDIE

Die Politik, die von Marks & Spencer eine lange Zeit hindurch verfolgt wurde, ist das beste Beispiel für ein firmenweites Programm, das sich zum Ziel gesetzt hat, die Produktivität durch Rationalisierungsmaßnahmen und die Beseitigung unnötiger Praktiken zu steigern.

Sir Derek Rayners Hauptangriff galt der bei Marks & Spencer anfallenden Papierflut, die unnötige Arbeit und die Beschäftigung überflüssigen Personals verursachte.

Die erste Kampagne wurde in den späten fünfziger Jahren ausgefochten. Wirtschaftlichkeit sollte nicht der Wirtschaft zuliebe erreicht werden, vielmehr ging es um eine bessere Nutzung der Ressourcen. So wurden 26 Millionen jährlich in Verwendung befindliche Formulare abgeschafft und der Personalstand laufend von 27.000 auf 20.000 reduziert. Dem raschen Wachstum von Marks & Spencer tat dies keinen Abbruch.

Ein Beispiel für die im Zuge der Kampagne erreichten Verbesserungen war eine vollständige Veränderung des Warenwirtschaftssystems in den Geschäften. Das vorhandene System, mit dem Verkauf, Wareneingang und Bestellungen aufgezeichnet wurden, war von seiner Theorie her in Ordnung. Doch der Zeitaufwand, bis die Information verdaut und entsprechend agiert wurde, war enorm. Zu viele Formulare mußten ausgefüllt werden, und die Angestellten sahen die Ware vor lauter Ziffern nicht mehr. Das System wurde zur Gänze abgeschafft, und den Angestellten wurde aufgetragen, sich mehr auf die Ware zu konzentrieren, wofür sie dann natürlich auch mehr Zeit hatten. Aufgrund der neuen Kurzberichte konnten Methoden entwickelt werden, die viel einfacher waren und eine vernünftige Warenversorgung zur Folge hatten.

Eine weitere, wichtige Veränderung bestand darin, das Spezialisierungsausmaß unter den Angestellten, das aufgrund der vielen Formulare und Systeme entstanden war, zu reduzieren. So gab es beispielsweise viele Lagerspezialisten, die Lagerräume waren von den Verkaufsebenen buchstäblich isoliert. Sobald eine Aufstokkung der Verkaufsregale erforderlich wurde, mußte das Verkaufspersonal Formulare ausfüllen. Dieser Praxis wurde ein Ende bereitet, und die Lager wurden für alle zugänglich gemacht, wodurch das Verkaufspersonal in der Lage war, seine Regale selbst aufzufüllen. Im Zuge dessen wurden nicht nur Zeit und Papier gespart und die Wareneingänge beschleunigt, sondern auch ein unerwarteter Gewinn realisiert, da das Verkaufspersonal plötzlich viel mehr Interesse an der Arbeit hatte.

Gleichzeitig mit diesem Angriff auf überflüssige Schreibarbeiten stellte Marks & Spencer alle Neueinstellungen ein, da sich im Zuge der Kampagne herausgestellt hatte, daß das System aufgrund der Vereinfachungen auch mit weniger Personal aufrechterhalten werden konnte. Während die Vereinfachungen fortgesetzt wurden, ging der Personalstand aus natürlichen Gründen laufend zurück. Gleichzeitig wurden Mitarbeiter von unproduktiven Bereichen in produktive versetzt.

Der Sieg in einer Schlacht bedeutet freilich nicht, den ganzen Krieg gewonnen zu haben. In der *Harvard Business Review* schrieb Sir Derek Rayner:

> Obwohl unser Management der Ansicht war, sich der Gefahren übermäßiger und zu komplizierter Schreibarbeiten bewußt zu sein, traten die bekannten Probleme neuerlich auf und machten sich zum Beispiel in rasch ansteigenden Verwaltungsausgaben und im ewigen Ruf nach mehr Personal bemerkbar. Daher riefen wir 1973 unter dem Vorsitz von Sir Marcus Sieff eine neue Kampagne ins Leben, die mit dem Namen „Good Housekeeping" bekannt wurde. Die Resultate waren erneut herausragend. Formulare, Berichte, Erwiderungen, Papiere aller Art wurden millionenfach abgeschafft. Tausende Stunden, die mit belanglosen Details zugebracht wurden, konnten eingespart werden. Den Personalstand reduzierten wir von 27.000 auf 26.000, indem wir frei gewordene Arbeitsplätze nicht mehr besetzten ... Die gute Haushaltsführung hat

> auch unsere Manager entlastet, die nun, anstatt sich mit der Interpretation von Schriftstücken herumzuplagen, mehr Zeit für die eigentlichen Führungsaufgaben haben. Wichtige Mitarbeiter hatten plötzlich öfter die Gelegenheit, ihren Schreibtisch zu verlassen und aus erster Hand über die Geschäfte und die Lieferanten zu lernen.

Die neue Kampagne sparte jährlich 200.000 Formulare ein, indem die Kontrolle über die Kassenschalter vereinfacht wurde. Die Lagerkontrolle wurde ebenfalls einfacher gestaltet, und der Informationsaufwand für die Konzernleitung wurde um eine halbe Million Seiten pro Jahr reduziert. Das Untersuchungsteam machte 13 Millionen Formularen pro Jahr ein Ende, die für die Verarbeitung retournierter Waren verwendet wurden, bevor der Kunde sein Geld zurückerhielt. Warum, so wurde gefragt, kommt man den legitimen Forderungen nicht gleich am Kassenschalter nach? Die Personalkosten konnten um fünf Prozent reduziert werden, und auch der Kundendienst, so Sir Derek Rayner, wurde wesentlich verbessert.

Kapitel 23

Kreatives Denken

Walter Bagehot schrieb: „Man hört sehr oft, daß die Phantasie den Menschen regiert; doch es wäre richtiger, man sagte, er werde von der Untauglichkeit seiner Phantasie regiert."

Phantasieloses Management ist zum Scheitern verurteilt. Mit kreativem Denken soll der Gefahr, von diesem Unvermögen beherrscht zu werden, entgegnet werden.

KREATIVES UND LOGISCHES DENKEN

Kreatives Denken ist phantasievolles Denken. Es produziert neue Ideen, neue Sichtweisen. Es relativiert Dinge oder Ideen, an die zunächst nicht gedacht wurde. Es ist sprunghaft und von der Norm abweichend. Edward de Bono prägte den Begriff „laterales Denken", der sich bis heute erhalten hat; er impliziert eine Denkweise, die Seitensprünge erlaubt, anstatt einer logischen Vernunftkette Schritt für Schritt zu folgen.

Logisches oder analytisches Denken ist ein Prozeß, der Schritt für Schritt vorangeht. Es ist kontinuierlich, da ein Schritt auf den anderen folgt, bis im idealen Fall die einzig mögliche Lösung gefunden wird. Man spricht daher oft von „konvergentem" Denken; de Bono nennt es auch „vertikales Denken", da der Informationsstand geradlinig aufgebaut wird.

Die Unterschiede zwischen vertikalem und lateralem Denken faßte de Bono folgendermaßen zusammen:

Vertikales Denken

- wählt aus;
- sucht nach dem Richtigen;
- eine Sache muß unmittelbar aus einer anderen hervorgehen;

- konzentriert sich auf Relevanz;
- schlägt den wahrscheinlichsten Weg ein;

Laterales Denken

- verändert,
- sucht nach dem anderen,
- ist bewußt sprunghaft,
- begrüßt zufällige Ereignisse,
- erforscht das Unwahrscheinliche.

Kreatives Denken ist logischem Denken nicht überlegen. Es ist bloß anders. Die besten Manager sind gleichzeitig kreativ und logisch. Mögen sie auch noch so kreativ sein, eine Entscheidung muß früher oder später getroffen werden. Und um zur richtigen Entscheidung zu gelangen, muß man logisch vorgehen.

DER KREATIVITÄTSPROZESS

Im *Schöpfungsakt* beschreibt Arthur Koestler den kreativen Prozeß als eine Form der „Bisoziation“: zwei Fakten oder Ideen, die in keinem Zusammenhang stehen, werden zu einer einzigen Idee verbunden. Die Herstellung des Bezuges oder der „Bisoziation“ wird für gewöhnlich von einem Gefühl der Spannung begleitet. Blitzartig wird etwas erkannt, dem der Ausruf „Eureka!“ oder zumindest „Aha!“ folgt. Koestler verglich dieses Gefühl mit dem Spannungsnachlaß, der unmittelbar nach der Pointe eines Witzes eintritt – dem „Haha“-Erlebnis. Oder aber auch mit dem nicht ganz so dramatischen Spannungsnachlaß, der angesichts eines Kunstwerkes eintritt.

Wenn wir an unserem kreativen Denkvermögen arbeiten wollen, müssen wir drei Dinge tun:

1. Verstehen, welche Barrieren kreatives Denken behindern.
2. Die individuelle Kapazität für kreatives Denken ausbauen.
3. Die kollektive Kapazität der Gruppe einsetzen, um neue Ideen mittels „Brainstorming“ zu fördern.

BARRIEREN DES KREATIVEN DENKENS

Die wichtigsten Hindernisse im kreativen Denkprozeß sind:

- Ihre Gedanken werden von einem vorherrschenden Denkmuster konditioniert – Gedanken gehen nach einem bestimmten Muster vor, und es geschieht leicht, daß man sich durch fixe Ideen in eine Falle locken läßt. Von de Bono wird das „Gedankengefängnis" oder „Hindernisfaktor" genannt.
- Das freie Wachstum Ihrer Ideen wird aufgrund streng definierter Grenzen oder Restriktionen behindert.
- Annahmen, die zur Weiterentwicklung neuer Ideen beitragen, werden nicht wahrgenommen und überprüft.
- Alternativen werden polarisiert – d. h. jede Entscheidung wird auf „entweder/oder" reduziert, auch wenn andere Sichtweisen möglich sind.
- Anstatt lateral zu denken, ist man zu fortlaufendem Denken konditioniert, wobei man immer nach „besten" und nicht nach anderen Ideen sucht. In de Bonos Worten: „Viele verschiedene Ideen zu haben, von denen einige falsch sind, ist jedenfalls besser, als immer recht zu behalten und überhaupt gar keine Idee zu haben."
- Das Offensichtliche wird nicht bewußt herausgefordert – die Versuchung ist groß, der einfachen Lösung nachzugeben.
- Auswertungen finden übereilt statt – man gelangt zu übereilten Schlüssen und läßt der Phantasie keine Zeit, andere, gleichermaßen mögliche Sichtweisen zu erforschen.
- Man will sich anpassen – die Antwort liefern, die erwartet wird.
- Die Angst überwiegt, wie ein Tölpel dazustehen und verächtlich behandelt zu werden.

WIE KREATIVES DENKVERMÖGEN WEITERENTWICKELT WIRD

Wenn Sie kreativer denken wollen, müssen Sie sich zunächst selbst analysieren. Arbeiten Sie die Liste der Kreativitätsbarrieren durch, und fragen Sie sich: „Trifft das für mich zu?" Wenn ja, überlegen Sie sich, wie Sie Ihre eigenen Schwierigkeiten überwinden können, indem Sie sich auf folgende Dinge konzentrieren:

- Durchbrechen Sie alle Hindernisse.
- Öffnen Sie Ihr Denken für das Aufkommen neuer Ideen.
- Zögern Sie Ihr Urteil so lange hinaus, bis Sie alle Alternativen gründlich erforscht haben.

Der Durchbruch

Um zugunsten neuer Ideen alle Hindernissen zu durchbrechen, sollten Sie

- vorherrschende Ideen, die Ihr Denken beeinflussen, erkennen;
- die Einschränkungen definieren (d. h. vergangene Erfahrungswerte, Präzedenzfälle, Politik, Verfahren, Regeln), innerhalb deren Sie vorgehen und versuchen, sich von ihnen zu lösen, indem Sie sich folgendes fragen:
  - Sind die Einschränkungen legitim?
  - Kann ich mich auf vergangene Erfahrungswerte verlassen?
  - Was ist neu an der gegenwärtigen Situation?
  - Gibt es irgendeinen anderen Weg?
- sich Ihre Grundannahmen bewußt machen und all jene in Frage stellen, die die freie Entwicklung neuer Ideen behindern;
- „Entweder-oder"-Vorschläge verweigern und fragen: „Kann zwischen Alternativen wirklich so ohne weiteres ausgewählt werden?";
- immer wieder nach dem „Warum?" einer Entscheidung fragen (denken Sie jedoch daran, daß Sie andere verärgern können, wenn Sie zu direkt sind).

Wie neue Ideen entwickelt werden

Um neue Ideen zu entwickeln, müssen Sie sich öffnen. Sollte es Ihnen gelungen sein, einige der oben genannten Hindernisse aus dem Weg zu räumen, sind Sie nun in einer besseren Lage, um

- sich einer Situation anders zu nähern und sie aus allen möglichen Blickwinkeln zu erforschen;
- möglichst viele Ansatzmöglichkeiten in Erwägung zu ziehen, ohne dabei die „einzig beste Möglichkeit“ zu suchen (denn die gibt es nicht) und ohne zu voreiligen Auswertungen zu gelangen (die nur eine teilweise Befriedigung gestatten);
- in de Bonos Worten „Diskontinuität zu schaffen“, also der Norm bewußt zu entrinnen. Zu den Techniken, die neue Ideen auslösen, gehören:
  - Freies Denken, der Erwägung von Alternativen freien Lauf zu lassen und Situationen mit Denkvorgängen zu begegnen, die vielfach irrelevant erscheinen mögen.
  - Sich absichtlich neuen Einflüssen aussetzen. Das können Menschen, Zeitungsartikel, Bücher, de facto alle Gelegenheiten sein, die Ihnen neue Einsichten verschaffen, auch wenn sie nicht unmittelbar relevant sein mögen.
  - Von einem Problem zum nächsten überzugehen und dabei sich selbst und andere zu involvieren.
  - Dafür sorgen, daß eigene Ideen mit den Ansichten anderer vermischt werden.
  - Analogien als Ideenauslöser verwenden. Die Analogie sollte vom Problem ausgehen, doch in der Folge für sich selbst stehen, um einen anderen Ansatz an das Problem zu ermöglichen.

Urteilsverzögerung

Kreatives Denken sollte zum Ziel haben, die Ideenauswertung unabhängig von ihrer Entwicklung vorzunehmen. Ein übereiltes Verwerfen neuer Ideen ist der schlimmste Fehler, der Ihnen unterlaufen kann. Es ist immer leicht, auf zehn Arten „nein“ zu sagen. Zum Beispiel:

- Es wird nicht funktionieren.
- Das tun wir bereits.
- Das haben wir schon früher erfolglos ausprobiert.
- Das ist unpraktisch.
- So werden wir das Problem nicht lösen.
- Das ist zu riskant.
- Das ist ja reine Theorie.
- Es wird zu viel kosten.
- Den Kunden/dem Chef/der Gewerkschaft/den Arbeitern/den Aktionären etc. wird das nicht gefallen.
- Das schafft mehr Probleme, als es löst.

Von diesen Einwänden sind sicher manche angebracht. Aber führen Sie sie erst dann an, wenn Sie möglichst viele Ideen entwikkelt haben. Erlauben Sie den Ideen, ein wenig zu wachsen, und erwürgen Sie sie nicht gleich bei ihrer Geburt.

Sie machen es sich zu einfach, wenn Sie sofort „nein" sagen oder etwas, nur weil es neu oder anders ist, lächerlich machen. Bei kreativem Denken zählt das Endergebnis, und wenn Sie originell sein wollen, sollten Sie dem eingeschlagenen Kurs nicht allzuviel Beachtung schenken. Es macht gar nichts, wenn Sie hin und wieder stolpern oder die falsche Richtung einschlagen, vorausgesetzt, Sie ziehen Ihr Zögern nicht übermäßig in die Länge und gelangen am Ende dorthin, wo Sie ursprünglich hinwollten.

Dazu de Bono:

> *Vertikales Denken* setzt voraus, daß jeder Schritt korrekt ist. Das Endergebnis (Idee, Lösung, Schlußfolgerung) ist daher automatisch korrekt, wenn die Schritte, die dorthin führten, richtig waren ... Bei lateralem Denken sind die einzelnen Schritte unerheblich, solange einer, und zwar der letzte, richtig war.

Eine Urteilsverzögerung erfordert starke Nerven, da sie gegen den Strich geht. Sie müssen sich bewußt anstrengen, Ihre Meinung bis zum richtigen Zeitpunkt zurückzuhalten, der eintritt, sobald Sie das Gefühl haben, in der verfügbaren Zeit möglichst viele Ideen gesammelt zu haben.

Unsere Ausbildung, unsere Hemmungen und unsere Angst,

als der Dumme oder angeschlagen aus einer Verhandlung hervorzugehen, sind Faktoren, die gegen uns arbeiten. Dennoch sollten wir uns und andere von diesen Hindernissen befreien. Diskontinuität treibt die Öffnung voran, und Brainstorming fördert neue Ideen an die Oberfläche.

BRAINSTORMING

Brainstorming bedeutet, in nur kurzer Zeit die vielfältigen Ideen einer Gruppe festzustellen. Es ist im wesentlichen eine Gruppenaktivität, bei der möglichst viele Ideen entwickelt werden, ohne die Auswertung abzuwarten.

Die wichtigsten Merkmale einer Brainstorming-Konferenz sind:

1. Eine Gruppe von sechs bis zwölf Personen wird gebildet. Einige sollten unmittelbar mit dem Problem zu tun haben, während die anderen aus anderen Bereichen kommen sollten, um eigene Ideen und Erfahrungswerte einbringen zu können. Es gibt einen Vorsitzenden und einen Schriftführer.
2. Der Vorsitzende bestimmt die Regeln, wobei er folgende Punkte betonen sollte:
   - Es sollten möglichst viele Ideen gefunden werden.
   - Keine der Ideen wird ausgewertet.
   - Niemand soll sich scheuen, Vorschläge zu machen.
3. Wenn nötig, sollte eine Konferenz probeweise abgehalten werden, um die Gruppe mit dem Procedere vertraut zu machen. Beispielsweise könnten die vielfältigen Verwendungszwecke einer Büroklammer zum Thema gemacht werden.
4. Der Vorsitzende nennt das Problem, wobei er es nicht zu genau definieren sollte.
5. Der Vorsitzende eröffnet die Konferenz mit Worten wie: „Auf wie viele Arten können wir . . .?“

6. Der Vorsitzende ermuntert die Gruppe zu Beiträgen und verhindert jeden Ansatz, die Idee auszuwerten. Von Zeit zu Zeit kann er das Problem neuerlich beim Namen nennen.
7. Der Schriftführer faßt die Vorschläge zusammen und notiert sie auf Flip-charts. Er kümmert sich zu diesem Zeitpunkt weder um die Formulierung noch um Wiederholungen. Die Konferenz sollte nicht auf Band aufgenommen werden, da dies den Ideenfluß hemmt.
8. Der Vorsitzende ermuntert die Gruppe laufend zu Beiträgen und versucht, den Mitgliedern ihre Scheu zu nehmen und möglichst viele Ideen – gute, schlechte, indifferente, vernünftige, unvernünftige – zu fördern. Er hält das Tempo, gibt keine Kommentare ab und verhindert, daß andere einen Beitrag kommentieren. Jede Idee ist gleichermaßen relevant.
9. Nach etwa dreißig bis spätestens vierzig Minuten beendet der Vorsitzende die Konferenz. Einer Verlängerung darf nicht zugestimmt werden.
10. Die Auswertung findet zu einem späteren Zeitpunkt statt, wenn möglich mit einer anderen Gruppe. Bei dieser Konferenz ist das Ziel:
    - Ideen für den unmittelbaren Gebrauch auszuwählen;
    - Ideen festzulegen, auf die näher eingegangen werden sollte;
    - verschiedene Ansätze zu untersuchen, die im Zuge der Konferenz vorgeschlagen wurden.

Brainstorming eignet sich besonders gut als Auslöser von Ideen, zum Abbau von Hemmungen, zum gewinnbringenden Ideenaustausch und zum Ausbruch aus gewohnten Denkmustern. „Ideenkonferenzen“ müssen sorgfältig geplant und durchgeführt werden. Die entsprechende Auswertung ist ebenfalls wesentlich.

Gehen Sie bei ihrer Anwendung selektiv vor. Der Rahmen für verschiedene Ideen sollte entsprechend groß sein. Alle Probleme werden Sie damit zwar nicht lösen, doch zumindest dient die Methode als Hilfe, um Barrieren zu durchbrechen, die im Zuge der traditionellen Entscheidungsprozesse errichtet wurden.

Denken Sie daran, daß Ihre endgültige Entscheidung zählt. Brainstorming und andere Techniken zur Kreativitätsförderung werden Ihnen helfen, in neues Terrain vorzudringen, doch letztendlich müssen Sie klar und analytisch vorgehen und Für und Wider Ihrer Lösung abwägen, bevor Sie sich endgültig für eine Vorgangsweise entscheiden.

Kapitel 24

Krisenmanagement

WAS IST KRISENMANAGEMENT?

Der Begriff „Krisenmanagement" wurde zur Zeit der Kubakrise von Robert McNamara geprägt, der damals sagte: „Von Strategie kann nicht länger die Rede sein, es gibt nur noch Krisenmanagement."

Krisenmanagement ist vor allem in Diplomatenkreisen ein gängiger Begriff, doch er trifft auch auf jede andere Organisationsform zu, wo der Druck der Ereignisse – externer oder interner – das Management zwingt, dringende Entscheidungen zu treffen. Eine Krise stellt einen Wendepunkt oder einen Moment der Gefahr und Ungewißheit dar, und in unserem turbulenten Zeitalter gehören Wendepunkte und Gefahrenmomente zu unseren ständigen Begleitern.

Krisenmanagement kann wie folgt definiert werden:

> Unter Druck einer Situation begegnen, wobei eine Reihe von miteinander verbundenen Operationen geplant, organisiert, dirigiert und kontrolliert werden und der Entscheidungsprozeß all jener, die zuständig sind, zu einer raschen, jedoch nicht übereilten Lösung des akuten Problems geführt wird.

URSACHEN VON KRISEN

Krisen werden entweder durch menschliches Handeln oder durch Naturkatastrophen – Feuer, Flut, Erdbeben etc. – verursacht. Wenn Menschen eine Krise verursachen, dann wollen sie entweder als Außenstehende einer Organisation bewußt Schaden zufügen, oder sie haben, ebenfalls von außen, Handlungen in die Wege geleitet, die auf indirektem Wege ein schwerwiegendes Problem auslösen. Interne Krisen können absichtlich von

Menschen verursacht werden, die ein bestimmtes Anliegen verfolgen, oder zufällig aufgrund eines kolossalen Fehlurteils oder einer langen Geschichte aufeinanderfolgender Irrtümer auftreten.

Krisen können jedoch auch in Form plötzlicher, unvermuteter Ereignisse auftreten, die vermieden hätten werden können. Daher würde eine völlige Aufgabe strategischer Maßnahmen, wie es McNamara tat, wahrscheinlich zu weit gehen, aber Robert Burns meinte, daß „gar die besten Pläne des Menschen manchmal irren", und das hat seit dem 18. Jahrhundert, als diese Zeile geschrieben wurde, nichts an Wahrheit eingebüßt.

In einer idealen Welt gäbe es keine Krisen. Man würde sein Ziel kennen und es erreichen, ohne vom Weg abzukommen. Probleme könnten vorhergesehen und mit Eventualplänen behoben werden. Aber die Welt, in der wir leben, ist natürlich nicht so. Murphy's Law wartet nur darauf, zuzuschlagen – wenn etwas mißlingen kann, wird es das tun.

Auch wenn Krisen scheinbar plötzlich auftreten, heißt das nicht, daß sie nicht vorhersehbar wären. Die Novelle von García Márquez, *Chronik eines angekündigten Todes*, handelt von einer Krise. Ein junger Mann wird ermordet, und obwohl bereits aus dem Titel ersichtlich wird, daß alle wissen, was geschehen würde, scheint niemand fähig, etwas dagegen zu unternehmen. Katastrophen kündigen sich oft an. Nicht einmal ein Vulkanausbruch ereignet sich ohne Vorwarnung.

Es gibt ein Phänomen, das man „Krisenrutsch" nennen könnte. Schrittweise, unmerklich und unaufhaltsam schließen die Ereignisse aneinander an. Die Regenfälle werden immer heftiger; der Fluß geht über seine Ufer und vereinigt sich mit anderen Flüssen, die ebenfalls überfluten; der Druck wird größer. Die Gewalt des Wassers läßt sich kaum noch bewältigen, sie wächst ins Unermeßliche, und schließlich hält der Damm nicht mehr. Das Krisenmanagement hätte natürlich in dem Moment einsetzen müssen, ab dem die ungewöhnlichen Regenfälle beobachtet wurden. Doch menschliches Versagen schleicht sich ein, und Dämme brechen.

Der unaufhaltsame Rutsch in eine Krise muß nicht immer auf menschliches Versagen zurückzuführen sein, sondern kann auch durch menschliche Dickköpfigkeit verursacht werden. Wenn die Techniken des Krisenmanagements mit kühlem Kopf eingesetzt werden, um potentiell gefährliche Situationen zu beurteilen und die Beteiligten rechtzeitig zu versammeln, damit die Probleme diskutiert und eine Lösung gefunden wird, bevor die Lage kritisch wird, kann Sturheit im Keim erstickt werden. Das gilt nicht nur für die politische Arena, sondern auch für jedes Unternehmen. Vor Kuba wurde Präsident Kennedy auf 60 Beinahe-Nuklearkatastrophen einschließlich des Starts zweier Raketen mit atomaren Sprengköpfen aufmerksam gemacht. Er reagierte, indem er nicht nur das Frühwarnsystem der amerikanischen Abwehr verbessern ließ, sondern auch mit den Sowjets Gespräche für den gegenseitigen Informationsaustausch aufnahm. Während der Falklandkrise versagten die Briten jedoch insofern auf allen Ebenen, als sie einerseits die starken Gefühle der Argentinier für die Malvinas nicht verstanden und andererseits nicht wahrhaben wollten, daß Galtieris Tage in der Regierung gezählt waren.

MANAGEMENTKRISEN

Im Management können alle Arten von Krisen ausbrechen: Übernahmeangebote, Kursstürze, ein Medikament, das verheerende Nebenwirkungen hat, ein Manöver der Konkurrenz, die plötzlich auf dem Markt auftaucht und das Terrain mit einem Schlag für sich beansprucht, eine Innovation, die ein Produkt zum alten Eisen verdammt, ein plötzlicher Streik mit fatalen Auswirkungen, ein unehrlicher Manager, der das Unternehmen in die Schlagzeilen bringt, ein Feuer oder eine Flut, die Abwerbung wichtiger Führungskräfte durch die Konkurrenz usw. Die Liste ließe sich in alle Ewigkeit fortsetzen.

Zur Ehe sagte Tolstoi: „Die glücklichen Familien sind sich durchwegs ähnlich, aber eine unglückliche Familie ist immer nur auf ihre Weise unglücklich.“ Dasselbe kann über Krisen gesagt werden. Jede Krise ist ein einzigartiges Ereignis und bedarf einer einzigartigen Lösung. Dennoch gibt es bestimmte Verhaltensformen, die sich für alle kritischen Situationen eignen, sowie mehrere allgemeingültige Grundsätze, die sich in Krisensituationen, bei denen es um Verhandlungen oder Konflikte geht, bewährt haben. Hinzu kommt eine Reihe von Krisenmanagement-Techniken, die, vorausgesetzt sie werden den besonderen Umständen angepaßt, allgemein anwendbar sind.

VERHALTEN IM KRISENMANAGEMENT

Die wichtigste Regel in einer Krise lautet: „Bewahre einen kühlen Kopf!" In Kiplings Worten:

> Wenn alle rundherum den Kopf verlieren, und Du den Deinen bewahrst,
> Und sie Dir die Verantwortung übertragen,
> Dann gehört Dir die Welt und alles auf ihr
> Und – vor allem, mein Sohn – wirst Du ein Mann sein.

Zu den wohl besten Exponenten dieser Vorgangsweise gehörte Harold Macmillan, der auf dem Londoner Flughafen über eine Kabinettskrise befragt wurde und sagte: „Das vernünftigste, das wir meiner Ansicht nach tun konnten, war, diese unbedeutende lokale Angelegenheit zu regeln und uns dem schwerwiegenderen Problem Commonwealth zuzuwenden." Ein anderer Premierminister, James Callaghan, ging freilich zu weit, als er, ebenfalls auf dem Londoner Flughafen (ein großartiger Ort für Aphorismen), wie nebenbei meinte: „Krise, welche Krise?"

Natürlich müssen Staatsmänner den Eindruck erwecken, sie hätten alles unter Kontrolle. Henry Kissinger, der seine gesamte diplomatische Karriere mit Krisenmanagement zubrachte, sagte einmal: „Nächste Woche kann keine Krise sein. Mein Terminkalender ist voll." Doch Manager sollten nicht minder gelassen bleiben.

Zu den Kunstgriffen in Krisensituationen gehört die Fähigkeit, rundum den Eindruck zu erwecken, daß Sie die Lage im

Griff haben. Sorglosigkeit, wie im Falle Macmillans, allerdings nicht wie bei Callaghan, ist eine Möglichkeit. Eine andere wäre, bewußt den Eindruck zu vermitteln, daß Sie es leicht nehmen – fast entspannt –, wenn Sie in Wirklichkeit unter Hochdruck arbeiten. In Situationen, wo es zugeht, wie im Narrenhaus und Menschen und Papiere in alle Richtungen durcheinanderstieben und drei Telefone auf einmal schrillen, lehnt sich ein guter Krisenmanager zuweilen zurück, trinkt eine Tasse Kaffee und plaudert unbekümmert über die Fußballübertragung vom Vorabend. Daraufhin nimmt er seine Arbeit mit doppelter Energie wieder auf. Robert Townsend fand in *Up the Organization* eine gute Beschreibung für diese Methode: „Es gibt eine Zeit für Engagement und eine Zeit für Rückzug. Eine Zeit, sich mit einer Sache gedanklich auseinanderzusetzen, und eine Zeit, darüber zu lachen."

In *The Right Stuff* beschreibt Tom Wolfe Chuck Yeagers (der Mann, der als erster mit zwei gebrochenen Rippen die Schallmauer durchbrach) Einfluß auf den Krisenmanagementstil der Flugzeugpiloten und deren Ansatz mit den folgenden Worten:

> Alle, die in den Vereinigten Staaten oft mit dem Flugzeug unterwegs sind, kennen die Stimme des Piloten ... sie ertönt aus dem Lautsprecher ... ist betont langsam, betont gesellig und betont heimelig und gleichzeitig so übertrieben, daß sie sich selbst parodiert (sie ist deshalb nicht minder beruhigend!) ... diese Stimme, die uns, während das Flugzeug von Stürmen gebeutelt wird, tausend Meter auf einmal auf- und niedersackt, höflich bittet, unsere Sicherheitsgurte anzulegen, denn es könnte ein wenig böig werden.

VERHANDLUNGSSITUATIONEN

Krisen, die durch Übernahmen, Arbeitnehmer-Arbeitgeber-Beziehungen, Rechtsstreitigkeiten und andere Probleme, bei denen zwei gegnerische Parteien aufeinandertreffen, verursacht werden, erfordern oft Verhandlungen. Die in Kapitel 46 beschriebenen Verhandlungstechniken eignen sich zwar, doch sie müssen wahrscheinlich beschleunigt werden.

In spannungsreichen Situationen wird man zuweilen besonders geschickt vorgehen müssen. Die „Trollope"-List ist nur ein Beispiel. Dabei wird ein Angebot, das nicht gemacht wurde, akzeptiert, um die gegnerische Partei zu veranlassen, die Akzeptanz zu akzeptieren. Der Begriff wurde von Robert Kennedy geprägt und geht auf die viktorianischen Romanheldinnen von Anthony Trollope zurück, deren List darin bestand, den Händedruck des Helden als Heiratsangebot zu deuten und diese Interpretation so lange zu verfechten, bis sie akzeptiert wurde. Sie wurde im Zuge der Kubakrise angewandt, als die Kommunikation mit Chruschtschow zu Zweideutigkeiten geführt hatte. Er hatte zwei Briefe geschrieben, wovon einer die amerikanische Blockade auf das schärfste verurteilte, während im anderen ein milder, beinahe einlenkender Ton vorherrschte. Die Verwirrung ging jedoch noch weiter, da nicht klar war, ob der „Falken"-Brief, der erst nach dem „Tauben"-Brief eingelangt war, vorher oder nachher geschrieben worden war. Die Amerikaner beschlossen, den „Tauben"-Brief als die eigentliche Kommunikation anzusehen (hier kommt die Trollope-List ins Spiel) und den anderen, den „Falken"-Brief, zu ignorieren, der wahrscheinlich erst nachher geschrieben wurde und die endgültige Haltung der Sowjets demonstrieren sollte. In *Thirteen Days: The Cuban Missile Crisis* berichtete Robert Kennedy, daß die Konfliktbeilegung dieser kreativen Auslegung der Zweideutigkeit zu verdanken war.

Von Verhandlungen kann tatsächlich gesagt werden, daß der Hauch einer Zweideutigkeit zuweilen ebenso wirksam sein kann wie wirkliche Stärke. Sie haben dadurch mehr Manövrierraum und können Ihre Taktik mehrmals ändern.

WANN WIRD GEKÄMPFT?

In einer Krise ist der Beschluß, wann und wie hart zu kämpfen ist, eine Frage der Beurteilung. Sie können sich für eine aggressive Politik am Rande des Abgrunds oder für eine progressive Beschwichtigungstaktik entscheiden, doch in beiden Fällen müssen Sie darauf achten, daß Sie nicht zu weit gehen.

Hier wäre es vielleicht angebracht, sich an die Botschaft zu erinnern, die Chruschtschow während der Kubakrise an Kennedy sandte: „Wenn die Menschen nicht weise sind, dann werden sie am Ende wie blinde Maulwürfe aufeinander losgehen, und die gegenseitige Vernichtung wird ihren Anfang nehmen."

Die Wahl der geeigneten Taktik ist niemals leicht. Clausewitz sagte: „Krieg ist nichts anderes als eine Fortsetzung der Politik mit anderen Mitteln", und man sollte normalerweise erst dann angreifen, wenn man mit Sicherheit weiß, daß der Verlauf der friedlichen Verhandlungen nicht zielführend ist.

Die Wahl wird auch von Ihrer Fähigkeit abhängen, Strategien und Taktiken Ihres Gegners zu durchschauen. Im Krisenmanagement geht es hauptsächlich darum, Motive, Absichten und Listen anderer zu durchschauen und entsprechend zu reagieren. Hier ist ein weiteres Clausewitz-Motto angebracht: „Verachte den Feind strategisch, respektiere ihn taktisch." Anders ausgedrückt: Sie können auf lange Sicht damit rechnen, Ihrem Gegner zu schaden, doch kurzfristig wird er hart kämpfen, und Sie werden ebenso hart zurückschlagen müssen. Der Verlust einer Schlacht ist nicht gleich der Verlust des Krieges, aber eine Aufeinanderfolge von Niederlagen macht Ihre Chancen zunichte, ganz egal, wie gerecht Ihre Sache oder wie überlegen Ihre Strategie sein mag.

Thomas Schelling, ein Experte für Krisenmanagement, kommentierte die Entscheidung „Kampf oder Flucht?" wie folgt:

> Normalerweise steht nicht das momentane Vorrecht zur Debatte, sondern die Erwartungen aller, wie sich einer der Beteiligten in Zukunft verhalten wird. Nachzugeben ist ein Signal, daß man damit rechnen kann, daß jemand nachgeben wird. Oft oder kontinuierlich nachzugeben, vermittelt die Erkenntnis, daß dies die Rolle ist, die man einnimmt. Bereitwillig bis zu einem gewissen Ausmaß nachzugeben und dann zu sagen, jetzt ist es genug, mag eine Garantie dafür sein, daß die zunächst gezeigte Härte den Verlust des Spiels für beide Seiten zur Folge hat.

Krisenmanagement kann, muß aber nicht die Form einer sorgfältig überlegten Strategie annehmen, doch was auch immer passiert, die Taktik muß erarbeitet werden und setzt voraus, daß die

Situation, aber vor allem die Aspekte, die die Absichten anderer betreffen, vollkommen verstanden wurden. Wenn Sie nachgeben, dann denken Sie an Schellings Worte, und sorgen Sie dafür, daß zur Kenntnis genommen wird, daß Sie Ihren Gegner mißverstanden oder unterschätzt haben, und er wird Ihre Lage nicht ausnutzen. Denken Sie auch an die Möglichkeit, daß am Ende beide verlieren können.

Wenn Sie sich für den Kampf entscheiden, sollten Sie sich die Regeln des Heiligen Augustinus und von Thomas von Aquin vor Augen halten, für die ein gerechter Krieg folgende Gründe haben sollte:

1. Er setzt eine gerechte Sache voraus.
2. Die Absicht muß gerecht sein.
3. Vernünftige Erfolgschancen müssen vorhanden sein.
4. Im Falle des Erfolgs muß eine bessere Lage folgen als jene, die vorherrschen würde, wäre vom Kampf abgesehen worden.
5. Die zur Anwendung kommende (oder angedrohte) Gewalt sollte proportional zur Zielsetzung sein (oder zum Bösen, das es zu unterdrücken gilt).
6. Die Absicht sollte darin bestehen, jene zu verschonen, die nicht am Kampf teilhaben, oder zumindest vorgesehen sein.

TECHNIKEN IM KRISENMANAGEMENT

Coral Bell schrieb in *The Conventions of Crisis*: „Rückblickend hat man angesichts sämtlicher Nachkriegskrisen das eigenartige Gefühl, die Entscheidungsträger hätten ihre ‚Karten aus dem Ärmel geschüttelt‘, öfter ihre Intuition oder ihr Temperament zu Rate gezogen, als Planung oder Logik zum Maßstab gemacht."

Für das Krisenmanagement in Handel und Industrie, aber auch in der politischen Arena ist übereiltes Handeln die größte Gefahr. Sie geben sich zu rasch dem Glauben hin, sofortiges und entschiedenes Handeln sei erforderlich. Unter akutem Druck stürmen sie einfach los, und ehe sie sich versehen, sind sie in die Elefantengrube gefallen.

Krisenmanagement beginnt vor der Handlung. Der Finger bleibt am Puls, damit man, sobald die Geschwindigkeit steigt – wenn die ersten Anzeichen eines Krisenrutsches sichtbar werden –, vorbeugende Maßnahmen treffen kann. Dadurch bleibt Ihnen genügend Zeit, um in aller Ruhe nachzudenken, Eventualpläne zu entwerfen und in die Tat umzusetzen.

Wenn Sie jedoch trotz aller Vorbeugemaßnahmen mit einer Krise konfrontiert sind, hilft folgendes Zehn-Punkte-Programm:

1. Bewahren Sie so weit als möglich Ruhe, und bewerten Sie die Lage. Auch wenn Sie das Gefühl haben, Ihre Analysen und Denkvorgänge müßten fünfmal rascher als sonst verlaufen, sollten Sie nicht die Ruhe verlieren. Es gilt festzustellen
   - was exakt passiert;
   - warum es passiert;
   - was geschehen wird, falls nichts unternommen wird;
   - wie rasch Sie handeln müssen, um weiteren Schaden zu vermeiden;
   - wer sonst noch involviert ist;
   - wer wahrscheinlich involviert sein wird;
   - welche Ressourcen Ihnen zur Verfügung stehen – Menschen, Ausstattung, Finanzen, Rückhalt von anderen Unternehmen, Zugang zu einflußreichen Persönlichkeiten.
2. Entwerfen Sie eine vorläufigen Aktionsplan, in dem Ihre Maßnahmen Schritt für Schritt ersichtlich sind, und bereiten Sie weitere Alternativpläne vor, um Eventualitäten vorzugreifen.
3. Bilden Sie ein Krisenmanagement-Team. Bestimmen Sie Rollen, Aufgaben und Handlungsbefugnisse (einigen Mitarbeitern müssen Sie vielleicht aufgrund der Notlage Autorität einräumen).

4. Richten Sie ein Krisenmanagement-Hauptquartier ein (Ihr Büro, die Vorstandsetage ...).
5. Richten Sie ein Kommunikationssystem ein, damit Sie sofort über die Geschehnisse informiert werden und den Mitgliedern Ihres Krisenstabes und allen anderen, die in Aktion treten sollen, Nachrichten übermitteln können.
6. „Werfen Sie Ballast ab", wenn es möglich ist, und gehen Sie dabei nach dem Stromkreisprinzip vor, wonach teilweise Ladung abgegeben wird, sobald die Gesamtladung einen bestimmten Wert überschreitet. Das bedeutet also, sich nebensächlicher Probleme so rasch wie möglich zu entledigen.
7. Verweisen Sie Probleme in einen Bereich, der von der Krise nicht betroffen ist und wo eine Lösung mit Gelassenheit gefunden werden kann.
8. Bereiten Sie nun Ihre detaillierten Pläne mit folgenden Schwerpunkten vor:
   - Zeitpläne – handle jetzt oder später;
   - Spielraum für eine Abkühlungsphase;
   - längerfristige Lösungen sollten rechtzeitig vorbereitet und durchgeführt werden;
   - Alternativpläne, um auf neue Entwicklungen oder Notfälle vorbereitet zu sein.
9. Seien Sie immer über die Geschehnisse genau informiert. Sorgen Sie dafür, daß Sie die erforderliche Information rasch erhalten, damit Sie schnell, aber nicht panisch reagieren können.
10. Werten Sie Handlungen und Reaktionen fortlaufend aus, damit Sie Ihren Plan modifizieren und rasche Korrekturmaßnahmen oder vorbeugende Schritte einleiten können.

DIE QUALITÄTEN EINES KRISENMANAGERS

Gute Krisenmanager sind entschlossen. Sie reagieren rasch, doch ihr größtes Können besteht in der Beschleunigung des

Entscheidungsprozesses. Sie unterlassen keinen einzigen Schritt in der Standardabfolge des Problemlösungs- bzw. Entscheidungsprozesses. Diese sind:

- die Situation definieren;
- die Zielsetzungen spezifizieren;
- Hypothesen entwickeln;
- Fakten ausfindig machen;
- Fakten analysieren;
- mögliche Handlungsabläufe erwägen;
- mögliche Handlungsabläufe auswerten;
- entscheiden und durchführen;
- die Durchführung überwachen.

Erfolgreiche Krisenmanager durchlaufen diese Schritte rascher, wenn sie ihre Erfahrungswerte, ihre Intelligenz und die ihres Teams einsetzen.

Krisenmanager erkaufen sich Zeit, indem sie andere Angelegenheiten hintanstellen; doch wie alle guten Manager können sie dafür sorgen, daß etwas rasch geschieht, wenn sie es wollen. Sie sind gute Führer, inspirieren ihre Mitarbeiter, fördern deren Anstrengungen und geben ihnen die Kraft, an den erfolgreichen Ausgang des Krisenmanagements zu glauben.

Das wichtigste ist freilich, daß sie Ruhe bewahren. Sie geraten nicht in Panik, reagieren nicht übermäßig und verlieren nicht den Kopf. Wenn sie können, verlangsamen sie das Tempo sogar ganz bewußt, um den Eindruck zu vermitteln, alles sei unter Kontrolle und verlaufe nach Plan.

Zusammengefaßt ist Krisenmanagement nichts anderes als gutes Management unter Druck. Der Adrenalinfluß mag rascher als sonst sein, doch für die gedankliche Konzentration ist das wunderbar. Unter Druck entwickeln gute Manager ungeahnte Kräfte, und genau sie sind die guten Krisenmanager.

Kapitel 25

Leistungsmanagement

Leistungsmanagement ist ein Mittel, um Organisation, Teams und Mitarbeiter zu besseren Ergebnissen zu führen. Dazu werden die Leistungen in einem vereinbarten Rahmen geplanter Ziele, Leistungsstandards und Kompetenzniveaus gesteuert.

Leistungsmanagement kann als ein Prozeß bzw. als Reihe von Prozessen definiert werden, die dazu dienen, zunächst eine gemeinsame Auffassung darüber zu entwickeln, *was erreicht werden soll*, um dann die Mitarbeiter so zu entwickeln, daß die Wahrscheinlichkeit größer wird, daß es über kurz oder lang *erreicht wird.*

Vor allem gilt es zu bedenken, daß Leistungsmanagement einen *andauernden* Prozeß darstellt, in den die Manager und die von ihnen geführten Mitarbeiter eingebunden sind. Es dient der Verbesserung sowohl der Ergebnisse als auch der Qualität der Arbeitsbeziehungen. Gutes Leistungsmanagement erkennt man daran, daß die Mitarbeiter genau wissen, welches ihre Prioritäten sind, was sie gegenwärtig tun und wonach sie streben sollten, welches Kompetenzniveau sie erreichen sollten und wieviel das zur Leistung ihres Teams und des gesamten Unternehmens beiträgt. Gutes Leistungsmanagement entsteht aus einem offenen, positiven und konstruktiven Gespräch zwischen Manager, Mitarbeitern und Teams und führt zu einer Einigung darüber, wie die Arbeit besser gemacht werden kann.

DER PROZESS DES LEISTUNGSMANAGEMENTS

Einleitung des Prozesses

Leistungsmanagement beginnt damit, daß auf oberster Organisationsebene Auftrag (Mission), Strategie und Ziele definiert werden. Diese Definitionen ziehen weitere, detailliertere Definitionen der Missions sowie der Pläne und Ziele der einzelnen Funktionen und Abteilungen nach sich.

Leistungsvereinbarungen

Als nächstes werden Leistungsvereinbarungen zwischen den einzelnen Mitarbeitern und ihren Managern geschlossen. Diese Vereinbarungen legen folgendes fest:

- die Bereiche, in denen vorrangig Ergebnisse zu erzielen sind;
- die für diese Bereiche geltenden Ziele und Leistungsstandards;
- Pläne für Arbeit und persönliche Entwicklung;
- die für die Erfüllung der Stellenanforderungen nötigen Fähigkeiten und Kompetenzen.

Laufende Überprüfung

Die Leistung des individuellen Mitarbeiters und seine Entwicklung wird im Rahmen der normalen Managementtätigkeit laufend überprüft. Auf diese Aktivität darf nicht zugunsten einer formalen Leistungsüberprüfung am Jahresende verzichtet werden, denn dieser fehlt die Unmittelbarkeit, und die relative Formalität des Verfahrens verhindert möglicherweise eine konstruktive Diskussion.

Effektive Leistungen werden durch Lob, Anerkennung und die Möglichkeit zu verantwortungsvollerer Arbeit gefördert. Unzureichende Leistungen werden sofort korrigiert, indem man dem Mitarbeiter die Leistungsstandards und die erforderlichen Kompetenzen in Erinnerung ruft, die verbesserungswürdigen Bereiche aufzeigt und mit ihm Maßnahmen zur Umsetzung der Verbesserungen vereinbart. Sofern erforderlich, werden Coaching- und Betreuungsmaßnahmen ergriffen.

Formale Leistungsüberprüfung

Es werden von Zeit zu Zeit formale Leistungsüberprüfungen durchgeführt, die natürlich eine Bestandsaufnahme darstellen, jedoch weniger dem Aufrühren der Vergangenheit dienen, sondern einen Ausblick auf die Zukunft und eine Neudefinition der Leistungsvereinbarung ermöglichen sollen.

Die Überprüfung führt zu einer überarbeiteten Leistungsvereinbarung. Und sie gibt den Mitarbeitern die Möglichkeit, Fragen über ihre Arbeit und ihre Zukunft aufzuwerfen.

Was braucht man zum Leistungsmanagement?

Um die Leistungen Ihrer Mitarbeiter wirksam lenken zu können, müssen Sie eine Reihe anspruchsvoller Fertigkeiten einsetzen. Sie müssen

- Feedback geben (siehe unten)
- Überprüfungsmeetings durchführen (siehe Seite 210ff.),
- Ziele setzen (siehe Kapitel 50),
- Coaching betreiben (siehe Kapitel 5),
- Counselling anbieten (siehe Kapitel 17).

FEEDBACK

Feedback stellt ein wesentliches Element des Leistungsmanagements dar. Die Mitarbeiter müssen wissen, wie gut – oder schlecht – sie arbeiten. Gehen Sie folgendermaßen vor:

1. *Bauen Sie das Feedback in die Tätigkeit ein.* Damit es wirken kann, sollte das Feedback Teil der Tätigkeit sein oder innerhalb von 48 Stunden nach Erledigung der Aufgabe stattfinden.
2. *Das Feedback sollte tatsächliche Geschehnisse betreffen.* Das Feeback sollte in Reaktion auf tatsächliche Resultate oder beobachtetes Verhalten erfolgen. Es sollte nicht auf Annahmen bezüglich der Gründe für das Verhalten beruhen. Anstatt zu sagen: „Sie neigen zu aggressivem Verhalten“, sollten Sie beispielsweise sagen: „Ein Kunde hat sich beschwert, sie seien rüde gewesen. Möchten Sie dazu etwas sagen?“
3. *Urteilen Sie nicht, beschreiben Sie.* Das Feedback sollte in Form einer Beschreibung der Geschehnisse erfolgen und

nicht von einem Urteil begleitet sein. Wenn Sie sagen: „Ich wurde informiert, daß Sie sich einem unserer Kunden gegenüber rüde verhalten haben; wir können derartiges Verhalten nicht tolerieren", werden Sie augenblicklich Widerstand wekken und die Chance auf eine Verbesserung zunichte machen.

4. *Beziehen Sie sich auf bestimmte Verhaltensweisen.* Lassen Sie sich nicht dazu hinreißen, allgemeine Eindrücke oder Empfindungen zu äußern.
5. *Stellen Sie Fragen.* Stellen Sie Fragen, anstatt Feststellungen zu machen: „Warum glauben Sie, ist das geschehen?" Oder: „Wenn Sie darüber nachdenken, fällt Ihnen dann irgendeine andere Möglichkeit ein, wie Sie die Situation hätten handhaben können?" Oder: „Wie sollten derartige Probleme Ihrer Meinung nach in Zukunft in Angriff genommen werden?"
6. *Greifen Sie Schlüsselpunkte heraus.* Beschränken Sie sich auf die zentralen Fragen. Die Fähigkeit eines Menschen, Kritik zu ertragen, ist begrenzt. Wenn Sie übertreiben, werden die Türen zugeschlagen, und Sie erreichen nichts.
7. *Konzentrieren Sie sich* auf Leistungsbereiche, die verbessert werden können. Es ist Zeitverschwendung, sich mit Bereichen zu beschäftigen, in denen sich der Mitarbeiter nicht oder nur in geringem Maß verbessern kann.
8. *Geben Sie positives Feedback.* Sprechen Sie neben den verbesserungswürdigen Punkten auch erfolgreiche Aktivitäten des Mitarbeiters an.

LEISTUNGSÜBERPRÜFUNGEN

Für die Durchführung von Überprüfungsmeetings gibt es zehn goldene Regeln:

1. *Seien Sie vorbereitet.* Sie sollten vorbereitet sein und sich auf eine Liste vereinbarter Ziele und auf Notizen beziehen, die Sie sich im Lauf des Jahres zu den Leistungen gemacht haben (es ist sehr hilfreich, Notizen über bestimmte Erfolge – oder Mißerfolge – anzufertigen). Machen Sie sich ein Bild

von den Gründen für Erfolge und Mißerfolge und entscheiden Sie, wofür Sie Lob aussprechen sollten, welche Leistungsprobleme angesprochen und welche Schritte zu ihrer Behebung unternommen werden sollten. Darüber hinaus sollte überlegt werden, inwieweit sich die Rolle des Mitarbeiters verändert hat und welche tätigkeitsbezogenen und persönlichen Ziele er sich für die nächste Zeit setzen sollte.
Die Mitarbeiter sollten sich darauf vorbereiten, ihre Erfolge und Probleme anzusprechen und ihre Leistungen im Meeting zu bewerten. Sie sollten auch jene Fragen notieren, die sie bezüglich ihrer Arbeit und ihrer Perspektiven haben.

2. *Sorgen Sie für eine geeignete Atmosphäre.* Um ein erfolgreiches Meeting abhalten zu können, muß man ein ungezwungenes Umfeld schaffen, in dem ein offener aber freundlicher Gedankenaustausch stattfinden kann. Am besten beginnen Sie mit einer allgemeinen Diskussion, bevor Sie ins Detail gehen.
3. *Halten Sie sich an eine klare Struktur.* Es sollte ein Meetingplan erstellt werden, der alle in der Vorbereitung festgelegten Punkte abdeckt. Allerdings sollte auch jene Zeit eingeplant werden, die der Mitarbeiter braucht, um seine Auffassung umfassend darzulegen.
4. *Arbeiten Sie mit Lob.* Wenn möglich, sollten Sie den Mitarbeiter am Anfang des Gesprächs für eine bestimmte Leistung loben. Dieses Lob sollte jedoch aufrichtig und verdient sein. Wenn sie gelobt werden, entspannen sich die Leute – wir alle brauchen Aufmunterung und Anerkennung.
5. *Überlassen Sie dem Mitarbeiter das Reden.* So kann er sich die Dinge von der Seele reden, und er gewinnt das Gefühl, daß man ihm eine faire Chance gibt, sich zu äußern. Stellen Sie Fragen mit offenem Ende (d. h. Fragen, die nicht auf die richtige Antwort hinweisen, sondern den Mitarbeiter anregen, über seine Antwort nachzudenken). So wird der Gesprächspartner ermutigt, seine Gedanken auszuführen.
6. *Regen Sie eine Selbsteinschätzung an.* Auf diese Art soll die Situation aus Sicht des Mitarbeiters betrachtet und eine Dis-

kussionsgrundlage geschaffen werden – viele Menschen unterschätzen sich selbst. Stellen Sie Fragen wie die folgenden:

- Wie schätzen Sie Ihre Leistung ein?
- Wo liegen Ihrer Meinung nach Ihre Stärken?
- Was gefällt Ihnen an Ihrer Tätigkeit am meisten/am wenigsten?
- Warum, glauben Sie, ist dieses Projekt gelungen?
- Warum, glauben Sie, haben Sie die Ziele nicht erreicht?

7. *Sprechen Sie über die Leistung, nicht über die Person.* Die Diskussion über die Leistung sollte auf Tatsachen, nicht auf Meinungen beruhen. Beziehen Sie sich immer auf tatsächliche Ereignisse oder tatsächliches Verhalten, und vergleichen Sie die Resultate mit den vereinbarten Leistungsmaßstäben. Der Mitarbeiter sollte umfassend erklären können, warum etwas geschehen oder nicht geschehen ist.
8. *Fördern Sie die Leistungsanalyse.* Beschränken Sie sich nicht auf Lob oder Schuldzuweisungen. Analysieren Sie gemeinsam und objektiv, warum etwas funktioniert hat oder fehlgeschlagen ist und was getan werden kann, um einen hohen Leistungsstandard aufrechtzuerhalten oder Probleme in Zukunft zu vermeiden.
9. *Äußern Sie keine unerwartete Kritik.* Es sollte keine Überraschungen für den Mitarbeiter geben. Das Gespräch sollte nur um Ereignisse oder Verhaltensweisen kreisen, die festgehalten wurden, als sie stattfanden. Das Leistungsfeedback sollte unmittelbar erfolgen. Es sollte nicht bis ans Jahresende zurückgestellt werden. Die formale Überprüfung dient dazu, die Erfahrungen im Beobachtungszeitraum kurz miteinander durchzugehen und davon ausgehend in die Zukunft zu blikken.
10. *Einigen Sie sich auf meßbare Ziele und einen Maßnahmenplan.* Das Überprüfungsmeeting sollte positiv ausklingen.

DIE FÜHRUNG LEISTUNGSSCHWACHER MITARBEITER

Das Leistungsmanagement baut auf den Stärken der Mitarbeiter auf und beinhaltet die Einleitung von positiven Maßnahmen zur Behebung von Schwächen. Es kann im Umgang mit leistungsschwachen Mitarbeitern jedoch erforderlich sein, spezifische Schritte zu unternehmen. Diese sehen folgendermaßen aus:

Identifizieren Sie das Problem und kommen Sie zu einer gemeinsamen Einschätzung

Analysieren Sie das Feedback und kommen Sie, so weit das möglich ist, mit dem Mitarbeiter zu einer gemeinsamen Einschätzung der Fehlerquelle.

Stellen Sie die Gründe für die mangelhafte Leistung fest

Wenn Sie nach den Gründen für mangelhafte Leistungen suchen, sollten Sie eine unverhohlene Schuldzuweisung vermeiden. Das Ziel sollte sein, daß Sie und der Mitarbeiter miteinander die Faktoren aufspüren, die zu dem Problem beigetragen haben. Ausgehend von dieser sachlichen Analyse können Sie darüber entscheiden, was Sie, der Mitarbeiter und Sie beide gemeinsam unternehmen können, um das Problem zu beheben.

Zunächst müssen Sie alle Gründe feststellen, die außerhalb des Aufgabenbereichs des Mitarbeiters liegen und sich Ihrer Kontrolle entziehen. Sodann können alle Faktoren untersucht werden, auf die Sie und der Mitarbeiter Einfluß haben. Sie müssen feststellen, in welchem Maß das Problem dadurch verursacht wurde, daß der Mitarbeiter

- die Arbeit nicht machen konnte – Fähigkeit;
- nicht wußte, wie er sie machen sollte – Kenntnisse;
- sie nicht machen wollte – Einstellung;
- von Ihnen nicht ausreichend unterstützt oder geführt wurde;
- nicht richtig wußte, was man von ihm erwartete.

Entscheiden Sie über die erforderlichen Schritte, und einigen Sie sich mit dem Mitarbeiter darauf

Die erforderlichen Maßnahmen können vom Mitarbeiter, von Ihnen oder von beiden Seiten ergriffen werden. Folgende Maßnahmen sind möglich:

- Maßnahmen zur Verbesserung der Fähigkeiten oder zur Änderung des Verhaltens – Sache des Mitarbeiters;
- Einstellungsänderung – dies ist Sache des Mitarbeiters, sofern er einsieht, daß er seine Einstellung ändern muß. Die Schwierigkeit für den Manager besteht darin, daß ein Mitarbeiter seine Einstellung nicht einfach ändern wird, weil man es von ihm verlangt. Man kann ihm nur dabei helfen, zu der Einsicht zu gelangen, daß eine Verhaltensänderung nicht nur der Organisation, sondern auch ihm selbst nützen würden. Hier ist ein Counselling-Ansatz von Vorteil (siehe Kapitel 7);
- verstärkte Unterstützung oder Anleitung – Ihre Aufgabe;
- Klärung der Erwartungen – gemeinsam;
- Entwicklung von Fähigkeiten und Kenntnissen – gemeinsam; vom Mitarbeiter kann erwartet werden, daß er sich um eine Weiterentwicklung seiner Fähigkeiten bemüht; aber auch Sie können helfen, indem Sie Coaching betreiben, zusätzliche Erfahrungen oder Schulungen anbieten.

Gleichgültig, welche Schritte vereinbart werden: Beide Seiten müssen wissen, woran sie erkennen können, daß diese Maßnahmen erfolgreich waren. Es können Feedback-Regelungen vereinbart werden, aber man sollte den Mitarbeiter auch ermutigen, seine Leistung selbst zu beobachten und notwendige weitere Schritte zu unternehmen.

Stellen Sie die nötigen Mittel zur Verfügung

Bieten Sie Coaching, Training, Anleitung, Erfahrungen oder Einrichtungen an, damit die vereinbarten Maßnahmen durchgesetzt werden können.

Überwachung und Feedback

Sowohl Sie als auch der Mitarbeiter überwachen seine Leistungen, sorgen dafür, daß Feedback geboten oder erhalten wird, analysieren dieses und ergreifen, sofern erforderlich, weitere Maßnahmen.

FALLSTUDIE: DIE NATIONAL AUSTRALIA BANK GROUP

Die National Australia Bank Group betreibt die folgenden Banken in Großbritannien und Irland:

- Clydesdale Bank
- National Irish Bank
- Norhern Bank
- Yorkshire Bank

Die Gruppe betreibt insgesamt 800 Filialen und hat 17.000 Angestellte.

Der Grund für die Einführung von Leistungsmanagement

Die beiden wichtigsten Gründe für die Einführung von Leistungsmanagement waren erstens das Bestreben, eine engere Bindung der gesamten Gruppe an ihre strategischen Ziele zu erreichen, und zweitens der Wunsch nach einer ausgeprägteren Leistungsorientierung. Die Entscheidung fiel vor dem Hintergrund eines sich verändernden Geschäftsumfelds, welches das Unternehmen zwang, eine alle Teile der Gruppe umfassende Verkaufs- und Servicekultur zu entwickeln.

Das Entwicklungsprogramm

Es wurde entschieden, ein einziges System für das Leistungsmanagement einzuführen, um in der gesamten Gruppe eine markt- und leistungsorientierte Kultur durchzusetzen. Diese

Entscheidung fiel, obwohl einige der Banken bereits über eigene Systeme zum Leistungsmanagement und zur Leistungsbeurteilung verfügten.

Das System wurde mit Unterstützung des Beraters Dr. Trevor Bentley von einem Team von Personalmanagern aus den verschiedenen Banken entworfen. Arbeitsgruppen aus den einzelnen Banken wurden beigezogen. Die Ausarbeitung des Systems nahm etwa sechs Monate in Anspruch. Es wird im folgenden beschrieben.

Definition des Leistungsmanagements

Das Leistungsmanagement in der National Australia Bank Group beruht auf der einfachen Annahme, daß die Mitarbeiter die Erwartungen erfüllen können und werden, wenn sie wissen und verstehen, was von ihnen erwartet wird, und an der Definition der Anforderungen beteiligt wurden.

Warum es nötig wurde

Nach Gesprächen mit den Mitarbeitern wurde definiert, warum ein Leistungsmanagement erforderlich geworden war:

- Wir brauchen Ansporn und Unterstützungen, um gute Leistungen erbringen zu können.
- Wenn unsere Leistungen beurteilt werden, sollte dies so objektiv wie möglich geschehen.
- Wir sollten alle Teil des Prozesses des Leistungsmanagements sein.
- Wir brauchen ein System, dessen Fairneß wir alle vertrauen können.
- Wie brauchen alle Training, damit das System vollkommen verstanden wird und einhellig angewandt werden kann.
- Wir müssen alle in den Prozeß eingebunden werden; wir brauchen im voraus Information, Vorbereitungszeit und die Möglichkeit, uns selbst zu beurteilen.

Wie es funktioniert

Das Leistungsmanagement stellt einen Kreislauf dar, der von der Planung der individuellen Leistungen über ihre Entwicklung hin zur abschließenden Beurteilung verläuft.

Bei der Einführung des Leistungsmanagements in der gesamten Gruppe wurde festgestellt, daß

> es schwierig ist, genaue Prognosen über den Nutzen des Leistungsmanagements zu machen, weil die Ergebnisse zum Großteil davon abhängen, was man selbst einbringt. Dennoch wollen wir einige wesentliche Vorteile nennen:
>
> - Sie erhalten Klarheit darüber, was von Ihnen erwartet wird.
> - Sie werden in die Erstellung Ihres Leistungsplans eingebunden.
> - Sie und Ihr Manager werden Ihre laufende Leistungsentwicklung planen.
> - Sie werden die Vorteile des Coaching kennenlernen.
> - Sie werden angeregt, Ihre eigene Leistung anhand objektiver Kriterien zu beurteilen.
> - Sie werden in ein faires und schlüssiges System eingebunden, das für alle gleichermaßen gilt.
> - Sie werden dasselbe Lernmaterial erhalten wie Ihre Kollegen.
> - Sie werden aus diesem Material in Ihrem eigenen Tempo lernen und die Möglichkeit haben, Ihre Lernfortschritte mit Ihren Kollegen zu besprechen.

Wie die Organisation profitieren wird

Die Erklärung in den einleitenden Bemerkungen lautet:

> Der Erfolg der Organisation hängt von der gemeinsamen Leistung aller ihrer Mitarbeiter ab, Sie eingeschlossen. Wenn Ihre Leistungen besser werden, wird also auch die Organisation mehr leisten, weil
>
> - sie auf Ihren Beitrag als gutausgebildetes, engagiertes Mitglied der Belegschaft vertrauen kann;
> - sie von Ihren besseren Leistungen profitieren wird;
> - die Qualität Ihrer Leistung den Service verbessern wird, den sie ihren Kunden bieten kann;
> - sie von verbesserten Managementsystemen profitieren wird, welche die Qualität, den Professionalismus und die Produktivität ihrer Mitarbeiter verbessern.

Kapitel 26

Macht und Politik

In einer Organisation gehen Macht und Politik Hand in Hand. Vielleicht empfinden Sie wie Nietzsche, daß „Macht krumme Beine hat“. Aber ohne Autoritätsausübung wird nichts erledigt werden, und Autorität erfordert wiederum die Ausübung von Macht. Ob jemand Autorität erlangt, ist außerdem häufig eine Frage der Unternehmenspolitik. Sie meinen, das sei unanständig? Viele hochrangige Führungskräfte dementieren unaufhörlich, daß so etwas in ihren Unternehmen vorkommt. Es kommt vor, denn der Mensch strebt nach Macht, und oft greift er auf politische Mittel zurück, um sie zu erlangen.

MACHT – GUT ODER SCHLECHT?

Anthony Jay kommentiert die Machtverhältnisse in der britischen Industrie aufgrund seiner Analysen: „Macht wird dem verliehen, dessen Autorität von anderen akzeptiert wird, weil sie wissen, daß eine Mißachtung ihren eigenen Mißerfolg und den Erfolg der Autorität mit sich bringt. Echte Macht ist nirgends niedergeschrieben – sie ist in der Leistung enthalten.“

Mary Parker Follett schreibt: „Nicht, wie Macht geplant wird, sollen wir lernen, sondern wie wir Macht entwickeln. Wirkliche Macht muß wachsen – dem willkürlichen Machtergreifer wird sie entgleiten.“

Macht ist dann legitim, wenn sie dazu dient, ein legitimes Ziel zu verfolgen, und wenn sie von verantwortungsbewußten Menschen verantwortungsbewußt ausgeübt wird. Sie kann jedoch auch auf schroffe Weise erfolgen.

David McClelland, der in 25 US-Betrieben mit über 500 Managern Machtstudien durchführte, gelangte zu folgendem Ergebnis:

[Manager] müssen von einem starken Machtbedürfnis, d. h. von dem Wunsch, Einfluß über andere auszuüben, geprägt sein. Aber dieses Bedürfnis erfordert Disziplin und Kontrolle, da es nicht dem persönlichen Vorteil des Managers, sondern dem Nutzen der gesamten Institution dienen soll ... [Manager, die von einem Machtbedürfnis motiviert werden] sind fähig, in ihren Abteilungen ein größeres Verantwortungsbewußtsein, aber vor allem einen ausgeprägteren Teamgeist zu schaffen.

Die folgenden zwei Beispiele zeigen, wie Machtausübung effektiv erfolgen kann:

Beispiel 1: Einer unserer besten Manager hat über die meisten Mitarbeiter unseres Unternehmens aus mehreren Gründen große Macht. Seine Autorität ist jedoch so gut wie nie mit bloßen Befehlen oder Anweisungen verbunden. Um seine Mitarbeiter zu überzeugen, nimmt er sich fast immer ein paar Minuten Zeit. Seine Macht über andere besteht darin, daß sie sich veranlaßt sehen, genau zuzuhören, und bereit sind, sich seinem Einfluß auszusetzen. Dadurch gelingt ihm natürlich ein rascher und reibungsloser Überzeugungsprozeß. Außerdem riskiert er es nicht, andere durch unfaire Forderungen oder Befehle zu verärgern.

Beispiel 2: Produktleiter Stein benötigte für eine neue Produktidee (Produkt X) die Einwilligung von Fabriksleiter Billings. Billings fand die Idee unmöglich. Stein erkannte, daß er Billings keinesfalls mit logischen Argumenten überzeugen kann, da ihm dieser erst gar nicht zuhören würde. Mit der Zeit, dachte Stein, könnte er diese Barrieren durchbrechen, doch er hatte keine Zeit. Stein wußte auch, daß Billings niemals aufgrund besonderer Angebote oder Vergünstigungen einem Produkt zustimmen würde, von dem er nicht überzeugt war. Und das Risiko, die Einwilligung Billings zu erzwingen, wollte Stein nicht eingehen, also entschloß er sich für folgende Vorgangsweise:

Am Montag bat Stein den Mitarbeiter Reynolds, Billings, der großen Respekt für ihn hatte, zwei Marktstudien zu schicken, die das Produkt X in ein günstiges Licht stellten. Er sollte eine Notiz mit dem folgenden Wortlaut anfügen: „Haben Sie das schon gesehen? Ich war überrascht davon, bin mir aber nicht ganz sicher, was ich davon halten soll, aber dennoch ..."

Am Dienstag, neuerlich durch die Veranlassung Steins, erwähnte der Vertreter eines der größten Kunden des Unternehmens während eines Telefonates mit Billings so nebenbei, es kursierten Gerüchte, Produkt X sollte in Kürze eingeführt werden, und er sei froh, daß „ihr wie immer rechtzeitig am Ball seid".

Am Mittwoch sorgte Stein dafür, daß Billings vor einer Konferenz das Gespräch zweier Industrietechniker über die günstigen Testergebnisse mit Produkt X nicht „überhören“ konnte.

Am Donnerstag berief Stein eine Sitzung ein, um mit Billings über Produkt X zu sprechen. Die anderen Teilnehmer waren durchwegs Leute, die Billings mochte oder respektierte und die sich zugunsten des Produktes äußerten.

Am Freitag suchte Stein Billings auf, um ihn zu fragen, ob er bereit sei, Produkt X zuzustimmen. Er war es.

MACHTQUELLEN

Macht ist eindeutig mit Position und Rang verbunden. Man muß sie sich jedoch auch verdienen. Sie können Ihren Mitarbeitern Befehle erteilen, aber zweifellos werden Sie mehr erreichen, wenn Sie anstatt mürrischer Unterwerfung bereitwillige Kooperation erhalten. In Ihrer Führungsposition haben Sie automatisch Machtbefugnisse, aber ihre Ausübung sollte gerechtfertigt sein.

Es gibt allerdings noch andere Quellen der Macht, und zwar:

- *Zugang zu anderen Menschen mit Macht.* Nähe oder ein direkter Zugang verschafft Ihnen klarerweise einen größeren Rahmen für tatsächliche oder angenommene Einflußnahme. Daher sind Sekretärinnen wichtig.
- *Kontrolle über Informationen.* „Wissen ist Macht“, oder anders ausgedrückt, „Autorität erhält der, der weiß“. Wenn Sie informiert sind, werden Sie den Verlauf der Ereignisse eher steuern können, und Sie sind, falls Sie politisch intervenieren möchten, in der Lage, anderen Hindernisse in den Weg zu stellen.
- *Kontrolle über Ressourcen.* Wenn Sie über Ressourcen wie Geld, Arbeitskräfte, Ausstattung oder Dienstleistungen, die von anderen benötigt werden, Kontrolle haben, haben Sie Macht.
- *Kontrolle über Belohnungen und Strafmaßnahmen.* Sie haben Macht, wenn Sie Belohnungen oder Bestrafungen erteilen

oder andere beeinflussen können, die diese Bereiche kontrollieren.

- *Unterlagen.* Sie gewinnen Macht und festigen sie, wenn sie andere überzeugen können, daß Sie der Experte sind.
- *Identifikation.* Sie können Macht über andere erlangen, wenn Sie sie überzeugen, sich mit Ihren Aktivitäten oder Ihrer Person zu identifizieren. Charismatische Führungskräfte tun dies, indem sie ihre Begeisterung und ihren Einsatz auf andere übertragen und sie durch die pure Kraft ihrer Persönlichkeit für sich gewinnen.
- *Pflichtgefühl.* Wenn Sie ein Pflichtgefühl entwickeln, indem Sie anderen einen Gefallen erweisen, können Sie damit rechnen, daß man sich Ihnen verpflichtet fühlt, sich für diesen Gefallen zu revanchieren.

MACHTAUSÜBUNG

John Kotter interviewte über 250 Manager, die in einer Position waren, die ihnen Macht verlieh. Er fand heraus, daß die erfolgreichen unter ihnen folgende Merkmale hatten:

- Ihre Machtausübung ist offen und legitim. In ihrem Bereich gelten sie als die eigentlichen Experten, und sie halten sich konsequent an das Führungsansehen, das sie sich aufgebaut haben.
- Sie haben ein gutes Gefühl dafür, welche Macht bei den unterschiedlichen Menschen am effektivsten ist. Zum Beispiel respektieren Experten die Gutachten anderer.
- Sie arbeiten mit sämtlichen Machtquellen, die ihnen zur Verfügung stehen, und verlassen sich nicht ausschließlich auf eine bestimmte Technik.
- Sie suchen Aufgaben und Anforderungen, mit denen Sie Macht erlangen und einsetzen können. Außerdem hören sie nie auf, die Macht, die sie bereits haben, auszubauen, um als Gegenleistung in noch höhere Positionen aufzusteigen.
- Sie wenden ihre Macht mit einem hohen Grad an Reife und

Selbstdisziplin an. Selten nutzen sie ihre Position für willkürliche Maßnahmen oder zu ihrem persönlichen Vorteil aus.
- Der Einfluß auf andere verschafft ihnen Befriedigung.

POLITIK: GUT ODER SCHLECHT?

Politisches Handeln erfordert laut Definition des *Oxford English Dictionary* Scharfsinn, Umsicht, Überlegtheit und geschicktes Taktieren. Das heißt, daß politisches Verhalten in einer Organisation wünschenswert oder nicht wünschenswert sein kann.

Organisationen bestehen aus Personen, die sich zwar zu einem gemeinsamen Zweck bekennen, gleichzeitig jedoch ihre eigenen Ziele zu verwirklichen suchen. Effektives Management ist geeignet, die Bestrebungen und Ambitionen des einzelnen mit dem Allgemeinwohl zu verbinden. Manche Leute sind tatsächlich davon überzeugt, daß sie, wenn sie zur Erreichung ihrer Ziele politische Mittel einsetzen, nicht nur sich selbst, sondern auch der Organisation dienen. Andere reden sich ein, so zu denken. Wieder andere verfolgen ganz unverblümt ihre persönlichen Ziele. Möglicherweise setzen sie ihre ganze Überzeugungskunst ein, um ihre Ziele gegenüber ihren Kollegen zu legitimieren, aber Eigennutz bleibt ihre primäre Triebfeder. Da sind einmal die Unternehmenspolitiker, die vom *Oxford English Dictionary* als „gewiefte Drahtzieher, begabte Ränkeschmiede oder Intriganten" beschrieben werden. Politiker in Organisationen können so sein. Sie taktieren hinter den Rücken der anderen und bringen Vorschläge zu Fall, die ihnen nicht gefallen. Sie sind nur auf ihre Reputation bedacht und treiben ihre Karriere auf Kosten anderer voran. Oft sind sie neidisch und eifersüchtig und verhalten sich dementsprechend. Sie sind eine echte Plage.

Aber man kann auch die Auffassung vertreten, daß ein politischer Zugang zum Management in jeder Organisation, die über keine absolut klaren Zielvorstellungen verfügt, in der es keinen klar vorgegebenen Entscheidungsprozeß gibt und in der die Entscheidungsbefugnis nicht gleichmäßig oder adäquat verteilt ist, unvermeidlich und sogar wünschenswert ist. Und es gibt nur wenige Organisationen, auf die nicht eine oder mehrere dieser Bedingungen zutreffen.

Andrew Kakabadse erkennt diese Tatsache an, wenn er in *The Politics of Management* sagt: „Politik bedeutet das Bemühen, Einzelpersonen und Gruppen in Situationen, in denen man sich nicht auf Autorität stützen kann, im Sinne des eigenen Standpunkts zu beeinflussen." So gesehen kann ein politischer Ansatz legitim sein, solange die verfolgten Zwecke vom Standpunkt der Organisation aus gerechtfertigt werden können.

POLITISCHE ANSÄTZE

Kakabadse unterscheidet zwischen sieben von den Organisationspolitikern angewandten Methoden:

1. Identifizierung der beteiligten Parteien, derjenigen, die sich zu einer bestimmten Handlungsweise bekennen;
2. die beteiligten Parteien „bei Laune halten", Konzentration auf Verhalten, Werte, Einstellungen, Ängste und Antriebskräfte, die von den einzelnen akzeptiert, toleriert und gezeigt werden (Sicherheitszonen);
3. Anpassung des Images – Bearbeitung der Sicherheitszonen und Anpassung ihres Images an das der Machtinhaber;
4. Benutzung des Netzwerks – Identifikation der Interessengruppen und der einflußreichen Personen;
5. Eintritt in das Netzwerk – Identifikation der „Torwächter", Einhaltung der Normen;
6. Aushandeln von „Geschäften" – Bereitschaft, andere zu unterstützen, wo dies für beide Seiten von Vorteil ist;
7. Vorenthaltung und Rückzug – Vorenthalten von Informationen, wo dies von Vorteil ist, und kluger Rückzug, wenn die Wogen hoch gehen.

Einige dieser Vorgehensweisen sind legitimer als andere. Das Leben in der Organisation verlangt vom Manager eine Identifizierung der wichtigsten Entscheidungsträger, damit er neue Ansätze entwickeln und die Dinge voranbringen kann. Es ist durchaus in Ordnung, Meinungen einzuholen und herauszufinden, wie die Leute reagieren, bevor man eine endgültige Entscheidung trifft, einem Ausschuß einen fertig ausgearbeiteten Vorschlag oder ein Memorandum vorlegt. Dieser Testprozeß ermöglicht es dem Manager, Gegenargumente vorwegzunehmen und seine Vorschläge so zu modifizieren, daß sie auf legitime Einwände Rücksicht nehmen oder, wenn es keine andere Möglichkeit gibt, den Erfordernissen anderer Leute entsprechen.

„Einen Handel abzuschließen" scheint keine besonders wünschenswerte Vorgehensweise zu sein, ist in der Praxis jedoch durchaus üblich. Die Manager können dieses Verhalten immer mit dem Hinweis auf das Endergebnis rationalisieren. Das Zurückhalten von Information ist kein legitimes Verhalten, kommt jedoch in Anbetracht der Tatsache, daß Wissen Macht ist, sehr häufig vor. Der umsichtige Rückzug ist vielleicht ebenfalls ein fragwürdiges Verhalten, aber die meisten Manager ziehen es vor, am Leben zu bleiben und ihre Kampfkraft zu schonen, anstatt in einen zum Scheitern verurteilten Kreuzzug zu ziehen.

GEFAHREN

Die Gefahr des politischen Verhaltens liegt jedoch darin, daß das politische Taktieren leicht übertrieben wird, wodurch die Effektivität einer Organisation ernsthaften Schaden nehmen kann. Die Anzeichen für maßloses politisches Verhalten sind:

- Verleumdungen
- Schuldzuweisungen
- Geheime Treffen und undurchsichtige Entscheidungen
- Fehden zwischen Personen und Abteilungen
- Papierkriege zwischen bewaffneten Lagern – per Memo ausgetragene Kämpfe sind immer ein Zeichen des Mißtrauens
- Ein Übermaß an schneidenden Kommentaren und beißender Kritik

- Übermäßiges und kontraproduktives Lobbying
- Das Entstehen von Kabale – Cliquen, die ihre Zeit mit Intrigen verbringen

DER UMGANG MIT POLITIKERN

Eine Möglichkeit zum Umgang mit derartigem Verhalten besteht darin, die in politische Ränke verwickelten Personen zu finden und sie offen damit zu konfrontieren, welchen Schaden sie mit ihrem Verhalten anrichten. Sie werden natürlich abstreiten, politisch zu taktieren (täten sie das nicht, wären sie keine Politiker), aber allein die Tatsache, daß sie durchschaut sind, kann sie dazu bewegen, ihr Verhalten zu ändern. Natürlich kann diese Konfrontation auch dazu führen, daß sie sich nur weiter in den politischen Untergrund zurückziehen. In diesem Fall müßte ihr Verhalten noch genauer überwacht werden, um erforderlichenfalls korrigierende Maßnahmen ergreifen zu können.

Ein positiverer Ansatz, das politische Taktieren innerhalb einer Organisation in einem vertretbaren Rahmen zu halten, besteht darin, es so offen wie möglich zu managen. Man sollte versuchen, dafür zu sorgen, daß die fraglichen Themen eingehend diskutiert werden, daß Meinungsverschiedenheiten offen ausgetragen und Streitigkeiten weitestgehend versachlicht werden. Die politischen Aktivitäten können dann genutzt werden, um den Schwung der Organisation als komplexe Entscheidungsfindungs- und Problemlösungseinheit aufrechtzuerhalten.

DER EINSATZ POLITISCHER MITTEL

Es gibt Zeiten, in denen sich subtile Mahnungen eher auszahlen als direkte Attacken; manchmal muß man die Leute, deren Unterstützung man braucht, indirekt zu überzeugen versuchen. Die folgende Fallstudie illustriert den legitimen Einsatz politischer Taktik:

James Hale war Personalchef eines großen Lebensmittelkonzerns. Aufgrund von Expansion und Akquisitionen wuchs das Unternehmen stark. Es herrschte ein Mangel an wirklich guten Managern, und weder zwischen den einzelnen Bereichen noch zwischen Bereichen und Zentrale funktionierte die Koordination. Hale war davon überzeugt, daß die Einrichtung eines Trainingszentrums für das Konzernmanagement viel zu einer Überwindung dieser Probleme beitragen würde. Er wußte jedoch, daß er für diesen Plan nicht nur die Zustimmung seines geschäftsführenden Direktors brauchte, der der Sache im großen und ganzen positiv gegenüber stehen würde, sondern auch die seiner Direktorenkollegen. Der geschäftsführende Direktor würde ohne die Unterstützung einer Mehrheit der Board-Mitglieder nicht aktiv werden.

Jedenfalls war Hale davon überzeugt, daß es keinen Sinn hatte, eine derartige Einrichtung für Leute zu schaffen, die nicht daran interessiert waren. Deshalb dachte er gründlich nach und erarbeitete eine genaue Strategie, anhand derer er Zustimmung zu seinem Plan zu gewinnen hoffte. Er wußte, daß ein frontaler Angriff möglicherweise fehlschlagen würde. Die Managemententwicklung wurde von seinen Kollegen als eine etwas realitätsfremde Idee betrachtet, die mit ihren wirklichen Aufgaben als Direktoren relativ wenig zu tun habe. Also mußte er etwas subtiler vorgehen. Er bezeichnete seine Methode nicht als politische Kampagne, aber genau das war es. Er machte sich daran, die Leute indirekt zu beeinflussen.

Der Plan bestand grundsätzlich darin, einzeln an seine Kollegen heranzutreten und auf ihre jeweiligen Probleme und Interessen einzugehen. Um zum Beispiel den Marketingdirektor gnädig zu stimmen, bewegte er den allgemeinen Verkaufsleiter dazu, dafür einzutreten, daß das Verkaufspersonal der verschiedenen Bereiche eine Schulung in Verkaufsmanagement erhielt. Er veranstaltete mehrere Seminare in Hotels und lud den Marketingdirektor zu der Schlußveranstaltung ein. Er sorgte dafür, daß der Marketingdirektor beeindruckt war – und zwar nicht nur von dem, was das Verkaufspersonal in den Seminaren gelernt hatte, sondern auch von dem neuen Geist der Identifikation mit den in den Schulungen vermittelten Gruppenzielen und -richtlinien. Ganz zufällig entschlüpfte dem Direktor die Bemerkung, daß dieses Engagement noch erheblich verstärkt werden könne, indem man der Gruppe ein eigenes Trainingscenter zur Verfügung stelle.

Der Produktionsleiter wurde mit derselben Technik „behandelt". Darüber hinaus wurde er sanft davon überzeugt, daß ein konzerneigenes Schulungszentrum die Einführung neuer Ideen beschleunigen und die

bis dahin fehlende direkte Kommunikation mit den Schlüsselmitarbeitern ermöglichen würde.
Der Finanzdirektor war schwieriger zu überzeugen. Die Kosten konnte er leicht abschätzen, aber es fiel ihm schwer, die subjektive Einschätzung des potentiellen Nutzens zu akzeptieren. James Hale durfte nicht zu heftig versuchen, ihn gegen seine Überzeugung zu überreden. Hale wußte, daß mittlerweile die Mehrheit des Board einschließlich des geschäftsführenden Direktors für den Plan war. Er konnte sich sicher fühlen und seinen Kollegen aus der Finanzabteilung in einer letzten Endes unhaltbaren Position isolieren. Die qualitativen Argumente, die von den anderen Vorstandsmitgliedern einschließlich des geschäftsführenden Direktors akzeptiert worden waren, waren so überzeugend, daß sie von keinen quantitativen Argumenten außer Kraft gesetzt werden konnten.
Hale war zufrieden, weil er das Gefühl hatte, ausreichend Unterstützung gefunden zu haben. Um die letzten noch schwelenden Konflikte zu beenden, spielte er seine wichtigste politische Karte aus: Er informierte den Marketing- und den Produktionsleiter, daß es gewisse Widerstände seitens der Finanz geben könne. Dann gewann er sie dafür, „Mr. Geldsack" daran zu hindern, seine engstirnige finanzielle Sichtweise durchzusetzen und so das Schicksal des Unternehmens zu diktieren.
Es war für James Hale ein leichtes, bei der nächsten Vorstandssitzung seinen Vorschlag durchzubringen.

Der illegitime Einsatz politischer Mittel

Es folgt ein Beispiel für einen illegitimen Einsatz politischer Mittel. Bedauerlicherweise ist derartiges Verhalten nur allzu verbreitet. In den meisten Organisationen gibt es Personen, die in ihrem Streben nach persönlichem Erfolg einigermaßen skrupellos vorgehen. Und wenn es sein muß, müssen dafür andere geopfert werden.

Zwei Direktoren eines Unternehmens hatten Ambitionen auf den Posten des geschäftsführenden Direktors. Mr. Black, der Finanzleiter, war ein Protegé des gegenwärtigen geschäftsführenden Direktors; Mr. White, der technische Leiter, hatte keinen direkten Unterstützer.
Mr. White hatte eine Reihe von Ideen für die Einführung neuer Technologien. Er hatte, zumindest zu seiner eigenen Zufriedenheit, bewiesen, daß sich diese rentieren würden. Unglücklicherweise versuchte er, Blacks Kommentaren zuvorzukommen, und präsentierte dem geschäfts-

führenden Direktor ein Papier, das in seiner Argumentation nicht so stichhaltig war, wie es hätte sein können. Black bemühte sich intensiv, den geschäftsführenden Direktor zu beeinflussen, und überzeugte diesen davon, daß der Vorschlag voller Mängel sei – wobei er auch andeutete, daß dies nur ein weiteres Beispiel für Whites Unfähigkeit sei, die umfassenderen unternehmerischen Fragen zu verstehen.

Der geschäftsführende Direktor schloß sich dieser Einschätzung im wesentlichen an und stimmte mit Black überein, daß die Entscheidung über den Vorschlag einem Unterausschuß des Vorstands überlassen werden sollte – ein wohlbekanntes Mittel zur Verzögerung, wenn nicht zur vollständigen Unterdrückung neuer Ideen. Das geschah, und die Einführung der neuen Technologien verzögerte sich grundlos um 18 Monate. Aber Black war es gelungen, sich als Mann der Praxis darzustellen, der es nicht zuließ, daß sich das Unternehmen in teure und nicht ertragreiche Projekte stürzte.

Kapitel 27

Mitarbeiterentwicklung

IN MENSCHEN INVESTIEREN

Der Leiter einer Werbefirma sagte einmal, wenn man zusehen wolle, wie es mit seinem Unternehmensvermögen auf und ab gehe, müsse man sich in seinem Firmensitz vor den Lift stellen. Was er damit sagen wollte, war folgendes: Seine bedeutendste Ressource – sein Betriebskapital – waren die Mitarbeiter. Dasselbe gilt auch für jedes andere Unternehmen. Das Geld ist wichtig, aber die Menschen, die in einem Unternehmen arbeiten, sind noch wichtiger.

Wenn Sie eine pragmatische Betrachtung des Mitarbeiters vorziehen, können Sie ihn als eine Investition betrachten. Es kostet Geld, ihn zu erwerben und zu erhalten, und diese Ausgabe sollte sich rentieren. Sein Wert steigt, wenn er in seinem Job effektiver wird und die Fähigkeit erlangt, größere Verantwortung zu übernehmen. In Buchhaltungsbegriffen können die Mitarbeiter wie jeder andere Aktivposten in der Bilanz behandelt werden, wobei ihre Akquisitionskosten und ihr mit zunehmender Erfahrung steigender Wert berücksichtigt werden müssen.

DER BEITRAG DES MANAGERS ZU WIRKUNGSVOLLEN TRAININGSMASSNAHMEN

Es folgen zehn Methoden, anhand derer man zum wirkungsvollen Training seiner Mitarbeiter beitragen kann:

1. Legen Sie Leistungsstandards für jede Stelle fest, die zu Ihrem Autoritätsbereich gehört.
2. Analysieren Sie die Kompetenzen (Kenntnisse und Fähigkeiten), die erforderlich sind, um diese Leistungsstandards

zu erreichen. Wenn nötig, suchen Sie zur Durchführung dieser Analyse Unterstützung bei spezialisierten Trainern.

3. Einigen Sie sich mit den betroffenen Mitarbeitern auf die Standards und die erforderlichen Kompetenzen.
4. Beurteilen Sie gemeinsam mit den Mitarbeitern deren Leistungen, um gemeinsam zu entscheiden, welche Lücken zwischen ihren tatsächlichen und den erforderlichen Leistungen bestehen.
5. Betrachten Sie jede Anweisung, die Sie jemandem erteilen, als eine Gelegenheit zum Training. Ermutigen Sie den Mitarbeiter, Ihnen zu beschreiben, wie er die Aufgabe bewältigen möchte. Hat er seine Aufgabe falsch verstanden, so helfen Sie ihm, die richtige Vorgehensweise selbst zu finden, wobei sie den Umfang der Anleitung schrittweise zurückschrauben, so daß er lernt, auf eigenen Füßen zu stehen.
6. Geben Sie den Mitarbeitern genügend Spielraum, um sich entlang der Lernkurve zu entwickeln. Erwarten Sie nicht zuviel, aber verlangen Sie von den Trainees, daß sie sich mit einer ihren natürlichen Anlagen entsprechenden Geschwindigkeit entwickeln. Werden Sie nur hart zu einem Mitarbeiter, wenn er sich offensichtlich nicht bemüht, ohne seinen mangelnden Einsatz erklären zu können.
7. Trainieren und entwickeln Sie die Mitarbeiter, indem Sie ihnen ein Beispiel geben. Geben Sie den Leuten die Chance, daraus zu lernen, wie Sie die Dinge tun. Denken Sie an die wahre Redewendung: Ein Manager lernt am besten zu managen, indem er unter einem guten Manager managt. Dasselbe Prinzip gilt auch für andere Tätigkeitsbereiche.
8. Denken Sie stets daran, daß die Verantwortung für die Entwicklung Ihrer Mitarbeiter vor allem bei Ihnen liegt. Die Ergebnisse des Managers hängen von der Kompetenz seiner Mitarbeiter ab. Wenn Sie sich Ihrer Verantwortung entziehen, schaden Sie damit nur sich selbst. Sie dürfen sich nicht darauf verlassen, daß Ihnen die Schulungsabteilung diese Arbeit abnehmen wird. Sie kann Rat und Hilfe geben, aber das Training „on the job“ kann sie nicht ersetzen.

9. Planen Sie die Trainingsmaßnahmen für Ihre Mitarbeiter ausgehend von einer regelmäßigen Überprüfung ihrer Trainingsbedürfnisse.
10. Setzen Sie verschiedene Trainingstechniken wie Arbeitsinstruktion, Coaching, Leseaufgaben und computergestütztes Training ein.

MANAGEMENTENTWICKLUNG

Managemententwicklung soll die Leistungen vorhandener Manager verbessern, indem ihnen Gelegenheiten zu Wachstum und Entwicklung gegeben wird, um die Managementnachfolge soweit wie möglich zu sichern.

Den Managern muß die Chance gegeben werden, sich zu entwickeln. Wie Peter Drucker in *The Practice of Management* schrieb:

> Entwicklung ist immer Selbstentwicklung. Die Vorstellung, das Unternehmen könne die Verantwortung für die Entwicklung eines Menschen übernehmen, ist vollkommen absurd. Diese Verantwortung liegt immer beim einzelnen, der die geeigneten Fähigkeiten und den nötigen Einsatz aufbringen muß ... Jeder Manager in einem Unternehmen hat die Chance, die Selbstentwicklung anderer zu fördern oder zu hemmen, sie zu leiten oder fehlzuleiten. Er sollte ihm die spezifische Verantwortung übertragen, allen Leuten, die mit ihm arbeiten, dabei zu helfen, ihre Anstrengungen zur Selbstentwicklung zu bündeln, auszurichten und produktiv umzusetzen. Und jedes Unternehmen kann seinen Managern systematische Entwicklungschancen bieten.

Für Douglas McGregor werden Manager durch Wachstum entwickelt – sie werden weder geboren noch gemacht. Und Ihre Aufgabe besteht darin, Bedingungen zu schaffen, die ein schnelleres persönliches Wachstum begünstigen. In *The Human Side of Enterprise* schreibt McGregor:

> Das Arbeitsumfeld ist jene Variable, welche die Entwicklung des einzelnen am nachhaltigsten beeinflußt. Fördert dieses Umfeld sein Wachstum nicht, so wird auch alles andere, was wir für ihn tun, wirkungslos blei-

> ben. Aus diesem Grund ist der „landwirtschaftliche" Zugang zur Managemententwicklung dem „industriellen" Zugang vorzuziehen. Der zweite führt unter anderem zu der unrealistischen Erwartung, wir können Manager im Klassenzimmer „machen" und entwickeln.

Es gibt zwei vorrangige Aktivitäten in der Managemententwicklung – das in Kapitel 25 behandelte *Leistungsmanagement* und die im folgenden beschriebende *geplante Erfahrung*.

Geplante Erfahrung

Der Mensch lernt im wesentlichen durch Erfahrung. Aus diesem Grund lohnt es sich gewiß, ein wenig von Ihrer Zeit dafür aufzuwenden, die Erfahrung jener Leute zu „planen", die ein Entwicklungspotential haben.

Die Erfahrung eines Managers zu planen bedeutet, daß man ihm zusätzliche Aufgaben zuteilt, die eine Herausforderung darstellen oder ihm ein neues Gebiet erschließen. Das kann beispielsweise ein Projekt sein, das er selbst durchführen muß. Oder man kann ihn in ein Projektteam einbinden, das sich mit einer Neuentwicklung oder einem die Organisationsgrenzen überschreitenden Problem beschäftigt. Besonders nützlich sind Projekte, welche die Erfahrung in unbekannten Bereichen vergrößern, bei denen beispielsweise ein Marketingmanager in die Finanzabteilung gesteckt wird oder umgekehrt. Geplante Erfahrung funktioniert dann am besten, wenn sie von Coaching-Maßnahmen begleitet wird, so daß alle, die sich ihr unterziehen, den größtmöglichen Nutzen aus der Beratung durch Experten ziehen können.

COACHING

Zu managen lernt man am besten, indem man unter Anleitung eines guten Managers managt. Coaching ist eine informelle Methode, um diese Anleitung zu geben. Coaching-Maßnahmen sollten mit einer Leistungsbeurteilung und dem Counselling verbunden werden, das Teil dieser Beurteilung ist.

Aber Coaching ist ein kontinuierlicher Prozeß. Jedesmal, wenn Sie eine Aufgabe an jemanden delegieren und anschließend das Ergebnis besprechen, finden Sie eine Gelegenheit für Coaching vor. Wenn Sie delegieren, können Sie Anleitung dazu geben, wie der Job erledigt werden sollte. Wenn Sie mit Ihren Untergebenen die Fortschritte besprechen oder wenn die Mitarbeiter Ihnen Bericht erstatten, können Sie anhand von Fragen herausfinden, wie gut sie ihr Vorgehen durchdacht haben. Sie können den Mitarbeitern alternative Betrachtungsweisen eines Problems nahelegen (bieten Sie ihnen jedoch keine Lösung an) und konstruktive Kritik äußern, wenn die Dinge nicht richtig vorankommen.

Sie können die Entwicklung Ihrer Mitarbeiter fördern, indem Sie übergeordnete Probleme mit ihnen besprechen, sie in Ihre Entscheidungen einbinden und ihnen helfen, besser zu verstehen, wie man eine Aufgabe in Angriff nehmen sollte, die noch außerhalb ihres Verantwortungsbereichs liegt. (Siehe dazu auch Kapitel 5.)

Kapitel 28

Motivation

Jemanden zu motivieren bedeutet, ihn dazu zu bringen, sich in die gewünschte Richtung zu bewegen.

Die Organisation als Ganzes kann ein hohes Maß an Motivation erreichen, indem sie Belohungssysteme einrichtet und Möglichkeiten zum Lernen und zur Weiterentwicklung schafft. Aber es liegt am einzelnen Manager, die vom Unternehmen eingerichteten Motivationssysteme und -prozesse richtig einzusetzen und das Beste aus den einzelnen Mitgliedern seines Teams herauszuholen, indem er seine eigenen Motivierungsfähigkeiten einbringt.

Damit er das tun kann, muß er folgende Faktoren verstehen:

- den Prozeß der Motivation,
- die verschiedenen Formen der Motivation,
- die Grundkonzepte der Motivation,
- die Implikationen der Motivationstheorie,
- Zugänge zur Motivation,
- die Funktion finanzieller und nichtfinanzieller Belohnungen als Motivatoren.

DER PROZESS DER MOTIVATION

Zielgerichtetes Verhalten hängt mit Motivation zusammen. Die Menschen sind motiviert, etwas zu tun, wenn sie glauben, daß sich der Aufwand lohnt.

Der Prozeß der Motivation beginnt damit, daß jemand ein unbefriedigtes Bedürfnis erkennt. Dann wird ein Ziel formuliert, welches sich, so die Annahme, mit der Befriedigung dieses Bedürfnisses deckt. Als nächstes wird eine Vorgehensweise festgelegt, die dazu führen soll, daß das Ziel erreicht wird.

Aus diesem Grund motivieren die Manager ihre Mitarbeiter im wesentlichen dadurch, daß sie ihnen einen Weg zur Befriedigung ihrer bisher unbefriedigten Bedürfnisse anbieten. Das können sie tun, indem sie für entsprechende Anstrengungen und Leistungen Anreize und Belohnungen anbieten.

Aber die Bedürfnisse der einzelnen Mitarbeiter und die mit ihnen verbundenen Ziele sind derart vielgestaltig, daß es sehr schwierig, wenn nicht unmöglich ist, genau vorauszusagen, wie sich ein bestimmter Anreiz oder eine bestimmte Belohnung auf das individuelle Verhalten auswirken wird.

FORMEN DER MOTIVATION

Die Motivation am Arbeitsplatz kann auf zwei Arten erfolgen. Erstens können sich die Mitarbeiter selbst motivieren, indem sie Aufgaben suchen, finden und ausführen, die ihren Bedürfnissen entsprechen oder zumindest die Erwartung in ihnen wecken, daß ihre Ziele erreicht werden. Zweitens können die Mitarbeiter vom Management mit Hilfe von Bezahlung, Beförderung, Auszeichnung usw. motiviert werden.

Diese beiden Formen von Motivatoren werden beschrieben als:

- *Innere Motivatoren* – die inneren Faktoren, die einen Menschen dazu veranlassen, sich auf eine bestimmte Art und Weise zu verhalten oder eine bestimmte Richtung einzuschlagen. Zu diesen Faktoren gehören Verantwortung (das Gefühl, die Arbeit sei wichtig und man habe Kontrolle über die eigenen Ressourcen), Freiheit zu handeln, Raum zum Einsatz und zur Entwicklung von Kenntnissen und Fähigkeiten, interessante und fordernde Arbeit sowie Aufstiegschancen.
- *Äußere Motivatoren* – das, was getan wird, um einen Menschen zu motivieren. Hierher gehören Belohnungen wie Gehaltserhöhung, Belobigung oder Beförderung sowie Strafen wie Disziplinarmaßnahmen, Aussetzung der Bezahlung oder Kritik.

Die äußeren Motivatoren können eine unmittelbare und deutliche Wirkung haben, die jedoch nicht zwangsläufig von Dauer sein wird. Die inneren Motivatoren, welche die Qualität des Arbeitslebens betreffen, wirken sich wahrscheinlich nachhaltiger aus, weil sie dem Individuum nicht von außen auferlegt werden.

GRUNDKONZEPTE DER MOTIVATION

Die Grundkonzepte der Motivation kreisen um Bedürfnisse, Ziele, Verstärkungen und Erwartungen (Erwartungstheorie).

Bedürfnisse

Die Bedürfnistheorie besagt, daß das Verhalten von unbefriedigten Bedürfnissen motiviert wird. Die wesentlichen mit der Arbeit verknüpften Bedürfnisse sind jene nach Erfolgen, Anerkennung, Verantwortung, Einfluß und persönlicher Weiterentwicklung.

Ziele

Die Zieltheorie besagt, daß die Motivation steigt, wenn Zielsetzungstechniken mit den folgenden Merkmalen angewendet werden:

- Die Ziele sollten spezifisch sein.
- Sie sollten zugleich anspruchsvoll und erreichbar sein.
- Sie sollten für fair und vernünftig gehalten werden.
- Die Betroffenen sollten voll in die Zielsetzung eingebunden werden.
- Anhand von Feedback wird sichergestellt, daß das Erreichen eines anspruchsvollen aber fairen Ziels Stolz und Befriedigung in den Mitarbeitern weckt.
- Anhand von Feedback wird ein Bekenntnis zu noch höheren Zielsetzungen gewonnen.

Verstärkung

Der Verstärkungstheorie zufolge wirken Erfolge im Streben nach Zielen und Belohnungen als positive Anreize, die das erfolgreiche Verhalten verstärken, welches dann beim nächsten Mal, wenn sich ein ähnliches Erfordernis ergibt, wiederholt wird.

Erwartungstheorie

Die Erwartungstheorie besagt, daß Menschen nur dann Motivation verspüren, wenn sie

- sich imstande fühlen, ihr Verhalten zu ändern;
- zuversichtlich sind, daß eine Verhaltensänderung belohnt werden wird;
- die Belohnung für ausreichend halten, um die Verhaltensänderung zu rechtfertigen.

Der Theorie zufolge wird ein Mensch nur dann motiviert sein, wenn er eine deutliche Beziehung zwischen Leistung und Ergebnis herstellen kann und das Ergebnis als Mittel betrachtet, um seine Bedürfnisse zu befriedigen. Das gilt in gleichem Maß für nichtfinanzielle wie für finanzielle Belohnungen. Wenn sich jemand zum Beispiel persönlich weiterentwickeln will, wird er von den verfügbaren Möglichkeiten nur motiviert werden, wenn er sie erkennt, wenn er weiß, was er zu tun hat, um von ihnen zu profitieren (und dies auch tun kann), und wenn sie erstrebenswert sind.

Die Erwartungstheorie erklärt, warum die äußeren Motivatoren – wie zum Beispiel Anreize oder ein Bonussystem – nur dann funktionieren, wenn die Verbindung zwischen Aufwand und Belohnung deutlich ist und der Wert der Belohnung die Anstrengung rechtfertigt. Die Theorie erklärt auch, warum die aus der Arbeit selbst resultierende innere Motivation häufig stärker ist als die äußere Motivation. Der einzelne hat größere Kontrolle über die inneren Motivationsergebnisse, da er sich eher darauf verlassen kann, daß ihm seine vergangenen Erfahrungen einen Hinweis darauf geben können, welche positiven und vorteilhaften Ergebnisse sein Verhalten zeitigen dürfte.

IMPLIKATIONEN DER MOTIVATIONSTHEORIE

Die Motivationstheorie hat zwei wichtige Botschaften. Erstens gibt es keine einfachen Rezepte für die Erhöhung der Motivation. Es gibt keinen einzelnen Hebel wie etwa leistungsbezogene Bezahlung, der für eine wirkungsvolle Motivierung garantieren könnte. Das liegt daran, daß der Motivationsprozeß komplex ist. Er hängt ab von

- *individuellen Bedürfnissen und Bestrebungen*, deren Vielfalt fast unbegrenzt ist;
- *inneren und äußeren Motivationsfaktoren*, wobei man unmöglich allgemeingültig festlegen kann, in welchem Verhältnis diese gemischt werden sollten;
- *Erwartungen* bezüglich der Belohnungen, die von Person zu Person sehr verschieden sind, abhängig von den früheren Erfahrungen und der individuellen Einschätzung des Belohnungssystems;
- *dem sozialen Kontext*, in dem die Einflüsse von Unternehmenskultur, Managern und Kollegen eine Vielzahl verschiedener Motivationskräfte erzeugen können, die kaum vorherzusehen und zu managen sind.

Die zweite Schlüsselaussage der Motivationstheorie ist, daß Erwartungen, Zielsetzungen, Feedback und Verstärkung wesentliche Motivationsfaktoren darstellen.

Die Implikationen dieser Botschaften werden im folgenden behandelt.

ZUGÄNGE ZUR MOTIVATION

Die Schaffung des richtigen Klimas

Grundsätzlich ist es erforderlich, ein Klima hoher Motivation zu schaffen. Dazu bedarf es der richtigen Gestaltung der Unternehmenskultur. Die Ziele bestehen darin, erstens die leistungs- und kompetenzbezogenen Werte zu verstärken, zweitens die Normen (die akzeptierten Verhaltensweisen) bezüglich der Führung und Belohnung der Mitarbeiter zu betonen und drittens ein deutliches Bekenntnis zum Empowerment (die Mitarbeiter erhalten genügend Spielraum, um Verantwortung auszuüben und ihre Fähigkeiten zur Gänze auszuschöpfen, siehe auch Kapitel 10) abzulegen. In Ermangelung eines geeigneten Klimas werden sich schnelle Lösungen zur Verbesserung der Motivation – wie etwa leistungsbezogene Bezahlung – kaum nachhaltig auf die allgemeine Effektivität der Organisation auswirken, wenn sie auch bei einzelnen Mitarbeitern wirken können.

Zielsetzung, Feedback und Verstärkung

Zielsetzung, Feedback und Verstärkung können zu einer hohen Motivation beitragen. Alle drei Mittel stehen Ihnen zur Verfügung.

Management der Erwartungen

Es ist notwendig, die Erwartungen zu managen. Keine Belohnung in Form von Incentives, Bonuszahlungen oder leistungsbezogener Bezahlung wird wirkungsvoll motivieren, solange die Mitarbeiter nicht überzeugt sind, daß sie den Aufwand wert ist und durch eigenen Einsatz erreicht werden kann. Desgleichen sind die Leute eher motiviert, wenn sie wissen, daß ihre Leistungen Anerkennung finden.

Die Bedeutung dieser Ansätze für finanzielle und nichtfinanzielle Belohnungsverfahren wird im folgenden beschrieben.

FINANZIELLE BELOHNUNGEN

Finanzielle Belohnungen müssen unter drei Aspekten betrachtet werden:

- Effektivität des Geldes als Motivator;
- Gründe für Zufriedenheit oder Unzufriedenheit der Mitarbeiter mit ihren Belohnungen;

- Kriterien, die für die Entwicklung eines Systems finanzieller Belohnungen gelten sollten.

Geld und Motivation

Das Geld ist den Leuten wichtig, weil es dazu dient, eine Reihe ihrer dringendsten Bedürfnisse zu befriedigen. Seine Bedeutung liegt nicht nur in dem, was sie damit kaufen können, sondern auch darin, daß es eine sehr greifbare Anerkennung ihres Werts darstellt, die ihr Selbstwertgefühl stärkt und ihnen die Achtung ihrer Umgebung einbringt.

Die Bezahlung ist das wichtigste Mittel, um Leute an eine Organisation zu binden, obwohl auch die Attraktivität des Jobs, die Karrierechancen und die Reputation der Organisation eine Rolle spielen. Ob die vorhandenen Mitarbeiter mit der Bezahlung zufrieden sind, hängt im wesentlichen davon ab, ob sie als ausgewogen und fair empfunden wird. Der Vergleich mit externen und internen Gehältern wird über diese Einschätzung entscheiden und sich darauf auswirken, ob die Mitarbeiter in der Organisation bleiben wollen.

Die Bezahlung kann motivieren. Als greifbare Anerkennung der Leistungen kann sie das erwünschte Verhalten verstärken. Die Bezahlung kann auch etwas darüber verraten, was der Organisation wichtig ist. Um wirkungsvoll sein zu können, muß ein leistungsbezogenes Gehaltssystem jedoch die folgenden strikten Bedingungen erfüllen:

- Es muß eine deutliche Beziehung zwischen Leistung und Belohnung bestehen.
- Die Methoden zur Beurteilung der Leistung sollten fair und schlüssig sein.
- Die Belohnung sollte die Anstrengungen wert sein.
- Die Mitarbeiter sollten damit rechnen können, eine angemessene Belohnung zu erhalten, wenn sie sich richtig verhalten.

Als Manager können Sie dafür sorgen, daß das Belohnungssystem des Unternehmens in Ihrem Teil der Organisation diesen Prinzipien entsprechend angewandt wird.

NICHTFINANZIELLE BELOHNUNGEN

Die nichtfinanziellen Belohnungen sollten dem von allen Mitarbeitern in unterschiedlichem Maß gehegten Bedürfnis nach Erfolg, Anerkennung, Verantwortung, Einfluß und persönlicher Weiterentwicklung entgegenkommen. Sie können Ihren Mitarbeitern diese Belohnungen je nach Leistung zukommen lassen oder vorenthalten.

Erfolg

Das Bedürfnis nach Erfolg wird definiert als der Wunsch nach Erfolg im Wettbewerb, der an einem persönlichen Standard der Perfektion gemessen wird.

Man kann die Mitarbeiter durch Erfolg motivieren, indem man ihnen die Gelegenheit zur Leistung und genügend Spielraum gibt, um ihre Kenntnisse und Fähigkeiten zur Geltung zu bringen.

Anerkennung

Anerkennung ist einer der wirkungsvollsten Motivatoren. Die Menschen wollen nicht nur wissen, wie gut sie ihre Aufgaben erfüllt haben, sondern sie brauchen auch Anerkennung für ihre Erfolge.

Allerdings sollte Lob mit Bedacht geäußert werden – es sollte nur für tatsächliche Leistungen erfolgen. Und es ist nicht die einzige Form von Anerkennung. Finanzielle Belohnungen, insbesondere unmittelbar nach erbrachter Leistung gewährte Erfolgsbonusse, sind deutliche Symbole der Anerkennung, mit denen greifbare Vorteile verbunden sind. Auf diese Art können finanzielle und nichtfinanzielle Belohnungen ineinandergreifen und einander verstärken. Auch andere Formen der Anerkennung können in das Belohnungssystem aufgenommen werden, so etwa Auszeichnungen für langjährige Dienste, verschiedene Statussymbole, Sonderurlaube und vom Unternehmen bezahlte Auslandsreisen.

Anerkennung zollt ein Manager seinen Mitarbeitern auch, indem er ihnen zuhört, sich nach ihren Vorschlägen richtet und, was sehr wichtig ist, ihnen für ihre Beiträge Respekt zollt. Zu nennen wären des weiteren Methoden wie Beförderung, Zuteilung zu einem prestigeträchtigen Projekt, Erweiterung des Tätigkeitsrahmens auf interessantere und befriedigendere Aktivitäten und verschiedene Statussymbole.

Verantwortung

Man kann Menschen motivieren, indem man ihnen mehr Verantwortung für ihre Arbeit gibt. Dies ist die wesentliche Funktion von Empowerment und entspricht dem auf dem Jobinhalt beruhenden Konzept der inneren Motivation. Ein solches Vorgehen deckt sich auch mit der grundlegenden Vorstellung, daß Menschen motiviert werden, wenn man ihnen den Sinn ihrer Tätigkeit vermittelt.

Damit eine Tätigkeit innere Motivation geben kann, muß der Mitarbeiter erstens sinnvolles Feedback bezüglich seiner Leistung erhalten; dazu bewertet er seine Leistung am besten selbst und legt fest, welcher Art das benötigte Feedback ist. Zweitens muß der Mitarbeiter den Eindruck haben, daß seine Tätigkeit von ihm den Einsatz der für ihn bedeutsamsten Fähigkeiten verlangt. Drittens muß der Mitarbeiter das Gefühl haben, erheblichen Einfluß auf die Festlegung seiner Ziele und der erforderlichen Vorgehensweisen zu haben.

Einfluß

Menschen beziehen Motivation aus dem Wunsch, Einfluß oder Macht auszuüben. David McClelland stellte bei seinen Forschungen fest, daß für Manager neben dem Streben nach Erfolg auch das Bedürfnis nach Macht einen vorrangigen Motivator darstellte, auch wenn das Bedürfnis nach Zugehörigkeit, das heißt nach warmen, herzlichen Beziehungen zu anderen, stets präsent war. Die Organisation kann Motivation erzeugen, indem sie die Mitarbeiter einbezieht und ihnen Gelegenheit gibt, ihre Auffassungen zu äußern und in die Tat umzusetzen. Auch dies gehört zu den Aufgaben des Empowerment.

Persönliche Weiterentwicklung

In Maslows Hierarchie der Bedürfnisse rangiert die persönliche Erfüllung oder Selbstverwirklichung an oberster Stelle und hat daher als entscheidender Motivator zu gelten. Maslow definiert das Streben nach persönlicher Erfüllung als „das Bedürfnis, Möglichkeiten und Fähigkeiten zu entwickeln, das aus sich zu machen, was man aus sich zu machen können glaubt".

Ambitionierte und entschlossene Personen werden diese Chancen selbst suchen und finden, wobei die Organisation klarstellen muß, welchen Spielraum für Wachstum und Entwicklung sie ihnen bieten kann. (Tut sie dies nicht, so werden die Mitarbeiter weggehen und sich ihre Möglichkeiten anderswo suchen.)

Immer mehr Mitarbeiter auf allen Ebenen von Organisationen, gleichgültig ob sie von Ehrgeiz verzehrt sind oder nicht, erkennen allerdings, wie wichtig es ist, ihre Kenntnisse stetig zu erweitern und ihre Karrieren voranzutreiben. Heutzutage betrachten viele Mitarbeiter den Zugang zu Schulungsmöglichkeiten als Schlüsselbestandteil des Belohnungsangebots. Es kann sehr viel zur Motivation beitragen, wenn Lernmöglichkeiten vorhanden sind, wenn bestimmte Mitarbeiter für prestigeträchtige Trainingskurse und -programme ausgewählt werden und wenn die Organisation dem Erwerb neuer und der Vertiefung vorhandener Fähigkeiten große Bedeutung beimißt.

WIE MAN EIN HOHES MASS AN MOTIVATION ERREICHT

Wenn Sie eine starke Motivation erreichen wollen, müssen Sie folgende Schritte unternehmen:

1. Legen Sie anspruchsvolle Ziele fest und gewinnen Sie Zustimmung dazu.
2. Geben Sie Feedback über die Leistung.
3. Stellen Sie für bestimmte erfolgreiche Verhaltensweisen und Ergebnisse wertvolle Belohnungen in Aussicht, während bei Mißerfolgen mit Strafen gerechnet werden muß.

4. Gestalten Sie die Tätigkeiten so, daß die Mitarbeiter das Gefühl haben können, etwas geleistet zu haben, daß sie ihre Fähigkeiten ausdrücken und einsetzen können und selbst Entscheidungsbefugnisse haben.
5. Bieten Sie angemessene finanzielle Anreize und Belohnungen für Erfolge (leistungsbezogene Bezahlung).
6. Bieten Sie angemessene nichtfinanzielle Belohnungen wie Anerkennung und Lob für gute Arbeit.
7. Verdeutlichen Sie den Mitarbeitern die Verbindung zwischen Leistung und Belohnung – das hebt die Erwartungen.
8. Suchen und schulen Sie Teamleiter, die effektive Führung ausüben können und über die erforderlichen Motivierungsfähigkeiten verfügen.
9. Entwickeln Sie durch Anleitung und Training Wissen, Fähigkeiten und Kompetenzen der Mitarbeiter, so daß diese ihre Leistungen verbessern können.
10. Zeigen Sie den Mitarbeitern, wie sie ihre Karriere vorantreiben können.

Kapitel 29

Organisation

Ein effektives Unternehmen sorgt dafür, daß seine Mitarbeiter gemeinsam nach spezifischen Zielen streben. Dazu bedarf es der Organisation. Die umfassende Managementtätigkeit muß in eine Vielzahl von Prozessen und Aktivitäten unterteilt werden; sodann muß dafür gesorgt werden, daß diese Prozesse effektiv ablaufen und daß die Aktivitäten koordiniert werden. Bei der Organisation geht es darum, die Aktivitäten in Zeiten der Unsicherheit und des Wandels zu differenzieren, indem man sie integriert (Organisation in Gruppen, so daß sie dem Unternehmensziel dienen) und dafür sorgt, daß effektive Informationsflüsse und Kommunikationskanäle aufrechterhalten bleiben.

ORGANISATIONSGESTALTUNG

Die Gestaltung der Organisation beruht auf der Analyse der Aktivitäten, Prozesse, Entscheidungen, Informationsflüsse und Rollen. Sie sorgt für eine Struktur, die aus Positionen und Einheiten besteht, in deren wechselseitigen Beziehungen kooperiert, Autorität ausgeübt und Information ausgetauscht wird.

In dieser Struktur gibt es Linienmanager, die in den zentralen Aktivitätsbereichen der Organisation Resultate erzielen müssen, indem sie Teams und einzelne Mitarbeiter managen, sowie Spezialisten, welche die Manager unterstützen, anleiten und beraten.

Die Struktur muß dem Unternehmenszweck, seiner Technologie und seiner Umgebung entsprechen. Sie muß flexibel genug sein, um veränderten Umständen leicht angepaßt werden zu können – die Gestaltung der Organisation ist niemals ein einmaliges Ereignis, sondern immer ein laufender Prozeß der Modifikation und der Veränderung. Es sollte auch Klarheit darüber bestehen, daß zwar in der formalen Organisationsstruktur festgelegt sein kann, wer wofür verantwortlich ist und wo die offensichtlichen Kommunikations- und Kontrollinien verlaufen, daß die tatsächliche Funktionsweise der Organisation jedoch von jenen informellen Netzwerken und anderen Beziehungen abhängt, die im Gestaltungsprozeß nicht festgelegt wurden und von der täglichen Interaktion der Organisationsmitglieder geprägt werden.

DER ZUGANG ZUR ORGANISATIONSGESTALTUNG

Mit der Gestaltung der Organisationsstruktur sollen die Rollen und Beziehungen so weit geklärt werden, wie das unter ständig wechselnden Bedingungen möglich ist. Auch sollen den Mitarbeitern der Spielraum und die Möglichkeit gegeben werden, ihre Fähigkeiten und Kenntnisse besser einzusetzen – dies ist der Prozeß des Empowerment, der in Kapitel 10 näher untersucht wird. Die Tätigkeiten sollten so angelegt sein, daß sie den Erfordernissen der Organisation hinsichtlich Produktivität, Betriebseffizienz und Qualität der Produkte oder Dienstleistungen entsprechen. Gleichzeitig müssen sie jedoch die Bedürfnisse der individuellen Mitarbeiter befriedigen, die einen interessanten, fordernden und produktiven Job suchen. Diese Ziele sind miteinander verknüpft, und es gehört zu den wichtigen Aufgaben des Organisations- und Jobdesigns, die Bedürfnisse von Organisation und einzelnen Mitarbeitern unter einen Hut zu bringen.

Wenn sich die Aufgabe stellt, die Struktur zu gestalten oder zu modifizieren, bedarf es eines pragmatischen Zugangs. Zunächst gilt es, sich ein Bild von Umwelt, Technologie und vorhandenen Systemen sozialer Beziehungen zu machen. Dann kann eine Organisationsstruktur entworfen werden, die den Bedingungen entspricht. Es gibt immer einen gewissen Spielraum, aber die Strukturdesigner sollten eine möglichst genaue Paßform suchen.

Sie sollten den Kontext, in dem die Organisation tätig ist, sowie die strukturellen, mitarbeiter-, prozeß- und systembezogenen Faktoren berücksichtigen.

Bei der Organisationsgestaltung geht es letzten Endes darum, dafür zu sorgen, daß die Strukturen, Prozesse und Betriebsmethoden den strategischen Erfordernissen und der Technologie des Unternehmens sowie seiner Stellung in seiner Umwelt entsprechen. Wenn es nicht gelingt, interne und externe Kohärenz und Konsistenz zu erreichen, kommt es zu Brüchen. Und, wie Mintzberg feststellt: „Organisationen können so wie Individuen Identitätskrisen vermeiden, indem sie sich entscheiden, was sie werden wollen, und dieses Ziel dann mit einer gesunden Besessenheit verfolgen."

Die Organisationsgestaltung ist immer ein empirischer und evolutionärer Prozeß, für den keine absolut gültigen Prinzipien aufgestellt werden können. Es gibt jedoch eine Reihe allgemeiner Grundsätze, die zwar nicht sklavisch befolgt, jedoch in jedem Fall berücksichtigt werden sollten.

ORGANISATIONSRICHTLINIEN

Zuteilung der Arbeit

Miteinander verbundene Aktivitäten sollten nach logischen Gesichtspunkten in Funktionen und Abteilungen gebündelt werden. Man sollte sowohl auf horizontaler als auch auf vertikaler Ebene vermeiden, daß es zu unnötigen Überschneidungen und doppelten Arbeitsvorgängen kommt.

Es kann eine Matrixorganisation entwickelt werden, in der multidisziplinäre Projektteams gebildet werden, um spezifische Aufgaben zu bewältigen, wobei die Teammitglieder gegenüber einem Funktionsleiter verantwortlich sind, der sie den Projekten zuteilt, ihre Leistung beurteilt, Erfolge honoriert und sich um ihre Trainingserfordernisse und ihre Karriereentwicklung kümmert.

Besondere Aufmerksamkeit sollte den Prozessen im Unternehmen gewidmet werden. Dies sind Abfolgen miteinander verknüpfter Aktivitäten, die Inputs in Outputs verwandeln. Die Erfüllung einer Bestellung ist also ein Prozeß, der mit einem Input (Bestellung) beginnt und mit einem Output (Lieferung der bestellten Güter) endet. Das Organisationdesign sollte gewährleisten, daß derartige Prozesse reibungslos, effizient und effektiv ablaufen können.

Das Re-engineering der Abläufe kann, wie in Kapitel 37 beschrieben, dazu beitragen, indem es die Prozesse, welche die zentralen Organisationsfunktionen miteinander verbinden, von Anfang bis Ende einer kritischen Untersuchung und, wenn nötig, einer Neugestaltung unterzieht. Manchmal ist es ratsam, diese Prozesse richtig anzuordnen, bevor man zur Gestaltung starrer Strukturen übergeht, die den Arbeitsfluß behindern können.

Die zu erledigenden Aufgaben und die Verantwortlichkeiten für die Resultate sollten genau definiert und mit Teams und individuellen Mitarbeitern vereinbart werden.

Die Entscheidungen sollten so weit wie möglich den einzelnen Mitarbeitern oder eigenständigen Teams überlassen werden (siehe Kapitel 40). Die Manager sollten ihre Mitarbeiter nicht zu strikt überwachen und nicht versuchen, zu viel selbst zu machen.

Ebenen in der Organisationsstruktur

Zu viele Management- und Aufsichtsebenen behindern Kommunikation und Teamarbeit und erzeugen zusätzliche Arbeit (und überflüssige Jobs). Das Ziel sollte sein, die Zahl der Managementebenen auf ein Mindestmaß zu verringern. Wenn mittlere Managementebenen eliminiert und größere Kontrollspannen geschaffen werden, muß allerdings der Verbesserung der Teamarbeit, der Delegation und den Methoden zur Integration der Aktivitäten größere Aufmerksamkeit gewidmet werden.

Kontrollspanne

Die Zahl der Mitarbeiter, die jemand erfolgreich leiten oder beaufsichtigen kann, ist begrenzt. Allerdings variiert diese Zahl erheblich zwischen den verschiedenen Tätigkeitsbereichen. Die meisten Manager können mit einer sehr viel größeren Kontrollspanne arbeiten, als sie sich vorstellen können, sofern sie bereit sind, effektiver zu delegieren, sich nicht zu sehr in Details zu verstricken und für gute Zusammenarbeit zwischen den ihnen unterstellten Mitarbeitern zu sorgen. Tatsächlich sind weite Kontrollspannen insofern vorteilhaft, als sie zu Delegierung und besserer Teamarbeit zwingen können und den höherrangigen Manager für politische Gestaltungsarbeit und Planung freimachen.

Beschränkte Kontrollspannen bewegen die Manager dazu, sich übermäßig in die unter ihrer Leitung stattfindende Arbeit einzumischen, und engen damit den Entwicklungsspielraum ihrer Untergebenen ein.

Ein Vorgesetzter pro Person

Grundsätzlich sollte ein Mitarbeiter nur einem Vorgesetzten gegenüber Rechenschaft über seine Resultate ablegen. Aber in einer projektbezogenen oder Matrixorganisation können die Mitarbeiter gegenüber ihrem Projektleiter für das Ergebnis des Projekts verantwortlich sein und gleichzeitig ihrem Abteilungsleiter oder dem Bereichsleiter zur Rechenschaft über ihre laufende Tätigkeit und darüber verpflichtet sein, inwieweit sie die vereinbarten allgemeinen Leistungsstandards erfüllen.

Mitarbeiter in Verwaltungsfunktionen wie Finanz- oder Personalwesen können direkt gegenüber einem Linienmanager verantwortlich sein und gleichzeitig in Fragen der Unternehmenspolitik indirekt gegenüber dem Leiter ihrer Funktion.

Dezentralisierung

Die Entscheidungsbefugnis sollte möglichst bei denen liegen, die für die Durchführung der Maßnahmen zuständig sind.

Optimierung der Struktur

Entwickeln Sie unbedingt eine ideale Organisationsform, aber bedenken Sie auch, daß diese möglicherweise modifiziert werden muß, um sie den speziellen Fähigkeiten und Kenntnisse der wichtigsten Mitarbeiter anzupassen.

Relevanz für die Organisationserfordernisse

Die Organisation muß so gestaltet werden, daß sie den Situationsanforderungen entspricht. Unter den heutigen Bedingungen von Turbulenz und ständigem Wandel bedeutet dies, daß dezentralisiertere und flexiblere Strukturen angestrebt werden müssen, daß den einzelnen Mitarbeitern größere Verantwortung zugestanden werden muß und daß zur Wahrnehmung von Chancen und zur Bewältigung von Gefahren der Einsatz von Arbeitsgruppen und Projektteams erleichtert werden muß. Das legt einen informellen, unbürokratischen, organischen Zugang zur Organisationsgestaltung nahe – die Gestalt der Organisation muß sich nach ihrer Funktion richten, nicht umgekehrt.

Die Organisationsstruktur kann im wesentlichen auf multidisziplinären Projektteams aufbauen; oder es wird vor allem dafür gesorgt, daß die Arbeitsflüsse in den wichtigsten Geschäftsabläufen erleichtert werden, anstatt eine formale und hierarchische Struktur der traditionellen Art zu schaffen.

Der Zugang zum Organisationsdesign

Der grundlegende Zugang zum Organisationsdesign besteht darin,

- zu definieren, wozu die Organisation da ist – welches ihr Zweck und ihre Ziele sind;
- zu analysieren, welche Prozesse oder Aktivitäten erforderlich sind, um diesen Zweck zu erfüllen, und den entsprechenden Fluß der Entscheidungsfindung und der Arbeit in der gesamten Organisation festzulegen;
- den Teams und individuellen Mitarbeitern die entsprechenden Tätigkeiten zuzuteilen;
- die entsprechenden (von Teams oder individuellen Mitarbeitern durchgeführten) Tätigkeiten den richtigen Organisationseinheiten zuzuordnen und gleichzeitig dafür zu sorgen,

daß der Arbeitsfluß über die Organisationsgrenzen hinweg nicht behindert wird;
- für die Lenkung und Koordinierung der Prozesse und Aktivitäten auf allen Verantwortungsebenen zu sorgen;
- dafür zu sorgen, daß der Entwicklung von Teamwork und Kommunikationsprozessen Aufmerksamkeit geschenkt wird;
- Berichterstattungs- und Kommunikationsbeziehungen herzustellen;
- der Tatsache Rechnung zu tragen, daß informelle Netzwerke ein wichtiges Mittel zur Weitergabe von Informationen und zur gemeinsamen Entscheidungsfindung darstellen;
- soweit wie möglich dafür zu sorgen, daß die Organisationsprozesse Veränderungen angepaßt werden.

Festlegung von Strukturen

Strukturen werden üblicherweise anhand von Organisationsplänen festgelegt. Solche Pläne sind bei der Planung und Analyse von Organisationen von Nutzen. Sie können zeigen, wie die Arbeit zugeteilt wird und wie die Aktivitäten gruppiert sind. Sie zeigen, wer wem gegenüber verantwortlich ist und verdeutlichen die Befehlsstrukturen. Die Erstellung eines Organisationsplans kann eine gute Methode sein, um zu klären, was gegenwärtig geschieht: allein die Darstellung der Organisation auf einem Blatt Papier wird Probleme verdeutlichen. Und wenn Veränderungen erwogen werden, sind Organigramme der beste Weg, um Alternativen aufzuzeigen.

Die Gefahr von Organisationsplänen liegt darin, daß sie unter Umständen mit der eigentlichen Organisation verwechselt werden. Sie sind nicht mehr als eine Momentaufnahme dessen, was vermutlich gerade geschieht. In dem Augenblick, da sie zu Papier gebracht sind, sind sie schon wieder überholt. Außerdem lassen sie die informelle Organisation und ihre Netzwerke außer acht. Wenn man die Menschen anhand kleiner Kästchen darstellt, verhalten sie sich vielleicht wirklich wie kleine Kästchen und halten sich zu genau an die Regeln.

Organigramme können den Leuten sehr deutlich bewußt machen, daß sie anderen überlegen oder unterlegen sind. Sie können Veränderungen erschweren, sie können Beziehungen einfrieren, und sie können die Beziehungen so darstellen, wie sie sein sollten, anstatt sie zu zeigen, wie sie sind. Robert Townsend sagte über die Organigramme: „Sie sollten sie nie formalisieren, drukken und in Umlauf geben. Gute Organisationen sind lebende Körper, die neue Muskeln entwickeln, um Herausforderungen zu begegnen."

DIE ROLLEN FESTLEGEN

Rollendefinitionen beschreiben, welche Funktion der einzelne auszuüben hat, um die Anforderungen seiner Tätigkeit zu erfüllen. Rollenbilder zeigen also, welches Verhalten gefordert ist, um eine bestimmte Aufgabe oder die von einer Tätigkeit beinhalteten Aufgabengruppen zu erfüllen. Die Rollenbilder legen nicht nur den Kontext fest, in dem der einzelne als Teil eines Teams arbeitet, sondern auch die Aufgaben, deren Bewältigung von ihm erwartet wird.

Traditionell werden Rollen in der Stellenbeschreibung definiert, aber so wie die Organisationspläne können auch Stellenbeschreibungen zu starr sein und die Initiative lähmen. Daher sollte besser eine Rollendefinition verwendet werden, die sich an folgenden Punkten orientiert:

- Stellenbezeichnung
- Hierarchien
- Hauptzweck der Rolle – eine kurze Beschreibung, warum die Rolle existiert
- Wichtigste Verantwortungsbereiche – diese werden anhand der erwarteten Ergebnisse definiert; es sollte nicht versucht werden, genauer darauf einzugehen, wie die Arbeit getan wird
- Kontext – wie sich die Tätigkeit mit anderen ergänzt; Flexibiltätsanforderungen, Entscheidungsbefugnis, spezielle Anforderungen oder Belastungen

In einer Rollendefinition werden die dynamischen Aspekte einer

Tätigkeit hervorgehoben: erwartete Ergebnisse, Beziehungen und Flexibilität. Sie sollte sich nicht mit Aufgaben und Pflichten, sondern mit Leistung und Ergebnissen befassen.

IMPLEMENTIERUNG DER STRUKTUREN

In der Implementierungsphase muß dafür gesorgt werden, daß alle Betroffenen

- wissen, welche Folgen die Veränderung für sie haben wird;
- verstehen, wie sich ihre Beziehungen zu anderen verändern werden;
- die Gründe für die Veränderung akzeptieren und sich nicht gegen ihre Durchsetzung sträuben werden.

Es ist leicht, den Leuten zu sagen, welches Verhalten man von ihnen erwartet. Viel schwieriger ist es, sie dazu zu bringen, zu verstehen und zu akzeptieren, wie und warum sie sich so verhalten sollen. Daher sollte der Implementierungsplan nicht nur festlegen, welche Informationen man den Betroffenen gibt, sondern auch, wie man sie präsentiert. Die Präsentation wird leichter sein, wenn die einzelnen Mitarbeiter und Gruppen, die von der Veränderung betroffen sein werden, umfassend in die Analyse- und Designphase eingebunden werden. Allzu viele Organisationsveränderungen sind daran gescheitert, daß sie ohne angemessene Berücksichtigung der Auffassungen und Gefühle der Betroffenen von oben oder von außen aufoktroyiert wurden.

Häufig wird eine Implementierung mit rein formalen Mitteln versucht: es werden Verlautbarungen gemacht, Organisationshandbücher oder Stellenbeschreibungen verteilt. Diese können durchaus nützlich und informativ sein, aber sie fördern nicht zwangsläufig das Verständnis und Engagement der Betroffenen. Das wird nur in informellen, aber direkten Gesprächen erreicht. Man muß den Mitarbeitern Gelegenheit geben, über die Auswirkungen der vorgeschlagenen Veränderungen auf ihre Verantwortungsbereiche zu sprechen – sie sollten die Chance haben, bereits zu den Veränderungsüberlegungen beizutragen, damit eine unbelastete Diskussionen über die Auswirkungen der Vorschläge möglich wird. Gleichgültig, wie intensiv man sie einbezogen hat, kann es keine Garantie dafür geben, daß Mitarbeiter, die sich von einer Veränderung bedroht fühlen, diese akzeptieren werden. Aber der Versuch sollte unternommen werden. Abteilungs-, Team- und funktionsübergreifende Meetings können zu einem besseren Verständnis der Pläne beitragen. Das Management von Veränderungen wird in Kapitel 4 eingehend behandelt.

Der Implementierungsplan sollte unter Umständen auch der Wahrscheinlichkeit Rechnung tragen, daß nicht alle organisatorischen Veränderungen auf einen Schlag durchgeführt werden können. Möglicherweise muß die Implementierung in mehreren Phasen erfolgen, damit die Veränderungen Schritt für Schritt eingeführt werden können, damit die Mitarbeiter die Möglichkeit erhalten, zu begreifen, was von ihnen erwartet wird, und damit notwendige Schulungsmaßnahmen ergriffen werden können. In jedem Fall können Veränderungen solange hinausgeschoben werden, bis geeignete Leute für neue Positionen zur Verfügung stehen.

Kapitel 30

Organisationseffektivität verbessern

Als effektiv kann eine Organisation dann bezeichnet werden, wenn sie ihre Ressourcen bestmöglich ausschöpft und ein hohes Leistungsniveau erreicht. Damit erfüllt sie ihren Unternehmenszweck und ihre Zielvorgaben und wird ihrer Verantwortung gegenüber ihren Interessengruppen gerecht.

Zu den Interessengruppen gehören:

- die Besitzer, Anteilseigner, öffentliche Einrichtungen oder Vermögensverwalter, die die Organisation leiten oder finanzieren;
- die Mitarbeiter, die den Betrieb sichern und die Aktivitäten durchführen, die zur Erreichung der angestrebten Leistungsstandards und Ergebnisse erforderlich sind;
- die Kunden, Klienten oder Mitglieder der Allgemeinheit, für die die Organisation Güter oder Dienstleistungen bereitstellt;
- dritte Parteien wie Lieferanten oder Leistungserbringer, durch die oder mit denen die Organisation Geschäfte macht;
- das Gemeinwesen, in dem die Organisation operiert.

FAKTOREN, DIE ZUR ORGANISATIONSEFFEKTIVITÄT BEITRAGEN

Es gibt keinen einzelnen Faktor und keine Mischung von Faktoren, die für ein effektives Funktionieren der Organisation garantieren könnten, aber die folgenden ausgewählten Faktoren tragen auf die eine oder andere Art zu einer erfolgreichen Tätigkeit bei:

- eine klar artikulierte Vision der Organisationszukunft;
- ein gut definierter Unternehmensauftrag (Mission) und klare Zielsetzungen sowie Strategien zu deren Erreichung;

- ein Wertesystem, das Leistung, Produktivität, Qualität, Kundenservice, Teamwork und Flexibilität betont;
- eine starke, visionäre Führung;
- ein durchsetzungsfähiges Managementteam;
- eine hochmotivierte, engagierte, gut ausgebildete und flexible Belegschaft;
- effektive Teamarbeit in der gesamten Organisation, wobei der Gewinner-Verlierer-Konflikt unter Kontrolle ist;
- ständiger Innovations- und Wachstumsdruck;
- die Fähigkeit, schnell auf Chancen und Bedrohungen zu reagieren;
- die Fähigkeit, Veränderungen zu beherrschen, ja sogar von ihnen zu profitieren;
- eine solide finanzielle Basis und gute Systeme für das Rechnungswesen und zur Kostenlenkung.

DIE REZEPTE DER MANAGEMENT-GURUS

Richard Beckhard

Richard Beckhard definierte eine gesunde Organisation aus dem Blickwinkel eines Verhaltensforschers und schrieb ihr folgende Merkmale zu:

- Die totale Organisation – die signifikanten Subeinheiten und einzelnen Mitarbeiter gestalten ihre Arbeit anhand von Zielen und Plänen für die Zielerreichung.
- Die Form richtet sich nach der Funktion – Problem, Aufgabe oder Projekt bestimmen, wie die Humanressourcen organisiert werden.
- Entscheidungen werden durch die oder nahe den Informationsquellen gefällt.
- Manager und Aufsichtspersonal werden nicht nur für kurzfristige Erträge und Produktionsergebnisse, sondern auch für die Mitarbeiterentwicklung und die Schaffung einer effektiv arbeitenden Gruppe belohnt.

- Die laterale und vertikale Kommunikation erfolgt relativ ungehindert.
- Die Mitarbeiter sind offen und fordernd.
- Es gibt ein Mindestmaß an Gewinner-Verlierer-Aktivität zwischen Gruppen und individuellen Mitarbeitern.
- Es dürfen Konflikte (widersprüchliche Vorstellungen) über Aufgaben und Projekte ausgetragen werden, aber auf interpersonale Auseinandersetzungen wird relativ wenig Energie verschwendet.

Peter Drucker

Management By Objectives (MBO)

Peter Drucker wurde vor vielen Jahren durch die Entwicklung des MBO-Konzepts (zielgesteuerte Unternehmensführung) berühmt. Mit diesem Konzept verdeutlichte er, daß Ziele besser als einzelne Ideen (z. B. die der Gewinnmaximierung) geeignet sind, das Management in die Lage zu versetzen, die Aktivitäten zu erklären, vorauszusagen und zu lenken. Drucker beschreibt fünf Schlüsselmerkmale von Unternehmenszielen:

1. Sie ermöglichen es der Organisation, die Gesamtheit der Unternehmensphänomene anhand einiger weniger allgemeiner Aussagen zu erklären.
2. Sie ermöglichen die Prüfung dieser Aussagen in der praktischen Erfahrung.
3. Sie ermöglichen eine Voraussage des Verhaltens.
4. Sie erleichtern die Untersuchung der Richtigkeit von Entscheidungen noch im Zuge ihres Entstehungsprozesses, nicht erst nach einem möglichen Scheitern.
5. Sie ermöglichen es, die Leistungen in Zukunft aufgrund einer Analyse der Erfahrung zu verbessern.

Effizienz und Effektivität

In einem späteren Buch wies Drucker darauf hin, daß eine Konzentration auf die Effizienz auf Kosten der Effektivität die Möglichkeiten der Organisation einschränke und daher gefährlich sein könne. Die Folgen können sein, daß

- die Dinge richtig gemacht werden, anstatt die richtigen Dinge zu machen;
- Probleme gelöst werden, anstatt kreative Alternativen zu entwickeln;
- die Ressourcen gehütet werden, anstatt sie optimal zu nutzen;
- die Kosten gesenkt werden, anstatt den Gewinn zu steigern;
- die Risiken minimiert werden, anstatt die Chancen zu maximieren.

Organisation

In *The coming of the new organization* hat Peter Drucker die These aufgestellt, die typische Organisation der Zukunft werde auf Fachwissen aufgebaut sein und sich im wesentlichen aus Spezialisten zusammensetzen, die ihre eigene Leistung mit Hilfe von organisiertem Feedback seitens ihrer Kollegen, Kunden und der Zentrale lenken und bestimmen.

In 20 Jahren wird die informationsgestützte Organisation weniger als halb so viele Managementebenen haben wie ihr heutiges Gegenstück und nicht mehr als ein Drittel der Manager. Drucker hat darauf hingewiesen, daß in vielen Organisationen „ganze Managementschichten weder führen noch Entscheidungen fällen. Statt dessen besteht ihre vorrangige, wenn nicht einzige Aufgabe darin, als „Schaltstellen“ zu fungieren – als menschliche Verstärker für die schwachen, ungezielten Signale, die in der traditionellen Organisation des Präinformationszeitalters für Kommunikation gehalten werden.

Das schafft eine Reihe erheblicher Probleme, namentlich:

- die Entwicklung von Belohnungen, Anerkennungen und Karrierechancen für die Spezialisten;
- die Schaffung einer einheitlichen Zukunftsperspektive in einer Organisation von Spezialisten;
- die Gestaltung der Managementstruktur für eine Organisation von Arbeitsgruppen;
- die Bereitstellung, Vorbereitung und Prüfung von Leuten für das Topmanagement.

Charles Handy

Charles Handy vertritt die Auffassung, daß eine effektive Organisation eine lernende Organisation ist, die über eine festgelegte Methode zur Fragestellung, Auswahl, Erprobung und Überprüfung von Theorien verfügt. Es stellen sich folgende Fragen:

- Welches sind die Stärken, Talente und Schwächen der Organisation?
- Was für eine Organisation möchte sie sein?
- Wofür will sie bekannt sein?
- Wie will sie das erreichen?

Bezüglich der Organisationsstruktur ist Handy der Meinung, daß der Trend zu einer Dreispaltung der Belegschaft geht: Kernbelegschaft, fest verankerte Mitarbeiter und flexible Belegschaft. Die Unternehmen versuchen laut Handy, sich das Beste aus zwei Welten zu sichern: Größe, um sich eine starkte Position auf dem Markt sowie Größenvorteile zu verschaffen, und kleine Einheiten, um für die erforderliche Flexibilität sowie den Gemeinschaftssinn zu sorgen, „nach dem sich der einzelne zunehmend sehnt".

Charles Handy hat auch den Aufstieg der „föderalen Organisation" vorausgesagt. Diese geht in der Dezentralisierung einen Schritt weiter, indem sie jeder operativen, Fertigungs- oder Dienstleistungsaktivität eine eigene, föderale Einheit zuordnet. Jede föderale Einheit ist für ihre eigenen Angelegenheiten zuständig, wobei die verschiedenen Einheiten jedoch durch die allgemeine Strategie der Organisation miteinander verbunden sind und, sofern es sich um eine Aktiengesellschaft handelt, die Pflicht haben, einen angemessenen Beitrag zur Konzernprofitabilität zu leisten, um den Aktionären den erforderlichen Ertrag zu sichern und Bedrohungen von außen fernzuhalten.

Das Zentrum hält sich in der föderalen Organisation im Hintergrund. Von den föderalen Einheiten wird erwartet, daß sie die erforderliche Initiative und Energie mitbringen. Das Zentrum befindet sich im Mittelpunkt, nicht an der Spitze der Organisation. Es beschränkt sich nicht auf eine Bankfunktion, sondern es stellt auch Ressourcen bereit. Seine Hauptfunktion besteht darin, zu koordinieren, zu beraten, zu beeinflussen, Vorschläge zu machen und zur Entwicklung integrierter Konzernstrategien beizutragen.

John Harvey-Jones

John Harvey-Jones hat – unter anderen – folgende Thesen bezüglich der Ansätze erfolgreicher Unternehmen und Organisationen aufgestellt:

- Es geschieht solange nichts, als nicht alle in der Hierarchie wissen, was erreicht werden soll und im Hinblick auf dieses Ziel ihr Bestes geben.
- Die ganze Unternehmenstätigkeit dreht sich darum, ein kalkulierbares Risiko einzugehen.
- Die Entscheidung, in welche Richtung man gehen will, bietet eine Chance zur Einbindung anderer, die für jene Schubkraft sorgt, die es schließlich ermöglicht, die Ziele zu erreichen.

Rosabeth Moss Kanter

Rosabeth Moss Kanter hat die Bedeutung des Change Management hervorgehoben. Sie glaubt, daß die Manager „Gestalter des Wandels werden müssen, die der Organisation, ihrem Management und allen ihren Mitarbeitern helfen, die Veränderung zu managen, zu nutzen – und über sie zu triumphieren". Kanter verfolgte, wie Apple Computers einen dreigeteilten Ansatz zur Verbesserung der Organisationseffektivität entwickelte:

1. Entwicklung einer Organisationsstruktur, die statt Konflikten Synergien erzeugt.
2. Verstärkte Herstellung von Allianzen mit Lieferanten und Kunden.
3. Entwicklung von Methoden zur Aufrechterhaltung eines stetigen Flusses neuer Ideen für neue Produkte und Unternehmungen.

Kanter stellt fest, daß die amerikanischen Unternehmen immerunbürokratischer werden und eine unternehmerische Richtung einschlagen, indem sie überflüssige Hierarchieebenen entfernen und engere Bindungen zu ihren Mitarbeitern herstellen. Kanter betont allerdings, daß das Streben nach Perfektion die Forderungen an Führungskräfte und Manager vervielfacht hat.

Rosabeth Moss Kanter spricht in diesem Zusammenhang vom „postunternehmerischen Unternehmen". Dessen Kennzeichen ist ein Triumph der Prozesse über die Struktur. Kanter meint, Beziehungen und Kommunikation sowie die flexible zeitweilige Kombination von Ressourcen seien wichtiger als die formalen Kanäle und hierarchischen Beziehungen, die sich in einem Organigramm finden: „Wichtig ist nicht, wie die Verantwortlichkeiten geteilt werden, sondern wie man die Leute dazu bringen kann, an einem Strang zu ziehen, so daß neue Chancen wahrgenommen werden können."

Jon R. Katzenbach und Douglas Smith

In ihrem Buch *The Wisdom of Teams* nennen Katzenbach und Smith die folgenden Charakteristika leistungsfähiger Unternehmen:

- Die vorrangige Aufgabe des Topmanagements besteht darin, sein Augenmerk auf die Leistung zu konzentrieren und auf die Teams, die diese Leistung erbringen werden.
- Es herrscht ein ausgeprägter und gleichmäßiger Leistungsethos, der jene Leistungsherausforderungen schafft, die effektive Teams entstehen lassen.
- Um einen gleichmäßigen Leistungsethos aufrechtzuerhalten, bieten diese Organisationen ihren Kunden bessere Leistungen. Das verschafft den Eigentümern des Unternehmens im Gegenzug attraktive Erträge und den Mitarbeitern, die für die Bereitstellung eines höheren Kundennutzens verantwortlich sind, persönliche Entwicklungsmöglichkeiten und attraktive Einkommen.

Richard Pascale und Anthony Athos

Richard Pascale und Anthony Athos kamen in ihrer Analyse der japanischen Managementkunst zu dem Ergebnis, daß es sieben Faktoren gibt, die über den Erfolg entscheiden („seven Ss"):

- *Strategie (strategy)* – der Plan, anhand dessen die festgelegten Ziele erreicht werden sollen;
- *Struktur (structure)* – die Charakteristika der Organisationsstruktur: funktional, dezentralisiert usw.;
- *Systeme (systems)* – die Routineabläufe für die Verarbeitung und Weitergabe von Information;
- *Personal (staff)* – die Kategorien der beschäftigten Personen;
- *Stil (style)* – wie sich die Manager im Streben nach den Unternehmenszielen verhalten;
- *Fähigkeiten (skills)* – die Fähigkeiten von Schlüsselpersonen;
- *Übergeordnete Ziele (superordinate goals)* – die signifikante Bedeutung von Leitgedanken, mit denen eine Organisation ihre Mitglieder erfüllt (d. h. ihre Werte).

Von Pascale und Athos stammt auch folgende kluge Bemerkung über den Zusammenprall von Idealismus und Realität in Organisationen:

> Die inhärenten Präferenzen der Organisationen sind Klarheit, Gewißheit und Perfektion. Den zwischenmenschlichen Beziehungen sind Mehrdeutigkeit, Ungewißheit und Mangelhaftigkeit inhärent.

Richard Pascale

In *Managing on the Edge* schlug Pascale ein neues „Paradigma" der Organisationen vor, in dem diese

- verstärktes Augenmerk auf die „sanften" Dimensionen von Stil und gemeinsamen Werten legen;
- eher als Netzwerke denn als Hierarchien funktionieren;
- sich von der statusorientierten Überzeugung lösen, daß die Manager zu denken und die Mitarbeiter zu gehorchen haben, und statt dessen zu einer Einstellung gelangen, die den Manager als „Moderator" betrachtet, dessen Mitarbeiter ermächtigt

sind, von sich aus Verbesserungen und Veränderungen einzuleiten;
- weniger Wert auf die vertikalen Aufgaben innerhalb funktionaler Einheiten und mehr Wert auf die horizontalen Aufgaben sowie auf die Zusammenarbeit zwischen den einzelnen Einheiten legen;
- sich weniger auf den Inhalt und die vorgeschriebene Anwendung spezifischer Werkzeuge und Techniken konzentrieren und mehr auf den „Prozeß" und eine holistische Synthese der Techniken;
- das „militärische" Modell durch ein Modell des Engagements ersetzen.

Tom Peters und Robert Waterman

In ihrer Studie über 75 angesehene Unternehmen nannten Tom Peters und Robert Waterman die folgenden acht Eigenschaften exzellenter Unternehmen:

1. *Entschlossenes Handeln:* Ausgezeichnete Organisationen bringen die Dinge voran. Sie gehen bei der Entscheidungsfindung zwar analytisch vor, lassen sich dadurch aber im Gegensatz zu anderen Unternehmen nicht lähmen.
2. *Kundennähe:* Sie setzen alles daran, um ihre Kunden kennenzulernen und ihnen Qualität, Zuverlässigkeit und Service zu bieten.
3. *Autonomie und unternehmerische Einstellung:* Führungspersönlichkeiten und Innovatoren werden gefördert und erhalten größtmöglichen Spielraum.
4. *Produktivität durch Menschen:* Sie sind davon überzeugt, daß die Grundlage von Qualität und Produktivität in den unteren Ebenen zu suchen ist. Für sie ist der Slogan: „Die Menschen sind unser wichtigstes Vermögen" mehr als ein reines Lippenbekenntnis. Sie handeln nach dieser Maxime, indem sie das Engagement stärken und alle einbeziehen.
5. *Schwerpunkt auf praktischer Erfahrung und Umsetzung von Werten:* Die Führungskräfte der Organisation suchen den

Kontakt zu ihren Mitarbeitern und sorgen dafür, daß die Werte der Organisation allen klar sind und umgesetzt werden.
6. *Der Schuster bleibt bei seinem Leisten:* Die erfolgreiche Organisation bleibt in dem Tätigkeitsbereich, mit dem sie vertraut ist.
7. *Einfache Form, schlanke Belegschaft:* Die Organisationsstruktur ist einfach, und der Personalstand wird so gering wie möglich gehalten.
8. *Gleichzeitig enge und lose Bindungen:* Exzellente Organisationen sind sowohl zentral als auch dezentral. Sie verlagern Entscheidungen und Autonomie möglichst weit nach unten in die einzelnen Einheiten und Profit Centers. Aber, wie Peters und Waterman sagen, „sie sind fanatische Zentralisten, was die wenigen Kernwerte anbelangt, die ihnen wichtig sind“.

Allerdings muß gesagt werden, daß einige der in dieser Studie erfaßten „exzellenten Unternehmen“ seitdem nicht ganz so gut abgeschnitten haben.

Tom Peters

In seinem Buch *Thriving on Chaos* stellte Tom Peters fest, daß viele Unternehmen zwar auf dem Papier dezentral organisiert sind, aufgrund von Faktoren wie der Vorherrschaft des Finanzpersonals mit seinem komplexen, zentralisierten Kontrollsystemen und seiner Forderung nach einer zentralen Koordinierung der Werbebudgets jedoch wieder zu einer zentralen Organisationsform zurückgekehrt sind. Es kamen weitere Managementschichten hinzu, und die Fachexperten der Zentrale forderten „(1) mehr Berichte vom Linienpersonal und (2) die Koordinierung von immer mehr Berichten mit anderen Berichten“. Gleichzeitig, so Peters, wurde die „Matrixorganisation“ der NASA populär: „... eine weitere Form von De-facto-Zentralisierung, die durch Koordinierung von allem und jedem Synergien zu schaffen versuchte“.

Vor diesem Hintergrund schlägt er vor

- die Organisationen in die kleinstmöglichen unabhängigen Einheiten aufzusplittern;
- jedem Mitarbeiter einen unternehmerischen Sinn für Ertrag, Kosten und Gewinn zu vermitteln;
- eine noch größere Nähe zum Kunden zu schaffen;
- die Managementschichten auf ein Mindestmaß zu reduzieren – in sehr komplexen Organisationen höchstens fünf; drei in kleineren, weniger komplexen Organisationen, wobei ein Vorgesetzter zwischen 25 und 75 Personen kontrolliert;
- durch Empowerment Flexibilität zu erreichen;
- sich durch eine neue Einstellung zur Führung auf allen Ebenen mit der Veränderung anzufreunden;
- eine hohe Innovationsgeschwindigkeit anzustreben.

Die sichtbare Präsenz „neuer, flexibler Konkurrenten", die Notwendigkeit, auf Veränderungen, Herausforderungen und Unsicherheit zu reagieren, und die Auswirkungen der modernen Technologien erfordern größere Flexibilität und mehr Teamwork. Das zeigt sich auch daran, daß die Unternehmen zunehmend flacher werden (Eliminierung mittlerer Managementschichten) und föderale Strukturen annehmen.

Peters meint auch, daß neue, flexible Managementsysteme und die dezentrale Verfügbarkeit der für eine rasche Produktänderung notwendigen Informationen zur zellularen Produktion führen, „die letzten Endes alle physischen Elemente in sich konzentriert, die notwendig sind, um ein Produkt in einer in sich geschlossenen Konfiguration herzustellen, welche für die Teamorganisation maßgeschneidert ist".

Das ist sein Rezept für die neue Modellorganisation:

- Einrichtung selbstmanagender Teams, die selbst für ihre Unterstützungsaktivitäten wie Budgetierung und Planung verantwortlich sind;
- Manager, die als „Experten auf Abruf" den Großteil ihrer Arbeitszeit darauf verwenden, die Teams zu unterstützen;
- Manager, die einen konstanten Kontakt an den Nahtstellen zwischen den Funktionen herstellen;

- Einsatz kleiner Einheiten – überall in der Organisation die Konfiguration „kleine in großen Einheiten".

Peter Wickens

Peter Wickens nennt die Erfolgskomponenten des auf drei Pfeilern ruhenden „Dreizack"-Konzepts von Nissan:

- Flexibilität
- Qualitätsbewußtsein
- Teamwork

FALLSTUDIEN

In einer Versicherungsanstalt wurde die »Effizienz« der Inspektoren (d. h. der Vertreter) anhand der Anzahl der Versicherungspolizzen, die sie verkauften, sowie der Prämien, die sie einnahmen, gemessen. Sie konzentrierten sich natürlich darauf, die einfachsten Polizzen zu verkaufen und möglichst viele Einnahmen zu erzielen. Doch das Volumen – obwohl es als Maßstab für Effizienz galt – diente nicht als Maßstab für die Effektivität, die nur anhand der relativen Rentabilität der unterschiedlichen Polizzen gemessen werden konnte. Ohne darauf aufmerksam gemacht zu werden, welche Polizzen am rentabelsten waren, waren die Inspektoren zwar effizient, was das erzielte Volumen anlangte, aber hinsichtlich des einzig wahren Leistungsmaßstabes, der Rentabilität, waren sie uneffektiv.

Die Buchhaltung war auf die Effizienz ihrer umfangreichen Formulare stolz, mit denen zwei Wochen vor dem Monatsende die Kosten, die in jeder Kostenstelle anfielen, im Vergleich zum Budget analysiert wurden. Die Information war jedoch insofern nicht effektiv, als sie den Kostenstellenverantwortlichen nicht half, einige ihrer wichtigsten Positionen zu kontrollieren. Das geschah, weil derart viele Posten als Zugänge galten (d. h. die Kosten konnten nur angenommen werden, da viele Fakturen bis dahin nicht verarbeitet waren), so daß viele der bei den Schlüsselbereichen gemachten Angaben bedeutungslos waren. Das führte dazu, daß die Manager eine Zweitaufstellung der Kosten vornahmen.

Der Vorsitzende des Ausbildungszentrums, das Ausbildungsbeiträge von den der Industrie angehörigen Firmen einhob und sie in Form von Ausbildungsstipendien rückverteilte, war in Sorge, da die Beiträge die Stipendienaufwendungen überschritten hatten. Viele Firmen beklagten sich bitterlich, daß das Ausbildungszentrum auf ihre Kosten große, nutzlose Reserven anhäufte. Der Vorsitzende rief daher eine landesweite Kampagne mit dem Slogan »Hol Dir Deinen Kies zurück ...« ins Leben und forderte die Firmen auf, die Trainingsmöglichkeiten wahrzunehmen und ihre Abgaben in Anspruch zu nehmen. Die Firmen fertigten mit großer Effizienz Dutzende Formulare an, mit denen sie um die verschiedensten Ausbildungsstipendien ansuchten. Aber ein Großteil des Trainings war irrelevant und bloß Show.

Ein Versandhaus beschloß, für den Verkauf seiner Produkte eine Art »Partyservice« einzurichten. Es hatte bis dahin mit Aktivitäten dieser Art keine Erfahrung. Es galt, Vorführer zu rekrutieren, daher wurde beschlossen, Anwärter dafür direkt aus den Versandlisten auszuwählen. Dies schien mit weniger Risiken verbunden zu sein, als die Demonstratoren anhand von Ausschreibungen zu finden, da die in Frage kommenden Anwärter bereits ihr Interesse an den Produkten bewiesen hatten. Die Rekrutierungskampagne wurde sorgfältig geplant und mit größtmöglicher Effizienz durchgeführt. An alles war gedacht worden, und alles verlief nach Plan, außer daß so gut wie niemand reagierte. Die Methode erwies sich als vollkommen ineffektiv, da sie von den falschen Annahmen ausgegangen war. Die beste Methode, gute Partyservice-Vorführer zu finden, ist über direkte Kontakte oder über Annoncen in der Lokalpresse. Eine Nachforschung, warum die Versandmitglieder nicht reagiert hatten, zeigte, daß die briefliche Annäherung das natürliche Mißtrauen der Menschen gegenüber Partyplanung nicht überwinden konnte.

Eine Regierungsbehörde, die für die Einstellung großer Mitarbeiterzahlen verantwortlich war, beauftragte ein Organisations- und Methodikteam mit der Untersuchung ihrer Verfahrensweise. Es wurde darauf hingewiesen, daß es eine Reihe von Rekrutierungsdirektoren gab, wovon jeder einzelne für besondere »Ausschreibungen« verantwortlich war, für die er eigene Belegschaften rekrutieren mußte. Jeder Direktor hatte einen eigenen Stab, um die verschiedenen Phasen einer Ausschreibung zu verwalten. Doch manche Arbeiten, wie etwa die Entgegennahme und Durchleuchtung von Bewerbungen, wurden von den jeweiligen Direktoraten zweifach durchgeführt. Das Organisations- und Methodikteam entschloß sich daher für die »effiziente« Methode, wonach eine Anzahl von Gruppen eingeführt wurde, denen die Bearbeitung der unterschiedlichen Aktivitäten zugeteilt wurde: Bewerbungen durchleuchten, zur Kenntnis nehmen, Referenzen einholen etc. Jede dieser Gruppen diente allen Rekrutierungsdirektoren, doch alle wurden separat von einem Verwaltungsdirektor kontrolliert. Diese Lösung war sicherlich insofern effizient, als sie assoziierte Aktivitäten zu Gruppen zusammenschloß und Personal einsparte. Doch sie war gleichzeitig ineffektiv: Da niemand für die Kontrolle und Koordination der einzelnen Ausschreibungen zuständig war (in den Augen der Verwaltung spielten die Rekrutierungsdirektoren nur eine Randrolle), kam es in jeder Phase zu Verzögerungen. Die Ausschreibungen benötigten viel mehr Zeit, um abgeschlossen zu werden, und gute Anwärter gingen verloren, da sie nicht länger warten wollten.

Eine Baufirma geriet in Schwierigkeiten und beschloß, bei der Anzahl von Hilfskräften eine generelle Kürzung um 20 Prozent vorzunehmen. Ein hochrangiger Manager wurde mit der Durchführung beauftragt. Er ging bei der Umsetzung seiner Aufgabe überaus effizient vor. Jeder wußte ziemlich genau, was er zu tun hatte, das Programm wurde planmäßig durchgeführt, und die Dokumentation war präzise und vollständig. Doch der Beschluß, eine zwanzigprozentige Personalkürzung durchzuführen, hatte Nachwirkungen, denen während der Planung nicht voll Rechenschaft getragen wurde. Mehrere wichtige Forschungsabteilungen, die nur indirektes Personal beschäftigten, erkannten, daß sie wichtige Angestellte entlassen mußten, um den Zielsetzungen zu entsprechen. Daher waren ihre Möglichkeit, zur längerfristigen Entwicklung des Unternehmens beizutragen, ernsthaft in Gefahr. Die Aufgabe war zwar auf effiziente Weise durchgeführt worden, doch sie trug auf bedenkliche Weise gerade dort zum Abbau der Effektivität bei, wo es um die Zukunft ging.

Kapitel 31

Planung

Als Manager planen Sie im allgemeinen für einen relativ kurzen Zeitraum – ein oder höchstens zwei Jahre. Und Ihre kurz- und längerfristigen Ziele und die für die Verwirklichung dieser Ziele verfügbaren Mittel sind in den meisten Fällen im Unternehmensplan oder im Budget festgelegt.

Sie planen, Ihre Aufgaben rechtzeitig zu erledigen, ohne dafür mehr Ressourcen in Anspruch zu nehmen, als Ihnen zugestanden wurden. Es sollte Ihr Ziel sein, Krisen und die mit ihnen verbundenen hohen Kosten zu vermeiden und die Zahl jener Probleme zu verringern, für die man „alles liegen- und stehenlassen" muß, um „das hier schnell zu korrigieren". Die Planung warnt Sie vor bestimmten Krisen und gibt Ihnen die Chance, sie zu vermeiden. Wenn Sie irgendeinen Anlaß zu der Vermutung haben, daß Ihr ursprünglicher Plan aus Gründen, die sich Ihrer Kontrolle entziehen, scheitern könnte, sollten Sie auf einen Alternativ- oder Schubladenplan zurückgreifen können.

Indem Sie planen, legen Sie sich auf eine bestimmte Vorgehensweise fest und schließen andere aus. Das bedeutet, daß Sie an Flexibilität verlieren. Das ist ein Nachteil, wenn die Zukunft dann anders aussieht als erwartet – was nur zu wahrscheinlich ist. Versuchen Sie, Pläne zu entwerfen, die Sie bei Bedarf mit geringfügigem Kostenaufwand ändern können.

PLANUNGSAKTIVITÄTEN

Als Manager werden Sie acht Planungsaktivitäten vornehmen müssen:

- *Prognosen erstellen:*
  - welche Arbeit bis wann getan werden muß;
  - wie sich die Arbeitsbelastung verändern könnte;

- die Wahrscheinlichkeit, mit der die Abteilung für spezielle oder dringende Aufgaben in Frage kommt;
- mögliche Veränderungen innerhalb oder außerhalb der Abteilung, die sich auf die Prioritäten, die unternommenen Aktivitäten oder die Arbeitsbelastung auswirken könnten.

- *Programmerstellung* – Ablauf und Zeitplan für die betrieblichen Prozesse und Ereignisse festlegen, um zeitgerecht Resultate zu produzieren.
- *Personalentscheidungen* – beschließen, wie viele und welche Mitarbeiter benötigt werden und die Durchführbarkeit von Spitzenbelastungen mittels Überstunden und Teilzeitbeschäftigten in Erwägung ziehen.
- *Maßstäbe und Ziele festlegen* – für Output, Umsatz, Termine, Qualität, Kosten oder jeden anderen Arbeitsaspekt, bei dem die Leistung geplant, gemessen und gesteuert werden sollte.
- *Ablaufplanung* – entscheiden, wie die Arbeit getan werden soll, und die eigentlichen Abläufe planen, indem erforderliche Systeme und Vorgangsweisen definiert werden.
- *Materialplanung* – Material, zugekaufte Bestandteile oder Zulieferverträge beschließen und dafür sorgen, daß sie zum rechten Zeitpunkt in der entsprechenden Menge verfügbar sind.
- *Ausstattungsplanung* – entscheiden, welches Werk, welche Ausstattung, welche Werkzeuge und wieviel Platz erforderlich sind.
- *Budgetieren.*

Planungstechniken

Ein Großteil der Planung, die Sie vornehmen, ist im Grunde eine Frage des systematischen Denkens und des gesunden Menschenverstandes. Jeder Plan enthält drei Schlüsselmerkmale:

- Unternehmensziel – die Innovation oder Verbesserung, die anzustreben sind.
- Aktionsprogramm – die spezifischen Schritte, die erforderlich sind, um zum richtigen Ziel zu gelangen.
- Finanzielle Wirkung – die Auswirkung der Aktion auf Verkauf, Umsatz, Kosten und letztlich auf die Gewinne.

Ein möglicher Fertigungsplan wird im folgenden Beispiel veranschaulicht:

FERTIGUNGSPLAN

Ziel: Häufigkeit und Kosten der Buchungsfehler, die von der Firma XYZ einlangen, sollen reduziert werden.

Aktionsprogramm:

Schritte	**Verantwortung**	**Fertigstellung bis**
1. Dafür sorgen, daß das Problem »Härtefälle« bei den Buchungen vom Lieferanten erkannt wird	Einkaufsleiter Produktionsleiter	15. Januar
2. Preisnachlässe bei allen Buchungen der letzten Wochen aushandeln, bei denen wir über zehn schlechte Buchungen retournieren mußten	Einkaufsleiter	31. Januar
3. Lagerraum einrichten, um ruinierte Buchungen zu kumulieren	Einrichtungsleiter	15. Februar
4. Verfahren einführen, um Ausfallszeiten und Unterbrechungen bei einzelnen Buchungen aufzuzeichnen	Produktionscontroller	1. März
5. Dafür sorgen, daß Firma XYZ mit der neuen Einteilung einverstanden ist	Einkaufsleiter	15. März

Wirkung auf Gewinn:		Gewinnsteigerung (Rückgang)
Preisnachlässe		7.000
Wirkung verbesserter Qualität:	Materialabfall	8.500
	Überstunden	3.500
	Ausgaben Werkzeuge	9.000
	Produktionsverlust	20.000
	Sonstige	12.000
Modifizierungen im Lagerbereich		(2.000)
Aufzeichnungsverfahren		(1.000)
Sonstige Kosten		(3.000)
Gesamtauswirkung auf Gewinn		54.000

Säulendiagramme sollten verwendet werden, um Pläne überall dort grafisch anschaulicher zu gestalten, wo mehr als eine Aktivität erforderlich ist. Sorgen Sie jedoch für eine korrekte Aussage. Der oben gezeigte Fertigungsplan könnte, wie folgt, ausgedrückt werden:

Schritt (detailliert im Aktionsprogramm)	**Verantwortung**	**Jan.**	**Feb.**	**März**
1. Firma XYZ muß Problem anerkennen	Einkaufsleiter			
2. Preisnachlaß verhandeln	Einkaufsleiter			
3. Lagerraum einrichten	Einrichtungs-leiter			
4. Aufzeichnungsverfahren für Ausfallszeiten errichten	Produktions-controller			
5. Einverständnis der Firma XYZ mit neuer Vorkehrung erlangen	Einkaufsleiter			

Eine genauere Methode für die Planung von komplizierten Programmabläufen, die viele interdependente Ereignisse umschließen, ist die Netzplantechnik. Sie erfordert die Aufzeichnung der einzelnen Bestandteile und ihre Aufnahme in den Netzplan miteinander verbundener Aktivitäten. Die Kästen stellen die Ereignisse dar, während die Pfeile die Aktivitäten und die Länge der Pfeile den erforderlichen Zeitaufwand zeigen. Es können auch punktierte Pfeile gezeichnet werden, um Scheinvorgänge darzustellen, die zwischen den Ereignissen stattfinden und eher ein Zeit- als ein Aktivitätsverhältnis ausdrücken. Daraus ergibt sich ein kritischer Weg, der jene Operationen oder Aktivitäten, die für den Projektabschluß innerhalb des vorgeschriebenen Zeitraumes wesentlich sind, hervorhebt. In der folgenden Illustration sind die wesentlichsten Merkmale eines solchen Netzwerkes enthalten:

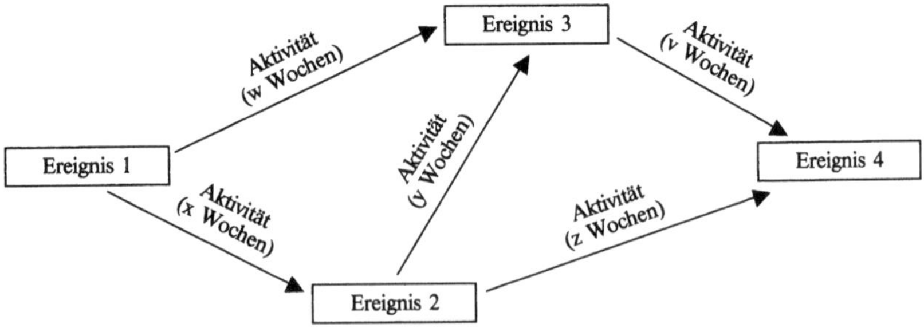

Manchmal werden noch ausgefeiltere Planungstechniken erforderlich sein, wobei Computermodelle erhältlich sind, die den Manager unterstützen, wenn große Datenmengen einer Anzahl fixer Annahmen oder Parameter gegenübergestellt werden müssen oder wenn alternative Annahmen zu bewerten sind. Beim Book Club Associates werden zum Beispiel für das Lager Maschinenlaufzeiten und Mannstunden zwei Jahre im voraus bestimmt, indem Parameter für die voraussichtliche Auslastung im Programm enthalten sind. Auf diese Weise kann in den Plänen Vorsorge getroffen werden, daß für das prognostizierte Auslastungsniveau Personal und Maschinenkapazität verfügbar sind.

Kapitel 32

Politik

WAS BEDEUTET POLITIK?

Jeder Hinweis darauf, was in bestimmten Situationen zulässig ist oder nicht, ist eine politische Maßnahme. Sie muß nicht niedergeschrieben sein. Sie muß nicht einmal ausdrücklich erwähnt werden. Doch sobald es ein Einverständnis gibt, daß „die Dinge bei uns so getan werden", gibt es auch eine Unternehmenspolitik.

Ein Betrieb kann zum Beispiel beschließen, daß „das Lohnniveau der Firma im oberen Quartal der in anderen Betrieben für vergleichbare Arbeiten geleisteten Gehaltsspanne liegen soll". Diese Aussage ist ziemlich eindeutig, wenngleich sich das Personalbüro auf die Definition, was vergleichbar ist und was nicht, festlegen kann.

Ein anderer Betrieb hat vielleicht eine Gehaltsstruktur, deren Entwicklung vorrangig dem Zufall überlassen blieb. Wahrscheinlich herrscht ein generelles Einverständnis, daß die Firma bereit ist, mehr als die übliche Rate zu zahlen, um die Qualität der Belegschaft aufrechtzuerhalten, doch weder wurde ein oberes Quartal präzisiert noch irgend etwas niedergeschrieben.

Dennoch haben beide Betriebe eine Gehaltspolitik. Welche der beiden ist die bessere? Auf diese Frage gibt es nur eine Antwort. Diejenige, die funktioniert. Gegen eine eindeutig definierte, beinahe rigide Politik, die das obere Quartal anführt, ist im Grunde nichts einzuwenden, wenn das obere Quartal bekannt ist und alles getan wird, um ihm zu entsprechen. Ansonsten ist sie sinnlos. Dasselbe gilt für eine Entlohnungspolitik, die sich nach dem herrschenden Entgelt richtet. Sie ist so lange gut, so lange sie durchführbar ist und zwischen den unterschiedlichen Aufgaben- und Unternehmensbereichen konsequent angewandt wird.

Natürlich besteht bei unzureichend definierten politischen Maßnahmen die große Gefahr, daß sie inkonsequentes Handeln zur Folge haben. Nicht minder läuft eine zu rigide Politik Gefahr, daß Urteilsvermögen und Initiative gedrosselt werden.

WOZU IST EINE POLITIK GUT?

Im Falle von Krisen oder schwierigen Entscheidungen ist eine Leitlinie sehr nützlich. In einem Betrieb oder einer Abteilung ist es für eine effektive Führung wesentlich, daß jeder Mitarbeiter weiß, was er tun kann und was nicht.

Eine Direktverkaufsfirma wird ihren Außendienstmitarbeitern mitteilen, was sie tun können – sie haben die Aufgabe, direkt an Hausfrauen zu verkaufen, die großteils der mittleren Einkommensklasse angehören. Das Unternehmen wird sie außerdem instruieren, was sie nicht tun können – so ist es etwa nicht die Politik dieser Firma, aggressive Verkaufsmethoden anzuwenden.

Ein Einzelhändler wird seinen Käufern mitteilen, was er von ihnen will – einen dreifachen Kostenaufschlag bei den Waren, die sie einkaufen. Ebenso wird er ihnen mitteilen, was sie nicht tun sollen – den guten Ruf der Firma, was die Qualität betrifft, zugunsten billiger Waren zu opfern.

WAS IST EINE GUTE POLITIK?

Eine Politik ist dann gut, wenn sie funktioniert. Doch wie wird erreicht, daß sie funktioniert? Im allgemeinen funktioniert eine Politik, wenn sie angebracht ist – wenn sie Sie eindeutig in die Richtung führt, die Sie einschlagen wollen. Sie muß zudem verstanden werden, was jedoch nicht heißt, daß sie niedergeschrieben gehört. Die mündliche Überlieferung von Traditionen kann zuweilen wirkungsvoller sein als jedes Handbuch, das in irgendeiner Ecke verstaubt.

Politische Maßnahmen müssen eindeutig sein. Das ist leichter gesagt als getan. Wenn Sie sich bemühen, vollkommen eindeutig zu sein, kann es Ihnen passieren, daß der Sinn Ihrer Ausführungen aufgrund der Flut von Worten verlorengeht. Oder noch schlimmer, Ihre Politik kann in ein Gefängnis anstatt in einen Wegweiser ausarten. Ihren Aussagen sind bestimmte Grenzen auferlegt. Zum Beispiel:

> Die Generaldirektoren der einzelnen Divisionen können die Preise für die unter ihrer Kontrolle befindlichen Produkte fixieren, solange
> (a) diese Preise eine Bruttogewinnspanne produzieren, die mit den vereinbarten Budgets auf einer Linie liegt,
> (b) die Preise anderer Divisionen von den Preisnachlässen nicht negativ beeinträchtigt werden.

Das scheint eindeutig genug, doch ist es das wirklich? Was heißt eigentlich „auf einer Linie"? Ab wann werden Preise „negativ beeinträchtigt"? Diese Definition schafft bereits einen Rahmen für unterschiedliche Auslegungen. Ist sie also eindeutig genug? Ja. Die Divisionsleiter erhalten eine allgemeine Richtlinie, die ausreicht, damit sie nicht vom Weg abkommen. Gerade auf dieser Ebene gestattet die Politik einen gewissen Spielraum, und das soll auch so sein. Eine Politik hat nicht den Zweck, als Zwangsjacke zu dienen.

Politische Maßnahmen sollten beständig sein, da sie sonst keine wirkliche Politik darstellen. Wenn Sie sie immer wieder verändern, weiß niemand, ob nun im oder außerhalb des Unternehmens, womit er zu rechnen hat. Doch sie sollten auch nicht so rigide sein, daß sie ein Unternehmen davon abhalten, vorauszublicken.

WIE WIRD EINE POLITIK FORMULIERT?

Sie können sich nicht einfach vornehmen, „so, jetzt formulieren wir eine Unternehmenspolitik". Politische Maßnahmen sollten entweder das Ergebnis einer Reihe von Entscheidungen sein, zu denen Sie die Ereignisse zwangen, oder Teil eines bewußten Planungsprozesses, der die Festlegung von Zielen und die für ihre Erreichung erforderliche Strategie im weitesten Sinne beinhaltet.

Politische Maßnahmen sollten als Antwort auf Bedürfnisse formuliert werden: Mitarbeiter benötigen Anleitungen, was sie tun können und was nicht; Pläne können nur realisiert werden, wenn die zu verfolgende Linie definiert ist; bei ungewöhnlichen Entscheidungen müssen Bezugspunkte hergestellt werden können.

Zur Niederschrift von politischen Maßnahmen könnte eine Menge gesagt werden. Keinesfalls sollte jedoch ein Maßnahmenwälzer verfaßt werden, der von niemandem gelesen wird. Nehmen Sie zu Ihrer Politik möglichst eindeutig und kurz und bündig Stellung. Vermitteln Sie die Politik jenen, die für ihre Durchführung zuständig sind, und vergewissern Sie sich, daß sie verstanden wurde und Schritte für eine Umsetzung in die Praxis eingeleitet werden.

WIE WIRD EINE POLITIK DURCHGEFÜHRT?

Wenn Ihre Politik ungeeignet oder zweideutig ist, wird die Durchführung entsprechend schwierig sein. Ist das nicht der Fall, dann müssen Sie eigentlich nur dafür sorgen, daß Ihre Belegschaft klare Instruktionen erhält, was sie zu tun hat. Wenn es Bereiche gibt, die sie nach ihrem freien Ermessen gestalten können, weisen Sie sie darauf hin. Weniger erfahrene Mitarbeiter bedürfen vielleicht zu diesem Zeitpunkt einer genaueren Anleitung, welche Entscheidungen sie selbst treffen können. Geben Sie ihnen eine Vorstellung davon, unter welchen Umständen von ihnen erwartet wird, daß sie sich an Sie um zusätzliche Anleitungen wenden.

Eine Firma, die eine „interne Beförderungspolitik" einführt, könnte diese zum Beispiel wie folgt formulieren:

> Freie Stellen sollten weitgehendst mit den effektivsten Mitarbeitern des Unternehmens besetzt werden. Erst wenn es keine geeigneten internen Kandidaten gibt, behält sich die Firma das Recht vor, Außenstehende zu rekrutieren.

Ein erfahrener Mitarbeiter der Personalabteilung wüßte, was zu tun ist, sollte ein Abteilungsleiter einem seiner Mitarbeiter, der sich erfolgreich um eine interne Vakanz beworben hat, sein Einverständnis verweigern. Anstatt den Manager vor den Kopf zu stoßen, würde er die Unternehmenspolitik zitieren und seine besten, auf früheren Erfahrungen basierenden Überredungskünste anwenden, um das Einverständnis des Managers zu erhalten. Der unerfahrene Personalmann sollte hingegen vorgewarnt werden, daß dieses Problem aufkommen könnte. Er sollte instruiert werden, daß eine zu rigide Auslegung der Unternehmenspolitik nicht angebracht sei. Weiters sollte er wissen, daß er nach eigenem Gutdünken zu entscheiden habe, ob er den Manager auf sanftem Wege überzeugen könne, und sollte das nicht möglich sein, daß er sich mit seinem Personalchef beraten müsse, wie er die Situation am besten handhaben solle.

Sobald Ihre Belegschaft informiert ist, müssen Sie nichts anderes tun, als nachfassende Untersuchungen durchführen und feststellen, ob Ihre Maßnahmen entsprechend eingesetzt werden und ob sie geeignet sind. Daraus ergibt sich die Gelegenheit, Ihre Belegschaft bei Bedarf zu schulen oder – sollte sich herausstellen, daß die Politik ungeeignet ist – Veränderungen vorzuschlagen. Ob eine Politik funktioniert, läßt sich erst an ihrer Durchführung feststellen, und das bedeutet, mit jenen Gespräche aufzunehmen, die dafür zuständig sind.

Kapitel 33

Präsentation einer Idee

Als Manager werden Sie von Zeit zu Zeit aus Ihren konkreten Vorstellungen ein Anliegen machen müssen. Sie müssen andere von Ihren Ideen und Empfehlungen überzeugen. Um dies zu erreichen, müssen Sie eine klare Vorstellung davon haben, was Sie zu tun beabsichtigen, und belegen, daß Sie selbst fest davon überzeugt sind. Die Wirkung Ihrer Präsentation wird vor allem von der Sorgfalt abhängig sein, mit der Sie sie vorbereitet haben.

VORBEREITUNG

Eine gründliche Vorbereitung ist wesentlich. Sie müssen sich nicht nur genau überlegen, was zu tun ist und warum, sondern auch, wie Ihre Mitarbeiter darauf reagieren werden. Erst dann können Sie entscheiden, wie Sie Ihr Anliegen präsentieren werden: Es gilt, den voraussichtlichen Nutzen bei gleichzeitiger realistischer Einschätzung der Kosten zu betonen und den möglichen Einwänden vorzugreifen.

Greifen Sie den Fragen vor, die Ihre Zuhörer mit großer Wahrscheinlichkeit stellen werden, und nehmen Sie die Antworten vorweg, oder haben Sie Ihre Antworten zumindest parat. Die wahrscheinlichsten Fragen sind:

Was
- beinhaltet der Vorschlag?
- wird der voraussichtliche Nutzen sein?
- wird es kosten?
- sind die Fakten, Zahlen, Prognosen und Annahmen, von denen der Vorschlag ausgeht?
- sind die Alternativen?

Warum – soll der derzeitige Kurs verändert werden?
– ist dieser Vorschlag oder diese Lösung besser als die Alternativen?

Wie – soll die Veränderung bewerkstelligt werden?
– sollen die Hindernisse bewältigt werden?
– wurden die Alternativen untersucht?
– bin ich von der Veränderung betroffen?

Wer – wird von der Veränderung betroffen sein, und wie werden sie reagieren?
– wird sich am stärksten für oder gegen die Veränderung einsetzen, und warum?
– wird den Vorschlag durchführen?

Wann – soll das geschehen?

Um Ihr Anliegen durchzubringen, müssen Sie drei Dinge tun:

1. Aufzeigen, daß Ihrem Anliegen eine gründliche Analyse der Fakten und eine entsprechende Auswertung der Alternativen vorhergingen. Ihre Annahmen müssen von relevanten Erfahrungswerten und realistischen Projektionen ausgehen, die unbekannte Faktoren zulassen. Denken Sie an die Worte von Robert Heller, daß „ein Vorschlag nur so stark ist wie die schwächste Annahme, die ihm zugrunde liegt".
2. Geben Sie detailliert den Nutzen an, von dem das Unternehmen und alle Betroffenen profitieren können. Wenn möglich, sollte der finanzielle Aspekt des Nutzens genannt werden. Die Kundenzufriedenheit oder die Arbeitsmoral sind abstrakte Werte, die sich nicht leicht verkaufen lassen. Unterlassen Sie es, Zahlen – finanzielle Rechtfertigungen – anzuführen, die keiner Prüfung standhalten würden.
3. Machen Sie aus den Kosten kein Geheimnis. Versuchen Sie auf keinen Fall, sie zu verbergen. Seien Sie realistisch. Ihr Vorschlag hat keine Chance, sollte irgend jemandem der Beweis gelingen, daß Sie die Kosten unterschätzt haben.

Denken Sie daran, der Vorstand will genau informiert sein, was er als Gegenleistung für sein Geld erwarten kann. Die meisten Vorstände sind vorsichtig und oft nicht gewillt bzw. nicht in der

Lage, Risiken einzugehen. Die Kosten-Nutzen-Aufstellung muß demnach exakt sein, da es andernfalls schwierig sein wird, Vorstand, Ausschüsse oder einzelne Mitarbeiter von den Vorteilen eines Experiments oder Pilotprojektes zu überzeugen.

PRÄSENTATION

Ihr Vorschlag wird in der Regel zwei Phasen durchlaufen: zunächst als schriftlicher Bericht, dem eine mündliche Präsentation folgt. Die Qualität der mündlichen Darstellung wird für Ihren Erfolg (oder Mißerfolg) entscheidend sein. Wie richtig präsentiert oder berichtet wird, behandelt Kapitel 34 bzw. 2; hier sollen einige Punkte hervorgehoben werden, die vor allem für die mündliche Darstellung besonders wichtig sind:

1. Ihre Präsentation soll keine reine Wiederholung der im schriftlichen Bericht enthaltenen Fakten sein. Sie sollten sich unter Ausklammerung der Details auf Ihre Hauptargumente konzentrieren.
2. Gehen Sie nicht davon aus, daß Ihre Zuhörer den schriftlichen Bericht gelesen oder verstanden haben. Erwähnen Sie den Bericht nicht, während Sie sprechen. Das könnte die Aufmerksamkeit der Zuhörer ablenken. Wenden Sie visuelle Hilfsmittel an, vorzugsweise das Flip-chart, um Ihre Hauptargumente zu unterstreichen. Übertreiben Sie jedoch nicht den Einsatz von technischen Präsentationshilfsmitteln. Die Zuhörer werden sich von Ihnen und nicht von Ihren visuellen Kunstgriffen überzeugen lassen.
3. Wählen Sie Ihre einleitenden Worte so, daß Ihre Zuhörer sofort aufmerksam werden und das Interesse an Ihrer Präsentation geweckt ist. Beginnen Sie mit einem Umriß Ihres Vorhabens, mit Nutzen und Kosten, und deuten Sie an, wie Sie Ihren Fall zu entwickeln beabsichtigen.
4. Sprechen Sie Nachteile und mögliche Alternativen Ihrer Vorgangsweise an, damit man Ihnen später nicht nachsagen kann, Sie hätten etwas übersehen oder verborgen.

5. Vermeiden Sie Details. Seien Sie kurz, bündig und präzise.
6. Eine eindringliche Zusammenfassung ist ein Muß. Sie sollte klar sein und all das enthalten, was Vorstand, Ausschuß oder einzelne Ihrer Vorstellung nach tun sollen.

Die Wirkung Ihrer Präsentation wird in erster Linie davon abhängen, ob Sie sie entsprechend vorbereitet haben. Es geht nicht nur darum, ob Ihre Fakten, Zahlen und Argumente klar und deutlich auf dem Papier stehen, sondern was Sie bei einer Sitzung sagen und wie Sie es sagen.

CHECKLISTE

1. Wissen Sie genau, was Sie wollen?
2. Sind Sie von Ihrem Anliegen wirklich überzeugt?
3. Haben Sie sämtliche Fakten, die Ihr Anliegen stützen, ausfindig gemacht und überprüft?
4. Was sind Ihre stärksten Argumente?
5. Warum muß die derzeitige Situation verändert werden?
6. Wer wird betroffen sein? Gewerkschaften, andere Sparten oder Abteilungen?
7. Was spricht gegen Ihr Vorhaben?
8. Was sind die Alternativen?
9. Wem muß der Plan vorgelegt werden? Haben Sie sich um eine Lobby gekümmert?
10. Haben Sie Experten konsultiert, um die finanziellen Aspekte zu besprechen?
11. Wissen Sie, wer Ihre wahrscheinlichen Verbündeten und wer Ihre Gegner sein werden?
12. Haben Sie Arbeitsblätter vorbereitet, aus denen die komplizierten Angaben hervorgehen?
13. Haben Sie sich über den bestmöglichen Zeitpunkt für Ihre Präsentation Gedanken gemacht?
14. Ihre Ideen waren gut, als Sie sie sich zum ersten Mal überlegten; sind sie das immer noch?

Kapitel 34

Präsentationen und effektive Rhetorik

Zum alltäglichen Aufgabenbereich eines Managers gehören formale und informelle Präsentationen bei Besprechungen, Ansprachen bei Konferenzen und Trainingsveranstaltungen. Daher sind die Fähigkeiten der Rhetorik ein wesentliches Können, das sich ein Manager aneignen und weiterentwickeln sollte.

Für effektive Reden sind drei Dinge entscheidend:

- Überwindung der Nervosität,
- gründliche Vorbereitung,
- guter Vortrag.

ÜBERWINDUNG DER NERVOSITÄT

Manchmal hat Nervosität ihre guten Seiten. Sie sorgt dafür, daß Sie sich vorbereiten und Gedanken machen, sie beschleunigt den Adrenalinfluß und steigert auf diese Weise die Leistungsfähigkeit. Aber übermäßige Nervosität zieht einen Verlust Ihrer Effektivität nach sich und muß kontrolliert werden.

Die üblichen Gründe für übermäßige Nervosität sind Angst, ein Versager zu sein, Angst, als Tölpel dazustehen, Angst vor einem Zusammenbruch, Minderwertigkeitsgefühle und die Angst des Sprechers vor der Isolation. Um diese Gefühle zu überwinden, muß man sich immer drei Dinge vor Augen halten und sechs Dinge tun.

Drei Dinge, an die man denken muß

- Jeder ist nervös. Das ist natürlich und hat, wie bereits erwähnt wurde, seine guten Seiten.
- Das Sprachniveau ist generell niedrig. Sie können sich besser ausdrücken als andere.

- Sie haben etwas beizutragen. Warum hätte man Sie sonst aufgefordert, zu sprechen?

Sechs Dinge, die zu tun sind

- *Üben Sie.* Nehmen Sie jede Gelegenheit wahr, in der Öffentlichkeit zu sprechen. Je mehr Sie das tun, um so größer wird Ihr Selbstvertrauen. Fördern Sie konstruktive Kritik, und nutzen Sie sie.
- *Ihr Thema muß Ihnen bekannt sein.* Besorgen Sie sich Fakten, Beispiele und Illustrationen, die Sie anführen müssen.
- *Ihr Publikum muß Ihnen bekannt sein.* Wer wird da sein? Was erwarten sie zu hören? Was erhoffen sie sich davon, wenn sie Ihnen zuhören?
- *Ihr Ziel muß Ihnen bekannt sein.* Sie müssen wissen, was Sie erreichen wollen. Visualisieren Sie, wenn möglich, jedem Mitglied Ihres Publikums, wie es, nachdem es etwas Neues gelernt hat, zu seiner Arbeit zurückkehrt und das Gehörte in die Praxis umsetzt.
- *Bereiten Sie sich vor.*
- *Üben Sie Ihren Vortrag ein.*

VORBEREITUNG

Die Vorbereitung darf nicht übereilt erfolgen. Erstens sollten Sie Zeit haben, um unbeschwert nachzudenken. Beginnen Sie früh damit – im Bad, auf dem Weg zur Arbeit, beim Rasenmähen oder überall dort, wo Sie Zeit und Muße haben, um neue Ideen zu entwickeln. Zweitens sollten Sie für die eigentliche Vorbereitung genügend Zeit haben.

Es gibt acht Vorbereitungsphasen:

1. Sich mit dem Vortrag einverstanden erklären

Erklären Sie sich nur dann einverstanden, wenn Sie „diesem“ Publikum zu „diesem“ Thema etwas zu sagen haben.

2. Informationen einholen
Besorgen Sie sich Fakten und Argumente. Nehmen Sie Brainstorming zu Hilfe, und schreiben Sie alle Punkte, die Ihnen einfallen, auf; lesen Sie themenrelevante Literatur; sprechen Sie mit Kollegen und Freunden, und legen Sie Referenzordner zu Themen an, über die Sie möglicherweise sprechen werden.

3. Entscheiden, was zu sagen ist
Beginnen Sie mit einer Zieldefinition. Wollen Sie überzeugen, informieren, Interesse wecken oder inspirieren? Überlegen Sie sich dann ihre primäre Botschaft. Eignen Sie sich die „Dreierregel" an. Nur wenige Menschen können mehr als drei neue Ideen auf einmal aufnehmen. Vereinfachen Sie Ihre Präsentation, damit Sie die drei Hauptpunkte klar und deutlich vermitteln können. Selektieren Sie schließlich Fakten und Argumente, die Ihr Anliegen am besten untermauern.

Nehmen Sie sich nie zu viel auf einmal vor. Der schwerste Fehler, der einem Redner unterlaufen kann, ist, sein gesamtes Wissen undifferenziert offenzulegen. Selektieren und vereinfachen Sie unter Anwendung der Dreierregel.

4. Ihrer Rede eine Struktur geben
Eine guter Aufbau ist entscheidend. Er sorgt für Kontinuität und Verständnis und ermöglicht Ihnen, eine klare Linie zu verfolgen und Gedankensprünge zu vermeiden. Doch vor allem sorgt er dafür, daß Ihre Botschaft den Weg in die Köpfe Ihrer Zuhörer findet.

Der klassische Aufbau einer Rede lautet: „Teile ihnen mit, was du sagen wirst – sag es – teile ihnen mit, was du gesagt hast." Hier kommt die Dreierregel neuerlich ins Spiel. Ihr Publikum wird wahrscheinlich nur einem Drittel Ihrer Rede wirklich zuhören. Wenn Sie es dreimal auf dreierlei Arten sagen, werden sie es zumindest einmal gehört haben.

Zweifellos haben Sie in der Schule gelernt, daß ein Aufsatz aus einem Anfang, einem Mittelteil und einem Ende besteht. Dasselbe gilt für einen Vortrag.

Widmen Sie sich zuerst dem Mittelteil und

- schreiben Sie die wichtigsten Botschaften auf einzelne (Kartei-) Karten,
- führen Sie alle Punkte an, die für jede wichtige Botschaft wesentlich sind,
- illustrieren Sie diese Punkte mit Fakten, Beweismaterial, Beispielen, und geben Sie dem Ganzen ein Lokalkolorit,
- arrangieren Sie Ihre Karten in verschiedenen Reihenfolgen, damit Sie entscheiden können, welche Anordnung am besten wirkt und den logischen Ideenfluß am besten vermittelt.

Gehen Sie dann zur Eröffnung Ihres Vortrages über. Sie wollen Aufmerksamkeit erregen, Interesse wecken und Vertrauen erlangen. Ihr Publikum soll eine Vorstellung davon erhalten, worüber Sie sprechen werden. Unterstreichen Sie das Ziel Ihrer Präsentation – und zwar, welchen Nutzen „sie“ davon haben werden.

Überlegen Sie sich schließlich, wie Sie Ihren Vortrag abschließen werden. Der erste und letzte Eindruck sind entscheidend. Schließen Sie in einer dringlichen Tonlage ab.

Länge, Betonung und Kontinuität wollen sorgfältig überlegt sein. Sprechen Sie nie länger als durchgehend 40 Minuten. Eine Dauer von 20 bis 30 Minuten ist besser. Nur wenigen Sprechern gelingt es, die Aufmerksamkeit anderer über längere Zeit hinweg zu fesseln. Ein Publikum ist normalerweise zu Beginn hochinteressiert (außer Sie verpatzen Ihre Einleitung), aber in der Folge geht das Interesse schrittweise verloren, bis ein Ende absehbar wird. Dann erwacht es von neuem. Daher ist Ihr Schlußsatz besonders wichtig.

Um die Aufmerksamkeit durchgehend aufrechtzuerhalten, sollten Sie zwischendurch eine Zusammenfassung vornehmen, um Ihre Worte, jedoch vor allem Ihre Botschaft in regelmäßigen Intervallen zu betonen.

Kontinuität ist gleichermaßen wichtig. Sie sollten Ihre Argumentation fortlaufend aufbauen, bis Sie zu einer positiven und überwältigenden Schlußfolgerung gelangen. Nehmen Sie Hinweise, zwischendurch gemachte Zusammenfassungen und Gedankenbrücken zu Hilfe, damit Sie Ihre Zuhörer wie von selbst von einem Punkt zum nächsten führen können.

5. Notizen vorbereiten

Die besten Notizen sind die in der Vorbereitungsphase erwähnten Karten. Jede Karte sollte einen Abschnitt umfassen und die wichtigsten Überschriften enthalten. Vermeiden Sie, zu viele Notizen auf einer Karte zu machen, da Sie sonst verwirrt werden könnten.

Diese Behelfskarten können während der Rede ohne weiteres zur Hand genommen werden und sollten Ihre Zuhörer nicht ablenken. Es ist jedoch keine schlechte Idee, Ihre Eröffnung und Ihren Schluß auf eigenen Karten auszuformulieren. Sie können sie auswendig lernen und Ihre Rede auf diese Weise voll Selbstvertrauen eröffnen und positiv zu Ende führen.

6. Visuelle Mittel vorbereiten

Da Ihre Zuhörer nur ein Drittel oder gar noch weniger des Gesagten aufnehmen werden, sollten Sie Ihre Botschaft mit visuellen Mitteln unterstreichen. Sprechen Sie mehrere Sinne auf einmal an. Flip-charts, Diapositive und so fort sind eine gute Unterstützung, aber übertreiben Sie nicht damit. Zu viele visuelle Hilfen lenken ab, und zu viele Worte oder eine übertrieben ausgearbeitete Präsentation verwirren, langweilen und irritieren Ihr Publikum.

7. Proben

Proben sind entscheidend. Sie werden dadurch sicherer und können richtig einschätzen, wie lange Ihr Vortrag dauern wird. Ihre Eröffnung erhält den nötigen Schliff, und Ihr Vortrag wird mit den visuellen Hilfsmitteln entsprechend koordiniert.

Üben Sie Ihren Vortrag mehrere Male für sich, und achten Sie darauf, wie lange Sie für jeden Abschnitt brauchen. Gewöhnen Sie sich an, Ihre Notizen zu präzisieren, ohne dabei ins Quasseln zu verfallen. Schreiben Sie Ihren Vortrag nie Wort für Wort nieder, um ihn dann durch wiederholtes Lesen einzustudieren. Ihre Präsentation wird auf diese Weise garantiert gespreizt und leblos.

Üben Sie Ihren Vortrag laut ein – stehend, wenn Sie ihn so präsentieren werden. Manche Menschen nehmen sich selbst auf Band auf, aber auch das kann hinderlich sein. Besser ist es, wenn Ihnen jemand zuhört und Sie auf konstruktive Weise kritisiert. Ihnen mag das zwar unangenehm sein, aber vergessen Sie nicht, daß es nur zu Ihrem Besten ist.

Versuchen Sie schließlich, dort zu proben, wo Sie sprechen werden. Bei dieser Gelegenheit können Sie Ihre visuellen Hilfsmittel gleich mit ausprobieren und jemanden bitten, Ihnen zuzuhören, damit gewährleistet ist, daß Sie auch in der hintersten Reihe vernehmbar sind.

8. Vor-Ort-Überprüfung und Vorbereitung

Überprüfen Sie, ob Ihre visuellen Hilfsmittel für alle sichtbar sind. Überzeugen Sie sich, daß Sie mit ihnen umgehen können. Testen und stellen Sie den Overhead-, Film- oder Dia-Projektor richtig ein. Informieren Sie den Filmvorführer, und sorgen Sie dafür, daß er den Film einmal durchlaufen läßt, damit es zu keinen störenden Unterbrechungen kommt.

Wenn Sie ein Diakarussell verwenden, überprüfen Sie die Reihenfolge, und sorgen Sie dafür, daß kein Dia verkehrt eingeordnet ist.

Seien Sie darauf vorbereitet, daß es mit den technischen Ausrüstungen Probleme geben kann. Es kann Ihnen passieren, daß Sie, ohne rechtzeitig benachrichtigt zu werden, ohne Hilfsmittel auskommen müssen. Deshalb sollten Sie sich nicht zu sehr auf die visuellen Mittel verlassen.

Prüfen Sie nach, ob Ihre Notizen und visuellen Mittel in der richtigen Reihenfolge bei der Hand sind, bevor Sie mit Ihrem Vortrag beginnen. Es gibt nichts Schlimmeres als einen Sprecher, der seinen Vortrag durcheinanderbringt und hilflos nach dem nächsten Diapositiv sucht.

VORTRAG

Nach einer gründlichen Vorbereitung kann Ihnen nichts passieren. Sie werden nicht zusammenbrechen. Aber die Art, wie Sie vortragen, wird die Wirkung beeinflussen. Die Qualität eines Vortrages hängt von Technik und Auftritt ab.

Technik

Ihre Stimme sollte bis in den hintersten Winkel vernehmbar sein. Wenn Sie sich nicht sicher sind, ob man sie hört, fragen Sie. Es lenkt ab, wenn jemand plötzlich „lauter“ ruft. Variieren Sie Tempo, Lautstärke und Tonlage Ihres Vortrages. Machen Sie eine Pause, bevor Sie einen wichtigen Punkt ansprechen, um ihn zu unterstreichen, aber auch danach, um zu ermöglichen, daß er aufgenommen wird. Versuchen Sie, einen Gesprächston zu finden. Vermeiden Sie eine steife Wortwahl. Das ist ein Grund, warum Sie Ihren Vortrag unter keinen Umständen vorlesen sollten. Wenn Sie Sie selbst bleiben, wird Ihnen Ihr Publikum eher zuhören.

Scherze sind gut, wenn sie natürlich wirken. Menschen langweilen sich leicht, wenn Sie das Gefühl haben, man wolle sie belehren, aber Sie sollten keine Witze erzählen, wenn Ihnen das nicht liegt. Viele effektive und erfreuliche Sprecher werden niemals scherzhaft.

Sowohl Ihre Worte als auch Ihre Sätze sollten einfach und kurz sein.

Ihre Augen sind ein wichtiger Anhaltspunkt für Ihr Publikum. Sehen Sie Ihre Zuhörer an, bewerten Sie ihre Reaktionen, und passen Sie sich ihnen an. Werden Sie nicht nervös, wenn sie beginnen, auf die Uhr zu schauen. Erst wenn sie die Uhren schütteln, um festzustellen, ob sie stehengeblieben sind, haben Sie Grund zur Sorge.

Ihre Hände sollten nur der Gestik und der Betonung dienen. Vermeiden Sie rastlose Bewegungen. Verstecken Sie Ihre Hände nicht in den Hosentaschen.

Stehen Sie natürlich und gerade, aber nicht zwanglos. Benehmen und präsentieren Sie sich wie jemand, der das Sagen hat. Wenn Sie wie ein Tiger im Käfig rastlos auf und ab wandern, werden Sie Ihre Zuhörer ablenken. Man wird nur noch darauf warten, wann Sie endlich über ein Kabel stolpern oder von der Plattform herunterfallen.

Benehmen

Entspannen Sie sich, und zeigen Sie, daß Sie entspannt sind. Vermitteln Sie ein Gefühl stillen Selbstvertrauens. Entspannung und Selbstvertrauen kommen automatisch mit einer gründlichen Vorbereitung und im Laufe der Praxis.

Predigen Sie nicht. Man wird es Ihnen übelnehmen und gegen Sie sein.

Zeigen Sie, daß Sie aufrichtig und überzeugt sind. Offensichtliche Aufrichtigkeit, Glaube an ihre Botschaft, positive Überzeugung und Begeisterung, wenn Sie Ihr Anliegen vermitteln, zählen mehr als jede Technik.

SCHLUSSFOLGERUNGEN

- Sie können mit der Praxis lernen, ein effektiver Sprecher zu werden. Nehmen Sie jede Gelegenheit wahr, um das erforderliche Können zu erlangen und weiterzuentwickeln.
- Nervosität kann kontrolliert werden, indem man sich vorbereitet und die erforderlichen Techniken kennt.
- Eine gute Vorbereitung ist der halbe Sieg.
- Techniken haben den Zweck, ihre Persönlichkeit und Ihren Stil hervorzukehren und nicht, um sie unkenntlich zu machen.

Kapitel 35

Problemlösung und Entscheidungsfindung

PROBLEME UND MÖGLICHKEITEN

„Es gibt keine Probleme, sondern nur Möglichkeiten", ist ein häufig vernommener Satz. Das trifft natürlich nicht immer zu, aber die Tatsache, daß Probleme positive Überlegungen zur momentanen Vorgangsweise anstatt Vorwürfe auslösen sollten, wird damit auf den Punkt gebracht. Ist ein Fehler unterlaufen, sollten seine Ursachen analysiert werden, damit er nicht noch einmal vorkommen kann. Das ist freilich leichter gesagt als getan.

Wenn Sie ständig mit Problemen und Entscheidungen konfrontiert werden, kann es zuweilen vorkommen, daß Sie hoffnungslos verwirrt sind. Uns allen geht es manchmal so.

IHRE FÄHIGKEITEN VERBESSERN

Wie können Sie Ihre Fähigkeiten, Probleme zu lösen und Entscheidungen zu treffen, verbessern? Es gibt mehrere Grundansätze, die Sie anwenden sollten.

Verbessern Sie Ihre analytischen Fähigkeiten

Eine komplizierte Situation läßt sich oft lösen, indem man sie in ihre Bestandteile aufteilt. Eine derartige Analyse sollte zwar bei den Fakten ansetzen, obwohl man, wie Peter Drucker hervorhebt, manchmal von einer Ansicht ausgehen muß, um zur eigentlichen Ursache des Problems zu gelangen. Auch wenn Sie verlangen, daß zuallererst die Fakten zu suchen sind, werden Ihre Mitarbeiter zunächst nur jene Fakten aufspüren, die in ihre vorgefaßte Schlußfolgerung passen.

Meinungen sind ein ausgesprochen guter Ansatzpunkt, doch sie müssen sofort genannt und dann den tatsächlichen Gegebenheiten gegenübergestellt werden. Analysieren Sie jede Hypothese, und entnehmen Sie ihr jene Teile, die überprüft und getestet werden müssen.

Mary Parker Folletts „Gesetz der Situation“ – die Logik von Fakten und Ereignissen – sollte am Ende regieren. Und auch wenn Sie von einer Hypothese ausgehen, sollten Sie sich, sobald Sie eine Prüfung vornehmen, an Rudyard Kiplings sechs ehrliche Dienstmänner halten:

> Zu meinen Diensten stehen sechs ehrliche Männer
> (Sie lehrten mich alles, was ich weiß und kann)
> Wie und Wo und Wer lauten ihre Namen
> und Was und Warum und Wann.

Gehen Sie systematisch vor

Wenden Sie die Techniken an, die in Kapitel 16 besprochen wurden: die Situation analysieren, mögliche Vorgangsweisen herausarbeiten, abwägen und entscheiden, was zu tun ist.

Aber rechnen Sie nicht mit einer Schwarzweißlösung. Denken Sie daran, was Drucker in *The Effective Executive* sagte:

> Eine Entscheidung ist ein Urteil. Eine Alternative wird gewählt. Eine Wahl zwischen richtig und falsch kann kaum jemals getroffen werden. Im besten Fall kann man zwischen fast richtig und wahrscheinlich falsch auswählen – aber viel öfter muß eine Wahl zwischen zwei Vorgangsweisen getroffen werden, wovon wahrscheinlich die eine gleichermaßen „fast“ richtig ist wie die andere.

Weder sollten Sie eine Konsens anstreben noch eine derartige Lösung begrüßen. Die besten Entscheidungen werden immer dann getroffen, wenn zwei gegensätzliche Ansichten aufeinanderstoßen. Drucker zufolge lautet die oberste Regel in der Entscheidungsfindung: „Man trifft keine Entscheidung ohne vorherige Meinungsverschiedenheiten.“ Sie sind deshalb wesentlich, weil auf diese Weise niemand die Möglichkeit hat, ohne vorherige Faktenanalyse zu einer Schlußfolgerung zu gelangen.

Alfred P. Sloan von General Motors war sich dessen bewußt. Während einer Konferenz mit Mitarbeitern sagte er: „Meine Herren, ich nehme an, wir sind uns in dieser Frage vollkommen einig." Alle nickten eifrig. „Dann", so Sloan weiter, „schlage ich vor, daß wir eine weitere Besprechung dieser Sache bis zu unserer nächsten Zusammenkunft verschieben, damit wir Zeit haben, Uneinigkeiten zu entwickeln, und vielleicht einem Verständnis für den Gehalt der Entscheidung etwas näher kommen."

Setzen Sie Ihre Phantasie ein

Ein streng logischer Ansatz muß nicht immer die beste Problemlösung zur Folge haben. Laterales Denken, Analogien und Brainstorming (siehe Kapitel 23) sind gute Methoden, damit Sie einen völlig neuen Ansatz entwicklen können und nicht immer auf demselben Gleis fahren.

Bleiben Sie unkompliziert

Eines der obersten Prinzipien der Logik wurde mit dem Namen „Ockhams Rasierklinge" bekannt. Es besagt, daß „reale Dinge nicht grundlos zu multiplizieren sind". Das heißt, daß Sie immer der einfachsten aller Erklärungen Glauben schenken sollten.

Durchführung

Ein Problem ist erst dann gelöst, wenn die Entscheidung durchgeführt wurde. Überlegen Sie sich sorgfältig, wie eine Sache zu tun ist (von wem, mit welchen Ressourcen und bis wann), aber auch, welche Wirkung sie auf die Betroffenen haben wird und inwieweit diese kooperieren werden. Wenn Sie eine Lösung vorschreiben, wird die Kooperation nicht so gut ausfallen. Das beste ist immer, Dinge so zu arrangieren, daß alle gemeinsam zu einer Lösung gelangen, von der sie sich einig sind, daß sie der Situation entsprechend die beste ist.

PROBLEMLÖSUNGS- UND ENTSCHEIDUNGSFINDUNGSTECHNIKEN

Eine effektive Problemlösung und Entscheidungsfindung erfordert folgende Schritte:

1. *Definieren Sie die Situation.* Stellen Sie fest, was mißlungen ist oder gerade im Begriff ist, zu mißlingen.
2. *Spezifizieren Sie Ziele.* Definieren Sie, was Sie jetzt oder in Zukunft erreichen wollen, während Sie ein aktuelles oder potentielles Problem oder veränderte Umstände behandeln.
3. *Entwickeln Sie Hypothesen.* Entwickeln Sie bezüglich der möglichen Ursache Ihres Problems Hypothesen.
4. *Besorgen Sie sich Fakten.* Um eine Grundlage für die Überprüfung von Hypothesen zu haben und mögliche Vorgangsweisen zu entwickeln, müssen Sie herausfinden, was momentan passiert und/oder in Zukunft passieren könnte. Wenn mehrere Mitarbeiter involviert sind, hören Sie sich beide Seiten der Geschichte an, und beratschlagen Sie sich, wenn möglich, mit einer dritten Partei. Beschaffen Sie sich schriftliche Beweisführungen, wo immer sie von Relevanz sind. Verlassen Sie sich nicht auf Gerüchte.
   Definieren Sie in Form von Maßnahmen, Verfahrensweisen oder Ergebnissen, was geschehen sollte, und vergleichen Sie dies mit den tatsächlichen Geschehnissen. Versuchen Sie, Einstellungen und Beweggründe der Betroffenen zu verstehen. Denken Sie daran, daß Ihre Mitarbeiter vergangene und gegenwärtige Geschehnisse von ihrer eigenen Warte aus beurteilen. Beschaffen Sie sich Informationen über interne und externe, die Situation betreffende Einschränkungen.
5. *Analysieren Sie die Fakten.* Bestimmen Sie, was relevant und was irrelevant ist. Stellen Sie Ursache oder Ursachen des Problems fest. Geben Sie jedoch nicht der Versuchung nach, sich anstatt auf die Ursachen auf die Symptome zu konzentrieren. Gehen Sie dem Problem auf den Grund. Wenn Sie zukünftige Ereignisse analysieren, sollten Sie hinsichtlich einer Bewertung der bestehenden Trends, und zwar sowohl inner- als

auch außerhalb des Unternehmens, realistisch vorgehen. Vermeiden Sie jedoch oberflächliche Hochrechnungen. Berücksichtigen Sie die vielschichtigen internen und externen, organisatorischen und umweltbedingten Faktoren, die zukünftige Entwicklungen beeinflussen könnten.

6. *Ziehen Sie mögliche Vorgangsweisen in Erwägung.* Führen Sie eine Auflistung der möglichen Vorgangsweisen im Lichte der Faktenanalyse durch. Wenden Sie dort, wo es angebracht ist, Brainstormingtechniken und kreatives Denken an, um Vorgangsweisen herauszuarbeiten, die nicht unmittelbar evident sein müssen.
7. *Werten Sie mögliche Vorgangsweisen aus.* Überlegen Sie sich die Möglichkeiten, indem Sie Für und Wider auflisten und antizipierte Ergebnisse ihren spezifischen Zielen gegenüberstellen. Werten Sie die unmittelbaren und zukünftigen Konsequenzen aus, die sowohl innerhalb als auch außerhalb des Unternehmens auftreten könnten. Vergleichen Sie Kosten mit Nutzen.

   Bewerten Sie, inwieweit den Bedürfnissen der Betroffenen begegnet wird und inwieweit Ihre Entscheidungen annehmbar sein werden. Denken Sie an das Risiko, das Sie mit der Schaffung gefährlicher Präzedenzfälle eingehen. Ebenso sollten Sie sich die Auswirkungen interner oder externer Hindernisse, die vorhanden sein könnten, überlegen. Sorgen Sie dafür, daß alle Betroffenen an der Auswertung und Entscheidungsfindung teilnehmen. Allerdings wird das Ausmaß der Partizipation vom Wesen des Problems und von den Partizipationsregelungen sowie dem Führungsstil des Unternehmens abhängig sein.
8. *Treffen Sie eine Entscheidung, und führen Sie sie durch.* Entscheiden Sie, welche Vorgangsweise die beste ist, und diskutieren Sie sie mit den Betroffenen. Überlegen Sie sich gut, wie sie voraussichtlich von der Entscheidung betroffen sein werden. Entscheiden Sie sich für eine Präsentationsmethode, führen Sie die Gründe für die Entscheidung an, und zerstreuen Sie, so weit als möglich, alle Ängste. Bevor Sie die

Entscheidung durchführen, sollte allen, die sie benötigen, die relevante Information zukommen.

9. *Überwachen Sie die Durchführung*. Prüfen Sie nach, wie effektiv die Entscheidung durchgeführt wird. Achten Sie auf die Reaktionen der Betroffenen. Greifen Sie, wo es notwendig ist, berichtigend ein.

Kapitel 36

Produktivitätssteigerung

DIE VORTEILE EINER GESTEIGERTEN PRODUKTIVITÄT

Zeitstudien haben wiederholt gezeigt, daß Mitarbeiter, die in ihrer Arbeit keinen Anreiz sehen, nur etwa 50 bis 60 Prozent des Leistungsmaßstabes entsprechen, der ansonsten von einem durchschnittlichen Arbeiter erwartet werden kann.

Barry Smith von A. Kearney Consultants stellte fest, daß „aus Produktivitätsprüfungen im Fertigungs- und Vertriebsbereich immer wieder eindeutig hervorgeht, daß der Output um 25 bis 40 Prozent gesteigert werden kann, ohne daß dabei die Werkshalle oder die Human Resources grundlegend verändert werden müßten" (*Management Today*, Oktober 1977). Ähnliches geht aus der Bewertung von Verwaltungsarbeiten hervor. Meistens können Personaleinsparungen von über 15 Prozent realisiert werden, ohne Qualität oder Leistung in irgendeiner Form zu beeinträchtigen. Der Steigerungsrahmen ist enorm, aber auch das Ergebnis lohnt sich, wie aus der folgenden Analyse ersichtlich wird.

Lohnsumme als Prozentsatz der Erlöse	Gewinnsteigerung vor Steuern (*) als Prozentsatz der Produktivitätssteigerung			
	5%	10%	20%	40%
20	20	40	80	160
30	30	60	120	240
40	40	80	160	320
50	50	100	200	500

(*) Bei einem angenommenen Verkaufsertrag von fünf Prozent.

Eine Produktivitätssteigerung kann also überaus ertragreich sein, doch wie erreichen Sie sie?

Zuallererst gilt es, Gleichgültigkeit zu überwinden. Sowohl die Führungskräfte als auch die Belegschaft müssen überzeugt werden, daß es im Interesse aller ist, den Pro-Kopf-Output zu steigern. Das ist ein schwieriges Unterfangen. Es erfordert beträchtliche Führungsmaßnahmen seitens der Unternehmensspitze und die Erstellung positiver Programme, damit alle Betroffenen motiviert werden und mit dem erforderlichen Engagement am Steigerungsprozeß teilhaben.

Die Produktivität muß kontinuierlich vorangetrieben werden. Um das zu erreichen, sollte ein Programm zur Produktivitätssteigerung erarbeitet werden, das die Ergebnisse von Produktivitätsprüfungen zur Grundlage haben sollte.

PRODUKTIVITÄTSSTEIGERUNGSPROGRAMM

Ein Produktivitätssteigerungsprogramm sollte die Erlangung einer signifikanten Verbesserung des Verhältnisses zwischen Inputs und Outputs, oder anders ausgedrückt, eine Verbesserung der folgenden Kennzahl zum Ziel haben:

$$\frac{\text{erzielte Leistung}}{\text{verbrauchte Ressourcen}}$$

Was sind die Erfolgsfaktoren?

Eine erfolgreiche Produktivitätssteigerungskampagne ist von den folgenden Faktoren abhängig:

- Eine sorgfältige Planung des Programms. Es sollte ausgehend von Produktivitätsprüfungen positive Zielsetzungen sowie einen eindeutig definierten Zeitplan enthalten.
- Management und Vorgesetzte müssen sich dem Programm verpflichtet fühlen.
- Die Angestellten müssen in das Programm mit einbezogen

werden und die entsprechenden Sicherheiten hinsichtlich ihrer Zukunft erhalten, damit sie bereit sind, an der Durchführung teilzunehmen.
- Der Nutzen des Programms muß von allen Betroffenen, von der Organisation, vom Management und von allen Angestellten gleichermaßen anerkannt, aber auch unterstützt werden.

Das sind herausfordernde Kriterien, die nicht leicht zu erfüllen sind. Manche Dinge können mißlingen. Alle, ob nun Manager, Vorgesetzte oder die übrigen Angestellten, werden dem Programm mißtrauen. Sie werden es entweder als Mittel zur Aufzeigung ihrer eigenen Unzulänglichkeiten oder als Instrument zur Herbeiführung untragbarer Veränderungen oder als Bedrohung ihrer Existenz empfinden. Das sind durchwegs emotionelle Reaktionen, und sobald Emotionen an die Tür klopfen, verschwindet die Vernunft durchs Fenster. Daher sind Kommunikation, Erziehung, Engagement und Überzeugung die wesentlichen Aspekte eines Programms dieser Art.

Auch wenn Ihre Überredungskünste überdurchschnittlich gut sind und es Ihnen gelingt, Ihre Mitarbeiter so weit in das Programm zu involvieren, daß Sie ihren natürlichen Widerstand gegen Veränderungen überwinden, gibt es eine Reihe anderer Fehler, die bei der Durchführung von Produktivitätssteigerungen auftreten können. Diese sind:

- Empfehlungen zu erteilen, die sich auf ungenaue Informationen oder Schlußfolgerungen stützen;
- neue Ausstattungen, Methoden oder Verfahren zu empfehlen, ohne die Kostenwirksamkeit dieser Vorschläge ausgewertet zu haben;
- Empfehlungen zu erteilen, ohne die Auswirkung der Veränderungen auf andere Abteilungen richtig ausgewertet zu haben;
- Veränderungen vorzuschlagen, ohne die Reaktionen der Betroffenen genügend berücksichtigt zu haben.

Diese Fehler sind üblich, aber sie können vermieden werden. Die Personen, die für Produktivitätssteigerungsprogramme zuständig sind, sollten auf diese Gefahren aufmerksam gemacht werden. Daher ist es wichtig, daß Kompetenzen eindeutig definiert sind und die Art der Durchführung geklärt ist.

Wer leitet das Programm?

Das Programm zur Produktivitätssteigerung muß vom Topmanagement geleitet werden. Es setzt die Ziele fest, definiert die Aufgabenstellung, erteilt einer Führungskraft die Verantwortung für das Programm, stellt ihr die erforderlichen Ressourcen zur Verfügung und überwacht die erzielten Ergebnisse.

Für das Programm sollte ein hochrangiger Manager, der dem Unternehmensvorsitzenden direkt untersteht, zuständig sein. Setzen Sie niemals ein Gremium dafür ein. Die Zeit wird mit Besprechungen, anstatt mit Taten zugebracht werden. Der Produktivitätsleiter wird Unterstützung benötigen – es sollten ihm organisatorische und methodische Hilfe zukommen, aber auch Arbeitsstudien sowie die Hilfe der Personalabteilung und Buchhaltung – und er sollte seine Helfer direkt involvieren, anstatt sie zu Gesprächsrunden einzuladen. Es kann sein, daß kleine Projektgruppen erforderlich sind, die sich aus den Mitgliedern der einzelnen Abteilungen zusammensetzen und bestimmte Aufgaben übernehmen, doch sie sollten nur mit ganz bestimmten Aufgaben betraut werden.

Die Einstellung auswärtiger Berater wird in Erwägung gezogen werden müssen. Normalerweise sollten Sie sie nur als „zusätzliches Paar Hände" einsetzen, das Untersuchungen und Ressourcen mitbringt, die im Unternehmen nicht unbedingt vorhanden sein müssen.

Aber sie müssen kontrolliert werden. Sie haben sich an die Anweisungen des Produktivitätsleiters zu halten und nicht ihren eigenen Kurs zu verfolgen.

Konsulenten werden oft als Buhmänner mißbraucht, denen man die Verbreitung der unangenehmsten Weisungen, die sonst niemand auf sich nehmen will, überläßt. Das ist schade. Wenn sie von der Bedeutung der Produktivität überzeugt sind, sollten Sie erkennen, daß ihre Verwirklichung nicht immer auf bequeme Weise erreicht wird. Sie müssen bereit sein, gerechtfertigte Maßnahmen selbst zu vertreten und sie nicht anderen zu überlassen.

Sobald die Entscheidung gefallen ist, wer das Programm leiten wird, müssen Sie gewährleisten, daß Ihre Zielsetzungen und Vorstellungen verstanden werden und daß ein systematischer Ansatz verfolgt wird, der sich nach den einzelnen Punkten der folgenden Checkliste für die Produktivitätsprüfung richtet.

CHECKLISTE FÜR DIE PRODUKTIVITÄTSPRÜFUNG

Wonach ist zu suchen?

Wenn Sie eine Produktivitätsprüfung durchführen, sollten Sie zuallererst die Leistung untersuchen:

1. Aktuelle Leistung im Vergleich zu den Leistungsmaßstäben und Trends im Unternehmen.
2. Aktuelle Leistung im Vergleich zu anderen Unternehmen.
3. Gründe für unzufriedenstellende Leistung, die unter den folgenden Überschriften aufgelistet werden sollten:
   - Unzulängliche Planung, Budgetierung und Kontrollmaßnahmen,
   - ineffiziente Arbeitsmethoden oder -systeme,
   - nicht entsprechende Verwendung von Zeitstudien,
   - unzulängliche Mechanisierung oder inadäquate Werks- und Maschinenausstattung,
   - schlechtes Management,
   - unzureichend motivierte Angestellte,
   - schlecht bezahlte Angestellte,
   - zu viele restriktive Praktiken,
   - inadäquates Training,
   - übermäßiger Materialabfall.

Daraufhin sollten folgende Bereiche untersucht werden. Jeder einzelne sollte bearbeitet werden, um festzustellen, was zu tun ist, inwieweit es bereits getan wird; jede erforderliche Verbesserungsmaßnahme sollte kommentiert werden.

1. *Planung, Budgetierung und Kontrolle* – prüfen Sie nach, ob
   (a) Leistungsvorgaben und -maßstäbe in der Produktivität klar definiert, einhaltbar, präzise und meßbar sind,
   (b) die einzelnen Mitarbeiter sich der Ziele und Maßstäbe, die von ihnen erwartet werden, vollkommen bewußt sind,
   (c) Personalplanung und Budgets die Festlegung und Erreichung realistischer Produktivitätsziele bewußt berücksichtigen,
   (d) Varianzen und Abweichungen vom Plan in Kontrollberichten eindeutig kenntlich gemacht werden,
   (e) jeder einzelne für eine Nichteinhaltung der Ziele und Maßstäbe voll rechenschaftspflichtig ist,
   (f) Korrekturmaßnahmen vom Management prompt erfolgen, um negativen Varianzen oder Resultaten zu begegnen.

2. *Arbeitsmethoden* – prüfen Sie nach, ob
   (a) ein kontinuierliches Programm zur Revision und Verbesserung der Arbeitsmethoden in allen Bereichen des Unternehmens vorhanden ist,
   (b) das Programm zur Verbesserung des methodischen Ansatzes vom Management, von der Gewerkschaft und den Angestellten unterstützt wird,
   (c) das Programm echte Verbesserungen in der Produktivität nach sich zieht.

3. *Zeitstudien* – prüfen Sie nach, ob
   (a) Zeitstudien überall dort, wo es möglich ist, angewandt werden, um Maßstäbe zu entwickeln und besser gesteuerte Informationen, Methoden und Verfahren zu erhalten,
   (b) Zeitstudien angewandt werden, um die Grundlage für effektive Leistungsanreize zu erhalten.

4. *Technologie* – prüfen Sie nach, ob
   (a) konstante Bemühungen vom Management angestrengt werden, um die Produktivität durch neue Technologien – Mechanisierung, Computerisierung, Automatisierung – zu steigern,
   (b) Investitionen in Ausstattungen oder Maschinen auf einer Kosten-Nutzen-Grundlage gerechtfertigt sind,
   (c) dafür gesorgt wird, daß die Auslastung der vorhandenen Ausstattungen zu einer Maximierung der Produktivität führt.

5. *Management* – prüfen Sie nach, ob
   (a) das Management die Notwendigkeit für Produktivität bewußt erkannt hat,
   (b) Manager und Vorgesetzte aktive und erfolgreiche Schritte unternehmen, die das Produktivitätsbewußtsein ihrer Mitarbeiter anheben,
   (c) die Produktivität bei der Bewertung der Fähigkeiten und Möglichkeiten von Managern und Vorgesetzten als Schlüsselkriterium gilt,
   (d) die Arbeit so organisiert ist, daß Entscheidungen in wichtigen Produktivitätsbereichen dort getroffen werden, wo die Arbeit verrichtet wird und wo die Wirkung am größten ist,
   (e) die Erforschung der Methoden zur Produktivitätssteigerung eine wichtige Funktion in der Organisation einnimmt.

6. *Motivation und Engagement* – prüfen Sie nach, ob
   (a) die Angestellten vom Management und von den Vorgesetzten zur Erlangung einer höheren Produktivität motiviert werden,
   (b) vom Management fortlaufend Informationen eingeholt werden, wie die Motivation für eine gesteigerte Produktivität verbessert werden kann,
   (c) die Angestellten in das Streben nach höherer Produktivität involviert werden,

(d) die Angestellten zu schätzen wissen, daß Produktivitätssteigerungen nicht nur der Organisation, sondern auch ihnen selbst zum Nutzen gereichen.

7. *Lohn* – prüfen Sie nach, ob
   (a) überall dort, wo es möglich ist, Leistungslohnschemata angewandt werden, um die Produktivität zu steigern,
   (b) Leistungslohnschemata laufend überprüft werden, um ihre Kostenwirksamkeit zu gewährleisten,
   (c) Prämien für all jene, die nicht in das Leistungslohnschema fallen, der erbrachten Leistung entsprechen,
   (d) Schemata, bei denen die Prämien für eine gesteigerte Produktivität unter den Angestellten aufgeteilt werden, dazu dienen, weitere Produktivitätssteigerungen zu fördern.

8. *Restriktives Verhalten* – prüfen Sie nach, ob
   (a) Produktivitätsabkommen mit der Gewerkschaft ausgehandelt werden, die zum Ziel haben, daß restriktive Verhaltensformen beigelegt werden,
   (b) die Abkommen kostenwirksam sind, d. h. ob der Wert der Produktivitätssteigerung, der aus einer Beilegung restriktiven Verhaltens resultiert, die Kosten für die Beilegung überwiegt.

9. *Training* – prüfen Sie nach, ob
   (a) sich die Analysen der Trainingsbedürfnisse darauf konzentrieren, wie die Produktivität gesteigert werden kann,
   (b) Trainingsprogramme aus diesen Analysen hervorgehen,
   (c) all jene, die zur eigenen Produktivitätssteigerung vom Training profitieren können, insbesondere neue Angestellte, dieses auch erhalten,
   (d) die Wirkung des Trainings nachfassend untersucht wird, um seine Kostenwirksamkeit zu erkennen, d. h., ob die Produktivitätszuwächse, die aus dem Training resultieren, die Trainingskosten überwiegen.

10. *Eliminierung verschwenderischer Praktiken* – prüfen Sie nach, ob
    (a) vom Topmanagement laufend Angriffe auf alle Formen verschwenderischer Personalkosten und -einsätze vorgenommen werden,
    (b) eine Arbeits- und Methodenstudie angewandt wird, um den Personaleinsatz durch effizientere Techniken, Systeme und Verfahren zu verbessern,
    (c) Neueinstellungen, Vergrößerung durch Hilfsabteilungen und der Einsatz indirekten Personals streng kontrolliert werden,
    (d) Manager und Vorgesetzte für verschwenderische Praktiken zur Rechenschaft gezogen werden.

STEIGERUNGEN DURCHFÜHREN

Verbesserungen in der Produktivität lassen sich viel leichter durchführen, wenn die Ziele Ihres Programms von allen Betroffenen verstanden und akzeptiert werden. Klare Anweisungen von der Unternehmensspitze und ein systematischer Ansatz bei allen Untersuchungen sind ebenfalls entscheidend. Aber es wird Ihnen nicht gelingen, die gewünschten Ergebnisse zu erzielen, wenn Sie Ihre Belegschaft nicht in das Programm mit einbeziehen.

Wenn Ihre Belegschaft involviert ist, wird sie sich mit den Ergebnissen identifizieren. Dadurch wird ihr natürlicher Widerstand gegen Veränderungen reduziert und ihre Kooperationsbereitschaft gewährleistet. Sie muß das Gefühl haben, daß es sich um ihr eigenes Programm und nicht um einen Befehl von oben handelt.

Kapitel 37

Re-engineering

Auch wenn ein Unternehmen gut funktioniert, sollten die Schlüsselprozesse einer gründlichen Analyse und Überprüfung unterzogen werden, um sicherzustellen, daß sie geeignet sind, für nachhaltiges Wachstum und Wertschöpfung zu sorgen. Das Re-engineering der Geschäftsprozesse ist eine Methode zur Durchführung einer solchen Überprüfung.

Das Re-engineering betrifft im wesentlichen den Geschäfts*prozeß*, der folgendermaßen definiert werden kann:

> Die Gesamtheit der Aktivitäten, die mit einer oder mehreren Arten von Input einen Output erzeugen, der einen Kundennutzen darstellt.

Die „Auftragserfüllung" ist ein Prozeß, dessen Input ein Auftrag und dessen Output die Bereitstellung der in Auftrag gegebenen Güter ist. Diese Bereitstellung ist der von dem Prozeß erzeugte Nutzen. Sie bedeutet viel mehr als eine reine Verkaufs- oder Vertriebsaktivität. Bei der Neuausrichtung der Geschäftsabläufe werden die miteinander verbundenen Funktionen nicht als separate Einheiten betrachtet. Statt dessen wird beim Re-engineering der Prozeß untersucht, der diese Funktionen von Anfang bis Ende miteinander verbindet.

RE-ENGINEERING-ANSÄTZE

Das wichtigste Werkzeug für eine Neuausrichtung der Geschäftsprozesse ist ein leeres Blatt Papier. Das Re-engineering geht von der Zukunft aus und arbeitet sich von dort in die Gegenwart zurück. Es wird nicht durch bestehende Methoden, Menschen oder Abteilungen eingeschränkt. Im Grunde stellt es die Frage: „Wie würden wir unser Unternehmen führen, wenn wir es neu gründeten?" Um diese Vision in die Praxis umzusetzen, werden dann – im allgemeinen drastische – Maßnahmen ergriffen.

Die konventionellen Prozeßstrukturen sind fragmentiertes Stückwerk. Die Arbeit ist in den meisten Fällen als Abfolge eng definierter Aufgaben organisiert. Die Leute, die diese Aufgaben durchführen, werden in Abteilungen zusammengefaßt und unter die Führung von Managern gestellt. Kontrollsysteme leiten die Informationen die Hierarchieleiter hinauf bis zu jenen, die, so wird angenommen, wissen, was sie mit ihnen tun sollen.

Ein Re-engineering geht von einer viel umfassenderen und radikaleren Sichtweise aus. Es betrachtet die grundlegenden Prozesse in einem Unternehmen funktionsübergreifend. Das Ziel besteht darin, sämtliche Prozesse zu integrieren. Das Re-engineering sprengt den Rahmen des konventionellen Wissens und ignoriert die organisatorischen Grenzen. Es setzt die Informationstechnologie nicht ein, um einen bestehenden Prozeß zu automatisieren, sondern um die Einführung eines neuen Prozesses zu erleichtern. So wird beispielsweise auf Expertensysteme zurückgegriffen, die es ihren Benutzern ermöglichen, gesammeltes und systematisiertes Wissen für eine sofortige Entscheidungsfindung zu verwenden, ohne daß man sich an einen Vorgesetzten wenden oder einen Spezialisten um Rat fragen müßte.

Diejenigen, welche die Re-engineering-Maßnahmen durchführen, stellen vor allem zwei grundlegende Fragen: „Warum?“ und „Was wäre, wenn?“ In dieser Hinsicht stehen sie in der Tradition der „Good Methods Engineers“, die anhand kritischer Untersuchungstechniken geltende Annahmen hinterfragen und sogar die Notwendigkeit einer Aktivität in Frage stellen. Erst wenn sie eine befriedigende Antwort erhalten, beginnen sie, nach besseren (d. h. schnelleren, weniger kostspieligen, effizienteren) Methoden zur Durchführung dieser Aktivität zu suchen. Sie stellen die folgenden kritischen Fragen:

- Was wird gemacht? Warum muß es gemacht werden?
- Wie wird es gemacht? Warum muß man es so machen?
- Wo wird es gemacht? Warum muß es dort gemacht werden?

- Wann wird es gemacht? Warum muß es dann gemacht werden?
- Wer macht es? Warum muß es von dieser Person gemacht werden?

Der Unterschied zwischen diesem traditionellen und oft durchaus effektiven Ansatz und einem Re-engineering besteht darin, daß die zweite Methode die organisationsumspannenden Geschäftsprozesse noch genauer unter die Lupe nimmt. Diese Untersuchung wird vom Topmanagement vorangetrieben, um eine radikale Veränderung herbeizuführen, die das gesamte Unternehmen oder einen wesentlichen Teil desselben erfaßt. Die Untersuchung der Methoden war eher fragmentiert und unterlag keiner Geschäftsstrategie, die eine umfassende Veränderung und Verbesserung zum Ziel hatte.

Ein weiterer signifikanter Unterschied liegt darin, daß sich das Re-engineering der Geschäftsabläufe die Möglichkeiten der Informationstechnologie viel umfassender zunutze macht. Aber auch hier überschreitet das Systemdesign im Re-engineering die funktionalen Grenzen und konzentriert sich im Gegensatz zum traditionellen systemanalytischen Ansatz auf die Suche nach neuen und geschlossenen Lösungen.

Im folgenden wird beschrieben, was bei einem Re-engineering zu berücksichtigen ist.

Werden Sie sich als erstes über die Strategie klar

Eine der Grundregeln des Re-engineering lautet: „Reparieren Sie nichts, was eigentlich überflüssig ist." Das Re-engineering befaßt sich mit Prozessen und Betriebsabläufen; nur die Strategie kann Ihnen sagen, welche davon wichtig sind. Zunächst muß man sich ausführliche Gedanken darüber machen, auf welchem Gebiet das Unternehmen tätig ist und wie es mit diesem Geschäft Geld verdienen will. Ebenso wichtig ist es festzustellen, wo die Kernkompetenzen des Unternehmens liegen, und dafür zu sorgen, daß die Aktivitäten rund um diese Kernkompetenzen aufgebaut werden.

Führen Sie von oben

Ein entscheidender Erfolgsfaktor des Re-engineering besteht darin, daß die Unternehmensführung eine echte Vision entwickelt hat. Da Re-engineering darüber hinaus funktionsübergreifend ist, muß es von Personen vorangetrieben werden, die genügend Autorität haben, um einen Prozeß von einem Ende zum anderen und von oben nach unten zu überblicken. Der Unternehmensleiter sollte ein unter seiner Führung stehendes Kernteam einrichten, dem die Leiter der einzelnen Funktionen angehören.

Sorgen Sie für ein Gefühl der Dringlichkeit

Das Re-engineering scheitert, wenn politischer Druck ausgeübt wird, oder verläuft nach ein paar leichten „Siegen" im Sande, wenn nicht ständig zwingende und dringliche Argumente für seine Durchführung ins Feld geführt werden.

Methode

Das Re-engineering läßt sich nicht detailliert planen und in kleinen und behutsamen Schritten durchführen. Meist muß eine weitreichende Entscheidung gefällt werden, wobei der Ausgang des Unternehmens ungewiß ist. Aus diesem Grund ist es ein sehr riskantes Unterfangen und lohnt sich daher nicht, wenn keine dringende Notwendigkeit besteht, grundsätzlich zu überdenken, was das Unternehmen im allgemeinen oder in einem wichtigen Bereich tut.

Im Rahmen des Re-engineering sollte nicht zu viel Zeit auf das Studium der gegenwärtigen Arbeitsflüsse verwendet werden. Der Überprüfungsprozeß sollte jedoch darauf abzielen, jene Punkte zu finden, an denen ein neues Denken besonders wirkungsvoll ansetzen kann.

ANWENDUNGEN

Das Re-engineering kann zur Durchführung einer fundamentalen und vollständigen Überprüfung der Strategie, der Struktur und der Geschäftsabläufe verwendet werden; dies war beispielsweise der Fall bei Barr & Stroud, einer Technikfirma aus Glasgow, die in Reaktion auf neue Geschäftsbedingungen und Anforderungen radikale Veränderungen durchführen mußte. Diese Veränderungen beinhalteten eine Konzentration auf die Kernkompetenzen, eine Verringerung der Managementebenen von neun auf vier und eine Gründung multidisziplinärer Teams, die Leerläufe und doppelte Arbeitsgänge aus dem System eliminieren sollten.

Das Re-engineering eignet sich nicht für eine Anwendung auf einzelne Funktionen. So stellte beispielsweise Ford in den Vereinigten Staaten fest, daß es keinen Sinn hatte, eine einzelne Funktion wie die Kreditbuchhaltung einem Re-engineering zu unterziehen. Ein Re-engineering, so Fords Ergebnis, sei nur dann sinnvoll und überlegenswert, wenn grundlegende Prozesse des Unternehmens aus einer funktionsübergreifenden Perspektive betrachtet würden. Aus diesem Grund unterzog Ford den gesamten Kreditbuchhaltungsprozeß einem Re-engineering, wovon auch die Funktionen Einkauf, Materialkontrolle und Buchhaltung betroffen waren. Das Ergebnis war die Einführung einer rechnungslosen Bearbeitungssystems, wodurch eine 75prozentige Senkung des Personalstandes möglich wurde.

Ein gut durchgeführtes Re-engineering kann Geschwindigkeit, Produktivität und Rentabilität beträchtlich verbessern. So gelang es beispielsweise Union Carbide in den Vereinigten Staaten, seine Fixkosten in nur drei Jahren um 400 Millionen Dollar zu senken; GTE rechnet mit einer Verdoppelung seiner Gewinne und einer Halbierung seiner Kosten für Telefonaktivitäten; Mutual Benefit Life reduzierte seine Bearbeitungszeit für Versicherungsanträge von fünf bis 25 Tagen auf ein bis sieben Tage, und Bell Atlantik senkte seine Lieferzeiten von 15 Tagen auf einen einzigen Tag.

Es wird behauptet, daß ein Re-engineering Leistungssteigerungen um das Zehnfache bewirken kann. Das ist aber nur möglich, wenn es gut funktioniert – was nicht leicht zu bewerkstelligen ist. Viele Unternehmen erzielen keine guten Ergebnisse, weil sie es verabsäumen, den Prozeß zuerst genau zu durchdenken (die Funktionen müssen vereinfacht werden, bevor Informationstechnologie hineingebracht wird), weil es ihnen nicht gelingt, das Engagement der Mitarbeiter zu gewinnen, oder weil sie einfach schlecht beraten werden.

Voraussetzungen für den Erfolg

Ein Re-engineering-Projekt wird wie jedes andere einschneidende Veränderungsprogramm nur dann zu nachhaltigen Verbesserungen führen, wenn die Unternehmensleitung ein beträchtliches Maß an Zeit und Energie investiert. Wenn es an entschlossener Führung durch die Unternehmensspitze mangelt, können die Belastungen, denen ein Unternehmen durch eine derart radikale Veränderung ausgesetzt ist, das Projekt zu Fall bringen.

Soll es erfolgreich sein, so muß das Projekt auf einer Analyse beruhen, in der jene Prozesse identifiziert werden, die für die Wertschöpfung im gesamten Unternehmen von Bedeutung sind. Ein Re-engineering konzentriert sich nicht auf einzelne Aktivitäten oder isolierte Prozesse, sondern es dient dazu, größere Gruppen zusammenhängender Prozesse oder miteinander verbundener Aktivitäten abzudecken, so daß die Verbesserungen das gesamte Unternehmen erfassen. Es wäre jedoch nicht klug, den Ansatz zu allgemein zu verstehen. Wenn ein Unternehmen seine Fähigkeit, seinen Kunden Wert und Nutzen zu bieten, verbessern will, ist es gut beraten, sich auf jene zwei oder drei Schlüsselelemente zu konzentrieren, die solche Werte schaffen, und diese Schlüsselelemente mit Schwung und Elan in Angriff zu nehmen, so daß eine dauerhafte langfristige Verbesserung möglich wird.

Kapitel 38

Strategisches Management

Damit ein Unternehmen langfristig erfolgreich sein kann, benötigt es einen klar definierten Zweck, eine Vorstellung von der Richtung, in die es gehen will, und einen Plan, welche Ressourcen es dazu benötigt. Anders ausgedrückt: Es bedarf des strategischen Managements. Damit die Manager nach strategischen Gesichtspunkten vorgehen können, müssen sie zunächst einmal wissen, was Strategie ist; sie müssen strategische Managementpläne einsetzen und strategische Pläne erstellen können; und es muß ihnen bewußt sein, daß Strategie bedeutet, sich ständig weiterzuentwickeln und sich veränderten Umständen anzupassen.

STRATEGIE - ZIEL UND ZWECK

Das allgemeine strategische Ziel des Gesamtunternehmens lautet, sich seiner Umgebung auf möglichst vorteilhafte Art und Weise anzupassen.

Die Strategie definiert, wohin sich das Unternehmen bewegen will, um seinen Zweck und seine Mission bestmöglich zu erfüllen. Die Strategie bietet den Rahmen für jene Grundsatzentscheidungen, die Wesen und Ausrichtung des Unternehmens betreffen. Diese Entscheidungen beziehen sich auf die Produkte oder Dienstleistungen des Unternehmens, auf Märkte, Schlüsselfähigkeiten, Wachstum, Kapitalrendite und Ressourcenzuteilung. Eine Strategie ist daher eine Absichtserklärung: Sie definiert, was das Unternehmen langfristig werden möchte.

Strategien bilden die Grundlage für strategisches Management und für die Formulierung strategischer Pläne.

STRATEGISCHES MANAGEMENT

Strategisches Management ist jener Prozeß, in dem Strategien formuliert werden und das Unternehmen mit dem Ziel geleitet wird, diese Strategien umzusetzen.

Unternehmen und Manager, die strategisch denken und handeln, blicken in die Zukunft und legen die Richtung fest, in die sie mittel- und langfristig gehen wollen. Obwohl sie wissen, daß Unternehmen ebenso wie ihre Manager in der Gegenwart gute Leistungen erbringen müssen, um in der Zukunft erfolgreich zu sein, befassen sie sich auch mit den weiterreichenden Aufgaben, mit denen sie konfrontiert sind, und mit der allgemeinen Richtung, in die sie gehen müssen, um sich diesen Problemen erfolgreich stellen zu können.

Das strategische Management orientiert sich am Mission Statement des Unternehmens. Eine grundlegende Aufgabe von strategischem Management besteht darin, dafür zu sorgen, daß die Unternehmensperspektive genau definiert ist und dem grundlegenden Unternehmenszweck innerhalb seiner sich verändernden Umgebung dient. Strategisches Management befaßt sich sowohl mit den Mitteln als auch mit dem Zweck. Aus der „Zweckperspektive" beschreibt es eine Vision dessen, wie das Unternehmen nach etlichen Jahren aussehen soll; aus der „Mittelperspektive" zeigt es, wie diese Vision realisiert werden soll. Strategisches Management ist daher ein visionärer Managementansatz. Es dient dazu, eine Vorstellung davon zu gewinnen, wohin sich das Unternehmen bewegt. Aber strategisches Management muß in empirisches Management übersetzbar sein, denn dieses entscheidet darüber, ob das Unternehmen in der Praxis an sein Ziel gelangen wird.

Strategisches Management schafft eine Perspektive, mit der sich die Angehörigen des Unternehmens identifizieren können und die für ihre Entscheidungen und Handlungen bestimmend ist. Im Mittelpunkt steht die Festlegung der Mission und der Ziele des Unternehmens, aber es muß auch erkundet werden, welche Ressourcenbasis notwendig sein wird, um das Unternehmen zum Erfolg zu führen. Man sollte nie vergessen, daß Strategie das Mittel zur Wertschöpfung ist.

Manager, die strategisch denken, haben eine umfassende und langfristige Vorstellung davon, auf welchem Weg sie in welche Richtung gehen wollen. Aber es ist ihnen auch bewußt, daß ihre Aufgabe zunächst darin besteht, zu planen, wie sie Ressourcen für jene Chancenbereiche freimachen können, die der Umsetzung der Strategie dienen, und diese Chancenbereiche dann so zu managen, daß eine signifikante Wertschöpfung erzielt wird.

Schlüsselkonzepte des strategischen Managements

Die Schlüsselkonzepte des strategischen Managements sind:

- *distinktive Kompetenz* – die spezifischen oder einzigartigen Fähigkeiten des Unternehmens und jene Dinge herausarbeiten, die es am besten kann;
- *Fokussierung* – Identifikation der strategischen Schlüsselaufgaben und Konzentration auf diese Fragen;
- *dauerhafter Wettbewerbsvorteil* – laut Michael Porter besagt dieses Konzept, daß ein Unternehmen, das einen Wettbewerbsvorteil anstrebt, Werte für seine Kunden schaffen und sich auf Märkte konzentrieren sollte, in denen es exzellente Leistungen erbringen kann; darüber hinaus sollte es versuchen, für seine Konkurrenten zu einem „beweglichen Ziel" zu werden, indem es seine Position ständig verbessert. Drei der wichtigsten Erfolgsfaktoren sind Innovation, Qualität und Kostensenkung;
- *Synergie* – Entwicklung einer Produkt-Markt-Position, in der die kombinierte Leistung größer ist als die Summe ihrer Teile;
- *Prüfung der Umgebung* – Überprüfung des internen und externen Unternehmensumfelds, um sicherzustellen, daß sich das Management der Stärken und Schwächen sowie der Bedrohungen und Chancen zur Gänze bewußt ist (Stärken-Schwächen-Analyse);
- *Ressourcenzuteilung* – man muß die strategiebedingten Erfor-

dernisse an Personal-, Finanz- und Materialressourcen kennen und dafür sorgen, daß diese Ressourcen verfügbar gemacht und bestmöglich eingesetzt werden.

DIE FORMULIERUNG DER STRATEGIE

Wie Henry Mintzberg festgestellt hat, ist die Formulierung einer Strategie nicht notwendigerweise ein rationaler und kontinuierlicher Prozeß. Mintzberg ist davon überzeugt, daß Änderungen der Strategie, obwohl das Management die meiste Zeit über eine bestimmte strategische Orientierung verfolgt, in kleinen Sprüngen erfolgen. In der Praxis „kann sich eine Strategie in Reaktion auf eine Veränderung der Situation ergeben".

Auch Lester Dignam ist überzeugt, daß die Formulierung einer Strategie nicht immer rational und Schritt für Schritt erfolgt. Er meint, daß die meisten strategischen Entscheidungen nicht programmiert sind, sondern von den Entwicklungen ausgelöst werden. Sie stellen eher Präferenzen als angewandte Logik dar. Laut Dignam geht es bei der Strategieformulierung nicht um die Formulierung detaillierter Pläne, sondern um richtige Entscheidungen. Die effektivsten Strategen sind im allgemeinen kreative, intuitive Personen, die flexibel und anpassungsfähig planen.

Es steckt viel Wahres in dem, was Dignam sagt, aber es gibt dennoch gute Gründe dafür, bei der Formulierung strategischer Pläne systematisch vorzugehen. Diese Gründe werden nachstehend beschrieben.

STRATEGISCHE PLANUNG

In der strategischen Planung wird ein systematischer, analytischer Zugang gewählt, um das Unternehmen als Ganzes in Beziehung zu seiner Umgebung zu setzen. Ziel ist es

- eine integrierte, koordinierte und geschlossene Vorstellung

von dem Weg zu entwickeln, den die Organisation beschreiten möchte;
- die Anpassung des Unternehmens an die Veränderungen in seiner Umgebung zu erleichtern.

Das Ziel strategischer Planung besteht darin, eine stabile Beziehung zwischen den Zielsetzungen des Unternehmens, seinen Ressourcen und den in seiner Umgebung bestehenden Chancen herzustellen.

DIE FORMULIERUNG VON STRATEGIEPLÄNEN

Ein systematischer Ansatz zur Formulierung strategischer Pläne besteht aus folgenden Schritten:

1. *Definition des Unternehmensauftrags* – sein allgemeiner Zweck;
2. *Festlegung von Zielen* – Definition dessen, was das Unternehmen erreichen muß, um seinen Auftrag zu erfüllen;
3. *Analyse der Umgebung* – interne Bewertung der Stärken und Schwächen des Unternehmens und externe Bewertung der Chancen und Bedrohungen (Stärken-Schwächen-Analyse);
4. *Analyse vorhandener Strategien* – Bestimmung ihrer Gültigkeit im Licht der Umgebungsanalyse. Hier kann eine Lückenanalyse durchgeführt werden, um festzustellen, inwieweit Umweltfaktoren zu einer Kluft zwischen dem tatsächlich Erreichten und dem beitragen, was erreicht werden könnte, wenn die bestehenden Strategien geändert würden. In einem Konzern mit mehreren verschiedenen Unternehmen kann eine Analyse der Überlebensfähigkeit der einzelnen strategischen Geschäftseinheiten (Portfolioanalyse) durchgeführt werden, um Zukunftsstrategien für die einzelnen Bereiche zu entwickeln;
5. *Definition strategischer Aufgaben* im Licht der Umgebungsanalyse, der Lückenanalyse und, wo anwendbar, der Portfolioanalyse;

6. *Entwicklung neuer oder Revision der vorhandenen Strategien* und Änderung der Zielsetzungen, ausgehend von der Analyse der strategischen Fragen;
7. *Bestimmung der entscheidenden Erfolgsfaktoren* – jener Faktoren, die darüber entscheiden, ob die Zielsetzungen erreichbar sind und die Strategie implementiert werden kann;
8. *Erstellung von Betriebs-, Ressourcen- und Projektplänen*, die zur Umsetzung der Strategien dienen und den Kriterien der entscheidenden Erfolgsfaktoren entsprechen;
9. *Implementierung* der Pläne;
10. *Überwachung der Ergebnisse* anhand der Pläne und Feedback der Information, die zur Modifizierung von Strategien und Plänen verwendet werden kann.

Wie sorgfältig Sie auch planen – denken Sie immer daran, daß Strategie oft nicht mehr (und nicht weniger) bedeutet, als „die Herde ungefähr auf Kurs nach Westen zu halten", wie die Cowboys zu sagen pflegten.

Kapitel 39

Streßmanagement

Die Tätigkeit der meisten Manager zeichnet sich durch Eile, Vielfalt und Fragmentierung aus. Die Manager sind ständigem Wandel ausgesetzt – oder Chaos, wenn man so will. Häufig müssen sie unter Druck arbeiten, was innerhalb bestimmter Grenzen durchaus normal oder sogar wünschenswert ist, weil Druck motivierend wirkt. Er löst Adrenalinstöße aus und ist ein wunderbares Mittel zur Förderung der Konzentration. Wird der Druck jedoch zu stark, so kann er sich in Streß verwandeln. Und dieser wirkt demotivierend. Da ein gewisses Maß an Streß in unseren turbulenten Zeiten fast unvermeidlich ist, sollten wir etwas darüber wissen, welche Arten von Streß es gibt, welche Ursachen er hat, und wie man mit ihm umgehen kann.

DIE VERSCHIEDENEN ARTEN VON STRESS

Emotional verursachter Streß läßt sich in vier Hauptkategorien unterteilen:

1. *Zeitstreß.* Dabei handelt es sich um eine Angstreaktion auf das konkrete Gefühl, daß ein oder mehrere Dinge vor Ablauf einer Frist erledigt werden müssen, oder auf das allgemeine Gefühl, daß einem die Zeit davonläuft und daß etwas Schreckliches geschehen wird, sobald sie tatsächlich abgelaufen ist.
2. *Erwartungsstreß.* Diese Art von Streß ist allgemein unter der Bezeichnung „Besorgnis" bekannt. Dabei fürchtet man ein bevorstehendes Ereignis. Oft handelt es sich dabei um eine generelle Angst, die keine oder eine nur unbestimmte Grundlage hat.
3. *Situationsbedingter Streß.* Diese Angst verspürt man, wenn

man sich durch bestimmte Ereignisse oder Menschen unter extremen Druck gesetzt fühlt. Sie tritt in Situationen auf, die als bedrohlich empfunden werden und die teilweise oder zur Gänze außerhalb der eigenen Kontrolle liegen. Diese Art von Streß kann auch auftreten, wenn zwischen Menschen Mißtrauen oder Konflikte bestehen.

4. *Begegnungsstreß*. Das ist die Angst vor dem Umgang mit einzelnen Personen oder Menschengruppen, die als potentiell unangenehm oder unberechenbar betrachtet werden.

DIE URSACHEN VON STRESS

Die wichtigsten Ursachen von Streß sind:

- *Arbeitsbedingungen* – unangenehme Arbeitsbedingungen wie zum Beispiel der Zwang, außergewöhnlich schnell, unter großer körperlicher Anstrengung, zu lange oder zu ungeeigneten Zeiten zu arbeiten, können sowohl die körperliche als auch die mentale Gesundheit schädigen;
- *Arbeitsüberlastung* – wenn man entweder zuviel Arbeit hat oder Arbeiten macht, welche die eigenen Fähigkeiten übersteigen;
- *unklare Rolle* – wenn einer Person nicht klar ist, welchen Umfang ihr Tätigkeitsbereich hat, wofür sie verantwortlich ist oder wie weit ihre Entscheidungsbefugnis reicht;
- *Rollenkonflikte* – Wenn die Arbeitsanforderungen widersprüchlich sind, wenn jemand Dinge tun muß, die er nicht tun will, oder Dinge, die außerhalb seines Tätigkeitsrahmens liegen;
- *Verantwortung* – erhöhte Verantwortung für Menschen bedeutet, mehr mit anderen interagieren, an Sitzungen teilnehmen und Zeitpläne und Fristen einhalten zu müssen. Solche Menschen fürchten oft, die Schuld für die Fehler oder Unzulänglichkeiten ihrer Mitarbeiter „angehängt“ zu bekommen;
- *Rechenschaftspflicht* – die Pflicht, für die Ergebnisse Rechenschaft abzulegen, kann insbesondere angesichts unsicherer

Zukunftsperspektiven zu erhöhter Belastung führen, weil Ziele erreicht und Leistungsstandards verbessert werden müssen;

- *Veränderung* – die Einstellung auf rasanten technologischen Wandel, die Aneignung neuer Fähigkeiten, verschiedene Verantwortlichkeiten in der Tätigkeit und vielfältige, unter turbulenten Bedingungen durchzuführende Aufgaben erhöhen die Belastung;
- *Beziehungen zu Untergebenen* – Unfähigkeit zu delegieren, kritische oder unkooperative Mitarbeiter, mangelnde Autorität;
- *Arbeitsplatzsicherheit* – Angst vor Stellenabbau, Obsoletheit oder Frühpensionierung;
- *mangelnder Status* – tatsächlich oder empfunden;
- *Gefühl bezüglich Job oder Karriere* – Frustration darüber, den Karrierehöhepunkt erreicht zu haben, mangelnde Zukunftsaussichten, übertriebene oder unzureichende Beförderung;
- *Einfluß des Unternehmens* – belastendes oder angespanntes Klima, autokratischer Managementstil, Verhaltensrestriktionen, mangelhafte Information und Einbindung;
- *externer Druck* – Widerspruch zwischen den Anforderungen des Unternehmens und den Bedürfnissen der Familie oder anderer Außenstehender; familiäre Probleme aufgrund überlanger Arbeitszeiten; Vorrang der Arbeit vor Partner und Familie; Dienstreisen, Versetzungen.

Diese Ursachen können in zahlreichen Kombinationen auftreten. Am stärksten betroffen sind meist die Manager der mittleren Ebene: sie sind Druck von unten und von oben ausgesetzt, haben alle Hände voll zu tun damit, dem Unternehmen ihren persönlichen Stempel aufzudrücken und ihre Karriere voranzutreiben, reisen viel und müssen sich versetzen lassen. Auf der anderen Seite sind sie oft verheiratet und müssen zu Hause wachsende Verpflichtungen bewältigen. Aber auch ältere Manager können Streßopfer werden, weil die Bürde der Verantwortung immer schwerer auf ihnen lastet oder weil ihre Karriere den

Höhepunkt erreicht hat, während sie ihre Ambitionen noch nicht verwirklicht haben.

STRESSBEWÄLTIGUNG

Wie jemand mit Streß fertig wird, hängt von seiner Persönlichkeit und davon ab, inwieweit er unklare Situationen verträgt und Veränderungen bewältigt. Auch die Motivation spielt eine Rolle. Motivation ist eine Form von Druck. Es ist möglich, daß jemand übermotiviert ist. So wird der Druck zu Streß, wenn es nicht gelingt, das zu erreichen, was man sich vorgenommen hat oder was von einem erwartet wird.

Streß kann durch Anpassungsverhalten bewältigt werden. Ein überarbeiteter Manager kann sich erfolgreich anpassen, indem er mehr Arbeit delegiert und auf diese Weise mehr Zeit für seine eigentlichen Managementaufgaben hat (siehe Kapitel 49). Aber ein anderer Manager ist möglicherweise bereit, sich mit der Überlastung abzufinden, was dazu führt, daß Druck und Streß zunehmen und die Leistung sinkt.

Streß kann auf folgende Arten bewältigt werden:

1. Bauen Sie befriedigende und angenehme Kooperationsbeziehungen zu Ihrem Chef, Ihren Kollegen und Ihren Untergebenen auf.
2. Sollten Sie irgendwelche Zweifel bezüglich Ihrer Rolle haben, bitten Sie Ihren Chef um Klärung.
3. Sollten irgendwelche Probleme zwischen Ihnen und anderen Managern bestehen, legen Sie die Probleme auf den Tisch und diskutieren Sie sie auf offene, aber verbindliche Art.
4. Unternehmen Sie Schritte, um Ihre Ziele zu klären und sie von Ihrem Chef absegnen zu lassen.
5. So gern Sie sich auch als „williges Arbeitspferd" darstellen – nehmen Sie keine zusätzliche Arbeit an, und machen Sie keine Versprechungen, die Sie dann nur schwer halten kön-

nen. Weigern Sie sich nicht offen, da man Ihnen sonst bald nachsagen wird, Sie seien unkooperativ. Bieten Sie nicht an, Überstunden zu machen, weil Sie ansonsten vielleicht als Streber angesehen werden. Erklären Sie einfach, daß Sie bestimmte Prioritäten haben, die Sie einhalten möchten, und daß Sie zwar gern helfen möchten, die betreffende Tätigkeit aber nicht als vorrangig betrachten, es sei denn, Ihre anderen Prioritäten könnten geändert werden. Wenn die Aufgabe Ihre Fähigkeiten wirklich übersteigt, sagen Sie das deutlich, aber bieten Sie an, bei der Suche nach jemandem zu helfen, der über die erforderlichen Fähigkeiten und Kenntnisse verfügt.

6. Schätzen Sie Ihre eigenen Stärken und Schwächen ein. Wenn Ihre Probleme auf eine bestimmte Schwäche zurückgeführt werden können, unternehmen Sie etwas dagegen oder suchen Sie Hilfe.
7. Legen Sie ein realistisches Karriereziel fest, das Ihrer Selbsteinschätzung entspricht. Überprüfen Sie, welche Kompetenzen und Qualifikationen Sie benötigen, um dorthin zu gelangen. Wenn Sie zuversichtlich sind, daß Sie über diese Kompetenzen und Fähigkeiten verfügen, verfolgen Sie Ihr Ziel energisch. Besitzen Sie die Fähigkeiten nicht, so müssen Sie klären, ob Sie sie entwickeln können oder nicht. Wenn ja, dann an die Arbeit. Wenn nein, denken Sie über alternative Ziele und andere Karrierewege nach, die im Rahmen Ihrer Möglichkeiten und Fähigkeiten liegen.
8. Wenn Sie unter Druck stehen, Fristen einzuhalten, oder zu viele Eisen gleichzeitig im Feuer haben, planen Sie Ihre Prioritäten so, daß die zur Verfügung stehende Zeit ausreicht, und delegieren Sie so viel Arbeit wie möglich.
9. Wenn Sie sich in einer Krise befinden, nehmen Sie sich genügend Zeit, um darüber nachzudenken, wie Sie sie bewältigen werden. Laufen Sie nicht kreuz und quer herum wie ein kopfloses Huhn.
10. Wenn Sie unter extremem Druck stehen, nehmen Sie sich bewußt eine Entspannungspause von einigen Minuten.

11. Planen Sie anhand der in Kapitel 49 beschriebenen Zeitmanagementtechniken Ihren Arbeitstag. Und planen Sie immer eine Zeitspanne ein – und wenn es nur zehn Minuten sind –, in der Sie völlig ungestört sind und nicht unter Druck stehen.
12. Achten Sie darauf, daß Ihre Tätigkeit Ihrem Wesen und Ihren Fähigkeiten entspricht.
13. Schätzen Sie Ihr Können und Ihre Leistungsfähigkeit realistisch ein.
14. Tun Sie Ihr Bestes, um Ihre persönliche Entfaltung, Ihre Arbeit und Ihre Familie in Einklang zu bringen.
15. Pflegen Sie Beziehungen, die Ihnen helfen, mit Ihrem Arbeitsdruck fertigzuwerden, und es Ihnen gestatten, arbeitsbedingten Streß einzugestehen und etwas dagegen zu unternehmen.

Kapitel 40

Team-Management

Eine Ihrer wichtigsten Aufgaben als Manager besteht darin, die Kapazität Ihres Teams optimal zu nutzen und dafür zu sorgen, daß die Teammitglieder im Interesse besserer Leistungen gut zusammenarbeiten.

Team-Management bedeutet, daß Sie Zweck und Ziele des Teams klären, für eine gute Zusammenarbeit der Teammitglieder sorgen, die gemeinsamen Fähigkeiten des Teams stärken, für einen gemeinsamen Zugang zur Aufgabe sorgen, von außen auferlegte Hindernisse beseitigen und den Teammitgliedern Möglichkeiten verschaffen müssen, ihre Fähigkeiten und Kompetenzen weiterzuentwickeln.

Um diese Aufgaben bewältigen zu können, müssen Sie wissen

- welchen Zweck Teams erfüllen;
- wie man selbstgemanagte Teams einsetzt;
- welche Faktoren zur Effektivität eines Teams beitragen;
- was man tun muß, um eine gute Teamarbeit zu erreichen;
- wie man die Leistungen eines Teams überprüft;
- wie man die Leistungen eines Teams analysiert.

DER ZWECK VON TEAMS

Katzenbach und Smith definieren ein Team folgendermaßen:

> Ein Team ist eine kleine Zahl von Menschen mit einander ergänzenden Fähigkeiten, die sich zu einem gemeinsamen Zweck, gemeinsamen Leistungszielen und einem gemeinsamen Ansatz bekennen und einander gegenseitig Rechenschaft ablegen.

Katzenbach und Smith halten folgende Hauptmerkmale von Teams fest:

- Teams sind in den meisten Organisationen die grundlegenden Leistungseinheiten. Sie vereinigen in sich die Fähigkeiten, Erfahrungen und Erkenntnisse einer Reihe von Menschen.
- Teamarbeit ist in der Gesamtorganisation ebenso wie in den einzelnen Teams gefordert. Sie stellt „eine Gruppe von Werten [dar], die bestimmte Verhaltensweisen fördern. Dazu gehört es, zuzuhören, kooperativ auf die Ansichten anderer zu reagieren, den anderen vorbehaltlos gegenüberzutreten, jenen Unterstützung zu gewähren, die sie brauchen, und die Interessen und Leistungen anderer anzuerkennen."
- Teams entstehen aufgrund signifikanter und anspruchsvoller Leistungsherausforderungen und beziehen ihre Dynamik aus ihnen.
- Teams leisten mehr als allein oder in großen Gruppen arbeitende Einzelpersonen, vor allem, wenn die Aufgabe verschiedene Fähigkeiten, Denkweisen und Erfahrungen erfordert.
- Teams sind flexibel und reagieren schnell auf neue Entwicklungen und geänderte Anforderungen. Wenn sich neue Informationen oder Herausforderungen ergeben, können sie ihren Ansatz schneller, genauer und effektiver anpassen als Einzelpersonen, die in ein Netz weiterreichender organisatorischer Verbindungen eingebunden sind.
- Hochleistungsteams investieren ein hohes Maß an Zeit und Aufwand in die Erforschung, Gestaltung und Vereinbarung einer Zielvorstellung, die sie sowohl gemeinsam als auch einzeln „in Besitz nehmen". Sie zeichnen sich durch ein tiefes Bekenntnis zu Wachstum und Erfolg aus.

Richard Walton merkt an, daß in den neuen, auf einem gemeinsamen Bekenntnis beruhenden Organisationen oft nicht mehr einzelne Mitarbeiter, sondern Teams dafür verantwortlich sind, daß Leistungen erbracht werden.

Teamarbeit ist aber, wie Peter Wickens sagt, „nicht davon abhängig, daß Leute in Gruppen arbeiten, sondern davon, daß alle auf dieselben Ziele hinarbeiten." Das von Wickens angeführte Teamarbeitskonzept von Nissan ist in den „Allgemeinen Grundsätzen" des Unternehmens festgeschrieben. Dieses Konzept betont, daß es notwendig ist,

- das gegenseitige Vertrauen und die Zusammenarbeit zwischen dem Unternehmen, seinen Angestellten und der Gewerkschaft zu fördern;
- sich der Tatsache bewußt zu werden, daß jeder einzelne Mitarbeiter, gleich auf welcher Ebene, für den Erfolg des Unternehmens wichtig ist;
- sich aktiv um die Beteiligung sämtlicher Mitarbeiter zu bemühen, um diese Ziele zu erreichen.

Waterman stellt fest, daß Teamarbeit „eine heikle Angelegenheit ist; sie erfordert, daß sich die Mitarbeiter im Streben nach gemeinsamen Zielen oder Werten zusammenschließen. Das bedeutet nicht, daß sie sich immer über die beste Methode in diesem Streben einig sind. Wenn sie sich nicht einig sind, sollten sie über ihre Differenzen diskutieren, vielleicht sogar streiten."

Richard Pascale unterstrich diesen Punkt, als er schrieb, daß erfolgreiche Unternehmen Konflikte nutzen können, um im Wettbewerb vorne zu bleiben: „Es ist uns fast immer besser gedient, wenn wir Konflikte an die Oberfläche dringen lassen und kanalisieren, anstatt sie zu unterdrücken." Das Bemühen um Teamarbeit sollte nicht zu einem „lauen" Klima in der Organisation führen, in dem nichts Neues oder Aufregendes geschieht. Es ist zwar sehr nett, eine „große, glückliche Familie" zu sein, aber das kann katastrophale Folgen haben, wenn sich Selbstzufriedenheit und das gemütliche Gefühl breitmachen, daß der Familiengeist das Wichtigste ist, gleich was in der Außenwelt geschieht.

SELBSTGEMANAGTE TEAMS

Tom Peters ist ein Verfechter des selbstgemanagten Teams. Er spricht in diesem Zusammenhang vom Prinzip des „Kleinen im Großen" und meint, daß eine Organisation, die rund um Teams aufgebaut ist, „fokussierter, zielorientierter, innovativer und von engagierteren Mitarbeitern getragen“ sein wird.

Ein selbstgemanagtes Team weist grundsätzlich die folgenden Merkmale auf:

- Das Team steht unter der Führung eines Teamleiters und kann ziemlich groß sein – es kann je nach Aufgabe zwölf bis 15 Mitglieder oder mehr umfassen.
- Die Teamleiter sind verantwortlich für die Einhaltung von Zeitplänen, Qualitäts-, Kosten- und Personalentwicklungszielen sowie für das „Grenzenmanagement“ ihrer Gruppen, d. h. für die Beziehungen zum übergeordneten Management und zum Unterstützungspersonal sowie für die Außenkontakte und die Zusammenarbeit mit anderen Gruppen.
- Die Funktion des Teamleiters ist jedoch vor allem die eines Koordinators und Moderators; sein Arbeitsstil soll eher unterstützend und teilnehmend sein als befehlend.
- Das Team ist weitgehend autonom und selbst für Planungs- und Zeitplanungsarbeit, Problemlösung, Entwicklung seiner Leistungsindikatoren sowie für Festlegung und Überwachung von Teamleistung und Qualitätsstandards verantwortlich.
- Die Jobspezialisierung wird minimiert, die Teammitglieder agieren innerhalb der Gruppe flexibel, die Aufgaben rotieren, und die Mitglieder verfügen über viele verschiedene Fähigkeiten.
- Das Team trifft sich mindestens einmal pro Woche als Gruppe.
- Die Effektivität als Teammitglied ist ein wichtiges Kriterium bei Leistungsbewertungen.
- Es kann eine an die Gruppenleistung gebundene Form der Teambezahlung erfolgen.
- Das Team wird ermutigt, neue Ideen zur Leistungsverbesserung zu entwickeln – Belohnungen für entsprechende Vorschläge gelten für das ganze Team.

DIE EFFEKTIVITÄT DES TEAMS

In einem effektiven Team entsprechen Struktur, Leitung und Arbeitsmethoden den Anforderungen der Aufgabe. Die Gruppe bekennt sich geschlossen zu ihrer Aufgabe, und die Mitarbeiter werden so gruppiert, daß sie einander durch Aufgabenerfüllung und Aufgabeninterdependenz ergänzen.

Der Zweck eines effektiven Teams ist klar definiert, und die Teammitglieder sind davon überzeugt, daß die Aufgabe sowohl für sie selbst als auch für die Organisation wichtig ist. Laut Douglas McGregor weist ein gut funktionierendes, kreatives Team folgende Merkmale auf:

1. Die Atmosphäre ist eher informell, ungezwungen und entspannt.
2. Es gibt viele Diskussionen, an denen sich alle Teammitglieder beteiligen, aber die Diskussionen drehen sich immer um die Aufgabe der Gruppe.
3. Die Aufgabe oder Zielsetzung des Teams wird von seinen Mitgliedern genau verstanden. Die Zielsetzungen werden zur Diskussion gestellt, bis sie so formuliert sind, daß sich die Teammitglieder vorbehaltlos zu ihnen bekennen können.
4. Die Teammitglieder hören einander zu. Jede Idee wird diskutiert. Niemand muß befürchten, als dumm zu gelten, wenn er eine kreative Idee präsentiert, die ein wenig ausgefallen scheint.
5. Meinungsverschiedenheiten werden nicht unterdrückt oder durch übereilte Entschlüsse verdrängt. Die Gründe für Meinungsverschiedenheiten werden sorgfältig geprüft, und das Team versucht, sie beizulegen, anstatt Teammitglieder mit abweichender Meinung „zur Raison zu bringen".
6. Die meisten Entscheidungen kommen durch Konsens zustande, wobei dafür gesorgt wird, daß alle Teammitglieder im großen und ganzen übereinstimmen und den vereinbarten Weg einhalten wollen. Eine formelle Abstimmung ist

eine Mindesterfordernis; das Team akzeptiert eine einfache Mehrheit nicht als Handlungsgrundlage.

7. Kritik wird häufig, offen und relativ ungezwungen geäußert. Persönliche Angriffe offener oder versteckter Art sind nicht üblich.
8. Den Teammitgliedern steht es frei, ihre Gefühle und ihre Ideen zu Problemen und zur Tätigkeit des Teams auszudrükken.
9. Wenn Maßnahmen ergriffen werden, wird eine klare Aufgabenzuteilung vorgenommen und akzeptiert.
10. Der Teamleiter dominiert das Team nicht. Es gibt kaum Anzeichen für Machtkämpfe. Es geht nicht darum, wer die Kontrolle hat, sondern darum, wie die Arbeit erledigt wird.

WIE MAN GUTE TEAMARBEIT ERREICHT

1. Erzeugen Sie eine Atmosphäre der Dringlichkeit und geben Sie dem Team Richtung.
2. Wählen Sie die Teammitglieder aufgrund ihrer Fähigkeiten und ihres Entwicklungspotentials aus; achten Sie darauf, daß die Teammitglieder gut mit anderen zusammenarbeiten können, aber wenn nötig auch ihre eigene Meinung verfechten.
3. Planen Sie die ersten Sitzungen und Maßnahmen besonders sorgfältig.
4. Legen Sie unmittelbar leistungsorientierte Aufgaben und Ziele fest.
5. Setzen Sie Personen, die zusammenarbeiten müssen, einander überschneidende oder ineinandergreifende Ziele. Dies werden Ziele, die gemeinsam zu erreichen sind, oder Projekte sein, die gemeinsam fertigzustellen sind.
6. Messen Sie die Leistung der Mitarbeiter nicht nur an den Ergebnissen, die sie erreichen, sondern auch daran, wie gut sie als Teammitglieder funktionieren. Geben Sie Leuten, die gute Arbeit im Team leisten, Anerkennung und Belohnun-

gen (mit Hilfe von Bonussystemen, wo angebracht). Beachten Sie dabei aber, daß die Mitgliedschaft in einem Hochleistungsteam bereits an sich eine Belohnung darstellen kann.

7. Ermutigen Sie die Mitarbeiter, Netzwerke aufzubauen – was man erreicht, hängt in Organisationen ebenso wie in der Außenwelt davon ab, wen man kennt und was man weiß.
8. Richten Sie abteilungsübergreifende Projektteams ein, die befugt sind, die Dinge voranzutreiben.
9. Betrachten Sie die Organisation als System ineinandergreifender Teams, die durch einen gemeinsamen Zweck verbunden sind. Legen Sie keinen übermäßigen Wert auf Hierarchien. Reißen Sie die Grenzen zwischen den Abteilungen nieder, wenn sie hinderlich sind, aber seien Sie nicht beunruhigt, wenn es Meinungsverschiedenheiten gibt. Denken Sie daran, wie wertvoll *konstruktive* Konflikte sind.
10. Veranstalten Sie für die Arbeitsteams spezielle „Off-the-job"-Meetings, um den Teammitgliedern Gelegenheit zu geben, ohne den Druck ihrer tagtäglichen Arbeit über die einzelnen Fragen zu diskutieren.
11. Festigen Sie die Beziehungen anhand von Trainingsprogrammen. Der Aufbau von Beziehungen kann ein Kursergebnis sein, das sehr viel mehr wert ist als die eigentlich angestrebte Verbesserung der Fähigkeiten.
12. Ergänzen Sie die anderen Ansätze durch den Aufbau von Teams und die Schulung interaktiver Fähigkeiten. Verlassen Sie sich jedoch nicht darauf, daß diese Schulungen irgendeine Wirkung haben, wenn sich die von ihnen vermittelten Botschaften nicht mit der Kultur und den Wertvorstellungen des Unternehmens decken.

DIE ÜBERPRÜFUNG DER TEAMLEISTUNG

Bei Meetings zur Überprüfung der Teamleistung werden Feedback und Kontrollinformation über die gemeinsamen Leistungen den Zielsetzungen und Arbeitsplänen des Teams gegenübergestellt.

Die Tagesordnung eines solchen Meetings könnte folgendermaßen aussehen:

1. Allgemeines Feedback

- Überprüfung des Fortschritts des Teams als ganzes;
- der allgemeinen Probleme des Teams, die zu Schwierigkeiten oder Verzögerungen geführt haben;
- der grundlegenden Faktoren, welche die effektive Arbeit des Teams erleichtern bzw. behindern.

2. Beurteilung der Arbeit

- Wie gut das Team funktioniert hat (eine Checkliste zur Analyse der Teamleistung finden Sie nachstehend);
- Beurteilung der individuellen Beiträge der einzelnen Teammitglieder;
- Diskussion über neue aufgetretene Probleme.

3. Problemlösung in der Gruppe

- Analyse der Gründe für allfällige größere Probleme;
- Vereinbarung der Maßnahmen, die zu ergreifen sind, um solche Probleme zu lösen oder ihr erneutes Auftreten in der Zukunft zu verhindern.

4. Aktualisierung von Zielen und Arbeitsplänen

- Beurteilung neuer Erfordernisse, Chancen oder Bedrohungen;
- Ergänzung oder Aktualisierung von Zielen und Arbeitsplänen.

CHECKLISTE ZUR ANALYSE DER TEAMLEISTUNG

- Wie gut arbeiten wir zusammen?
- Trägt jedes Teammitglied zur Leistung bei?

- Wie effektiv ist die Teamleitung?
- Wie gut können wir Probleme analysieren?
- Wie entscheidungsfreudig sind wir?
- Wie gut können wir Maßnahmen einleiten?
- Konzentrieren wir uns ausreichend auf vorrangige Fragen?
- Verschwenden wir Zeit mit irrelevanten Dingen?
- Inwieweit können die Leute offen sprechen, ohne befürchten zu müssen, von den anderen Teammitgliedern attackiert zu werden?
- Werden Konflikte offen ausgetragen? Beziehen sie sich eher auf Sachthemen als auf Personen?

TEAM-MANAGEMENT BEI BOOTS THE CHEMISTS (EINE FALLSTUDIE VON KINSLEY LORD LTD.)

Mitte der siebziger Jahre gelangte *Boots the Chemists* zu der Einschätzung, daß ganz ähnliche Filialen Umsatzschwankungen von 15 Prozent oder mehr aufwiesen, wobei diese Differenzen zur Gänze von der Fähigkeit der jeweiligen Manager abhingen, ihre Mitarbeiter zu motivieren. Die hohen, langfristigen Investitionen des Unternehmens in Schulungen spiegeln seine Überzeugung wider, daß die Mitarbeiter den Unterschied machen. Die Kundensatzung des Unternehmens trägt dazu bei, die Mitarbeiter zu einem Höchstmaß an Kundenservice anzuhalten. Nun geht das Unternehmen dazu über, die Verkäufer mit direktem Kundenkontakt ihre Rolle selbst definieren zu lassen, ihre Fähigkeiten selbst zu entwickeln und ihre Beiträge eigenständig zu gestalten. So treffen sich die Mitarbeiterteams der einzelnen Geschäfte nun regelmäßig, um Methoden für eine weitere Verbesserung ihrer Filialleistung zu planen und zu implementieren.

Kapitel 41

Total Quality Management

Total Quality Management (TQM) ist eine systematische Methode, anhand derer sichergestellt werden soll, daß sämtliche Aktivitäten innerhalb einer Organisation so durchgeführt werden, wie sie geplant wurden, um so die festgestellten Bedürfnisse der Konsumenten und Klienten erfüllen zu können. Vor allem geht es darum, daß alle Mitglieder der Organisation in Aktivitäten eingebunden werden, die kontinuierliche Verbesserungen und ein gleichbleibend hohes Qualitätsniveau ermöglichen.

DER TQM-ANSATZ

Ziel des TQM-Ansatzes ist es, ein Bekenntnis zur Qualität zu schaffen. Sämtliche Mitglieder der Organisation auf allen Ebenen müssen von der Bedeutung der Qualität überzeugt sein und nach dieser Überzeugung handeln. Total Quality läßt sich als eine Einstellung beschreiben, die zu richtigem Verhalten führt.

DIE GRUNDLEGENDEN KONZEPTE VON TQM

1. Kundenzufriedenheit

Der einzige wirkliche Maßstab für die Qualität eines Produkts oder einer Dienstleistung ist die Kundenzufriedenheit. Das Wort „Zufriedenheit" wird als der Zustand definiert, in dem alle Wünsche, Bedürfnisse und Erwartungen des Kunden, ob sie nun ausgedrückt wurden oder nicht, erfüllt sind.

2. Die Bedeutung der internen Kunden

Ein weiteres Schlüsselkonzept von Total Quality ist die Bedeutung der firmeninternen Kunden. Das Konzept geht davon aus, daß jeder, der innerhalb einer Organisation Güter oder Dienstleistungen von einem Kollegen erhält, ein Kunde dieses Kollegen ist. Bei diesen Gütern oder Dienstleistungen kann es sich um Material, Werkzeug, Teile, Fertigwaren, versandbereite Fertigprodukte, Pläne, Informationen, Ratschläge, Hilfe, Anleitung, administrative Unterstützung und anderes handeln.

Die Bereitsteller dieser Güter und Dienstleistungen müssen sich der Notwendigkeit bewußt sein, ihren Kollegen ein ebenso hohes Qualitätsniveau wie den eigentlichen Kunden zu bieten. Denn letzten Endes ist es so, daß die Qualität der Leistungen, die für die internen Kunden erbracht werden, Auswirkungen auf die Qualität hat, die den externen Kunden geboten wird. Das Endergebnis kann jedoch nur garantiert werden, wenn hinsichtlich aller Aspekte der Transaktionen und Prozesse, die innerhalb der Organisation stattfinden, auf Qualität geachtet wird.

3. Total Quality

Das Total-Quality-Konzept besagt, daß *sämtliche* Mitarbeiter der Organisation fortwährend in die Erfüllung *sämtlicher* Kundenerfordernisse *eingebunden* sein müssen.

DIE ENTWICKLUNG VON TQM

TQM muß sich per definitionem auf alle Betriebsaspekte eines Unternehmens und auf seine Beziehungen mit firmeninternen und externen Kunden erstrecken. Es ist im wesentlichen ein *Prozeß*, eine Art, Dinge zu tun. Dieser Prozeß stützt sich auf eine Reihe von Techniken, hängt letzten Endes aber von den Einstellungen und Verhaltensweisen aller Beteiligten – aller Angehörigen der Organisation und aller Lieferanten – ab.

Die zur Entwicklung von TQM erforderlichen Schritte werden nachstehend beschrieben.

Formulierung von TQM-Richtlinien

Die TQM-Richtlinien könnten die folgenden Punkte umfassen:

- Das Ziel der Organisation ist Kundenzufriedenheit, die erreicht wird, indem die Bedürfnisse sowohl der externen als auch der internen Kunden befriedigt werden.
- Es müssen die Bedürfnisse der Kunden festgestellt werden, um dann rasch und effektiv auf sie einzugehen.
- Das Hauptgewicht muß nicht auf der Behebung von Problemen, sondern auf ihrer Vermeidung liegen.
- Alle sind beteiligt – sämtliche Tätigkeiten der Angestellten des Unternehmens, der Lieferanten und der Verkaufsstellen sind Teil eines Prozesses, im Zuge dessen ein Produkt oder eine Dienstleistung für den Kunden bereitgestellt wird.
- Jeder Mitarbeiter ist ein Kunde, für den andere Mitarbeiter Arbeitsleistungen erbringen. Somit hat er einen Anspruch auf gute Arbeit und die Pflicht, seinerseits einen qualitativ hochwertigen Arbeitsbeitrag zu leisten.
- Der Qualitätsstandard lautet „Zero Defect" oder „Keine Fehler". Jedes Mitglied des Unternehmens muß mit den geltenden Standards vertraut sein und wissen, daß die Dinge gleich beim ersten Mal richtig gemacht werden müssen.
- Um dauerhaft ausgezeichnete Qualität liefern zu können, bedarf es kontinuierlicher Verbesserung.
- Qualitätsniveau und Kosten sollten systematisch gemessen werden.
- Es muß ständig darauf geachtet werden, die Ausbidlungs- und Trainingsbedürfnisse der Mitarbeiter zu erfüllen.
- Ausgezeichnete Qualität muß anerkannt und belohnt werden.
- Qualitätsverbesserungen erreicht man am besten durch gemeinsame Bemühungen von Management und Angestellten.

Setzen Sie Qualitätsstandards fest

Qualitätsstandards in Produktionsunternehmen können einfach als Nulldefekt-Politik formuliert werden; trotzdem muß für alle wichtigen Betriebsabläufe und Dienstleistungen festgelegt werden, was „Zero Defects“ bedeutet. Das heißt, daß geklärt werden muß, worin ein Defekt oder die Nichterfüllung eines Standards besteht, wie diese Abweichungen gemessen werden und anhand welcher Maßnahmen das Auftreten des Defekts vermieden werden soll.

Messen Sie die Qualität

Die Messung der Qualität in einem Produktionsunternehmen kann anhand von Prozeßsteuerungs- oder ähnlichen Techniken erfolgen, die eine Analyse des Systems, die Sammlung von Information über Abweichungen von der Norm oder von Daten darüber, ob ein Prozeß der Spezifikation entspricht oder nicht, sowie den Einsatz von Techniken zur Feststellung der Eignung eines Prozesses und seiner Leistung beinhalten.

Planen Sie Qualität

Ein Qualitätsplan umfaßt folgendes:

- Die Abfolge jener Ereignisse und Aktivitäten, welche den gesamten Prozeß darstellen wird (wo anwendbar) mittels Fließdiagrammen und anderen Instrumenten der Aktivitätsanalyse aufgezeichnet.
- Die bestehenden Prozesse und Systemflüsse werden analysiert, um Inkonsistenzen und potentiellen Defekt- und Abweichungsquellen festzustellen.
- Es werden die notwendigen qualitätsbezogenen Aktivitäten für jede einzelne Aktivität, einschließlich Material- und Verpackungsspezifikationen, Prozeßsteuerungssystemen und Sampling- und Inspektionsverfahren, festgelegt.
- Es werden geeignete Just-in-Time-(JIT)-Systeme eingerichtet, welche dafür sorgen, daß die richtigen Mengen zum richtigen Zeitpunkt produziert oder geliefert werden; gleichzeitig sorgen diese Systeme dafür, daß es keine Verschwendung gibt.
- Es wird festgestellt, wie Qualität im Einkaufsystem erreichbar ist, wobei besonders auf die Entwicklung langfristiger Beziehungen mit Lieferanten geachtet wird, damit die Qualität der

Produkte garantiert und geeignete Lieferstandards festgelegt und aufrechterhalten werden können.

- Es werden Wartungssysteme in den Produktions- oder Vertriebsorganisationen gestaltet, um die Zahl der erforderlichen Notfall-Wartungsmaßnahmen zu senken.
- Es wird Qualität in das Produkt oder die Dienstleistung eingebaut, um sicherzustellen, daß die Standards und Spezifikationen den Bedürfnissen der Kunden oder Klienten entsprechen und mit den bestehenden Prozessen erreicht werden können (falls dies nicht möglich ist, werden diese Prozesse in bestimmter Hinsicht verbessert).
- Es werden Prozeßeignungsstudien durchgeführt, um sicherzustellen, daß es möglich ist, die Qualitätsstandards durch die bestehenden Prozesse zu erreichen, oder um die erforderlichen Veränderungen festzustellen, sollte dies nicht gewährleistet sein.

Organisieren Sie die Qualität

Qualität organisieren bedeutet, die Verantwortungen aller Mitglieder der Organisation zu beleuchten und sicherzustellen, daß die Verantwortung für die Qualitätssicherung klar definiert ist.

Die Organisation der Qualität sollte der Entwicklung der gemeinsamen Verantwortung für Qualität Rechnung tragen, indem Produktions- oder Distributionsteams eingerichtet werden. Der Schwerpunkt sollte auf Teamarbeit für Qualität liegen.

Schließlich sollte auch in Erwägung gezogen werden, einzelnen und/oder Projektgruppen Verantwortung für die Überwachung der Entwicklung und Implementierung von TQM zu übertragen.

Betreiben Sie Qualitätstraining

Höhere Qualitätsstandards erfordern zusätzliche Techniken und Fähigkeiten auf höherem Niveau. Aus diesem Grund müssen die Trainingsbedürfnisse festgestellt und kontinuierliche Trainingsprogramme entwickelt werden – das Qualitätstraining ist keine einmalige Aktivität. Das Personalentwicklungssystem muß in eine Kultur des Lernens, der Selbstentwicklung und der kontinuierlichen Verbesserung eingebettet sein.

Bekennen Sie sich zur Qualität

Die Verfahren und Systeme zur Festlegung von Standards und zur Messung der Qualitätsleistung sind nützlich, aber TQM wird erst dann signifikante Ergebnisse zeitigen, wenn sich die Mitarbeiter aller Organisationsebenen uneingeschränkt zur Qualität bekennen. Das Schwergewicht sollte hier auf der Eigenverantwortung für die Qualität liegen. Diese Eigenverantwortung zu wecken, kann lange dauern – einige kurze Kurse sind keinesfalls ausreichend. Um von den Mitarbeitern ein Bekenntnis zu Qualität zu erreichen, muß das Management mit gutem Beispiel vorangehen. Noch wichtiger ist allerdings, daß die Mitarbeiter in die Programme zur Qualitätsverbesserung eingebunden werden.

Qualitätszirkel oder Verbesserungsgruppen sind eine Möglichkeit, ein solches Bekenntnis zu wecken, aber isoliert führen sie nicht zum Erfolg. Die Qualitätssicherung muß ein permanenter und fundamentaler Bestandteil der täglichen Arbeit werden. Der japanische Ansatz, der auch auf Nissan Großbritannien übertragen wurde, sieht vor, Qualität als Teamangelegenheit zu betrachten, über die alle Mitglieder des Unternehmens in täglichen, fünf Minuten dauernden Meetings zu Beginn des Arbeitstages diskutieren.

Motivation zur Qualität

Bei der Qualitätsmotivation wird überprüft, daß das Belohnungssystem den strategischen Zielsetzungen des Qualitätssicherungsprogramms dient. Wenn das System im wesentlichen produktionsorientiert ist und auf individueller Belohnung basiert, wird es aller Wahrscheinlichkeit nach mit einem qualitätsorientierten Teamarbeitsansatz kollidieren. Es gibt andere nicht-finanzielle Belohnungen, etwa die Anerkennung von Leistungen und das Anbebot zusätzlicher Lern- und Beförderungsmöglichkeiten.

Kapitel 42

Trouble Shooting

Manche Dinge werden mißlingen, das ist so sicher wie das Amen im Gebet. Man wird häufig an Sie herantreten, damit Sie in Ihrer Funktion als Führungskraft berichtigend einschreiten oder jemanden zur Verfügung stellen, der es an Ihrer Stelle tut.

Trouble Shooting oder Fehlerbewältigung erfordert die Fähigkeit, Diagnosen zu erstellen und Probleme adäquat einzuschätzen; außerdem das Know-how, um die richtige Lösung zu finden und zu entscheiden, wie es durchzuführen ist; und schließlich die entsprechende Position, um die Lösung in die Tat umzusetzen. Drei Abläufe sind wesentlich:

- Planung
- Diagnose
- Therapie

PLANUNG

Auch wenn Sie sich gegen die Hinzuziehung von Unternehmensberatern entscheiden, sollten Sie dennoch einen Blick auf die Vorgangsweise dieser Berater werfen. Ein guter Unternehmensberater wird die folgenden Maßnahmen treffen:

- Analyse der gegenwärtigen Lage – was ist geschehen und warum?
- Entwicklung von Alternativlösungen.
- Entwicklung der geeignetsten Lösung, wobei Kosten und Nutzen ihrer Durchführung angegeben werden.
- Definition der Vorgangsweise – die Art der Durchführung und der Zeitraum, in dem sie erfolgen sollte, die Mitarbeiter, die dafür in Frage kommen, und die Ressourcen, die benötigt werden.

Wenn eine schrittweise Durchführung bevorzugt wird, werden die einzelnen Schritte definiert und ein Programm wird ausgearbeitet.

In der Planungsphase ist das wichtigste, daß eine Problemdefinition vorgenommen sowie Ziele und Aufgabenstellung geklärt werden. Ein definiertes Problem ist bereits zur Hälfte gelöst – wobei man die schwierigere Hälfte hinter sich gebracht hat. Geht man zudem analytisch vor, sollte alles übrige fast wie von selbst folgen.

Sobald Sie das Problem erkannt haben, können Sie die Vorgangsweise festlegen und für die Analytiker, einschließlich Ihrer eigenen Person, eine Aufgabenstellung vornehmen. Die Aufgaben sollten so gestellt sein, daß jeder, der an der Problemlösung teilnimmt, genau weiß, was von wem getan wird und was bis wann erreicht werden soll. Es ist entscheidend, daß alle Beteiligten die Aufgabenstellung verstanden haben.

Der nächste Schritt ist, ein Fehlerbewältigungsprogramm zusammenzustellen. Vier Dinge müssen entschieden werden: Welche Informationen benötigen Sie? Wo finden Sie sie? Wie besorgen Sie sie sich? Wem soll sie zukommen? Fertigen sie eine Liste der erforderlichen Fakten an, aus der hervorgeht, welche Mitarbeiter sie verfügbar machen können. Denken Sie daran, daß Sie nicht nur mit Fakten zu tun haben werden, sondern auch mit Meinungen; alle verfügbaren Daten werden interpretiert. Stellen Sie auch eine Liste zusammen, auf der alle Mitarbeiter vermerkt sind, die eventuell wissen könnten, was geschehen ist und wo die Gründe dafür zu suchen sind, sowie eine Liste all jener, die mit guten Ideen einen Beitrag leisten könnten, was als nächstes zu tun sei.

Dann stellen Sie Ihr Programm zusammen. Geben Sie rechtzeitig bekannt, daß Sie Informationen benötigen. Bereiten Sie die Mitarbeiter darauf vor, daß bestimmte Punkte diskutiert werden müssen und daß Sie von Ihnen erwarten, sich Gedanken zum Thema gemacht zu haben und über das erforderliche Beweismaterial zu verfügen.

DIAGNOSE

Eine Diagnose zu erstellen bedeutet, das Symptom herauszufinden – „was" passiert – und dann die Ursachen zu analysieren – „warum" es passiert. Die Beweislage kann enorm umfangreich sein. Daher seziert der fähige Diagnostiker die Fakten, bis er alles, was für das Problem relevant ist, aussortiert hat und so weit vorgedrungen ist, daß die entscheidenden Fakten, die die Ursache des Problems aufzeigen und seine Lösung implizieren, klar hervorstechen.

Will man eine Diagnose erstellen, ist das Schlüsselelement die analytische Fähigkeit – die Fähigkeit, die Streu vom Weizen zu trennen. Fakten müssen ausfindig gemacht und einzeln einer kritischen Prüfung unterworfen werden, damit bezüglich ihrer Signifikanz keine Zweifel aufkommen können.

Solange Sie sich in der Diagnosephase befinden, dürfen Sie keinesfalls engstirnig vorgehen. Weder sollten Sie vorgefaßte Meinungen haben noch von den Ansichten anderer zu stark beeinflußt sein. Hören Sie zu und beobachten Sie, aber bilden Sie sich erst ein Urteil, wenn Sie alle Fakten ausfindig gemacht haben und sie den Ansichten gegenüberstellen können.

Gleichzeitig sollten Sie nichts unterlassen, das Ihnen das Interesse und die Unterstützung aller Beteiligten sichert. Auf diese Weise werden Sie natürliche Ängste und das Mißtrauen all jener überwinden, die unmittelbar mit dem Problem zu tun haben, und Ideen und Fakten ausfindig machen, die Ihnen sonst womöglich verborgen blieben.

TROUBLE-SHOOTING-CHECKLISTE

Gehen Sie bei Ihrer Diagnose von einer Analyse all jener Faktoren aus, die zum Problem beigetragen haben könnten: Mitarbeiter, Systeme, Struktur und Umstände.

Mitarbeiter

1. Wurden Fehler gemacht? Wenn ja, warum? Liegt es daran, daß die Belegschaft an sich nicht geeignet ist, oder daran, daß sie schlecht geführt oder geschult wurde?
2. Wenn der Fehler beim Management liegt: Ist die Ursache des Problems auf das System, die Struktur oder die Manager selbst zurückzuführen?
3. Wenn die Mitarbeiter ungeeignet sind: Warum wurden sie dann ausgewählt?

Systeme

4. Inwieweit sind ungeeignete Systeme oder Verfahren für das Problem verantwortlich?
5. Liegt der Fehler bei den Systemen? Sind sie schlecht strukturiert oder gänzlich ungeeignet?
6. Oder liegt der Fehler bei den Mitarbeitern, die die Systeme betreiben oder steuern?

Struktur

7. Inwieweit hat die Unternehmens- oder Führungsstruktur zum Problem beigetragen?
8. Wissen die Mitarbeiter, was von ihnen erwartet wird?
9. Sind die Aktivitäten logisch gruppiert, so daß eine adäquate Kontrolle ausgeübt werden kann?
10. Sind sich Manager und Vorgesetzte ihrer Verantwortung zur Aufrechterhaltung der Kontrolle bewußt, und nehmen sie diese Verantwortung effektiv wahr?

Umstände

11. Inwieweit, wenn überhaupt, ist das Problem eine Folge der Umstände. Oder fällt nicht mehr in den Kontrollbereich der Beteiligten? Waren beispielsweise externe wirtschaftliche Auswirkungen oder eine veränderte Regierungspolitik ausschlaggebend?
12. Liegt der Grund im Falle externer Faktoren bei dem Ver-

säumnis, diese Faktoren rechtzeitig zu erkennen oder rasch genug auf sie zu reagieren?

13. Wurden die entsprechenden Ressourcen (Mitarbeiter, Geld und Material) verfügbar gemacht, und wenn nicht, warum nicht?

THERAPIE

Die Diagnose sollte zur Gesundung führen. Wahrscheinlich müssen Sie mehrere Problemlösungen ausarbeiten. Nur selten gibt es „eine optimale Lösung" oder nur eine mögliche Wahl. Sie müssen Ihre Möglichkeiten so lange eingrenzen, bis Sie zu einer Lösung gelangen, die im Vergleich zu allen anderen die beste ist.

Aufgrund der Diagnose sollten Sie nun wissen, ob das Problem von den Mitarbeitern, Systemen, strukturellen Bedingungen oder den Umständen verursacht wurde. Die Ursache kann ohne weiteres menschliches Versagen sein. In diesem Fall sollten Sie Ihre Kritik nicht undifferenziert vorbringen. Ihre Aufgabe ist es, konstruktiv zu sein; Sie wollen Ihre Mitarbeiter weiterentwickeln und nicht zerstören.

Seien Sie auch nicht zu theoretisch. Berücksichtigen Sie die Umstände – einschließlich der Fähigkeiten jener Mitarbeiter, die Ihnen nun bei der Problemlösung zur Hand gehen sollen. Falls Sie diesbezüglich Zweifel haben, sollten Sie sich überlegen, wen Sie von auswärts für eine effektive Durchführung beiziehen können. Eine praxisbezogene Empfehlung ist insofern wichtig, als sie den Ressourcen entsprechen muß, die rasch und innerhalb eines akzeptablen Zeitraumes verfügbar gemacht werden können.

Sie müssen nicht nur klären, was zu tun ist, sondern „wie" es getan werden soll. Nehmen Sie eine Kosten-Nutzen-Aufstellung vor, und beweisen Sie, inwieweit der Nutzen die Kosten überwiegt. Ressourcen müssen zugeteilt, ein Zeitplan erstellt und vor allem bestimmte Verantwortungen übertragen werden, damit die

Arbeit erledigt wird. Ihre Empfehlungen müssen realistisch sein, da eine reibungslose Durchführung entscheidend ist und nicht mehr Zeit oder Geld beanspruchen sollte, als die Resultate rechtfertigen würden.

Gehen Sie umsichtig vor, wenn Sie einzelne Mitarbeiter verantwortlich machen. Manche mögen wirklich ungeeignet sein und müssen ersetzt werden. Andere könnten jedoch die Opfer eines unzureichenden Managements, schlechten Trainings oder von Umständen sein, die sich ihrer Beeinflussung entziehen. Ihre Hilfe kann sich für die Fehlerbewältigung als wesentlich erweisen. Es ist jedenfalls nicht ratsam, ihr Vertrauen oder ihre Hilfsbereitschaft zunichte zu machen.

DIE EINSTELLUNG VON UNTERNEHMENSBERATERN

Ein Unternehmensberater wird als der Mann mit dem Aktenkoffer beschrieben bzw. verteufelt, der Hunderte Kilometer von zu Hause entfernt ist. Robert Townsend ging sogar noch weiter, als er von den Beratern behauptete, sie seien Menschen, „die sich Ihre Uhr ausborgen, um Ihnen zu sagen, wie spät es ist, und sich dann mit Ihrer Uhr auf und davon machen".

Unternehmensberater aus reiner Verzweiflung einzustellen, kann tatsächlich ein kostspieliges und zeitverschwenderisches Unterfangen sein. Aber ihr Nutzen ist auch nicht immer von der Hand zu weisen, da sie Diagnoseerfahrung und Unterlagen mitbringen und eine Zusatzhilfe darstellen, wenn die geeigneten Leute im Unternehmen nicht vorhanden sind. Außerdem haben sie als dritte Partei oft genügend Distanz, um Ideen freizusetzen, die in einem Unternehmen leider viel zu oft aufgrund von strukturellen oder führungsbedingten Hindernissen verborgen bleiben.

Es gibt jedoch eine Reihe von Regeln, an die Sie sich halten sollten, sobald Sie eine Unternehmensberatung in Erwägung ziehen.

Die richtige Vorgangsweise:

- Besorgen Sie sich die Offerten mehrerer Beratungsfirmen, und vergleichen Sie nicht nur ihre Honorare, sondern auch ob sie über die für Ihr Problem erforderlichen Unterlagen verfügen und praktische Vorschläge machen können, wie Ihr Problem zu beheben sein wird.
- Überprüfen Sie die Erfahrung der Firma, aber vor allem des Konsulenten, der die Aufgabe durchführen wird.
- Informieren Sie die Firma mit aller Sorgfalt über die Aufgabenstellung.
- Besorgen Sie sich eine klare Stellungnahme zum vorgeschlagenen Programm, zu den voraussichtlichen Gesamtkosten (Honorare plus Fremdkosten) sowie wer das Programm tatsächlich durchführen wird.
- Vereinbaren Sie ein Treffen mit dem zuständigen Konsulenten, und machen Sie sich ein Bild von seinen Fähigkeiten.
- Bestehen Sie auf regelmäßigen Fortschrittssitzungen.
- Sorgen Sie dafür, daß man Ihnen eine praktische Lösung anbietet, die Sie entweder selbst oder mit minimaler zusätzlicher Hilfe durchführen können.

Die falsche Vorgangsweise:

- Sich von einem glatten Vorsitzenden, der in erster Linie versucht, ein gutes Geschäft zu machen, einwickeln zu lassen.
- Sich an eine große Firma zu wenden, nur weil sie einen guten Ruf hat. Das heißt noch lange nicht, daß sie über die Unterlagen verfügen, die Sie benötigen.
- Jeden beliebigen Konsulenten zu akzeptieren, der sich anbietet. Viele arbeitslose Manager haben sich als Konsulenten etabliert, ohne auch nur die geringste Ahnung davon zu haben, wie man das eigentlich macht. Ein effektiver Konsulent verfügt über eine Reihe von Fähigkeiten. Britische Firmen haben die Möglichkeit, zu überprüfen, ob die Firma Mitglied der Management Consultants Association ist oder ob der Vorsit-

zende dem Institute of Management Consultants angehört. Diese Verbände garantieren den professionellen Status.

- Dem Konsulenten zu erlauben, das Programm ohne vorherige Besprechung zu ändern.
- Den Konsulenten zu lange sich selbst zu überlassen. Halten Sie den Kontakt aufrecht. Beauftragen Sie einen Ihrer Mitarbeiter, als Verbindungsmann oder Assistent zu fungieren.

Kapitel 43

Überreden

Die Arbeit eines Managers besteht zu 60 Prozent aus der richtigen Umsetzung und zu 40 Prozent aus der Verständlichmachung. Führungskräfte verbringen einen guten Teil ihrer Zeit damit, andere von ihren Ideen und Vorschlägen zu überzeugen.

Überreden ist nur ein anderes Wort für verkaufen. Sie meinen, gute Ideen sollten sich von selbst verkaufen – leider ist das nicht immer der Fall. Der Mensch widersetzt sich Veränderungen, und er wird mißtrauisch, sobald eine Erneuerung auch nur in Erwägung gezogen wird. Daher ist es keine vertane Zeit, einige der Regeln kennenzulernen, die Ihnen einen effektiveren Verkauf Ihrer Ideen ermöglichen.

SECHS REGELN, WIE MAN EFFEKTIV ÜBERZEUGT

1. *Definieren Sie Ihr Ziel, und besorgen Sie sich die Fakten:* Entscheiden Sie, was Sie erreichen wollen und warum. Besorgen Sie sich alle Fakten, die Sie zur Unterstützung Ihres Anliegens benötigen. Eliminieren Sie mögliche emotionale Argumente, damit Sie und andere den Vorschlag ausschließlich anhand der Fakten beurteilen können.
2. *Finden Sie heraus, was „die anderen" wollen:* Der natürliche Widerstand gegen Veränderung darf niemals unterschätzt werden. Denken Sie jedoch daran, daß dieser Widerstand nicht zum Ausmaß der Veränderung proportional ist, sondern zum Ausmaß, mit dem jemand persönlich davon betroffen ist. Wenn Sie jemanden mit einem Vorschlag konfrontieren, wird er sich zuallererst fragen: „Inwieweit bin ich davon betroffen?" „Was kann ich dadurch verlieren?" „Was kann

ich gewinnen?" Diese Fragen müssen beantwortet sein, bevor der Überzeugungsprozeß begonnen werden kann.
Der Schlüssel zu jeder Überredung oder jedem Verkauf ist die Fähigkeit, ein Anliegen, ausgehend vom Standpunkt des anderen, zu beurteilen. Wenn Sie sich wirklich in den anderen hineinversetzen, werden Sie den Einwänden vorgreifen und Ihre Ideen möglichst attraktiv präsentieren können.
Sie müssen herausfinden, wie Ihr Gegenüber die Dinge sieht – was er will. Hören Sie sich an, was er zu sagen hat. Sprechen Sie nicht zu viel. Stellen Sie Fragen. Wenn er Fragen stellt, antworten Sie mit Gegenfragen. Finden Sie heraus, was er vorhat.
Präsentieren Sie Ihr Anliegen daraufhin im Lichte der Vorteile, die sich für ihn daraus ergeben würden, oder reduzieren Sie zumindest seine Einwände und Ängste.

3. *Bereiten Sie eine einfache und attraktive Präsentation vor:* Ihre Präsentation sollte möglichst einfach und geradlinig gestaltet sein. Betonen Sie den Nutzen. Vergessen Sie nicht, daß Sie Ihr Anliegen verkaufen wollen. Überzeugen Sie Ihr Gegenüber sanft und ohne Überraschungen. Greifen Sie Einwänden vor.
4. *Machen Sie ihn zum Teilhaber an Ihren Ideen:* wenn irgend möglich, beteiligen Sie ihn an Ihrem Anliegen. Finden Sie Gemeinsamkeiten heraus, um den Einigungsprozeß einzuleiten. Verärgern Sie ihn nicht. Vermeiden Sie, in der Diskussion die besseren Argumente zu haben. Helfen Sie ihm, seine Selbstachtung nicht zu verlieren. Ermöglichen Sie ihm immer einen Ausweg.
5. *Verkaufen Sie den Nutzen auf positive Weise:* Stellen Sie Ihre eigene Überzeugung unter Beweis. Sie werden nichts verkaufen, wenn Sie nicht davon überzeugt sind und diese Überzeugung nicht vermitteln. Um auf effektive Weise zu überzeugen, müssen Sie sich selbst verkaufen. Sie müssen den Nutzen „buchstabieren". Was Sie vorschlagen, ist für den Betroffenen weniger relevant als die Folgen, die sich für ihn persönlich ergeben werden.

6. *Einigen Sie sich, und zögern Sie nicht mit der Durchführung*: Wählen Sie den richtigen Moment, um Ihr Anliegen endgültig zu einer Entscheidung zu führen. Drängen Sie jedoch nicht zu sehr. Aber sobald Sie Ihr Ziel erreicht haben, sollten Sie das Gespräch beenden, um keine neuerlichen Einwände zu riskieren. Leiten Sie sofort entsprechende Maßnahmen ein. Es hat keinen Sinn, die Mühen eines Einigungsverfahrens auf sich zu nehmen, um daraufhin die Dinge wieder aus der Hand gleiten zu lassen.

Kapitel 44

Umgang mit dem Chef

Um zu Ergebnissen zu gelangen, Innovationen voranzutreiben und vorwärtszukommen, müssen Sie lernen, wie Sie mit Ihrem Chef umgehen. Das Wort „manage“ wird im *Oxford English Dictionary* wie folgt definiert:

- Angelegenheiten verwalten;
- steuern; für eine Einhaltung der Regeln sorgen;
- die Einwilligung (einer Person) hinsichtlich eigener Wünsche durch Kunstgriffe, Schmeicheleien oder durch wohlüberlegte Motivation erlangen;
- von einem Zweck ausgehen und zu seinen Gunsten manipulieren;
- durch Planung zum Ziel gelangen; durch Zielumsetzung erfolgreich sein;
- sorgfältiger Umgang und Handhabe.

Auch wenn Begriffe wie Kunstgriffe, Schmeicheleien und Manipulation im Grunde überhaupt keine Rolle spielen, liefern alle diese Definitionen Anhaltspunkte für die unterschiedlichen Aspekte im Umgang mit dem Chef.

Wenn sie wirklich von der Notwendigkeit einer bestimmten Vorgangsweise überzeugt sind und sie nur mit der Zustimmung Ihres Chefs in Angriff nehmen können, müssen Sie sich etwas einfallen lassen, wie Sie ihn „managen“ werden. Und es lohnt sich, diese Überlegungen kontinuierlich und sorgfältig anzustellen. Man würde es sich zu einfach machen, würde man diesen wesentlichen Aspekt in der Kunst des Managements vernachlässigen.

Im Umgang mit Ihrem Chef sollten Sie wissen, wie Sie

- für Ihr Anliegen seine Zustimmung erhalten,
- mit ihm Probleme bearbeiten,

- ihn beeindrucken, damit er Ihren Vorschlägen eher zustimmt und Ihnen vertraut.

ZUSTIMMUNG ERHALTEN

Um die Zustimmung Ihres Chefs zu erhalten, werden Sie nicht viel anders vorgehen als bei irgend jemand anderen. Sie müssen fähig sein, ein Anliegen zu präsentieren und über gute Überredungskünste verfügen. Im speziellen sollten Sie die folgenden Dinge tun:

1. Herausfinden, was er erwartet.
2. Seine Vorlieben und Abneigungen, seine Verschrobenheiten und Vorurteile kennenlernen.
3. Feststellen, wie er am liebsten einen Fall präsentiert haben möchte. Mag er lieber ausführliche, sorgfältig durchdachte, schriftliche Berichte? Oder sind ihm kurzgefaßte Vorschläge auf einem Blatt Papier lieber? Vielleicht läßt er sich eher überzeugen, wenn er schrittweise auf ein Vorhaben aufmerksam gemacht wird – im sogenannten Weichmacherverfahren. Es ist oft ratsam, das Wasser erst zu testen, bevor man sich hineinstürzt. Manchen Menschen ist es lieber, man redet um den heißen Brei, bevor auf das Wesentliche eingegangen wird. Sie lieben es nicht, überrascht zu werden.
4. Ausfindig machen, wie er Aufgaben gern erledigt sieht – beobachten Sie ihn, und informieren Sie sich bei anderen. Wenn etwas mißlingt, wählen Sie den richtigen Moment, um ihn davon in Kenntnis zu setzen, und bitten Sie um seinen Rat, wie es das nächste Mal besser getan werden kann (die meisten Menschen lieben es, wenn Ihr Rat gefragt ist).
5. Stellen Sie fest, wann der richtige Moment ist, um an ihn heranzugehen. Manche Menschen sind vom ersten Moment an voll da, andere benötigen etwas Zeit, um sich aufzuwärmen. Jedenfalls ist davon abzuraten, am Ende eines anstrengenden und ermüdenden Tages mit Überraschungen aufzuwarten. Vergewissern Sie sich seiner Laune bereits vorher.

Seine Sekretärin kann dabei nützlich sein. Und es zahlt sich immer aus, sie auf Ihrer Seite zu haben. Sekretärinnen können gute Freunde, aber ebenso schlimme Feinde sein.

6. Überlegen Sie sich, unter welchen Umständen Sie am ehesten an ihn herantreten können. Allein in seinem Büro oder beim Mittagessen oder während rasanter Fahrten auf der Autobahn (es gibt viele Möglichkeiten, wie Sie seine Aufmerksamkeit einfangen können). Oft ist es ein Vorteil, Gespräche dieser Art nicht am Arbeitsplatz zu führen, niemand wird Sie unterbrechen, und Ihr Chef hat keine Möglichkeit, seinen Vertrauten beizuziehen, wodurch Sie zwei Menschen überzeugen müßten (zuweilen sind die Erfolgschancen bei Einzelgesprächen höher). Achten Sie auf den „scheußlichen Nein-Sager". Die meisten Organisationen haben zumindest einen – oft ist es der Vorsitzende des Finanzwesens. Er erfüllt zweifellos eine wichtige Aufgabe, aber halten Sie sich ihn so weit als möglich vom Leibe.
7. Entscheiden Sie, ob Sie Unterstützung benötigen. Auf einer „Von-Mensch-zu-Mensch"-Ebene haben Sie wahrscheinlich größere Erfolgsaussichten. Fest auf den eigenen Füßen zu stehen ist immer vorteilhaft.
8. Lassen Sie sich nicht auf offene Konfrontationen ein, wenn Sie sich nicht gleich durchsetzen können. Sorgen Sie dort für seine Zustimmung, wo er auch bereit ist, sie zu erteilen, und wenden Sie sich dann den problematischen Punkten zu. Machen Sie ihm klar, daß Sie mit ihm alle Aspekte durchgehen möchten. Betonen Sie die gemeinsame Verantwortung.
9. Ermöglichen Sie ihm einen Fluchtweg, also eine Zustimmung, bei der er nicht nachgeben muß. Sie sollten ihn auch nicht in Grund und Boden argumentieren – Sie gewinnen dann vielleicht diesen Fall, aber was geschieht beim nächsten Mal?
10. Überwältigen Sie ihn nicht mit Ihren Ideen. Erwarten Sie nicht, alles auf einmal zu erreichen. Behandeln Sie immer nur eine wichtige Angelegenheit. Bleiben Sie dabei einfach. Wenn seine Einwände zu stark sind, setzen Sie Ihren Kampf

nicht allzulange fort. Bleiben Sie lieber am Leben, um zu einem anderen Zeitpunkt weiterzukämpfen. Das heißt nicht, daß Sie sich nicht kämpferisch für Ihren Fall einsetzen sollten, doch Sie sollten auch nicht den Eindruck hinterlassen, ein Dickkopf zu sein.

11. Halten Sie Alternativen zu Ihrem Vorhaben oder Modifikationen Ihrer ursprünglichen Idee bereit, um sie, falls Sie nichts erreichen, geltend zu machen.
12. Wenn Ihr Chef mit besseren Ideen als Ihren eigenen aufwartet, erkennen Sie sie an und akzeptieren Sie sie. Jeder liebt Anerkennung. Es besteht jedoch keine Notwendigkeit, ihm zu schmeicheln. Sie reagieren nur so, wie Sie es auch von ihm erwarten würden.
13. Wenn Sie ihn beim ersten Mal nicht gleich überzeugen können, denken Sie daran, daß er der Chef ist. Er trifft die endgültigen Entscheidungen. Wenn er sagt, „so wird es sein", dann müssen Sie es wohl oder übel akzeptieren. Am Ende könnte er Ihnen sagen: „Ich sitze am längeren Ast." Aber Sie müssen deshalb nicht gleich aufgeben. Achten Sie auf mögliche Signale seinerseits, daß er seine Ansicht auch ändern könnte – vorausgesetzt, er hat die Zeit, ihr Argument oder Vorhaben noch einmal zu überdenken. Gehen Sie ihm nicht auf die Nerven. Wenn Sie zu hartnäckig sind, wird er stur werden und sich Gedanken machen, ob Sie seine Autorität und seinen Rang in Frage stellen. Ziehen Sie sich geordnet zurück, und eröffnen Sie Ihre Kampagne im rechten Moment erneut.

PROBLEME VORBRINGEN

Etwas mißlingt. Sie haben einen Fehler gemacht. Sie benötigen die Hilfe Ihres Chefs, um ein Problem zu lösen. Wie gehen Sie an ihn heran? Folgenden Ansatz sollten Sie sich aneignen:

1. Halten Sie ihn auf dem laufenden. Lassen Sie niemals zu, daß er überrascht wird. Bereiten Sie ihn im voraus auf die

schlechte Nachricht vor. Wenn „Kummer vom Gesetz der Serie bestimmt ist", dann überfallen Sie ihn nicht mit allem auf einmal. Machen Sie es ihm so angenehm wie möglich. Versteifen Sie sich nicht zu sehr darauf, „zuerst die gute, dann die schlechte Nachricht" mitzuteilen, aber seien Sie auch nicht zu trübsinnig. Geben Sie ihm Hoffnung.

2. Wenn etwas mißlungen ist, erklären Sie ihm, was passiert ist, warum es passiert ist (keine Entschuldigung) und was Sie unternehmen würden. Werfen Sie ihm das Problem nicht im Stile „friß oder stirb" in den Schoß.
3. Betonen Sie, daß Sie bezüglich Ihres Vorschlages seine Ansichten und seine Zustimmung anstreben.
4. Wenn Sie der Ansicht sind, es sei seine Schuld, sagen Sie niemals: „Ich habe es Ihnen ja gesagt." Wenn Sie das tun, werden Sie für den Rest Ihres Lebens einen Feind haben.
5. Wenn Sie die Schuld auf sich nehmen, versuchen Sie, die Schimpftiraden Ihres Chefs möglichst bald zu einem Ende zu führen. Ermöglichen Sie ihm eine positive Haltung einzunehmen, damit Sie das Problem gemeinsam in Angriff nehmen können.

DEN CHEF BEEINDRUCKEN

Ihre Aufgabe als Manager besteht nicht nur darin, Ihren Chef zu beeindrucken. Noch sollen damit seine Sympathien geweckt werden. Aber Sie werden mehr erreichen und eher vorwärtskommen, wenn Sie ihn zuweilen beeindrucken. Und warum Ihren Chef zum Feind haben, wenn er Ihr Freund sein kann?

Ihr Chef muß Ihnen trauen, sich auf Sie verlassen und von Ihrer Fähigkeit, gute Ideen zu entwickeln und für Leistungen zu sorgen, überzeugt sein können. Weder will er Ihre Kinderschwester sein noch seine Zeit mit der Berichtigung oder Deckung Ihrer Fehler verbringen.

Wenn Sie Ihren Chef beeindrucken wollen, ohne wirklich etwas dazu zu tun – Aufdringlichkeit ist ein fataler Fehler –, dann beachten Sie die folgenden Punkte:

1. Sie sollten immer offen sein und nichts verbergen. Gestehen Sie Fehler ein. Lügen Sie niemals, und verzerren Sie auch nicht die Wahrheit. Gibt es auch nur den geringfügigsten Hinweis, daß Sie nicht absolut geradlinig sind, wird Ihnen Ihr Chef nie wieder trauen.
2. Ihr Chef sollte so weit als möglich recht behalten. Das heißt nicht, daß Sie unterwürfig oder ein Jasager sein sollen. Nehmen Sie aber zur Kenntnis, daß Sie da sind, ihm die erforderliche Unterstützung zukommen zu lassen.
3. Reagieren Sie rasch auf seine Forderungen, tun Sie etwas gleich oder möglichst bald.
4. Belasten Sie ihn nicht unnötig mit Ihren Problemen.
5. Nehmen Sie ihn in Schutz, wenn nötig. Loyalität ist eine altmodische Tugend, doch Sie sind sie Ihrem Chef schuldig. Wenn es Ihnen nicht möglich ist, ihm gegenüber loyal zu sein, suchen Sie sich ehestmöglich eine andere Stellung.
6. Wenn er Ihnen eine Arbeit aufträgt, tun Sie sie mit „militärischer Gründlichkeit“. Liefern Sie Lösungen und keine Probleme. Unterziehen Sie Ihre Ideen einem Test, wenn Sie wollen, aber danach sollten Sie einen vollständigen Vorschlag mit allen dazugehörigen Argumenten oder Beweismitteln vorlegen. Vermeiden Sie halbherzige Vorschläge. Ihr Chef will Antworten hören und nicht Fragen. Sobald Sie Ihren Bericht fertiggestellt und Ihre Schlüsse und Empfehlungen untersucht haben, stellen Sie sich folgende Frage: „Wenn ich der Chef wäre, würde ich mit dieser Arbeit meinen Ruf riskieren und meinen Namen daruntersetzen?“ Sollte die Antwort „nein“ lauten, vernichten Sie Ihren Bericht und verfassen Sie einen neuen. Sie haben Ihren Auftrag nicht erfüllt.

Kapitel 45

Unternehmenskultur und wie man sie managt

WAS IST UNTERNEHMENSKULTUR?

Die Unternehmenskultur ist jenes Muster gemeinsamer Überzeugungen, Einstellungen, Annahmen und Werte eines Unternehmens, das, obwohl möglicherweise nicht eindeutig artikuliert, in Ermangelung direkter Instruktionen das Vorgehen und die Interaktionen der Mitarbeiter prägt und die Art und Weise, wie die Arbeit getan wird, nachhaltig beeinflußt.

Die Unternehmenskultur hat entscheidenden Einfluß darauf, ob es dem Unternehmen gelingt, seine Ziele zu verwirklichen, seine Strategie durchzusetzen, die Effektivität seiner Organisation zu heben und Veränderungen zu bewältigen.

Die Bedeutung der Kultur besteht darin, daß sie auf fest verankerten Überzeugungen beruht. Sie spiegelt wider, was in der Vergangenheit funktioniert hat, und beinhaltet jene Vorgehensweisen, die akzeptiert wurden, weil sie zum Erfolg führten.

Die Unternehmenskultur kann einer Organisation dienen, indem sie ein Umfeld schafft, das Leistungssteigerungen und die aktive Gestaltung des Wandels ermöglicht. Sie kann einem Unternehmen schaden, indem sie Hindernisse aufrichtet, welche die Umsetzung der Unternehmensstrategien blockieren. Zu diesen Hindernissen gehören der Widerstand gegen Veränderungen und ein Mangel an Engagement.

Die Unternehmenskultur kann anhand von *Werten*, *Normen* und *Ausdrucksformen* beschrieben werden. Die Mitglieder des Unternehmens betrachten die Kultur als *Organisationsklima*, welches seinen Ausdruck im *Managementstil* findet, den es gleichzeitig beeinflußt.

Werte

Werte betreffen das, was als wichtig betrachtet wird. Sie finden ihren Ausdruck in Überzeugungen bezüglich dessen, was für das Unternehmen gut und welches Verhalten wünschenswert ist. Der „Werterahmen" einer Organisation kann nur der höchsten Ebene bewußt sein oder aber von der gesamten Organisation geteilt werden, so daß diese als „wertbestimmt" bezeichnet werden könnte.

Wertvorstellungen können folgende Bereiche erfassen:

- Berücksichtigung und Wertschätzung der Mitarbeiter
- Berücksichtigung der Kunden
- Wettbewerbsfähigkeit
- Unternehmergeist
- Gerechte Behandlung der Mitarbeiter
- Herausragende Leistungen
- Wachstum
- Innovation
- Markt-/Kundenorientierung
- Vorrang der Erfordernisse des Unternehmens vor jenen der Mitarbeiter
- Leistungsorientierung
- Produktivität
- Chancengleichheit für alle Mitarbeiter
- Qualität
- Soziale Verantwortung
- Teamwork

Normen

Normen sind ungeschriebene Verhaltensregeln. Diese „Spielregeln" stellen informelle Verhaltensrichtlinien dar. Normen drükken die Erwartungen bezüglich dessen aus, was die Leute tun, sagen, glauben und sogar anziehen sollen. Normen werden nie schriftlich festgehalten – wären sie es, so wären sie Richtlinien oder Verfahrensanweisungen. Vielmehr werden sie mündlich oder durch das Verhalten vermittelt und dadurch durchgesetzt, daß ihre Verletzung negative Reaktionen auslöst. Mittels dieser Reaktionen können Normen ausgesprochen starken Druck auf das Verhalten ausüben – wir kontrollieren andere durch die Art und Weise, wie wir auf sie reagieren.

Normen gelten für folgende Verhaltensweisen:

- die Behandlung, die Manager ihren Untergebenen zukommen lassen, sowie deren Beziehungen zu ihren Untergebenen;
- das vorherrschende Arbeitsethos, z. B. „Früh anfangen, spät aufhören", „Wenn du deine Arbeit nicht in der Arbeitszeit erledigen kannst, bist du offensichtlich ineffizient", „Mache stets einen geschäftigen Eindruck", „Mache stets einen entspannten Eindruck" usw.;
- Status – wieviel Bedeutung wird ihm beigemessen; Vorhandensein oder Fehlen offenkundiger Statussymbole;
- Ambitionen – es wird nackter Ehrgeiz erwartet und honoriert; oder die Norm ist ein etwas subtileres Verhalten;
- Leistung – es herrschen allgemein hohe Leistungsstandards; das höchste Lob, das man im Unternehmen erhalten kann, besteht darin, als sehr professionell bezeichnet zu werden;
- Macht – als Lebenshaltung anerkannt; ausgeübt mit politischen Mitteln; hängt eher von Sachkenntnis und Fähigkeit ab als von der Position; an der Spitze konzentriert; auf verschiedene Ebenen in verschiedenen Teilen der Organisation verteilt;
- politische Aktivität – in der gesamten Organisation verbreitet und als normales Verhalten betrachtet; nicht als offenkundiges Verhalten akzeptiert;
- Loyalität – wird erwartet; wird gering geschätzt, kurzfristigen Resultaten und Beiträgen wird Vorrang eingeräumt;
- Wut – wird offen ausgedrückt; wird versteckt, aber mit anderen, nach Möglichkeit politischen Mitteln ausgedrückt;
- Zugänglichkeit – Manager sollen immer zugänglich und greifbar sein; alles geschieht hinter verschlossenen Türen;
- Förmlichkeit – ein kühler, formaler Zugang ist die Norm; auf allen Ebenen werden Vornamen verwendet/nicht verwendet; es gibt ungeschriebene, aber unmißverständliche Bekleidungsregeln.

Ausdrucksformen

Ausdrucksformen sind jene sicht- und greifbaren Merkmale einer Organisation, die gehört, gesehen oder gefühlt werden. Zu den Ausdrucksformen gehören das Arbeitsumfeld, Ton und Sprache von Briefen und Memoranden, die Art und Weise, wie die Mitarbeiter in Meetings und am Telefon miteinander umgehen, die Freundlichkeit (oder Unfreundlichkeit) gegenüber Besuchern und das Verhalten der Telefonistinnen gegenüber Anrufern. Ausdrucksformen können sehr vielsagend sein.

Organisationsklima

Im Organisationsklima drückt sich aus, wie die Mitglieder die in ihrem Unternehmen oder ihrer Einheit geschaffene Kultur wahrnehmen (sehen und empfinden). Das Klima kann anhand von Einstellungsstudien beurteilt werden.

Managementstil

Der Managementstil ist die Art und Weise, in der die Manager versuchen, unter Einsatz der Mitarbeiter Resultate zu erzielen. Im Managementstil äußert sich, wie sich die Manager als Teamleiter verhalten und wie sie Autorität ausüben. Manager können autokratisch oder demokratisch, hart oder weich, fordernd oder locker, distanziert oder zugänglich, destruktiv oder aufbauend, aufgabenorientiert oder personenorientiert, rigide oder flexibel, rücksichtsvoll oder unnachgiebig, freundlich oder kalt, angespannt oder entspannt sein. Sie können strikt auf ihrer Führungsrolle beharren oder ihren Mitarbeitern Spielräume geben. Wie sie sich verhalten, hängt teilweise von ihnen selbst (von ihren natürlichen Neigungen), teilweise vom Beispiel ihrer Vorgesetzten und teilweise von den Werten und Normen der Organisation ab.

Entwicklung der Unternehmenskultur

Die der Unternehmenskultur zugrundeliegenden Normen und Werte entstehen im Lauf der Zeit unter dem Einfluß der externen Umwelt des Unternehmens sowie seiner internen Prozesse, Systeme und Technologien.

Zu den Umwelteinflüssen gehören Wirtschafts-, Markt-, Wettbewerbs- und soziale Entwicklungen, technologische Innovationen und staatliche Eingriffe. Intern wird die Unternehmenskultur von Unternehmenszweck, Strategie und Technologie sowie von bedeutsamen Ereignissen wie einer größeren Krise oder von Einflüssen wie dem Auftreten eines visionären und inspirierenden Unternehmensleiters geprägt. Tatsächlich werden Philosophie und Wertvorstellungen, die das Topmanagement im Lauf der Jahre vertreten hat, eine beherrschende Rolle spielen.

Die Unternehmenskultur wird in verschiedenen Unternehmen unterschiedlich entwickelt und manifestiert sich unterschiedlich. Man kann nicht sagen, eine Kultur sei besser als eine andere, sondern lediglich, sie unterscheide sich in bestimmter Hinsicht von ihr. So etwas wie eine *ideale* Unternehmenskultur gibt es nicht. Es gibt nur eine *geeignete* Unternehmenskultur. Das bedeutet, daß es keine universellen Richtlinien für das Management der Unternehmenskultur geben kann, obwohl es einige hilfreiche Ansätze wie die im folgenden Abschnitt beschriebenen gibt.

WAS IST KULTURMANAGEMENT?

Kulturmanagement ist der Prozeß, in dem eine geeignete Kultur entwickelt oder durchgesetzt wird – d. h. eine Kultur, die dem Unternehmen dabei hilft, seine Zielsetzungen zu erreichen.

Das Kulturmanagement umfaßt folgende Bereiche:

- *kultureller Wandel*, d. h. die Entwicklung von Einstellungen, Überzeugungen und Wertvorstellungen, welche sich mit der Zukunftsperspektive, den Strategien, der Umwelt und den Technologien des Unternehmens decken. Ziel ist es, signifikante Veränderungen von Unternehmensklima, Managementstil und Verhalten herbeizuführen, so daß es leichter wird, die Unternehmensziele zu erreichen;

- *Verstärkung der Kultur*, was darauf zielt, die guten oder funktionalen Eigenschaften der gegenwärtigen Kultur zu erhalten und zu verstärken;
- *Change Management*, welches dazu dient, eine erfolgreiche Anpassung der Unternehmenskultur an den Wandel zu ermöglichen und Unterstützung für Veränderungen der Organisation, der Systeme, Verfahren und Arbeitsmethoden zu gewinnen (siehe Kapitel 4);
- *Gewinnung eines Bekenntnisses* der Unternehmensmitglieder zu Auftrag, Strategien und Werten des Unternehmens.

Ziele des Kulturmanagements

Ziel des Kulturmanagements ist es,

- Grundsätze zu entwickeln, welche das Management bei der Formulierung und Implementierung kohärenter Strategien und Richtlinien für das Management der Organisation und ihrer Mitglieder leiten;
- im Unternehmen ein positives Klima zu schaffen und aufrechtzuerhalten und damit jenes Verhalten vorzugeben, welches von den Mitarbeitern in ihrer Tätigkeit erwartet wird;
- das Verständnis der Unternehmenswerte und das Bekenntnis zu diesen Werten zu fördern.

Jedoch ist es nicht das Ziel des Kulturmanagements, dem Unternehmen eine uniforme, angenehme Kultur aufzuzwingen. Kulturmanagement muß von der Einsicht ausgehen, daß sich für die verschiedenen Teile der Organisation möglicherweise verschiedene Kulturen anbieten. Es wird bestimmte Werte geben, denen das Management grundsätzliche Bedeutung beimißt, aber beim Versuch, sie im Unternehmen zu verbreiten, wird sich zeigen, daß die Mitglieder der Organisation ihre eigenen Wertvorstellungen haben, die sie nur modifizieren werden, wenn man sie davon überzeugt, daß das ebenso in ihrem eigenen Interesse ist wie in dem der Organisation.

Das Management der Unternehmenskultur ist eine der zentralen Aufgaben des leitenden Managements, das von Personalmanagementspezialisten beraten wird, denen eine immer bedeutendere Rolle als interne Berater zukommt.

ZUGÄNGE ZUM KULTURMANAGEMENT

Beim Kulturmanagement geht es darum, eine existierende, funktionierende Kultur zu verstärken oder zu vertiefen bzw. eine dysfunktionale Kultur zu ändern. Die Aufgabe lautet, zu analysieren und zu diagnostizieren und anschließend die geeigneten Hebel zur Forcierung des Wandels in Bewegung zu setzen.

Im Rahmen eines Programms zum Kulturmanagement sind folgende Schritte erforderlich:

1. Entwickeln Sie eine Vision von der zukünftigen Gestalt des Unternehmens.
2. Definieren und vermitteln Sie ausgehend von dieser Vision die Zukunftsperspektive des Unternehmens.
3. Definieren und vermitteln Sie die Strategien, die erforderlich sind, um die Zukunftsperspektive (die Unternehmensmission) zu verwirklichen.
4. Analysieren Sie die gegenwärtige Unternehmenskultur – Werte, Normen, Ausdrucksformen, Managementstil und Unternehmensklima. Die Analyse kann mittels Einstellungsstudien, strukturierten Befragungen oder Diskussionen in Fokusgruppen durchgeführt werden. (Eine Fokusgruppe ist eine Gruppe von Leuten, die zusammengebracht werden, um eine Reihe genau definierter Fragen zu diskutieren.)
5. Erarbeiten und implementieren Sie ein Programm zur Kulturveränderung.

DAS MANAGEMENT DES KULTURELLEN WANDELS

Das Management kulturellen Wandels kann in einem Modell anhand von drei einander überschneidenden Kreisen dargestellt werden (siehe Abbildung auf der folgenden Seite).

Die drei Schlüsselfaktoren sind:

- *Vision und Bekenntnis*: Das Management muß seine Vision von einer erstrebenswerten Unternehmenskultur artikulieren. Dann muß es demonstrieren, daß es sich zu dieser Vision bekennt, indem es seine Arbeit nach ihr ausrichtet.
- *Vermittlung*: Die Mitglieder des Unternehmens müssen verstehen, welche Beweggründe es für eine Veränderung der Kultur gibt, was diese Veränderung für sie bedeutet und wie sie, ihr Unternehmen und die anderen Interessengruppen davon profitieren werden.
- *Unterstützende Prozesse und Systeme*, z. B. Ausbildung und Schulungen, Leistungsmanagement, Belohnungssysteme.

Die Kreise überschneiden sich, weil diese Elemente gemeinsam miteinander weiterentwickelt werden müssen, damit eine erfolgreiche Veränderung der Unternehmenskultur gelingen kann.

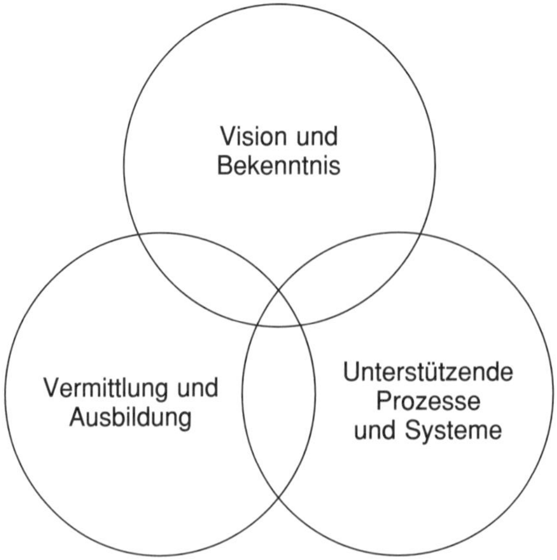

Abbildung: Die Elemente des kulturellen Wandels

FALLBEISPIEL: VERÄNDERUNG DER UNTERNEHMENSKULTUR

British Airways

Während der 1987 in Lissabon stattfindenden „Management-Centre-Europe"-Konferenz sagte der Vorsitzende der Abteilung für Human Resources bei British Airways, Dr. Nicholas Georgiadis: „British Airways hat sich verändert. Nachdem das Unternehmen noch vor fünf Jahren krank war, ist es heute wieder gesund. Die Voraussetzung für diese Gesundung (von Verlusten in der Höhe von 111 Millionen Pfund 1981/82 auf kumulierte Gewinne von 536 Millionen Pfund während der letzten drei Jahre) war das Kundenservice."

Die bei British Airways vorherrschende Unternehmenskultur, so Georgiadis, sei militaristischer und bürokratischer Natur gewesen. Sein Kommentar dazu: „Man kann menschliches Verhalten nicht bestimmen, indem man sich auf Paragraph 3(9) ff. beruft. Gute Kundenbetreuung läßt sich nicht durch Befehle von oben herbeiführen. Sie ist nur dann möglich, wenn die Mitarbeiter zu einem definierten Handlungs- und Entscheidungsfreiraum ermächtigt sind und in ihren Entscheidungen von den Vorgesetzten unterstützt werden."

Der Führungskader von British Airways beschloß, daß im Kundenservice eine Unternehmenskulturveränderung stattzufinden hat und daß ein erfolgreiches Kundenservice nur dann erreichbar wäre, wenn die Mitarbeiter zu sich selbst und zum Unternehmen eine positive Einstellung fänden. Kurz und gut, Kundenbetreuung erfordert ein aufmerksames, fähiges Management, um die Betreuungsfähigkeiten zu fördern, für die die Führungskräfte von British Airways weder „geschult noch genügend informiert oder belohnt" wurden.

Das Unternehmenskultur-Veränderungsprogramm bestand aus drei Teilen:

1. *Der Mensch steht im Mittelpunkt* – zwei Tage lang wurde für alle Angestellten mit Kundenkontakt ein Intensivkurs abgehalten, in dem sie aufgefordert wurden, über die Bedeutung

der Kundenbetreuung nachzudenken. Der Kurs befaßte sich auch damit, wie anderen geholfen werden könnte, gute Kundenbetreuung zu leisten, wer für ein Kundenproblem zuständig ist und wie wichtig die Körpersprache im Umgang mit anderen Menschen ist. Alle 40.000 Angestellten durchliefen dieses Programm.

2. *Ein Tag im Leben* – eine eintägige Veranstaltung vermittelte der Belegschaft, wie sehr sie voneinander abhängig ist. Etwa 30.000 Angestellte nahmen daran teil.
3. *Als erstes wird der Mensch geführt* – dafür wurde ein fünftägiges Managementseminar abgehalten, das sich mit den folgenden fünf Themen auseinandersetzte:
   - *Dringlichkeit* sollte von der Führungskraft ausgehen und nicht von den Ereignissen – für den Manager bedeutet das, daß er proaktiv sein muß und nicht nur dann in seinen Handlungen innehält, wenn er auf Ereignisse reagiert.
   - *Visionen* zu haben, also „die Kathedrale bereits vor uns zu sehen, während wir erst den Mörtel mischen" – Führungskräfte müssen sowohl im Hier und Jetzt (während sie den Mörtel mischen) präsent sein, als auch in die Zukunft blikken (die Kathedrale bereits vor Augen haben).
   - *Motivation*, d. h. Management by Exception – erwarte nur das Beste und „ertappe" Menschen dabei, wenn sie ordentliche Arbeit leisten, da Menschen, die mit sich selbst und ihrem Manager zufrieden sind, gute Resultate erbringen.
   - *Vertrauen*, das dem einzelnen die Kraft gibt, alleine zu agieren – und der Gruppe die Bereitschaft, gemeinsam vorzugehen –, um einerseits das Gefühl aus der Welt zu schaffen, man würde mit einem Problem alleine gelassen, und anderseits, um das eigenständige Urteilsvermögen zu fördern.
   - Insbesondere *Verantwortung*, die zu dem Glauben führen muß, daß ich für mein eigenes Verhalten zuständig bin, daß ich also die Art, wie ich etwas realisiere, verändern kann.

Außer diesen Kursen wurde auch ein neues, auf dem Mentorsystem basierendes Leistungsbewertungsschema eingeführt, das die Betonung auf das Führungsverhalten, insbesondere in der Teamführung und in der Mitarbeiterführung, legte. Der Wert „Der Mensch steht im Mittelpunkt" wurde auch in die Leistungsbeurteilung aufgenommen und im Prämiensystem berücksichtigt.

ICL

Das Kulturveränderungsprogramm bei ICL wurde vom neuen geschäftsführenden Direktor initiiert, der erklärte:

> Ich erkannte nach und nach, daß es mir nicht gelungen war, meine strategischen Erkenntnisse in Herz und Hirn des Unternehmens einzupflanzen, so daß alle seine Mitglieder die Notwendigkeit von Veränderungen verstanden hätten. Sie mußten wissen, *warum*, nicht nur *was*. Ein eindrucksvolles Vermittlungsprogramm war nicht genug. Ich war sehr frustriert – Tausende intelligente Leute arbeiteten sehr hart, jedoch ohne gemeinsames Ziel.

Er sagte auch, er habe sich an den vielzitierten Ausspruch eines amerikanischen Generals aus dem Zweiten Weltkrieg erinnert gefühlt: „Ich habe den Feind gesehen – der Feind sind wir."

Mission Statement

Das Unternehmen definierte seinen Auftrag neu, was erhebliche Veränderungen in der Orientierung bedeutete. Das Mission Statement wurde folgendermaßen formuliert: „ICL ist ein internationales Unternehmen, das sich damit beschäftigt, unter Einsatz von Informationstechnologie profitable Lösungen für Betriebs- und Managementeffektivität anzubieten."

Schlüsselstrategien

Es wurden Ziele festgelegt, anhand derer man sich als großer europäischer Anbieter von Informationstechnologie etablieren, seine Kräfte auf spezifische Märkte konzentrieren und einen Ruf als qualitätsorientierter Systemintegrierer erlangen wollte.

Die Schlüsselstrategien beinhalteten:

- hochwertige Lösungen für bestimmte Märkte;
- ein Bekenntnis zu offenen Systemen – man wollte den Kunden mehr Flexibilität bei der Wahl des Herstellers ermöglichen und ihnen Zuversicht für die Zukunft vermitteln;
- Kooperationen, um Zugang zu Märkten und Technik zu erhalten;
- ein reaktionsschnelles Unternehmen, das rasch auf die sich rasant verändernden Markterfordernisse reagieren könnte;
- eine Konzentration auf Systeme und Lösungen für die Kunden, denen echte zusätzliche Wertschöpfung im Betrieb ihrer Unternehmen angeboten werden sollte;
- eine Veränderung der Art und Weise, wie die Mitarbeiter dachten, Entscheidungen fällten und ihr Leben im Unternehmen führten. Diese Veränderungen können folgendermaßen zusammengefaßt werden:

  Zustand:
  - technologiebestimmt
  - taktisch, kurzfristig
  - interner Fokus
  - alles versuchen und tun
  - eingeengte Sicht der Einheiten
  - verfahrensgebunden
  - Experte für Großbritannien

  Zielvorstellung:
  - marktbestimmt
  - strategisch, langfristig
  - externer Fokus
  - spezielle Zielmärkte
  - unternehmensumspannendes Bekenntnis
  - innovativ und aufgeschlossen
  - globaler Marktteilnehmer

Kapitel 46

Verhandlungen

Die Verhandlung ist ein Einigungsprozeß und bietet Ihnen die Möglichkeit, für Unternehmen, Gewerkschaft oder für eigene Anliegen bestmögliche Bedingungen zu erhalten.

Verhandlungen beinhalten Interessenskonflikte. Verkäufer wollen lieber hohe Preise als niedrige, und Käufer sehen lieber niedrige Preise als hohe. Gewerkschaften wollen einen höchstmöglichen Abschluß, während die Geschäftsleitung einen möglichst niedrigen anstrebt. Was eine Seite gewinnt, verliert die andere. Niemand verliert gerne, daher kommt es zum Konflikt, der geregelt werden muß, will man zu einer freundschaftlichen Einigung gelangen. Und Verhandlungsführer versuchen, oder sollten versuchen, ein Ergebnis in Freundschaft herbeizuführen, ganz egal welche Meinungsverschiedenheiten ihm vorangingen. Immerhin könnten die beiden Seiten einander wieder begegnen.

Ein weiteres wichtiges Verhandlungsmerkmal besteht darin, daß sie in einer Atmosphäre der Ungewißheit stattfinden. Keine der beiden Parteien weiß, was die andere will oder zu welchen Konzessionen sie bereit sein wird.

Es gibt grundsätzlich zwei Arten der Verhandlung – kommerzielle Verhandlungen und Lohn- und Gehaltsverhandlungen

KOMMERZIELLE VERHANDLUNGEN

Kommerzielle Verhandlungen drehen sich hauptsächlich um Preise und Lieferbedingungen für Waren und Dienstleistungen.

In ihrer einfachsten Form sind sie nicht mehr als ein Feilschen zwischen Käufer und Verkäufer, nicht viel anders, als wenn Sie Ihr Auto gegen ein neues tauschen. In der bereits komplizierteren Ausführung geht es um ein Paket, das nicht nur das Grundprodukt enthält, sondern auch eine Reihe von Extras anbietet. Normalerweise können Verkäufer Preisvarianten anbieten, um den Bedürfnissen des Käufers entgegenzukommen. Da gibt es den Fabrikspreis, den Preis frei Haus, den Ratenpreis und den Preis, der den Service beinhaltet. Verschiedene Methoden der Ratenzahlung oder der Kreditverleihung mögen ebenfalls im Angebot enthalten sein.

Verhandlungen dieser Art werden meist mit den Spezifikationen des Käufers eingeleitet. Daraufhin macht der Verkäufer einen Vorschlag, und die Verhandlung hat begonnen. Der Vorschlag des Verkäufers enthält einen Verhandlungsspielraum, und je nach Paket, das gewünscht wird, wird der Preis variierbar sein.

Kommerzielle Verhandlungen werden in der Regel freundlich ausgetragen, und hier liegt Ihr Hauptproblem. Es kann zu leicht passieren, daß Sie durch die Schmeicheleien Ihres Verhandlungspartners zu einem Handel verführt werden, der nicht für beide vollkommen zufriedenstellend ist.

GEWERKSCHAFTSVERHANDLUNGEN

Lohn- und Gehaltsverhandlungen werden in der Regel viel härter ausgetragen. Es mag dabei nur um simple Entlohnungsvereinbarungen gehen, doch normalerweise beinhalten sie ein Paket. Zusatzleistungen werden ausgefochten, die nötigenfalls in Form von Konzessionen gehandelt werden können.

Bei dieser Art von Verhandlung wissen beide Parteien ziemlich genau, wie hoch sie gehen werden bzw. welche Untergrenze sie bereit sind, zu akzeptieren. Ihre Eröffnungsforderungen und -angebote werden bereits vorher festgelegt, und ihre Einkaufsliste an Extras wird entsprechend analysiert, um festzustellen, bei welchen Punkten als Gegenleistung für sonstige Vorteile nachgegeben werden kann.

Bei gewerkschaftlichen Verhandlungen werden für gewöhnlich Verhandlungskonventionen eingehalten, wovon die allgemeingültigsten folgende sind:

- Gleichgültig, was während den Verhandlungen passiert, beide Parteien streben eine Einigung an.
- Attacken, harte Worte, Druckmittel und (kontrollierte) Temperamentsausbrüche werden von beiden Seiten als legitime Taktiken anerkannt und sollten nicht dazu mißbraucht werden, um das Vertrauen einer Partei in die Integrität der anderen oder den Wunsch, eine Einigung zu finden, die keine drastischen Maßnahmen beinhaltet, zu erschüttern.
- Außerbetriebliche Diskussionen (die nützlich sind, um Einstellungen und Absichten zu erproben) sollten vor allem in formalen Verhandlungssitzungen nicht stattfinden, außer beide Parteien einigen sich diesbezüglich im voraus.
- Jede Partei sollte bereit sein, von ihrer ursprünglichen Position abzukommen.
- Es ist normal, wenn auch nicht unvermeidbar, daß während einer Verhandlung eine Reihe von Angeboten und Gegenangeboten gemacht werden, die allmählich zu einer Einigung führen.
- Konzessionen, die eingeräumt wurden, können nicht zurückgezogen werden.
- Verbindliche Angebote sollten nicht zurückgenommen werden, während es bei bedingten Angeboten legitim ist.
- Eine dritte Partei sollte so lange nicht hinzugezogen werden, bis beide Parteien zu dem Schluß kommen, daß erst mit ihrer Hilfe ein Fortschritt erzielt werden kann.
- Die endgültige Vereinbarung sollte genau eingehalten werden. Keine Tricks. Die vereinbarten Bedingungen müssen unverändert durchgeführt werden.
- Wenn möglich, sollte die endgültige Einigung auf eine Weise formuliert sein, daß keine der Parteien einen Gesichts- oder Glaubwürdigkeitsverlust hinnehmen muß.

DER VERHANDLUNGSVERLAUF

In beiden Fällen verlaufen die Verhandlungen in etwa gleich. Hier wird nun jede Phase zusammenfassend illustriert, und zwar ausgehend von einer Gewerkschaftsverhandlung, die tatsächlich stattfand.

Phase 1: Vorbereitung – Festlegung der Ziele (oder Entwurf der Spezifikationen), Zusammenstellen der Informationen und Beschluß der Verhandlungsstrategie.

Das Ziel der Gewerkschaft bestand darin, eine Einigung zumindest in der Höhe der laufenden Inflationsrate (acht Prozent) zu erlangen. Ihre Strategie lautete, die Geschäftsleitung in die Defensive zu treiben, indem sie sie zu einem Angebot veranlassen würde, ohne vorher ihre Absichten bekanntzumachen. Zusätzlich forderte die Gewerkschaft eine Arbeitszeitverkürzung von einer Stunde pro Woche, drei zusätzliche Urlaubstage und einen Weihnachtsbonus in der Höhe von einem Wochenlohn.

Das Ziel des Managements bestand in einer Einigung, die die Inflationsrate nicht überschreiten sollte, sowie darin, keinesfalls Konzessionen einzugehen, die die Gesamtkosten des Pakets auf über acht Prozent anheben würden. Bezüglich der Strategie kam es zu Auseinandersetzungen. Ein Manger wollte der Gewerkschaftsforderung vorgreifen, indem das endgültige Angebot sofort gemacht und kein Verhandlungsspielraum zugelassen werden sollte. Er wurde mit der Begründung überstimmt, daß diese Vorgangsweise eine Konfrontation auslösen und daher langfristig das Verhältnis zur Gewerkschaft schädigen würde. Die nächste Frage lautete, wieviel Manövrierraum zwischen dem Eröffnungs- und dem endgültigen Angebot vorhanden sein sollte. Einige wollten möglichst niedrig, etwa bei drei Prozent, ansetzen, damit das Endergebnis unter die angenommene Gewerkschaftsforderung von 15 Prozent fallen würde. Die vorherrschende Meinung war jedoch, daß dieses Angebot zu niedrig sei und die Verhandlungen unnötigerweise verlängern würde. Also einigte man sich auf ein Anfangsangebot von fünf Prozent, damit die Firma, falls nötig, zwei Konzessionen von jeweils eineinhalb Prozent eingehen könnte, bevor das Maximum von acht Prozent erreicht würde.

Phase 2: Eröffnung – Die Verhandlungspartner enthüllen ihren Vertretern ihre anfänglichen Verhandlungspositionen.

Die Gewerkschaft begann mit einem Lagebericht. Sie wollte eine substantielle Erhöhung, um ihre Mitglieder vor der Inflation zu schützen und ihnen eine Entschädigung für die Verluste der letzten drei Jahre zukommen zu lassen. Die Zusatzleistungen (verkürzte Arbeitswoche etc.) wurden quasi als zusätzlicher Ballast ins Spiel gebracht, um dem Management klarzumachen, daß ein Verhandlungsspielraum möglich wäre.

Das Management stellte fest, daß mit keinen „substantiellen“ Angeboten zu rechnen sei. Man betonte die schlechte wirtschaftliche Lage und die Tatsache, daß die Bezahlung der Gewerkschaftsmitglieder insgesamt besser sei als die anderer Arbeiter. Ebenso wurde darauf verwiesen (und das sollte noch mehrere Mal im Verlaufe der Verhandlung passieren), daß die Firma eine Anpassung der Löhne an die Inflation nicht garantieren könne. Nachdem die Eröffnungspositionen und die wichtigsten Argumente geklärt waren, wurde die Sitzung vertagt.

Phase 3: Verhandlung – Zu diesem Zeitpunkt haben beide Parteien gleiche Ziele. Als Verhandlungsführer werden Sie folgende Taktiken versuchen: a) das gegnerische Anliegen auf seine Schwächen prüfen, b) den Gegner überzeugen, daß er seine Position aufgeben und Ihrer eigenen näher kommen muß. Ebenso werden Sie Ihre eigene Position überprüfen, ob sie den Informationen, die Sie von der gegnerischen Seite erhalten, sowie den Reaktionen, mit denen Sie konfrontiert werden, standhält. Ihre ursprüngliche Bewertung kann entweder korrekt sein, oder sie muß jetzt entsprechend modifiziert werden. Sie müssen sich vielleicht auch für die Ausübung von Druck oder die Eingestehung von Konzessionen entscheiden, um zu einem zufriedenstellenden Abschluß zu gelangen.

Die Verhandlungsphase beanspruchte drei Sitzungen. Weder die Gewerkschaft noch die Geschäftsleitung waren bereit, ihre Eröffnungsargumente in irgendeiner dieser Sitzungen zu modifizieren.

Jede Partei wollte herausfinden, wie sehr die andere von ihren Argumenten überzeugt war und zu welchem Ausmaß sie bereit wäre, ihre Position zu ändern. Jede Phase wurde analysiert, um festzustellen, was dahinterstand, wobei beide versuchten, Hinweise zu erhalten, inwieweit die gegnerische Partei in ihrem Anliegen – von den Fabriksarbeitern einerseits und dem Topmanagement andererseits – unterstützt wurde.

Die Geschäftsleitung eröffnete mit einem fünfprozentigen Angebot und stieß auf die übliche Reaktion: es sei „lächerlich", „beleidigend" und so fort. Die Gewerkschaft, in der Hoffnung, ein Geheimnis daraus zu machen und die Geschäftsleitung auf die falsche Spur zu bringen, weigerte sich, ihre Forderung zu nennen.

Zwischen der zweiten und dritten Sitzung gelang dem Management eine Einigung, da es glaubte, die Gewerkschaft hätte es auf zehn Prozent abgesehen, würde jedoch unter Druck auch acht Prozent akzeptieren. Weiters wurde entschieden, eine Arbeitszeitverkürzung von 30 Minuten pro Woche anzubieten, allerdings nur in Form eines in letzter Minute gemachten Tauschangebots, sollte es zu keiner vernünftigen Einigung kommen.

Während der dritten Sitzung erhöhte das Management sein Angebot auf sieben Prozent, fügte aber hinzu, daß es auf keinen Fall höher gehen könnte. Als nun die Gewerkschaft wissen wollte, ob dies das endgültige Angebot sei, verweigerten die Manager nähere Ausführungen. Die Gewerkschaft erkannte zu Recht, daß sie den Rahmen der Möglichkeiten ausgeschöpft hatte und daß das Topmanagement unter entsprechendem Druck nachgeben würde. Die Gewerkschaft forderte zehn Prozent und die anderen Konzessionen.

Phase 4: Schluß – Jede Partei beurteilt, ob die gegnerische Seite entschlossen ist, ihre Position beizubehalten oder kompromißbereit ist. Die endgültigen Schritte werden unternommen. Während dieser Phase können die endgültigen „Tauschgeschäfte" zu einer Einigung führen.

Die letzte Sitzung beanspruchte den ganzen Tag und wurde bis spät in die Nacht fortgesetzt. Die Geschäftsleitung bestand auf den sieben Prozent und war zu keinen weiteren Konzessionen bereit. Die Gewerkschaft versuchte mehrere Taktiken. Sie erhob Einspruch, ließ ihrer Wut durch kontrollierte Temperamentsausbrüche freien Lauf und drohte mit Streiks. Die Manager erkannten schließlich, daß eine Einigung nur durch den Versuch erreicht werden konnte, auf Tauschhändel einzugehen. Sie boten sieben Prozent plus eine Arbeitszeitverkürzung von einer Stunde pro Woche als Gegenleistung für die Abschaffung der üblichen fünf Minuten, die die Arbeiter zum Waschen zur Verfügung hatten (und die regelmäßig mißbraucht wurden).

Das Management wiederholte ausdrücklich, daß dies das endgültige Angebot sei, mehr könne das Unternehmen nicht aufbringen, und es gelang ihm, die Gewerkschaft durch reine Argumentation zu überzeugen, daß es seine Meinung nicht mehr ändern würde. Die Gewerkschaft akzeptierte das Angebot nach einer Abstimmung in ihren eigenen Reihen.

VERHANDLUNGSTAKTIKEN

(a) Vorbereitung

1. Definieren Sie Ihr Verhandlungsziel wie folgt:
   - Ideal – das beste Ergebnis, das Sie sich erhoffen können;
   - Minimum – das wenigste, worauf Sie sich zu einigen bereit sind;
   - Ziel – welche Versuche Sie unternehmen werden und welche Chancen Sie Ihrer realistischen Einschätzung nach haben, Ihr Ziel zu erreichen.
2. Überlegen Sie sich ein Paket, das einen Austausch von Konzessionen gestatten würde. Könnten Sie zum Beispiel einen höheren Preis akzeptieren, wenn im Austausch dafür die Zahlungsbedingungen erleichtert würden? Oder wäre es möglich, ein Lohnangebot zu erhöhen, wenn sich die Gewerkschaft bereit erklärte, eine restriktive Vorgangsweise abzuschaffen?
3. Machen Sie sich eine Vorstellung davon, was die andere Partei will bzw. bereit ist, anzubieten. Wenn Sie zum Beispiel ein Hersteller sind und mit einem Verkäufer Bedingungen aushandeln, sollten Sie wissen, daß der Käufer durch seine Un-

ternehmenspolitik eingeschränkt ist, die eine dreifache Preiserhöhung fordert.
Wenn Sie den Einzelhandelspreis kennen, den das Geschäft veranschlagen wird wollen, werden Sie sich eine gute Vorstellung vom Maximum machen können, zu dem der Käufer bereit sein wird. Dadurch können Sie sich ein Bild machen, ob Sie auf eine größere Bestellung drängen sollen, um einen niedrigeren Verkaufspreis zu rechtfertigen, den Sie normalerweise nicht akzeptieren würden.
In einer typischen Lohnrunde wird die Gewerkschaft oder das Verhandlungsgremium eine zuvor festgelegte Forderung stellen, das Minimum und die Eröffnungsforderungen nennen. In Ihrer Rolle als Arbeitgeber werden Sie eigene Ziele, ein Maximum und ein Eröffnungsangebot bereit haben.
Der Unterschied zwischen der Forderung und Ihrem Angebot wird Verhandlungsspanne genannt. Wenn Ihr Maximum das gegnerische Minimum überschreitet, ergibt sich daraus die Einigungszone. Im folgenden Diagramm sieht das so aus:

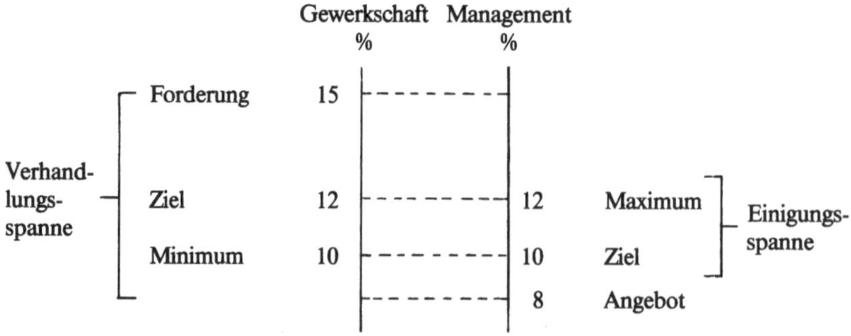

Verhandlungsspanne mit einer Einigungszone

Bei diesem Beispiel ist die Chance, relativ reibungslos zu einer Einigung zu gelangen, ziemlich hoch. Erst wenn Ihr Maximum das gegnerische Minimum unterbietet, wie das im nächsten Diagramm der Fall ist, kommt es zu Schwierigkeiten.

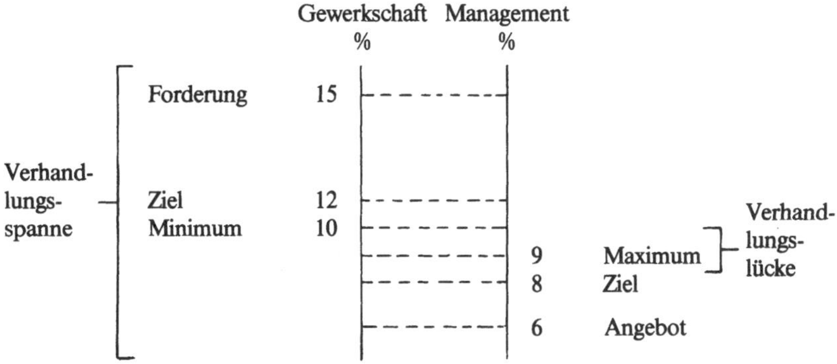

Verhandlungsspanne ohne Einigungszone

4. Beschließen Sie Strategie und Taktik – Ihr Eröffnungsangebot, die Schritte, die Sie unternehmen werden, die Konzessionen, die Sie bereit sind, einzugehen, und die Argumente, die Sie vorbringen werden.
5. Beschaffen Sie sich die Fakten, die Sie benötigen, um Ihr Anliegen zu untermauern.
6. Sie sollten auch alle erforderlichen Unterlagen, wie etwa Standardvertragsbedingungen, bereit haben.
7. Bei Gewerkschaftsverhandlungen:
   – Wählen Sie ein Verhandlungsteam aus. Es sollten ihm nie weniger als zwei Mitglieder und bei wichtigen Verhandlungen sollten ihm mindestens drei angehören: ein Verhandlungsführer, ein Schriftführer, der dem Verhandlungsführer die erforderlichen Informationen zukommen läßt, und alle übrigen, um die gegnerische Partei zu beobachten und ihren Instruktionen entsprechend während der Verhandlung eine bestimmte Rolle zu spielen.
   – Instruieren Sie die Mitglieder Ihres Verhandlungsteams hinsichtlich ihrer Rollen, der Verhandlungsstrategie und -taktik, die einzusetzen sind. Falls es angebracht ist, sollten vorbereitete Stellungnahmen oder Argumente ausgegeben werden, die eingesetzt werden, sobald es die Strategie erfordert.
   – Üben Sie mit den Mitgliedern die jeweiligen Rollen ein. Sie können aufgefordert werden, bestimmte Punkte für die

> anderen Mitglieder zu wiederholen und sich mit den Reaktionen, die sie erhalten, auseinanderzusetzen. Jemand kann auch des Teufels Advokat spielen und den Verhandlungsführer oder andere Mitglieder des Teams zwingen, unangenehme Themen oder Verhandlungsfinten aufzugreifen.

Zu diesem Zeitpunkt besteht vielleicht die Möglichkeit, den Gegner aufzusuchen und seinen Standpunkt formlos auszuhorchen, während er versucht, den Ihren herauszufinden. Sie können eine Besprechung dieser Art als „Frühwarn"-System einsetzen, um Ihren Gegner zu einer Modifizierung seiner ursprünglichen Forderungen zu bewegen, indem Sie ihn von der Stärke Ihrer eigenen Position und Ihrer Entschlossenheit, nicht nachzugeben, überzeugen.

In einer jüngst stattgefundenen Verhandlung war diese „Korridortaktik" erfolgreich. Die Gewerkschaft hatte die Geschäftsleitung aufgefordert, eine neue Technologievereinbarung einzuführen, die die üblichen Klauseln über Konsultation, Arbeitsschutz und Gesundheitsvorkehrungen enthalten sollte.

Während der ersten beiden Sitzungen ließ das Management nicht von seinem Standpunkt ab, daß all diese Forderungen bereits in bestehenden Vereinbarungen und Veröffentlichungen berücksichtigt worden seien. Doch die Gewerkschaft bestand darauf, daß dem nicht so sei. Die Verhandlung schien einen Stillstand erreicht zu haben. Der Gewerkschaftsführer konnte es sich nicht leisten, während der Verhandlung seine Schwächen zu augenscheinlich offenzulegen. Dem Generaldirektor, der dem Managementteam vorstand, ging es genauso.

Um die Verhandlungen wieder in Gang zu bringen, bat der Generaldirektor seinen Manager für Arbeitgeber-Arbeitnehmer-Beziehungen, ein inoffizielles Treffen mit dem Gewerkschaftsführer abzuhalten. Bei diesem Treffen wurde klar gemacht, daß die Firma einem separaten Abkommen für neue Technologien unter keinen Umständen zustimmen würde.

Aber der Personalleiter ließ wissen, daß die Geschäftsleitung bereit wäre, dem bestehenden Abkommen eine stärkere Klausel für Vorkonsultationen beizufügen.

Der Gewerkschaftsführer wußte aus Erfahrung, daß dieser Mann sein Wort hielt. Für ihn ergab es keinen Sinn, aus der Angelegenheit eine Riesenaffäre zu machen, und er wußte, er würde von seinen Mitgliedern nicht die entsprechende Unterstützung erhalten, da sie in den neuen Technologien keinen wirklichen Konfrontationspunkt sahen. Aber er dachte sich, wenn er schon zu einer Konzession bereit sein müßte, würde er sich zumindest eine Gegenleistung dafür holen. Mit anderen Worten, er wollte einen Tauschhandel.

Er erklärte sich daher mit der Idee einverstanden, vorausgesetzt, die Firma würde der Gewerkschaft das Recht geben, während der nächsten sechs Monate die Einführung jeder neuen Technologie zu überwachen. Vom Personalleiter wurde dies akzeptiert. Beide Parteien hielten sich an die Konvention, daß sie aufgrund der inoffiziellen Diskussion keine Verpflichtungen einzugehen hatten und daß bei zukünftigen formalen Verhandlungen keine diesbezügliche Erwähnung gemacht werden würde. Daraufhin klärten sie das informelle Einverständnis mit ihren jeweiligen Ausschüssen, und bei der nächsten offiziellen Verhandlungssitzung konnten die Bedingungen problemlos vereinbart werden. Was zunächst wie ein schwerwiegendes Problem aussah, konnte durch Korridorverhandlungen gelöst werden.

(b) Eröffnung

Wenn Sie eine Verhandlung eröffnen, sollte Ihre Taktik folgende sein:

- Eröffnen sie auf realistische Weise, und gehen Sie mäßig vor.
- Fordern Sie die Position Ihres Gegners heraus; doch schränken Sie unter keinen Umständen seine Beweglichkeit ein.

- Erforschen Sie Einstellungen, stellen Sie Fragen, beobachten Sie Verhalten, und vor allem hören Sie zu: Bewerten Sie die Stärken und Schwächen Ihres Gegners, seine Taktik und inwieweit er bluffen könnte.
- Machen Sie in dieser Phase keine Konzessionen welcher Art auch immer.
- Bleiben Sie hinsichtlich der Vorschläge und Erklärungen unverbindlich (sprechen Sie nicht zuviel).

(c) Handeln

Ihr Ziel besteht darin, die Lücke zwischen den beiden Anfangspositionen zu verkleinern und Ihren Gegner von der Festigkeit Ihres Standpunktes zu überzeugen, damit er sich mit weniger als ursprünglich geplant zufriedengibt. Sie sollten:

- Ihre Vorschläge immer mit Bedingungen verbinden: „Wenn ihr bereit seid, das zu tun, werde ich dafür jenes in Erwägung ziehen."
- Niemals einseitige Konzessionen machen. Gehen Sie mit Ihrem Gegner immer einen Tauschhandel ein: „Wenn ich bei x nachgebe, erwarte ich von euch, daß ihr bei y einlenkt."
- Das Paket als Ganzes verhandeln: Erlauben Sie Ihrem Gegner nicht, Punkt für Punkt vorzugehen; alle Angelegenheiten müssen offenbleiben, damit aus potentiellen Tauschhändeln der größte Nutzen gezogen werden kann.

Signale erkennen

Während der Ausverhandlungsphase müssen Sie jedes Signal, das vom Gegner kommt, sofort erkennen. Jedesmal, wenn er Bedingungen anspricht, zeigt er, daß er bereit ist, weiterzukommen. Erforschen Sie die Möglichkeiten mittels Fragen. Versuchen Sie hinter das Gesagte zu schauen und seine wirkliche Bedeutung zu verstehen.

Zum Beispiel:

Gesagt wird	*Gemeint ist*
So weit kann ich gehen.	Ich könnte meinen Chef überreden, weiterzugehen.
Normalerweise geben wir maximal fünf Prozent Diskont.	Wir sind bereit, mehr zu geben, wenn Sie uns dafür eine Gegenleistung bieten.
Über diesen Punkt sollten wir nachdenken.	Ich bin bereit, zu verhandeln.
Diese Frage bedarf einer kurzen Besprechung.	Es ist schwierig, aber nicht unmöglich. Versuchen Sie es noch einmal.
Es wird uns sehr schwer fallen, dieser Anforderung zu begegnen.	Es ist nicht unmöglich, aber wir wollen einen Tauschhandel.
Ich werde Ihr Angebot ganz sicher in Erwägung ziehen.	Ich bin bereit, zu akzeptieren, aber ich will nicht den Anschein vermitteln, ein leichter Fall zu sein.
So sieht unser Standardvertrag aus.	Wir sind bereit, unter diesen Bedingungen zu verhandeln.
Wir sind bereit, Ihnen x Pfund je 1000 Einheiten anzubieten.	Über den Preis läßt sich reden.
Das ist mein letztes Angebot.	Mein Chef könnte weitergehen, wenn er dazu gedrängt wird (wenn es sich für ihn auszahlt).
Wir können Ihre Lieferbedingungen zu diesem Preis nicht einhalten.	Ich werde über Lieferbedingungen oder Preis verhandeln.

Argumentieren

Während der Ausverhandlungsphase werden Sie den Großteil der Zeit mit Diskussionen zubringen. Klares Denken (siehe Kapitel 16) wird Ihnen nützen, um Ihr Anliegen zu präsentieren und die Fehler in der Argumentation Ihres Gegners aufzuspüren.

Sie sollten sich auch Ihr Auftreten während Ihrer Ausführungen überlegen. Es ist nicht Ihre Aufgabe, Ihren Gegner in Grund und Boden zu argumentieren. In Wirklichkeit ist es angesichts zukünftiger guter Beziehungen (die sowohl in Ihrem eigenen als auch in seinem Interesse liegen) weise, ihm eine Fluchtroute zu gewähren. Victor Feather meinte: „Sorgen Sie immer dafür, daß dem anderen genug Geld bleibt, um die Busreise nach Hause anzutreten."

Vermeiden Sie es, Ihren Gegner vor den Kopf zu stoßen. Tragen Sie Ihre Meinungsverschiedenheiten entschlossen aus, aber machen Sie ihrem Gesprächspartner nicht den Garaus. Versuchen Sie auch nicht, seine Persönlichkeit zu beeinträchtigen. Wenn es sein muß, diskreditieren Sie seine Argumente, oder stellen Sie seine trügerische Beweisführung bloß, doch stellen sie ihn niemals persönlich in ein schlechtes Licht. Wenn Sie Ihre Gegner persönlich angreifen oder mißbrauchen, werden sich ihre Reihen schließen.

Um effektiv zu argumentieren, müssen Sie bereit sein, sowohl die Stellungnahmen als auch die darin gemachten Andeutungen zu hören. Sprechen Sie selbst nicht zuviel, da es Sie davon abhält, Signale zu erkennen, und es Ihnen passieren könnte, selbst zu viele Andeutungen zu machen. Fordern Sie Ihren Gegner, wann immer Sie können, dazu heraus, sein Anliegen Punkt für Punkt zu rechtfertigen. Die Last soll bei ihm liegen, indem Sie klärende Stellungnahmen einfordern. Beantworten Sie eine Frage mit einer Gegenfrage, um Zeit für Überlegungen zu gewinnen.

Argumentieren Sie ruhig und sachlich. Betonen Sie jedoch jene Punkte, die Sie auf jeden Fall anbringen wollen, indem Sie entweder Ihre Stimme geringfügig heben oder beim Sprechen langsamer werden, um Ihr Argument zu verstärken oder indem Sie sich wiederholen.

Kontrollieren Sie Ihre Wut. Drücken Sie sich auf jeden Fall deutlich aus, doch verlieren Sie nie Ihre Fassung, da Sie sonst alles verlieren werden.

Bedenken Sie immer, daß Sie nicht um jeden Preis gewinnen wollen. Wenn Ihr Gegner etwas will, was Sie nicht geben können, sagen Sie nicht einfach „nein". Bieten Sie ein Alternativpaket an. Wenn er höhere Spezifikationen fordert, als Sie normalerweise im Preis enthalten haben, und er zudem ein Lieferdatum will, das Sie nur durch Einsatz von Überstunden einhalten können, sagen Sie ihm, daß Sie sowohl die Spezifikationen als auch den Liefertermin einhalten können, wenn er bereit ist, die Kosten zu übernehmen.

Eröffnungszüge

Es gibt eine Reihe von Standard-Verhandlungseröffnungen:

- *Drohgesten* – „Entweder Sie erklären sich einverstanden, oder ich rufe meine Freunde"; oder „... ich kann mein Anliegen auch anderswo vorbringen". Reagieren Sie niemals auf derartige Drohungen, und machen Sie selbst nie leere Drohgebärden.
- *Keine Verhandlung im Fall von Nötigung* – „Wir weigern uns, Ihre Forderung zu diskutieren, solange Sie Ihr Überstundenverbot nicht aufgehoben haben." Ein ausgezeichneter Ansatz, wenn Sie damit durchkommen.
- *Das wird Ihrem Ansehen schaden* – „Wollen Sie wirklich vor der ganzen Belegschaft als herzloser Arbeitgeber dastehen?" Da dies ein emotioneller Ansatz ist, sollte er nicht gelten.
- *Der direkte Bluff* – „Ich erhielt zwei oder drei Kostenvoranschläge, die niedriger sind als Ihre." Die Antwort auf diesen Eröffnungszug ist ein Gegenbluff: „Welches Preisangebot wurde Ihnen gemacht?" – „Na gut, warum akzeptieren Sie sie nicht? Warum sprechen Sie überhaupt noch mit mir?"
- *Die Fangfrage* – „Halten Sie es für eine gute Idee, die Mitarbeiter nach dem Leistungsschema zu entlohnen?" – „Ja." –

„Warum bestehen Sie dann auf der Beibehaltung dieses fixen Schemas, von dem jeder profitiert, ganz egal, welche Leistungen er erbringt?“ Gehen Sie niemals in die Falle einer Fangfrage.

- *Die Stückweise- oder „Salami“-Technik* – Hier wird Ihr Gegner versuchen, Punkt für Punkt vorzugehen. „Über den Preis sind wir uns einig, wir können also in drei Monaten liefern, einverstanden?“ – „Gut, die Lieferbedingungen sind geklärt, das nächste sind unsere Wartungsgebühren.“ Verhandeln Sie immer das ganze Paket. Lassen Sie es nicht zu, daß man Sie zu einer stückweisen Annäherung verleitet.
- *Der „Ja,-aber“-Ansatz* – „Ja, wir erklären uns mit einer achtprozentigen Erhöhung einverstanden, aber bevor wir uns in allem einig werden können, müssen wir uns noch mit der Entlassungsabfindung befassen.“ Um nicht in die „Ja,-aber“-Falle zu tappen, machen Sie Angebote zu einem Teil des Pakets davon abhängig, daß ein anderer akzeptiert wird: „Wir sind bereit, ein Angebot von acht Prozent in Erwägung zu ziehen, vorausgesetzt, Sie lassen Ihre Forderung nach einer vorzeitigen Entlassungsabfindung fallen.“

(d) Schluß

Wann und wie Sie abschließen, hängt davon ab, welche Chancen Sie dem Fall Ihres Gegners einräumen und wie Sie seine Entschlossenheit beurteilen, sein Anliegen durchzubringen. Sie können, wie folgt, abschließen:

1. Indem Sie Konzessionen eingehen, vorzugsweise nicht so bedeutende, und sie gegen die Bereitschaft für eine Einigung handeln. Die Konzession kann positiver angeboten werden als in der Verhandlungsphase: „Wenn Sie bereit sind, sich auf x zu einigen, werde ich bei y nachgeben.“
2. Einen Handel machen: Sie könnten die Differenz aufteilen oder etwas ganz Neues ins Spiel bringen – etwa die Ausweitung des Zeitrahmens oder die Stützung der Zahlungen, die Berücksichtigung von Erhöhungen durch eine Anlaufzeit,

eine gemeinsame Absichtserklärung für ein zukünftiges Projekt (z. B. die Einführung eines Produktivitätsplanes) oder das Angebot eines reizvollen Preisnachlasses.

3. Alle Ereignisse bis dato zusammenfassen, Konzessionen, auf die man sich einigte, und das Ausmaß, mit dem man entgegenkam, betonen sowie erklären, daß Sie Ihre endgültige Position erreicht haben.
4. Druck ausüben, indem sie mit Konsequenzen drohen, die folgen werden, wenn Ihr Angebot nicht akzeptiert wird.
5. Ihrem Gegener die Wahl zwischen zwei Aktionsverläufen überlassen.

Machen Sie Ihr endgültiges Angebot erst dann, wenn Sie es für richtig halten. Wenn es nicht wirklich Ihr endgültiges Angebot ist und Ihr Gegner Ihrem Bluff auf die Spur kommt, werden Sie weitere Konzessionen eingehen müssen, und Ihre Glaubwürdigkeit wird angeschlagen sein. Natürlich wird er versuchen, herauszufinden, wie nahe Sie Ihrer endgültigen Position sind. Doch lassen Sie sich nicht hetzen. Wenn Sie es vermeiden wollen, sich zu verpflichten und auf diese Weise das Wort „endgültig" zu entwerten, stellen Sie möglichst positiv fest, daß dies das Maximum ist, das *Sie* bereit sind, einzugehen.

Kapitel 47

Vorankommen

Wenn Sie erfolgreich sein wollen, müssen Sie zunächst wissen, was Sie können – welche Stärken und Schwächen Sie haben. Dann können Sie entscheiden, was Sie tun wollen – und sich daran machen, es zu tun.

Sie begeben sich also auf den richtigen Weg, indem Sie sich selbst und Ihre Situation einschätzen.

Darüber hinaus können Sie bestimmte Maßnahmen ergreifen, die Ihnen helfen werden, voranzukommen. Manche dieser Maßnahmen liegen auf der Hand, andere sind weniger offenkundig. Wie Sie sie einsetzen, muß sich danach richten, wie Sie Ihre Ausgangslage und Ihre Möglichkeiten einschätzen. Die beiden Männer, welche die grundlegenden Erkenntnisse zu diesem Thema erarbeitet haben – Peter Drucker und Robert Townsend – fassen die zu ergreifenden Maßnahmen unter vier Schlagworten zusammen:

- Sie müssen sich selbst kennen.
- Sie müssen wissen, was Sie wollen.
- Sie müssen jene Fähigkeiten entwickeln und anwenden, die Sie benötigen, um zu bekommen, was Sie wollen.
- Sie müssen die persönlichen Eigenschaften und Verhaltensweisen zeigen, die zum Erfolg führen.

SELBSTKENNTNIS

Carlyle beschrieb die Aufforderung „Kenne dich selbst“ einmal als ein unmögliches Unterfangen. Er meinte, man solle den Menschen eher den Rat geben, zu „wissen, woran man arbeiten kann“. Der Ausgangspunkt im Karrieremanagement ist also die Frage, was man tun kann – welche Stärken und Schwächen man hat. Das bedeutet, daß man ein Bewußtsein seiner selbst entwikkeln muß, indem man die eigenen Erfolge, Fähigkeiten und Kenntnisse analysiert und die eigene Leistung beurteilt.

Erfolge, Fähigkeiten und Kenntnisse

Sie müssen sich selbst folgende Fragen stellen:

1. *Was habe ich bisher erreicht?* Beantworten Sie diese Frage, indem Sie zurückblicken und die Schlüsselerlebnisse, die zentralen Ereignisse und Vorkommnisse sowie die Wendepunkte in Ihrem Leben auflisten. Analysieren Sie die Faktoren, die zu Ihrem Erfolg beitrugen, wann immer Sie etwas Neues erfolgreich bewältigten oder etwas besser als zuvor machten. War es Initiative, harte Arbeit oder Entschlossenheit; war es der richtige Einsatz der eigenen Fähigkeiten und Kenntnisse aufgrund einer bewußten Analyse der Situation; war es die Fähigkeit, in einem Team zu arbeiten; war es die Umsetzung von Führungsqualität; die Fähigkeit, eine Chance zu ergreifen und zu nutzen (ein anderes und besseres Wort für Glück); die Fähigkeit, ein Bedürfnis zu artikulieren und zur Tat zu schreiten, um es zu befriedigen; war es die Fähigkeit, etwas durchzusetzen – oder irgendein anderer Faktor?
2. *Wann mißlang es mir, ein Ziel zu erreichen?* Natürlich wollen Sie sich nicht zu eingehend mit Ihren Mißerfolgen beschäftigen. Aber Sie können sich auch positiv mit Ihren Mißerfolgen auseinandersetzen, indem Sie sachlich analysieren, wo Sie sich geirrt haben, und überlegen, was Sie hätten tun können, um Ihre Fehler zu korrigieren.
3. *Worin bin ich gut beziehungsweise schlecht?* Welche Kompetenzen zeichnen Sie aus? Denken Sie über fachliches, technisches oder Management-Know-how ebenso nach wie über Ihre Fähigkeiten in den Bereichen Kommunikation, Entscheidungsfindung, Problemlösung, Teamarbeit, Führung, Koordinieren, Delegieren, Termineinhaltung, Zeitmanagement, Planung, Organisation und Kontrolle der Arbeit, Krisenbewältigung.

4. *Wie gut kenne ich mein Fachgebiet?* Verfügen Sie über die richtigen Qualifikationen? Haben Sie sich durch Studium, Schulungen und fachbezogene Erfahrung das geeignete Know-how angeeignet?
5. *Was für eine Persönlichkeit bin ich?* (Diese Frage ist am schwersten aufrichtig zu beantworten.) Es folgt eine auf Cattells Klassifizierung der vorrangigen Persönlichkeitsmerkmale beruhende Checkliste der Punkte, die Sie berücksichtigen sollten. Beurteilen Sie in jedem Fall, welche der einander gegenübergestellten Beschreibungen Ihnen eher entspricht:

- *Offen* – warmherzig, umgänglich, anteilnehmend, extrovertiert oder
  Reserviert – kritisch, kühl, abseits stehend, introvertiert

- *Intellektuell* – begabt für abstraktes Denken oder
  Nicht-intellektuell – eher begabt für konkretes Denken

- *Emotional stabil* – ruhig, fähig, sich der Realität zu stellen oder
  Gefühlsbetont – emotional instabil, leicht erregbar

- *Geltungsbewußt* – unabhängig, aggressiv, stur oder
  Ergeben – sanft, gehorsam, zur Anpassung neigend

- *Enthusiastisch* – lebhaft, heiter, unbedacht, gesprächig oder
  Nüchtern – besonnen, ernst, schweigsam

- *Gewissenhaft* – beharrlich, seriös, regelkonform oder
  Gewandt und auf den eigenen Vorteil bedacht – macht sich seine Regeln selbst, umgeht Verpflichtungen

- *Unternehmerisch* – kühn, ungehemmt, spontan oder
  Schüchtern – gehemmt, ohne Selbstvertrauen, furchtsam

- *Zart besaitet* – abhängig, übermäßig behütet, empfindlich oder
  Entschlossen – selbstsicher, realistisch, ein „Kein-Unfug"-Ansatz

– *Mißtrauisch* – rechthaberisch, zurückhaltend, schwer zu betrügen oder
Vertrauensvoll – frei von Mißtrauen oder Eifersucht, anpassungsfähig, umgänglich

- *Phantasievoll* – spekulativ, desinteressiert gegenüber praktischen Fragen, von inneren Konflikten beherrscht oder
Praktisch – eher an Taten als an Spekulationen interessiert, realitätsbewußt, sorgfältig, konventionell

- *Schlau* – berechnend, durchdringend, realitätsbezogen oder
Schlicht – arglos, aufrichtig, natürlich

- *Ängstlich* – voller Sorgen, depressiv, verwirrt oder
Zuversichtlich – selbstsicher, klar, gelassen

- *Experimentierfreudig* – kritisch, liberal, analytisch, freidenkerisch oder
Konservativ – etablierten Vorstellungen treu, tolerant gegenüber traditionellen Praktiken

- *Selbstbestimmt* – energiegeladen, einfallsreich, zieht eigene Entscheidung vor oder
Gruppenabhängig – ein „Mitglied“, am glücklichsten in einer Gruppe, auf die Unterstützung anderer angewiesen

- *Kontrolliert* – sozial präzis, diszipliniert, beherrscht oder
Ungezwungen – beachtet das Protokoll nicht, unordentlich, folgt den eigenen Neigungen

- *Gespannt* – unter Druck, überreizt, mürrisch oder
Entspannt – ruhig, nicht frustriert, gelöst

Beurteilen Sie Ihre Managementkompetenz

Selbsterkenntnis stellt die Grundlage für eine eingehendere Beurteilung Ihrer Stärken und Schwächen als Manager dar, aber Sie müssen auch Ihre grundlegenden Managerqualitäten und die für wirkungsvolles Handeln erforderlichen Kompetenzen beurteilen.

Bei der Analyse Ihrer Effektivität als Manager ist es von Nutzen, sich die Kriterien anzusehen, anhand derer große Organisationen in ihren Entwicklungszentren die Kompetenz ihrer Manager beurteilen (in zwei- bis dreitägigen Verfahren werden die Manager einer Reihe von Tests unterzogen und absolvieren verschiedene Übungen, um ihre Fähigkeiten unter Beweise zu stellen). Im folgenden werden jene Grundanforderungen aufgelistet, die zwei große Unternehmen in ihren Entwicklungszentren überprüfen:

The National Westminster Bank
Effektive Manager:

- *sind erfolgsorientiert* – ihre stärkste Motivation besteht in Erfolg, Anerkennung und Belohnung, und sie besitzen einen inneren Antrieb, der sie ständig nach höheren Zielen streben läßt;
- *blicken positiv in die Zukunft* – sie sind energiegeladen, begeisterungsfähig und wollen einen besonderen persönlichen Beitrag zu jeder Aktivität leisten;
- *sind zuverlässig* – sie sind dafür bekannt, jede Aufgabe sorgfältig zu erfüllen und alle relevanten Details zu berücksichtigen;
- *sind anpassungsfähig* – sie sind flexibel, organisieren und überwachen sich selbst;
- *sind gute Organisatoren* – sie sind imstande, sich selbst und ihre Umgebung so zu organisieren, daß die Ziele effektiv und pünktlich erreicht werden;
- *haben ein natürliches Gespür für Menschen* – sie verfügen über gut entwickelte Führungsfähigkeiten und über ein hohes Maß an Reife im Umgang mit anderen Menschen;
- *sind gute Teamkonstrukteure* – sie verstehen, daß es ihrem Fortschritt dient, wenn sie die Leistung ihres Teams verbessern. Daher bemühen sie sich sehr, den Interessen ihrer Mitarbeiter ebenso zu entsprechen wie ihren eigenen;
- *sind gute Kommunikatoren* – sowohl im direkten Gespräch als auch im Schriftverkehr.

W. H. Smith
Die im Schulungszentrum von W. H. Smith beurteilten Leistungsbereiche sind:

- *Selbstmanagement* – die Fähigkeit, die eigene Zeit zu organisieren, zu planen und zu managen;
- *Finanzmanagement* – Finanzkenntnisse und Urteilsfähigkeit in finanziellen Fragen;
- *Marketingmanagement* – die Fähigkeit, strategische Marketingaktivitäten zu beurteilen und zu bewilligen und dabei Stärken und Chancen zu erkennen und sie auszuschöpfen;
- *strategische Planung* – die Fähigkeit, auf strategischer Ebene zu denken und zu handeln und klare, langfristige, geschäftsbezogene Ziele festzulegen;
- *Situationsbeurteilung* – die Fähigkeit zur Analyse einer Geschäftssituation, zur Feststellung ihrer Schlüsselvariablen und zur Festlegung entsprechender Ziele und geeigneter Vorgehensweisen;
- *Mitarbeitermanagement* – die Fähigkeit, erfolgreich mit Untergebenen und/oder Experten zusammenzuarbeiten, um Information über nicht vertraute Aufgaben zu erhalten und diese besser zu verstehen;
- *Beschäftigungsplanung* – die Fähigkeit, zukünftige Erfordernisse im Verhältnis zu den Ressourcen festzustellen und Trainings- und Entwicklungsbedürfnisse zu erkennen;
- *mündliche Mitteilungen* – die Fähigkeit, sich klar auszudrükken und eine Situation logisch und positiv darzulegen oder zu diskutieren und auf diese Art Unterstützung zu gewinnen;
- *schriftliche Mitteilungen* – die Fähigkeit, geschäftliche Korrespondenz zu erstellen und, wo dies angemessen ist, gut durchdachte und von überzeugendem Datenmaterial gestützte Vorschläge vorzulegen.

Sie können Ihre Kompetenz als Manager anhand dieser Kriterien bewerten, indem Sie die folgende Klassifizierung vornehmen. Geben Sie sich für jedes Kriterium zwischen einem und zehn Punkten:

A = herausragend	(9–10 Punkte)
B = sehr effektiv	(7–8 Punkte)
C = zufriedenstellend	(5–6 Punkte)
D = kaum zufriedenstellend	(3–4 Punkte)
E = nicht zufriedenstellend	(0–2 Punkte)

Wenn Sie die Beurteilung abgeschlossen haben, notieren Sie die besonders hohen und niedrigen Bewertungen und zeichnen Sie ein Diagramm Ihrer Stärken und Schwächen als Manager. Anschließend an diese Analyse Ihrer Stärken und Schwächen (bzw. Chancen und Bedrohungen) können Sie Ihre Aufstiegschancen in Ihrem gegenwärtigen Unternehmen (oder anderswo) einschätzen und mögliche Bedrohungen feststellen, die Sie von der Verwirklichung Ihrer Ambitionen abhalten könnten.

WISSEN, WAS MAN WILL

1. Finden Sie heraus, worin Sie gut sind, und tun Sie es.
2. Analysieren Sie nicht nur Ihre Stärken, sondern auch Ihre Schwächen: „Nichts hilft dem Menschen im Leben mehr als die Kenntnis seiner eigenen Charakterschwächen“ (William Hazlitt).
3. Entscheiden Sie, was Sie tun wollen, und zögern Sie nicht, es zu tun. Glauben Sie fest daran, daß Sie erreichen können, was Sie sich vorgenommen haben, und handeln Sie entsprechend.
4. Setzen Sie sich selbst anspruchsvolle Ziele und Termine. „Der Mensch wächst entsprechend der Anforderungen, die er an sich selbst stellt“ (Drucker). Übertreiben Sie Ihr Engagement jedoch nicht. Schätzen Sie den Rahmen Ihrer Möglichkeiten realistisch ein.
5. Streben Sie nach Perfektion. „Wenn Sie etwas nicht exzellent tun können, tun Sie es erst gar nicht“ (Townsend).
6. Konzentrieren Sie sich darauf, welchen Beitrag Sie leisten

können. „Die Frage, was kann ich beitragen, heißt, das ungenutzte Potential in einer Arbeit ausfindig zu machen" (Drucker).

7. Legen Sie die Prioritäten fest. Halten Sie sich an die Regeln von Drucker, um sie zu identifizieren:
   - Widmen Sie sich mehr der Zukunft als der Vergangenheit;
   - konzentrieren Sie sich mehr auf Gelegenheiten als auf Probleme;
   - wählen Sie selbst die Richtung – anstatt auf den nächstbesten Wagen aufzuspringen;
   - streben Sie hoch hinaus, verfolgen Sie ein Ziel, das anders ist, und nicht eines, das „auf sicherem Wege" und leicht erreichbar ist.
8. Erlauben Sie sich hinsichtlich Ihres Vorhabens und dessen, was andere für Sie tun sollen, keine Ungenauigkeiten.
9. Seien Sie unkompliziert. Konzentrieren Sie sich. Überdenken Sie Ihre Aufgaben, und befreien Sie sie von Unerheblichkeiten. Erledigen Sie alte Aufgaben, bevor Sie neue in Angriff nehmen. „Konzentration ist der Schlüssel zu wirtschaftlichen Resultaten ... kein anderes Leistungsprinzip wird heutzutage so oft verletzt wie die Grundvoraussetzung Konzentration ... Unser Motto scheint zu lauten: ‚Tun wir von allem ein wenig'" (Drucker).
10. Erweitern Sie Ihren Horizont, aber vernachlässigen Sie dabei nicht die wesentlichen Details: „Schlecht regiert der das Große, der das Kleine nicht sieht" (Spenser). Es ist zuweilen notwendig, unter die Oberfläche zu gehen, um herauszufinden, was wirklich los ist – in der Fabrik ebenso wie im Außendienst. Doch gehen Sie dabei selektiv vor.
11. Passen Sie sich veränderten Anforderungen an. „Der Geschäftsführer, der fortsetzt, womit er früher Erfolg hatte, wird höchstwahrscheinlich scheitern" (Drucker).

FÄHIGKEITEN ENTWICKELN

Jedes Kapitel in diesem Buch behandelt eine bestimmte Fähigkeit, die sich ein Manager aneignen muß, wenn er vorwärtskommen will. Die wichtigsten sind:

- Kommunikation – Sie müssen sich eindeutig, präzise und überzeugend ausdrücken.
- Problemlösung – eignen Sie sich für die Problemlösung einen logischen Ansatz an, vergessen Sie aber nicht, daß laterales Denken für den Erhalt neuer Ideen sehr ertragreich sein kann.
- Entscheidungsfindung – arbeiten Sie an Ihren analytischen Fähigkeiten und Ihrem Selbstvertrauen, um Ihre Urteilskraft zu schärfen.
- Zuhören – hören Sie sich Ideen an, und setzen Sie die guten in die Tat um. Hören Sie zu, und geben Sie Ihrem Gesprächspartner das Gefühl, daß Sie interessiert sind und daß das, was er sagt, wichtig ist.
- Motivieren – Sie sollten wissen, wozu Ihre Mitarbeiter fähig sind und was sie motiviert. Machen Sie aus Ihren Erwartungen kein Geheimnis, legen Sie Maßstäbe fest, die von den Erfordernissen der Zielsetzungen und nicht von Ihren persönlichen Vorstellungen ausgehen, und belohnen Sie Ihre Mitarbeiter leistungsgerecht.
- Personalentscheidungen – gehen Sie bei der Selektion Ihrer Mitarbeiter von ihren Stärken aus, akzeptieren Sie aber auch, daß der Mensch Schwächen hat. Mittelmäßigkeiten sollten Sie nicht zulassen.
- Selbstmanagement – Sie müssen sich Ihren Arbeitstag einteilen können. Trennen Sie auf Ihrem Schreibtisch Wesentliches vom Unwesentlichen. Sie müssen Ihre Arbeit vereinfachen können – wo immer es möglich ist, sollten Sie Abkürzungen in Erwägung ziehen.

PERSÖNLICHE QUALITÄTEN UND VERHALTENSMERKMALE

- Machen Sie aus Ihrem Enthusiasmus kein Hehl.
- Seien Sie innovativ und kreativ – tragen Sie selbst mit neuen Ideen bei, und reagieren Sie positiv auf die Ideen anderer. Empfinden Sie eine Zurückweisung Ihrer Ideen nicht als persönliche Beleidigung. Versuchen Sie es ein anderes Mal mit anderen Mitteln noch einmal.
- Zeigen Sie Ihre Bereitwilligkeit – es gibt nichts Unangenehmeres als Menschen, die jedesmal, wenn Sie einen Auftrag erhalten, nörgeln. Sagen Sie nicht: „Wie, um alles in der Welt, soll ich das auch noch tun?“ Antworten Sie statt dessen: „Nun, ich schlage folgendes vor ... Entspricht das Ihren Vorstellungen?“
- Seien Sie positiv – wie heißt es doch in einem alten Lied von Bing Crosby: „Betone das Positive und kümmre Dich nicht um das Negative.“
- Arbeiten Sie hart – Menschen, die vorwärtskommen, sind Schwerarbeiter. Doch sie arbeiten nicht der Arbeit zuliebe. Effektivität hat nichts damit zu tun, wie lange Sie im Büro bleiben, sondern was Sie tun, während Sie dort sind.
- Präsentieren Sie sich vorteilhaft – es geht im Leben zwar nicht immer darum, ob man einen guten Eindruck hinterläßt, aber sorgen Sie dennoch dafür, daß Ihre Leistungen bekannt und anerkannt sind. Und wenn sich Menschen von einem Vorgesetzten beeindrucken lassen, weil er entschlossen, pünktlich und schlagfertig ist, warum auch nicht? Schaden wird es jedenfalls nicht.
- Zeigen Sie Ihren Ehrgeiz – „Das Streben eines Menschen sollte über seine Möglichkeiten hinausgehen, wozu gibt es sonst einen Himmel?“ (Robert Browning). Übertreiben Sie jedoch nicht. Vermitteln Sie keinesfalls den Eindruck, daß Ihnen Ihre Zukunftsaussichten wichtiger sind als Ihre momentane Effektivität.
- Zeigen Sie Mut – nehmen Sie kalkulierte Risiken auf sich,

glauben Sie fest an Ihre Unternehmungen, und bleiben Sie sich selbst treu.

- Zeigen Sie Durchsetzungsvermögen, doch werden Sie nicht aggressiv.
- Vermitteln Sie Ihre Ansichten klar und deutlich sowie kurz und bündig.
- Sprechen Sie nicht zu viel. Sie sollten Ihr Engagement nie übertreiben. Sparen Sie sich Ihre Worte bis zum geeigneten Moment. Halten Sie Ihr Schießpulver im Trockenen. Sprechen Sie nicht voreilig. „Wovon man nicht sprechen kann, darüber muß man schweigen" (Wittgenstein).
- Lernen Sie, mit Streß umzugehen. Streß läßt sich nicht vermeiden. Sie müssen damit leben. Wenn Dinge plötzlich und unvermutet an Sie herangetragen werden, sollten Sie versuchen, zurückzuschalten. Entspannen Sie sich. Vertreten Sie sich ein wenig die Beine und suchen Sie nach der richtigen Perspektive.
- Wenn eine Sache scheitert, sollten Sie sich gleich wieder davon erholen. Rückschläge sollten Sie nicht aus der Fassung bringen. Überlegen Sie sich eine Vorgangsweise, und nehmen Sie sie dann – gleich – in Angriff. Unter solchen Umständen müssen Sie zweckgebunden vorgehen.
- Sorgen Sie dafür, daß man Ihnen traut. Wenn Sie niemals lügen oder sich in Halbwahrheiten flüchten, wenn Sie sich aus der Politik raushalten und Ihre Vereinbarungen einhalten, dürfte das kein Problem sein.
- Akzeptieren Sie konstruktive Kritik.
- „Geben Sie Ihre eigenen Fehler offen und sogar freudig zu" (Townsend). Entschuldigen Sie nichts. Akzeptieren Sie die Verantwortung und die Schuld, wenn Ihnen ein Fehler unterläuft.

Kapitel 48

Wie etwas mißlingt und wieder behoben wird

Theodore Roosevelt sagte einmal: „Mache mit dem, was du hast, dort, wo du bist, das, was du kannst." Leider halten sich die Menschen nicht immer an diesen Rat. Dinge mißlingen, weil sich jemand nicht so anstrengt, wie er könnte, oder weil die Ressourcen nicht richtig eingesetzt bzw. weil Ort oder Zeitpunkt nicht richtig gewählt wurden. Situationen werden falsch beurteilt und haben die falschen Maßnahmen zur Folge.

Zum Thema Inkompetenz wurden zwei interessante Analysen angestellt, die bei eingehender Befassung einige wertvolle Ratschläge geben, wie Sie Fehler vermeiden oder zumindest auf ein Minimum reduzieren können. Es handelt sich um *The Peter Principle* von Dr. Lawrence J. Peter sowie um *On the Psychology of Military Incompetence* von Norman F. Dixon.

DAS PETER-PRINZIP

Dr. Lawrence J. Peter vertritt in seinem Buch *The Peter Principle* die Ansicht, daß der einzelne in einer Hierarchie dazu neige, die Grenzen seiner eigenen Kompetenz zu überschreiten. Diese wohl eher pessimistische Ansicht basierte auf der von ihm gemachten Erfahrung, daß dieser Umstand vom System gefördert werde, da der Mensch immer wieder hören müsse, eine Arbeit, die ihm leicht von der Hand gehe, sei nicht anspruchsvoll genug, und er solle in die nächste Ebene aufsteigen. „Das Problem", so Peter, „liegt darin, daß man, sobald man etwas tun muß, wofür man nicht unbedingt zuständig ist, ungeschickt wird, die Kollegen frustriert und die Effektivität der Organisation untergräbt."

Zur gängigen Redewendung wurde das Peter-Prinzip deshalb,

weil es ein Grundproblem in der Bewertung von vorhandenem Potential reflektiert. Wir wissen, oder glauben zu wissen, daß jemandem seine derzeitige Arbeit gut von der Hand geht. Reicht das aus, um den Erfolg auf der nächsthöheren Ebene zu garantieren? Vielleicht, vielleicht aber auch nicht. Wissen können wir es freilich nicht, denn die Fähigkeiten, die zum Beispiel von einem erstklassigen Wissenschafter erwartet werden, unterscheiden sich gewaltig von den Erfordernissen, die an den Leiter der Forschungsabteilung gestellt werden. Technische Kompetenz heißt noch lange nicht, daß jemand führungskompetent ist.

Das Peter-Prinzip überlisten – in Ihrem Fall

Kann das Peter-Prinzip überlistet werden? Die Antwort lautet ja, aber leicht ist es nicht. Einer Beförderung entzieht man sich für gewöhnlich nicht. Tut man es doch, macht man sich verdächtig. Außerdem will man den Eindruck vermitteln, widerstandskräftig zu sein. Aber es ist vollkommen legitim, im Falle einer Beförderung ihre Folgen zu überprüfen. Auf Ihre Fragen, was von Ihnen erwartet werden wird, welche Ressourcen Ihnen zur Verfügung stehen und auf welche Probleme Sie stoßen werden, sollten Sie präzise Antworten erhalten. Wenn Sie meinen, diese Anforderungen seien zu hoch, sollten Sie den Arbeitsbereich besprechen, um herauszufinden, wie sie ihn eventuell modifizieren können.

Akzeptieren Sie eine Arbeit erst, wenn Sie mit gutem Gewissen sagen können, daß Sie ihr gewachsen sind bzw. daß Sie sie innerhalb eines annehmbaren Zeitraumes erlernen können. Sie können ohne weiteres fragen, welches Training und welche Unterstützung in der ersten Zeit zu Ihrer Verfügung stehen werden. Sollte Ihr Vorgänger gescheitert sein, fragen Sie nach den Ursachen, damit Ihnen nicht derselbe Fehler unterläuft.

Das Peter-Prinzip überlisten – im Fall anderer

Sollten Sie in der Position sein, andere zu befördern oder neu einzustellen, muß Ihnen das Peter-Prinzip, und wie es umgangen wird, bewußt sein. Sie müssen die Fähigkeiten des Kandidaten mit den Anforderungen der in Frage kommenden Arbeit vergleichen und gleich zu Beginn eine gründliche Analyse der geforderten Fähigkeiten vornehmen. Diese sollte ausgehend von dem zusammenfassenden Begriff „*MATCH*" (Managerial, Analytical, Technical/Professional, Communications und Human Resource Management/Personal) vorgenommen werden:

1. Führung (Managerial) – für die Zielumsetzung sorgen, Menschen führen, inspirieren und motivieren, Teamaufbau und Aufrechterhaltung der Arbeitsmoral, Leistungen koordinieren und dirigieren, Ressourcen produktiv einsetzen und laufendes Controlling der Ereignisse, um zu den erforderlichen Resultaten zu gelangen.
2. Analytisch (Analytical) – Probleme zerlegen und zu den korrekten Schlüssen hinsichtlich dessen, was geschieht und was geschehen sollte, gelangen.
3. Technisch/Funktional (Technical/Professional) – Kenntnis der Branche, einschließlich sämtlicher Tricks, sowie die Fähigkeit, die Gutachten anderer effektiv zu verwerten.
4. Interne Öffentlichkeitsarbeit (Communications) – die Fähigkeit, sich mitzuteilen.
5. Human Resource Management/Personal – Überredungskünste, Begeisterungs- und Motivationsfähigkeit, Vertrauenswürdigkeit, Integrität, Engagement.

Sobald Sie die genauen Anforderungen kennen, sollten Sie den Kandidaten, ausgehend von diesen Kriterien, bewerten. Besorgen Sie sich Empfehlungsschreiben, damit Sie sich ein Bild von seinen momentanen Leistungen machen können. Dadurch erhalten Sie einen zusätzlichen Hinweis, ob er kompetent ist. Bitten Sie um Information über Erfolge und Mißerfolge und die jeweiligen Gründe.

Dieser Vergleichsprozeß sollte eventuelle Schwächen ans Licht bringen. Diese können in der Folge besprochen werden, um Trainingsmaßnahmen zu beschließen, die dem Kandidaten helfen sollen.

Überwachen Sie während der ersten Monate seine Fortschritte sorgfältig. Sie sollen gefährliche Tendenzen rechtzeitig erkennen, damit Sie rasch berichtigend eingreifen können.

MILITÄRISCHE INKOMPETENZ

Norman Dixon zufolge gibt es zwei Grundtypen der militärischen Inkompetenz. Zur ersten Gruppe zählte er die Generäle Elphinstone (erster Afghanistan-Krieg), Raglan (Krimkrieg), Butler (Burenkrieg) und Percival (Singapur). Das waren durchwegs sanfte, höfliche und friedliebende Menschen, denen die Entscheidungsfindung im Kampfgeschehen über den Kopf wuchs. Zur zweiten Gruppe zählte er Menschen wie Haig, Joffre und eine Reihe anderer Generäle aus dem Ersten Weltkrieg. Ihr Markenzeichen war ein maßloser Ehrgeiz, verbunden mit einer erschreckenden Gefühllosigkeit, wenn es um das Leiden anderer ging. Weit davon entfernt, im entscheidenden Moment den Kopf zu verlieren, waren sie aktiv, doch auf eine eitle, abwegige, intrigante und unehrliche Art. In *Leaders We Deserve* zitiert Alastair Mant den katastrophalen Ausgang des Krimkrieges, bei dem ein Mitglied der ersten Gruppe (Raglan) das Kommando über ein der zweiten Gruppe angehöriges Mitglied (den Graf von Cardigan, dem von einem Zeitgenossen das „Gehirn eines Pferdes“ nachgesagt wurde) hatte.

Norman Dixon teilt die Elemente militärischer Inkompetenz wie folgt ein:

- besorgniserregende Vergeudung menschlicher Ressourcen;
- fundamentalistisch konservativ und veralteten Traditionen und vergangenen Erfolgen verhaftet;
- Neigung, Informationen, die mit vorgefaßten Ansichten nicht vereinbar oder unangenehm sind, von sich zu weisen oder zu ignorieren (z. B. Firmen-Jasager);
- Tendenz, den Feind zu unterschätzen;
- Unentschlossenheit und die Neigung, von den Pflichten der Entscheidungsfindung zurückzutreten;

- störrisches Festhalten an einer Aufgabe trotz starker Gegenbeweise;
- Unvermögen, einen Sieg richtig auszunutzen, sowie eine Neigung, nicht mit voller Kraft zuzuschlagen;
- Unvermögen, adäquate Erkundungen einzuholen;
- eine Vorliebe für Frontalangriffe, die sich oft gegen den stärksten Punkt des Feindes richten (vergleichbar maßloser Überbesetzung einst rentabler Märkte);
- Glaube an brutale Gewalt statt listenreicher Tricks;
- Unvermögen, Überraschungen und Irreleitungen auszunutzen;
- übertriebene Bereitschaft, einen Sündenbock zu finden;
- Nachrichten, die von der Front kommen, werden unterdrückt oder verzerrt, insbesondere jene, die die Moral oder die Sicherheit betreffen;
- Glaube an übernatürliche Kräfte – Schicksal, Unglück usw.

Diese Eigenschaften lassen sich ohne weiteres auf das Handeln oder Unterlassen von Unternehmern oder Managern übertragen.

1. *Vergeudung der Ressourcen.* In den meisten Fabriken und Büros herrscht ein Personalüberschuß, und zwar um durchschnittlich zehn Prozent und darüber.
2. *Konservatismus.* „Mit dieser Methode sind wir seit jeher gut gefahren." Wir beherrschen seit 20 Jahren den Markt, warum also etwas verändern?
3. *Unangenehme Informationen nicht wahrhaben wollen.* „Was haben Sie über unseren schwindenden Marktanteil gesagt? Das glaube ich nicht; diese Schreibtischuntersuchungen sind doch immer ungenau."
4. *Den Feind unterschätzen.* „Was höre ich da? Bloggs & Co. bedrohen unsere Palette mit einem neuen Produkt? Und Sie glauben auch noch, daß es konkurrenzfähig ist? Also hören Sie, die sind doch zu nichts zu gebrauchen. Nicht einmal einen Stall voller Schnecken könnten die führen."

5. *Unentschlossenheit.* „Darüber müssen wir noch nachdenken." „Ich brauche noch mehr Information." „Ich denke mir manchmal, solche Probleme verschwinden von alleine wieder. Man muß sie nur lange genug in der Ablage für ‚zu schwierig' aufbewahren." „Ich denke, es gibt da mehrere Alternativrouten (sic!). Halten wir nächste Woche oder so eine Sitzung ab, um Für und Wider zu besprechen." „Das muß der Vorstand entscheiden."
6. *Dickköpfigkeit.* „Verwirren Sie mich nicht mit den Tatsachen. So wird es geschehen."
7. *Unvermögen, eine Situation auszunutzen.* „Sie glauben also, daß wir mit dieser Einführung Gefahr laufen, unser Budget zu überschreiten, und das Programm beschleunigen sollten. Nun, wir sollten nicht zu hitzig sein und nichts übereilen."
8. *Unvermögen, sich zu erkundigen.* „Ich glaube nicht an die Marktforschung."
9. *Eine Vorliebe für Frontalangriffe.* „Bloggs geht es also ausgezeichnet mit diesen Geräten. Ja, ja, mir ist schon klar, daß wir damit bisher keine Erfahrung gemacht haben, aber das kann sich rasch ändern. Wenn wir uns beeilen, holen wir Bloggs von seinem Sockel."
10. *Ein Glaube an brutale Gewalt.* „Sagen Sie der Gewerkschaft, sie kann entweder die fünf Prozent nehmen oder sonstwas tun ... Was soll das heißen, ein Produktivitätspaket? Ich halte nichts von Halbheiten. Entweder ist das ein Angebot oder gar nichts ... Sie werden streiken? Das glaube ich nicht. Bei der hiesigen Arbeitslosigkeit von 15 Prozent ..."
11. *Unvermögen, Überraschungen auszunutzen.* „Ich bin keine Spielernatur. Fangen wir endlich an ... Sie glauben, wir haben eine bessere Ausgangsposition, wenn wir die Konkurrenz im unklaren lassen? Aber was, wir sind denen doch um Kilometer voraus."
12. *Einen Sündenbock suchen.* „Das ist nicht unsere Schuld, das liegt am Wechselkurs." „Die Regierung ist uns in den Rükken gefallen." „Warum umgebe ich mich auch immer nur mit inkompetenten Idioten?"

13. *Nachrichten unterdrücken.* „Sagen Sie Ihnen ja nicht, wie gut es uns geht. Sie werden uns nur um Geld bitten."
14. *Ein Glaube an übernatürliche Kräfte.* „Ich spüre es in meinen Knochen, daß jetzt der richtige Moment dafür ist."

WARUM ETWAS MISSLINGT – EINE ZUSAMMENFASSUNG

Die Hauptursachen, warum etwas scheitern kann, sind:

- Unfähigkeit, aus Fehlern zu lernen
- Völlige Inkompetenz aufgrund von Überbeförderung
- Schlechte Selektion, inadäquates Training
- Zu viel Selbstvertrauen
- Zu wenig Selbstvertrauen
- Faulheit
- Mangelnde Voraussicht

WAS KÖNNEN SIE DAGEGEN UNTERNEHMEN?

Unfähigkeit, aus Fehlern zu lernen

Denken Sie an Murphy's Law, das besagt, wenn etwas mißlingen kann, wird es das auch tun. Fehler werden unterlaufen. Unverzeihlich ist, wenn Sie denselben Fehler zweimal machen. Aber Sie können aus Ihren Fehlern lernen, wenn Sie sie analysieren – Entschuldigungen oder Alibis gelten nicht – und sich merken, was Sie beim nächsten Mal tun oder unterlassen sollten.

Inkompetenz

Sie müssen dafür sorgen, daß mögliche Inkompetenzen unter Ihren Mitarbeitern auf ein Minimum reduziert werden. Sie sollten sich laufend für verbesserte Selektionsmethoden und Leistungsmaßstäbe einsetzen sowie die besonderen Schwächen durch Training und Coaching schrittweise beheben.

Wenn Sie Zweifel bezüglich Ihrer eigenen Fähigkeiten haben, nehmen Sie eine Analyse Ihrer eigenen Stärken und Schwächen vor, und lassen Sie keine Gelegenheit aus, von Menschen, denen Sie vertrauen, zu lernen und beraten zu werden. Nützt das auch nichts, bleibt Ihnen nur noch der rechtzeitige Abschied.

Zu viel Selbstvertrauen

Dies ist eines der schwierigsten Probleme. Bei der Royal Airforce wird immer wieder darauf hingewiesen, daß die Piloten mit dem stärksten Selbstvertrauen gleichzeitig die unfallgefährdetsten sind. Sie müssen sich selbst und Ihrer Belegschaft vertrauen können. Wie kann ein übertriebenes Maß an Vertrauen vermieden werden?

Es bedarf einiger Zeit, um zu verstehen oder zu beweisen, daß Fehlurteile deshalb auftreten, weil man sich der korrekten Antworten so sicher ist, daß erst gar nichts unternommen wird, um dem Unerwarteten Rechnung zu tragen. Menschen mit zu großem Selbstvertrauen neigen zu einer Tunnelsicht der Dinge. Sie erkennen zwar das Ende klar und deutlich, doch was sich zu beiden Seiten oder unterhalb tut, dafür haben Sie keine Augen. Und erkennen sie erst das Licht am Ende des Tunnels, vermögen sie oft nicht zu erkennen, daß es sich um einen entgegenkommenden Zug handelt.

Zu wenig Selbstvertrauen

Dieses Problem kann überwunden werden, vorausgesetzt, der einzelne ist grundsätzlich kompetent. Ein Mensch mit geringem Selbstvertrauen ist oft auf die Unterstützung eines Kollegen angewiesen, der seine Leistungen anerkennt und ihn auffordert, so weiterzumachen. Mentoren können Hilfe leisten, aber es eignet sich auch eine bewußte Politik der laufenden Weiterbildung, wobei jedoch berücksichtigt werden muß, daß sich der Betroffene nicht plötzlich in eine Position katapultiert sieht, mit der er nicht fertig wird. Beginnen Sie mit Aufgaben, die er mit seinen Fähigkeiten ohne weiteres meistern kann, und steigern Sie die

Anforderungen Schritt für Schritt, allerdings in einem durchführbaren Rahmen.

Sorglosigkeit

Das Problem der Sorglosigkeit ist universell. Es kann durch übermäßiges Selbstvertrauen verursacht werden, aber auch, weil wir alle dazu neigen, unter Druck oder weil wir eine Aufgabe für einfacher erachten, als sie in Wirklichkeit ist, Fehler zu begehen. Doch oft genügen relativ unbedeutende Fehler, um den Ruf eines Menschen zu gefährden oder regelrecht zu zerstören. Wenn Sie dem Vorstand einen Bericht vorlegen, aus dem ein Rechenfehler wie ein Brandmal hervorsticht, kann die Glaubwürdigkeit Ihres gesamten Berichtes dahin sein, auch wenn der Fehler an sich unbedeutend war. Legen Sie niemals einen Bericht oder ein wichtiges Schriftstück vor, ohne nicht vorher mindestens einmal jede Zahl und jedes Faktum mit größter Sorgfalt überprüft zu haben. Wenn irgend möglich, sollte das jemand anderer für Sie tun.

Faulheit

Niemand würde jemals seine eigene Faulheit zugeben. Aber Menschen sind entweder von ihrem Wissen her faul oder weil sie nicht entsprechend angeleitet werden bzw. in einer Position sind, die nur ungenügend definiert wurde. Wenn Ihre Belegschaft faul ist, muß etwas geschehen. Faulheit darf auf keinen Fall toleriert werden.

Mangelnde Voraussicht

Das ist eine der üblichen Fehlerursachen. Als Manager besteht eine Ihrer primären Verantwortungen darin, vorauszudenken. Sie müssen versuchen, allen Eventualitäten vorzugreifen, damit Sie adäquate Alternativpläne entwerfen können. Immer werden Sie nicht recht behalten, und zuweilen wird Krisenmanagement unvermeidbar sein. Aber zumindest sind Sie besser vorbereitet, wenn Sie möglichen Ereignissen, wenn auch nicht allen, gedanklich vorgegriffen haben.

Kapitel 49

Zeitmanagement

I wasted time, now doth time waste me"
(Richard II.)

Angenommen, Ihr Vorsitzender zieht Sie für eine besondere Aufgabe in Betracht, die zur Folge hätte, daß Sie ihm direkt unterstünden, Ihnen die Gelegenheit böte, strategische Fragen zu bearbeiten, Ihre Erfahrungswerte ausbaute und Sie vor aussichtsreiche Beförderungsmöglichkeiten stellte – würden Sie sie annehmen? Die Antwort wäre selbstverständlich „ja". Würde man Ihnen jedoch mitteilen, daß Sie nur einen Tag in der Woche dafür aufbringen könnten und während der übrigen vier Tage Ihren laufenden Pflichten weiterhin nachgehen müßten – würden Sie die Arbeit immer noch annehmen? Selbstverständlich würden Sie das tun. Aber Sie müßten zugeben, daß Sie, vorausgesetzt, Sie teilen sich Ihre Zeit besser ein, die laufende Arbeit in vier Fünftel der Zeit, die Sie derzeit dafür aufbringen, erledigen müßten.

Um das eine Fünftel oder mehr wieder einzubringen, müßten Sie sich einen systematischen Ansatz überlegen, wie Sie Ihre Zeit einteilen werden. Als nächstes sollten Sie Ihre Arbeit besser organisieren und dafür sorgen, daß andere Ihnen helfen oder Sie zumindest nicht behindern.

ANALYSE

Zuallererst müssen Sie herausfinden, in welchen konkreten Bereichen Sie sich Ihre Zeit besser einteilen können.

Ihre Arbeit

Setzen Sie bei Ihrer eigenen Arbeit an – die Aufgaben, die in Ihren Verantwortungsbereich fallen, und die Ziele, die Sie zu erreichen haben. Versuchen Sie, eine Rangordnung an Prioritäten unter Ihren Aufgaben und Zielen zu etablieren.

Das wird um so schwieriger, je mehr Verantwortungen in Ihre Funktion fallen, die potentiell widersprüchlicher Natur sind. Hier ist das Beispiel eines Verwaltungsdirektors angebracht, in dessen Aufgabenbereich Eigentumsfragen ebenso fielen wie Bürodienste und Personalangelegenheiten. Er stieß ununterbrochen auf Probleme, die mit widersprüchlichen Prioritäten behaftet waren, und allzuoft mußte er sich am Ende des Tages eingestehen: „Ich habe meine Zeit verschwendet und so gut wie nichts erreicht."

Er nahm sich einen Tag frei, um seine Lage zu durchdenken, und erkannte, daß er die Dinge zunächst weitläufig sehen müßte, bevor er ins Detail gehen konnte. Er dachte, wenn er in der Lage wäre, die relative Wichtigkeit seiner Zielsetzungen festzustellen, erhielte er auch ein besseres Bild von den Prioritäten unter seinen Aufgaben. Es wurde ihm bald klar, daß er als Verwalter primär für die Einführung und Aufrechterhaltung einwandfrei funktionierender Systeme zu sorgen hätte. Unter dieser Voraussetzung könnte er sich auf die Methode der vorbeugenden Wartung verlassen, um Probleme zu reduzieren. Im Falle einer Krise – in seiner Funktion nichts Ungewöhnliches – könnte er sich auf die Löscharbeiten im fraglichen Bereich konzentrieren, ohne ständig daran denken zu müssen, was in den anderen Bereichen vor sich ginge.

Daher nahm er sich als nächstes vor, genügend Zeit freizumachen, um sich wichtigen Problemen zu widmen, damit er blitzschnell reagieren könnte. Er klassifizierte potentielle Problembereiche und traf eine Entscheidung, welche er ohne Risiko an andere delegieren und welche er selbst übernehmen müßte. Auf diese Weise war er in der Lage, Prioritäten zuzuteilen, sobald ein Problem auf seinem Schreibtisch landete, die ernstzunehmenden, die er selbst in Angriff nehmen mußte, auszuwählen und gleichzeitig die Sicherheit zu haben, daß der Verwaltungsablauf nicht unterbrochen würde.

Wie Sie Ihre Zeit verbringen

Nachdem Sie Ihre Prioritäten festgestellt haben, sollten Sie nun eine Analyse vornehmen, womit Sie Ihre Zeit zubringen. Dadurch können Sie zeitaufwendige Tätigkeiten erkennen, und Sie erhalten Hinweise auf Problembereiche und mögliche Lösungen.

Mit einem Tagebuch können Sie Ihren Zeitaufwand optimal analysieren. Tun Sie das eine Woche oder besser zwei bis drei Wochen lang, da eine Woche nicht unbedingt ein typisches Bild liefern muß. Teilen Sie den Tag in Abschnitte von jeweils 15 Minuten ein, und notieren Sie sich, was Sie während jeder Phase taten. Fassen Sie nach jedem Abschnitt zusammen, wie effektiv Sie Ihre Zeit nutzen konnten, und markieren Sie ihn zum Beispiel mit dem Buchstaben W für wertvoll, Z für zweifelhaft und S für sinnlos. Wenn Sie sich ein noch genaueres Urteil bilden möchten, können Sie die Bewertungen mit plus oder minus konkretisieren. Zum Beispiel:

Zeit	*Aufgabe*	*Bewertung*
9.00– 9.15	Post bearbeitet	W
9.15– 9.30	Post bearbeitet	W
9.30– 9.45	Verwaltungsproblem diskutiert	Z
9.45–10.00	Verwaltungsproblem diskutiert	Z
10.00–10.15	Konferenzteilnahme	S
10.15–10.30	Konferenzteilnahme	S
10.30–10.45	Konferenzteilnahme	S
10.45–11.00	Konferenzteilnahme	S

Analysieren Sie Ihre Zeit am Ende der Woche unter den folgenden Überschriften:

- Lesen
- Schreiben
- Diktieren
- Telefonieren
- Umgang mit Mitarbeitern (einzelne oder Gruppen)

- Teilnahme an Konferenzen
- Reisen
- Sonstiges (spezifizieren Sie)

Wenden Sie für die Analyse jeder Aktivität, die Sie unter diesen Überschriften eingehen, ebenfalls die WZS-Bewertung an.

Diese Analyse wird Sie informieren, wo die Schwächen Ihres Zeitmanagements verborgen sind. Sie können sich mit der Checkliste am Ende dieses Kapitels behelfen, um zeitaufwendige Praktiken, Probleme und mögliche Lösungen zu erkennen.

SELBSTORGANISATION

Diese Art der Analyse zeigt häufig die Schwächen auf, die in Ihrer Arbeitsplanung und Prioritätenfestlegung auftreten. Sie müssen die Aufgaben, zu denen Sie verpflichtet sind, einerseits mit der Zeit, die Ihnen dafür zur Verfügung steht, in Einklang bringen und andererseits in der Reihenfolge ihrer Vorrangigkeit behandeln.

Manche Menschen finden es schwierig, wenn nicht gar unmöglich, Ihre Arbeit im voraus zu planen. Sie meinen, dann am besten zu arbeiten, wenn sie schier unmögliche Stichtage einzuhalten haben. Unter Druck zu arbeiten, so ihr Credo, konzentriere die Gedanken auf wunderbare Weise. Für Journalisten mag das zutreffen.

Doch für gewöhnliche Sterbliche, die einer Vielfalt widersprüchlicher Druckmittel ausgesetzt sind, nützt es nichts, die Krise abzuwarten, um dem wachsenden Arbeitsberg zu entrinnen. Den meisten von uns nützt es ohne Zweifel mehr, Arbeiten, die unter außergewöhnlichem Druck verrichtet werden müssen, weitgehendst zu reduzieren. In diesem Sinne sollten wir der Organisation unseres Wochen- oder Tagesablaufes mehr Aufmerksamkeit widmen. Sie sollten sich zumindest einen Kalender (Planer, Organizer etc.) für Langzeitplanungen zulegen, Ihre wöchentlichen Pflichten weitläufig organisieren und Ihren Tagesablauf mit größerer Genauigkeit planen.

Nutzen Ihres Kalenders

Sie sollten sich zumindest einen Tag in der Woche freihalten, an dem Sie keine Konferenzen haben, und nicht jeden Tag mit Terminen verplanen. Mit anderen Worten, halten Sie sich Zeitblöcke für Planung, Denken, Lesen, Schreiben und den Umgang mit dem Unerwarteten frei.

Wöchentliche Einteilung

Nehmen Sie zu Beginn jeder Woche Ihren Kalender zur Hand und planen Sie Ihre Zeiteinteilung im voraus. Bewerten Sie jedes Projekt und jede Aufgabe, damit Sie die Prioritäten festlegen können. Lassen Sie Zeitblöcke frei, die Sie für die Erledigung der Korrespondenz und für die Zusammenkunft mit anderen benötigen. Versuchen Sie, falls das überhaupt möglich ist, sich einen Tag, oder zumindest einen halben Tag, freizuhalten.

Sollten Sie sich leichter tun, wenn Sie alles auf dem Papier stehen haben, zeichnen Sie ein Organisationsdiagramm für die Woche auf, und notieren Sie sich, was Sie jeden Morgen, Nachmittag und, wenn es sein muß, Abend zu tun beabsichtigen.

Tägliche Einteilung

Konsultieren Sie jeden Morgen Ihren Kalender, um Ihre Vorhaben und Pflichten festzustellen. Gehen Sie zum Vortag zurück, um zu sehen, was ausstehend ist. Sehen Sie in Ihrer Ablage nach, ob irgend etwas unerledigt und was neu hinzugekommen ist.

Dann schreiben Sie sich auf, was zu tun ist:

1. Konferenzen oder Interviews
2. Telefongespräche
3. Aufgaben entsprechend ihrer Prioritäten:
   A – muß heute getan werden
   B – sollte bestenfalls heute, spätestens morgen erledigt sein
   C – kann warten

Planen Sie, wie Sie Ihre A- und B-Prioritäten am ehesten in Ihrem Arbeitstag unterbringen werden. Haken Sie erledigte Aufgaben ab. Bewahren Sie die Liste für den nächsten Tag auf.

Dafür ist es nicht erforderlich, ein Formular mit allen Einzelheiten zu entwerfen. Viele erfolgreiche Zeitmanager verwenden ein leeres Blatt Papier. Ein einfaches Formular, das sich zu diesem Zweck anbietet, wird im folgenden gezeigt:

TAGESORGANISATION Datum...

Konferenzen und Termine

Ausschuß/Person	Wo	Wann

Telefonate

Name	Grund	Wann

Erledigungen

Aufgaben (nach Priorität)	Prioritätenfestlegung* A, B oder C	Ungefähre Zeiteinteilung

* A = muß heute erledigt werden, B = bestenfalls heute, C = später.

DIE ARBEIT ANDERER ORGANISIEREN

Zuallererst müssen Sie sich selbst organisieren, aber andere Menschen können helfen, wenn Sie sie anleiten und fördern können. Dazu gehören Ihre Sekretärin, Ihr Chef, Kollegen, Mitarbeiter und auswärtige Kontakte.

Ihre Sekretärin

Eine Sekretärin kann eine ausgezeichnete Hilfe sein: sie kann die eingelangte Post in unmittelbar wichtige und weniger wichtige Erfordernisse einteilen; sie kann Ihre Termine Ihren Richtlinien entsprechend festlegen; sie kann unerwünschte Anrufer vertrösten; Telefongespräche unterbrechen; Routinekorrespondenzen und sogar weniger häufig anfallende Korrespondenzen übernehmen; Ihre Papiere sortieren und ordnen sowie ein Ablagesystem für einfache Zugänglichkeit anlegen; jemanden für Sie ans Telefon holen und so fort. Die Liste ist beinahe endlos. Jeder Chef wird zugeben, daß er ohne effiziente Sekretärin ganz schön in der Tinte säße.

Ihr Chef

Ihr Chef kann Ihre Zeit mit endlos langen Konferenzen, unnötigen Unterbrechungen, trivialen Anfragen und Kleinkram vergeuden. Womöglich können Sie gar nichts dagegen tun. Aber Sie können lernen, wie Sie ähnliches bei Ihren Mitarbeitern vermeiden.

In Ihrem eigenen Interesse können Sie die höfliche Beendigung langwieriger Diskussionen kultivieren. Sätze wie: „Ich hoffe, wir haben dieses Problem nun bereinigt. Ich werde Sie nicht länger aufhalten und mich an die Arbeit machen“ sind hilfreich. Und vielleicht können Sie ihm sogar auf subtile Weise vermitteln, daß er bessere Ergebnisse erhalten wird, wenn er Sie in Ruhe läßt. Das ist zwar schwierig, aber ein Versuch lohnt sich allemal.

Ihre Kollegen

Versuchen Sie, sie so weit zu erziehen, daß sie Sie nicht unnötigerweise unterbrechen. Verärgern Sie sie jedoch nicht, indem Sie sie aussperren, wenn sie eine dringende Angelegenheit mit Ihnen diskutieren möchten. Kann die Sache warten, vereinbaren Sie einen fixen Termin für später. Vermeiden Sie zu viele Freundlichkeiten am Telefon. Seien Sie energisch, aber nicht unhöflich.

Ihre Mitarbeiter

Mit Ihren Mitarbeitern werden Sie eine Menge Zeit sparen, wenn Sie systematisch delegieren. Sie werden sogar noch mehr

Zeit sparen, wenn Ihre Delegation eindeutig ist und Sie sich klar dazu äußern, wie Sie etwas bis zu welchem Termin erledigt wissen wollen.

Eine Politik der „offenen Türen“ ist in der Theorie keine schlechte Idee, doch in der Praxis zeitverschwenderisch. Lernen Sie, wenn Sie gerade mit einer wichtigen Angelegenheit beschäftigt sind, „nein“ zu sagen, sollte ein Mitarbeiter Sie sehen wollen. Aber vereinbaren Sie einen Zeitpunkt, wann er wiederkommen kann, und halten Sie sich daran.

Allgemeine Gespräche mit Ihrer Belegschaft über ihre Arbeit und sonstige Interessen können ein sinnvoller Zeitvertreib sein, wenn auf diese Weise gegenseitiges Verständnis und Respekt füreinander gefördert werden. Daher sollten Sie sich Zeit dafür nehmen und bereit sein, bei geschäftlichen Besprechungen generellere Dinge anzusprechen, falls sich die Gelegenheit dafür ergibt. Übertreiben Sie jedoch nicht.

Auswärtige Kontakte

Dieselben Regeln gelten für auswärtige Kontakte. Verhindern Sie, daß man Sie ohne vorherige Terminvereinbarung aufsucht. Bitten Sie Ihre Sekretärin, unerwünschte Telefonanrufe zu blokkieren. Informieren Sie Ihre Kontaktpersonen, was Sie von ihnen erwarten und wann die Besprechungen stattfinden sollten.

ZEITKILLER-CHECKLISTE

Problem	*Mögliche Behebung*
AUFGABEN	
1. Arbeit, die sich türmt	• Prioritäten festlegen. • Stichtage festlegen. • Realistische Zeitschätzung vornehmen: die meisten Menschen unterschätzen, addieren Sie daher 20 Prozent zu Ihrer ersten Schätzung.

2. Zu viel auf einmal tun wollen	• Prioritäten festlegen. • Tun Sie eines nach dem anderen. • Lernen Sie, zu sich selbst und anderen nein zu sagen.
3. Sich mit zu vielen Einzelheiten aufhalten	• Mehr delegieren.
4. Unangenehme Aufgaben verschieben	• Zeitplan festlegen und sich daran halten. • Erledigen Sie unangenehme Aufgaben rasch – danach werden Sie sich besser fühlen.
5. Nicht genug Zeit, um nachzudenken	• Halten Sie sich Zeitblöcke frei – Teile des Tages oder der Woche –, um nachzudenken. Keine Schreibarbeit, keine Unterbrechungen.

MENSCHEN

6. Dauernde Unterbrechungen durch Menschen, die Sie sehen wollen	• Sekretärin soll unerwünschte Besucher fernhalten. • Vereinbaren Sie Termine, und sorgen Sie dafür, daß sie eingehalten werden. • Reservieren Sie Zeitblöcke, wann Sie nicht unterbrochen werden wollen.
7. Dauernde Telefon-Unterbrechungen	• Sekretärin soll sich zwischenschalten und, wo geeignet, Anrufe umleiten. • Stellen Sie entschlossen fest, daß Sie zu einem günstigeren Zeitpunkt zurückrufen werden.
8. Zu viel Zeit, die für Gespräche verlorengeht	• Entscheiden Sie im voraus, was Sie mit einer Besprechung erreichen wollen, und schränken Sie Höflichkeitsfloskeln am Anfang und am Ende weitgehendst ein.

- Konzentrieren Sie sich selbst und Ihren Gesprächspartner auf das Wesentliche – man läßt sich zu leicht ablenken.
- Lernen Sie, wie Sie eine Besprechung rasch, aber höflich beenden.

SCHREIBARBEIT

9. Mit einlangendem Papier überflutet
   - Sekretärin soll drei Ordner anlegen: „sofort erledigen", „später erledigen" und „Information".
   - Streichen Sie unnötige Informationen aus der Zirkulationsliste.
   - Bitten Sie nur um schriftliche Berichte oder Memos, wenn Sie sie auch wirklich brauchen.
   - Fördern Sie klare und kurzgefaßte Berichte und Informationsunterlagen.
   - Bitten Sie um Zusammenfassungen anstatt ganzer Berichte.
   - Besuchen Sie einen Schnellesekurs.

10. Zu viele Briefe/Memos müssen geschrieben oder diktiert werden
    - Greifen Sie öfter zum Telefonhörer.
    - Vermeiden Sie individuelle Rückmeldungen.
    - Schreiben Sie „ja/nein/müssen wir besprechen" auf die Memos, die Sie erhalten, und schicken Sie sie an den Absender zurück.

11. Schreibarbeiten türmen sich
    - Tun Sie es jetzt.
    - Halten Sie sich die erste halbe Stunde frei, um die dringlichste Korrespondenz zu bearbeiten.
    - Teilen Sie sich am Ende des Tages etwas Zeit ein, um weniger dringliche Schreiben zu erledigen.

	• Versuchen Sie, mindestens 90 Prozent der täglich auf Ihrem Schreibtisch anfallenden Arbeit zu erledigen.
12. Verlorene oder verlegte Papiere	• Arrangieren Sie oder veranlassen Sie Ihre Sekretärin, Papiere zu laufenden Projekten in leicht zugängliche Ordner abzulegen. • Lassen Sie keine Papiere in Ihrer Ablage liegen – leeren Sie sie täglich. • Führen Sie ein Ablage- und Rückgriffsystem ein, das Ihnen einen einfachen Zugriff auf die Papiere ermöglicht. • Sorgen Sie dafür, daß Ihre Sekretärin ein Korrespondenzbuch als letzte Rettung für verlegte Papiere führt. • Halten Sie Ihren Schreibtisch in Ordnung.

BESPRECHUNGEN

13. Zu viel Zeit für Besprechungen	• Wenn Sie eine Besprechung vereinbaren: Vermeiden Sie regelmäßige Zusammenkünfte, wenn keine regelmäßigen Besprechungen erforderlich sind, überprüfen Sie alle Besprechungen und eliminieren Sie möglichst viele. • Sorgen Sie dafür, daß man Sie nicht für einen Ausschuß einteilt, wenn Ihre Teilnahme nicht wesentlich ist oder jemand anderer ebenso geeignet ist. • Als Vorsitzender: Legen Sie der Dauer der Besprechung Grenzen auf; lassen Sie keine Unerheblichkeit und Wiederholung zu, erlauben Sie Diskussionen, aber bestehen Sie auf Fortschritten und einer logischen Tagesordnung, und halten Sie sich daran.

	• Als Teilnehmer: Reden Sie nicht der Rede zuliebe, vergeuden Sie keine Zeit mit besseren Argumenten oder einer Bestätigung Ihres Egos.

REISEN

14. Zu viel Zeit auf Reisen	• Verwenden Sie Telefon oder den Postweg. • Schicken Sie jemand anderen. • Fragen Sie sich jedesmal vor einer bevorstehenden Reise: „Ist sie wirklich notwendig?" • Planen Sie den raschesten Weg – Flug, Zug oder Auto.

Kapitel 50

Ziele setzen

Eine Ihrer wichtigsten Aufgaben als Manager besteht darin, den Mitgliedern Ihres Teams klarzumachen, was von ihnen erwartet wird. Jeder einzelne Mitarbeiter sowie das Team als Ganzes müssen wissen, was sie zu tun und zu erreichen haben. Die Aufgabe besteht also darin, die Erwartungen zu managen.

Sie müssen dafür sorgen, daß Leistungsanforderungen in Form von Zielen festgelegt und vereinbart werden. Dadurch werden Sie in die Lage versetzt, die Ergebnisse an den vereinbarten Zielsetzungen zu messen. Diese Überprüfung wird anhand vereinbarter Leistungsmaßstäbe und -indikatoren durchgeführt.

WAS SIND ZIELE?

Ein Ziel ist etwas, was erreicht werden muß – ein Punkt, der angestrebt wird. Ziele definieren das, was Organisationen, Abteilungen, Teams und einzelne Mitarbeiter erreichen sollen.

Es gibt zwei Hauptarten von Zielen: Tätigkeits- und persönliche Ziele.

Tätigkeitsziele

Tätigkeitsziele bestimmen die Beiträge, die geleistet werden müssen, damit die Ziele des Teams, der Abteilung oder des Unternehmens erreicht werden können. Auf *Unternehmensebene* beziehen sie sich auf den Auftrag (die Mission) des Unternehmens, seine zentralen Werte und strategischen Pläne.

Auf *Abteilungs- oder funktionaler Ebene* beziehen sie sich auf die Unternehmensziele, indem sie die spezifische Mission und die Ziele einer Funktion oder einer Abteilung verdeutlichen.

Auf *Teamebene* beziehen sie sich spezifisch auf den Zweck des

Teams und die von ihm erwarteten Beiträge zur Erreichung der Abteilungs- oder Unternehmensziele.

Auf *individueller Ebene* sind sie tätigkeitsbezogen und betreffen die vorrangigen Verantwortungen, die wichtigsten Tätigkeitsbereiche oder Schlüsselaufgaben im Rahmen der Tätigkeit des einzelnen Mitarbeiters. Sie definieren die vom einzelnen Mitarbeiter erwarteten Ergebnisse und deren Beitrag zur Erreichung von Team-, Abteilungs- oder Unternehmenszielen und zur Durchsetzung der zentralen Unternehmenswerte.

Persönliche Ziele

Persönliche oder Lernziele betreffen das, was der einzelne Mitarbeiter zur Verbesserung seiner Leistung (Leistungsverbesserungspläne) und/oder seines Wissens, seiner Kenntnisse und allgemeinen Kompetenzen (Trainings- und persönliche Entwicklungspläne) tun oder lernen sollte.

WELCHE FORM HABEN INDIVIDUELLE TÄTIGKEITSZIELE?

Individuelle Ziele legen fest, welche Resultate erreicht werden sollen und auf welcher Grundlage gemessen werden kann, inwieweit dies gelingt. Sie können die Form von ergebnis-/projektbezogenen oder gleichbleibenden Zielsetzungen haben.

Ergebnis- oder projektbezogene Zielsetzungen

Die individuellen Zielsetzungen können in Form quantitativer Ergebnis- oder Verbesserungsziele erfolgen (Eröffnung von 24 neuen Konten bis 31. Dezember, Reduzierung der Kosten pro Einheit um 2,5 Prozent bist 30. Juni) oder als Projekte definiert werden, die bis zu einem bestimmten Zeitpunkt abgeschlossen sein müssen (Eröffnung eines Vertriebslagers in Northampton bis 31. Oktober). Die Vorgaben für die zu erzielenden Ergebnisse müssen regelmäßig, beispielsweise jährlich oder alle sechs

Monate, neu festgelegt oder häufig ergänzt werden, um neuen Anforderungen oder veränderten Bedingungen zu entsprechen.

Gleichbleibende Ziele

Für manche (in manchen Fällen auch für alle) Tätigkeitsbereiche können die Ziele feststehen. Diese Ziele betreffen die ständigen oder laufenden Aufgaben. Sie beinhalten gleichbleibende Leistungsstandards, welche die Form quantitativer Bestimmungen haben können, wie beispielsweise die Forderung, daß alle Lieferungen innerhalb von drei Tagen nach Auftragseingang zu erfolgen haben. Möglicherweise müssen sie jedoch als qualitative Standards wie der folgende definiert werden:

> Die Leistung entspricht dem Standard, wenn Informationsanfragen prompt und zuverlässig behandelt und in der vom Benutzer geforderten Form beantwortet werden.

Gleichbleibende qualitative Ziele können auch für Verhaltensweisen festgelegt werden, die zur Umsetzung der zentralen Unternehmenswerte beitragen. Wenn beispielsweise die Entwicklung der Fähigkeiten und Kompetenzen der Mitarbeiter zu den Kernwerten gehört, könnte ein Standard für die Mitarbeiterentwicklung in der Umsetzung eines der für alle Manager und Teamleiter vereinbarten Ziele bestehen.

WAS IST EIN GUTES TÄTIGKEITSZIEL?

Gute Tätigkeitsziele sind

- *übereinstimmend* mit den Werten der Organisation und den Abteilungs- und Organisationszielen;
- *präzise*: klar und gut definiert, positiv formuliert;
- *anspruchsvoll*: sie fördern hohe Standards und regen den Fortschritt an;
- *meßbar*: sie können an quantitativen oder qualitativen Leistungsmaßstäben gemessen werden;

- *erreichbar*: sie liegen im Rahmen der Möglichkeiten des einzelnen Mitarbeiters. Es sollten alle Einschränkungen berücksichtigt werden, die sich auf die Fähigkeit des Mitarbeiters, die Ziele zu erreichen, auswirken könnten; zu diesen Einschränkungen zählen ein Mangel an Ressourcen (Geld, Zeit, Ausrüstung, personelle Unterstützung), ein Mangel an Erfahrung oder Training, externe Einflüsse, die sich der Kontrolle des einzelnen Mitarbeiters entziehen, usw.;
- *vereinbart* zwischen Manager und betroffenem Mitarbeiter. Es gilt, dafür zu sorgen, daß die Zielvorgaben nicht auferlegt, sondern verinnerlicht werden, obwohl es Situationen geben kann, in denen der Mitarbeiter von einem Standard überzeugt werden muß, der das übersteigt, was er sich selbst zutraut;
- *zeitlich eingegrenzt*: innerhalb eines festgelegten Zeitrahmens erreichbar (das ist bei einer gleichbleibenden Zielvorgabe nicht möglich);
- *teamorientiert*: sie legen auf die Teamarbeit ebenso großen Wert wie auf die individuelle Leistung.

Manche Organisationen beschreiben eine erfolgversprechende Zielvorgabe mit dem Akronym SMART:

S = stretching (anspruchsvoll)
M = measurable (meßbar)
A = agreed (vereinbart)
R = realistic (realistisch)
T = time-related (zeitlich eingegrenzt)

FESTLEGUNG VON TÄTIGKEITSZIELEN

Bei der Vereinbarung von Zielen sollte nicht übermäßig kompliziert vorgegangen werden. Der Prozeß sollte damit beginnen, daß eine Liste der mit der Tätigkeit verbundenden vorrangigen Verantwortlichkeiten oder Hauptaufgaben erstellt wird. Sodann geht es einfach darum, jeden Bereich gemeinsam durchzugehen und sich auf geeignete Ziele und Leistungsstandards zu einigen. Man kann auch vereinbaren, welchem spezifischen Verantwortungsbereich bestimmte Projekte zugeordnet werden sollen, oder – allgemeiner – welche Projekte in den groben Zuständigkeitsbereich eines bestimmten Jobinhabers fallen.

Festlegung von Zielen

Zunächst müssen anhand der Liste der Verantwortlichkeiten oder Hauptaufgaben, denen bestimmte Ziele zugeordnet werden können, die wichtigsten Ergebnisbereiche festgelegt werden.

Die Ziele sind quantifiziert und zeitbezogen – sie definieren immer spezifische und meßbare Ergebnisse und den Zeitpunkt, zu dem sie erreicht sein müssen. Das Ziel kann darin bestehen, ein spezfisches Produktionsniveau zu erreichen oder die Leistung in irgendeiner Hinsicht zu verbessern. Es können finanzielle Ziele definiert werden – welche Gewinne zu erzielen sind, welche Kosten gesenkt werden müssen oder in welchem Budgetrahmen man sich zu bewegen hat. Oder sie können numerischer Art sein – wie viele Einheiten zu bearbeiten sind, wie viele Antworten auf Angebote eingehen müssen oder wie viele Kunden in einem bestimmten Zeitraum gewonnen werden müssen.

Output-Ziele werden in finanziellen Größenordnungen oder in Einheiten festgelegt, beispielsweise:

- Bis 30. Juni ist ein Umsatz von 1,6 Mio. Pfund zu erreichen.
- Die Lagerbestände dürfen 12 Mio. Pfund nicht überschreiten.
- Es muß ein täglicher Durchsatz von 800 Einheiten aufrechterhalten werden.

Ziele für Leistungsverbesserungen können folgendermaßen formuliert werden:

- Der Umsatz muß in diesem Jahr um acht Prozent gesteigert werden.
- Das Verhältnis zwischen Gemeinkosten und Absatz muß in den nächsten zwölf Monaten von 22,6 auf 20 Prozent gesenkt werden.
- Der Prozentsatz der erfolgreichen Umwandlungen (Anfragen in tatsächliche Verkäufe) muß von 40 auf 50 Prozent angehoben werden.

Festlegung von Leistungsstandards

Im nächsten Schritt werden Leistungsstandards für all jene Bereiche (Verantwortung oder Hauptaufgabe) festgelegt, denen keine spezifischen zeitbezogenen Ziele zugeordnet werden können. Derartige Ziele werden manchmal als gleichbleibende Ziele beschrieben, weil sie sich von einem Prüfzeitraum zum anderen oft nicht wesentlich verändern, wenn die zentrale Aufgabe unverändert bleibt. Allerdings können sie modifiziert werden, wenn sich die Umstände ändern.

Die Leistungsstandards sollten bereits im Begründungsteil der Verantwortungs-/Hauptaufgabendefinition als Ergebnisse definiert worden sein. Die allgemeine Definition sollte jedoch ausgearbeitet und so weit wie möglich auf die einzelnen Tätigkeitsbereiche zugeschnitten werden. Die Leistungsstandards sollten vorzugsweise in bezug auf Serviceniveau oder Reaktionsgeschwindigkeit quantifiziert werden.

Dort, wo der Standard nicht quantifiziert werden kann, muß ein eher qualitativer Zugang gewählt werden, womit die Definition des Leistungsstandards folgendermaßen aussähe: „Diese Tätigkeit kann als zufriedenstellend bewältigt gelten, wenn . . . (folgendes geschieht)“. Bei untergeordneten oder Routinetätigkeiten wird der Anteil der gleichbleibenden Ziele, denen Leistungsstandards zugeordnet werden, wahrscheinlich höher sein als bei höherrangigen und flexibleren oder ergebnisorientierteren Tätigkeiten.

Es folgen einige Beispiele für Leistungsstandards, welche die geforderten Endergebnisse quantitativ festlegen:

- Bereiten Sie innerhalb von drei Geschäftstagen nach Ende des Buchhaltungszeitraums Rechnungsberichte für die Manager vor.
- Bearbeiten Sie 90 Prozent der Kundenbeschwerden innerhalb von 24 Stunden – die übrigen sind am selben Tag anzuerkennen und innerhalb von fünf Geschäftstagen zu beantworten.
- Befassen Sie sich innerhalb von fünf Arbeitstagen mit verlangten Neubewertungen von Arbeitsplätzen.

Es wird nicht immer möglich sein, die Leistungsstandards so wie in diesen Beispielen zu quantifizieren. Möglicherweise müssen die erforderlichen Endresultate qualitativ definiert werden.

Eine verbreitete Annahme lautet, qualitative Leistungsstandards seien schwer zu definieren. Aber alle Manager machen Aussagen über die Leistungen, die sie von ihren Mitarbeitern erwarten und erhalten, und die meisten Leute können bis zu einem gewissen Grad einschätzen, ob sie ihre Arbeit gut machen oder nicht. Das Problem ist, daß diese Auffassungen oft subjektiv sind und selten geäußert werden. Und selbst wenn die endgültige Definition eines Leistungsstandards irgendwie weich und unspezifisch ist – was häufig der Fall ist –, kann ein größeres wechselseitiges Verständnis der Leistungserwartungen erreicht werden, indem man die Anforderungen genau durcharbeitet.

Die Definition eines Leistungsstandards sollte in Form einer Erklärung erfolgen, daß die Leistung dem Standard entspricht, wenn sich ein erwünschtes, spezifiziertes und beobachtbares Ergebnis einstellt.

Es folgen einige Beispiele für qualitative Leistungsstandards:

- Die Leistung entspricht dem Standard, wenn die Linienmanager Anleitung hinsichtlich der Interpretation und Implementierung der Lagerverfahren erhalten und sich danach richten, so daß ein signifikanter Beitrag zur Verwirklichung der Lagerziele geleistet wird.
- Die Leistung entspricht dem Standard, wenn Anrufer durchwegs freundlich behandelt werden, selbst wenn sie schwierig sind.
- Die Leistung entspricht dem Standard, wenn sich Vorschläge für neue Produktentwicklungen auf Datenmaterial stützen, das aus sorgfältig durchgeführten Programmen für Produktforschung, Marktforschung und Produkterprobung stammt, und wenn sie den Richtlinien für die Erfüllung der Ertragskriterien entsprechen.

Definition von Projekten

Das Projekt ist möglicherweise bereits im Rahmen eines Team-, Funktions- oder Abteilungsplans festgelegt worden. Wenn die individuellen Ziele gesteckt werden, muß daher nur vereinbart werden, welche Rolle der einzelne Mitarbeiter spielt und welcher Beitrag von ihm erwartet wird. Als Alternative kann ein Projekt mit einer oder mehreren spezifischen Verantwortlichkeiten verknüpft oder allgemein an den grundsätzlichen Tätigkeitszweck gebunden werden.

Die Zielsetzung für Projekte sollte die zu erzielenden Ergebnisse, das Budget und den Zeitrahmen des Projekts genau festlegen.

Wenn der Mitarbeiter mehrere Projekte durchführen muß, sollten die Prioritäten vereinbart werden.

Die Projekt- oder Tätigkeitsziele können etwa folgendermaßen formuliert werden:

- Einführung neuer Lagerlenkungssysteme bis 30. November.
- Alle Mitarbeiter müssen bis 1. Juni eine Schulung bezüglich der Richtlinien für Chancengleichheit absolviert haben.
- Neues Vertriebszentrum muß bis 1. März betriebsbereit sein.
- Umstrukturierung der Finanzabteilung muß bis 1. Oktober abgeschlossen sein.

Für jedes Projekt oder jede Aufgabe sollten auch Erfolgskriterien festgelegt werden, beispielsweise:

> Einführung eines neuen Lagerlenkungssystems bis 30. November, damit schneller genauere und umfassendere Information über die Lagerbestände geliefert werden und die Lagerbestandsziele erreicht werden können, ohne die Produktionsflüsse oder das Niveau des Kundenservice zu beeinträchtigen.

LEISTUNGSMASSSTÄBE

Um die Leistungen lenken zu können, müssen sie gemessen werden, denn: „Was man nicht messen kann, kann man auch nicht verbessern." Es hat keinen Sinn, Ziele oder Leistungsstandards festzulegen, solange es keine Einigung darüber gibt, wie der Erfolg im Streben nach diesen Zielen und Standards gemessen werden soll.

Leistungsmaßstäbe sollten dazu geeignet sein, nachzuweisen, ob das angestrebte Ergebnis erreicht wurde oder nicht, und festzustellen, inwieweit der betreffende Mitarbeiter zu diesem Ergebnis beigetragen hat. Auf dieser Grundlage kann Information gesammelt werden, die nicht nur die Manager, sondern auch die Mitarbeiter selbst verwenden können, um ihre Leistungen zu beurteilen.

Arten von Maßstäben

Leistungsmaßstäbe können auf Faktoren wie Umsatz, Output, Durchsatz, Produktivität, Kosten, Lieferzeit, Reaktions- oder Umschlagsgeschwindigkeit, Aufnahme durch die Kunden, Erfüllung von Qualitätsstandards oder Kundenreaktionen angewandt werden.

Sun Life beispielsweise mißt anhand der drei Kriterien Arbeitsqualität, Output und Nutzung der Zeit (z. B. wie viele Fälle in einem gegebenen Zeitraum bearbeitet werden). Diese werden anhand eines Managementinformationssystems gemessen. Das Cambridgeshire County Council mißt vier verschiedene Kriterien: Geld, Zeit, Wirkung und Reaktion.

- Zu den *Geld-Maßstäben* gehören die Maximierung der Einnahmen, die Minimierung der Ausgaben und die Verbesserung der Rentabilität.
- Die *Zeit-Maßstäbe* bestimmen die Leistung anhand von Arbeitszeitplänen, Verspätungen und Reaktionsgeschwindigkeit.
- Zu den *Wirkungsmaßstäben* gehören die Erfüllung von Standards, Verhaltensänderungen (von Kollegen, Mitarbeitern, Klienten oder Kunden), Erledigung der Arbeit und Aufnahme durch die Kunden.
- Die *Reaktionen* zeigen, wie andere den Mitarbeiter beurteilen, und sind daher ein weniger objektiver Maßstab. Die Reaktion

kann anhand von Beurteilungen durch Kollegen, von Leistungsbewertungen durch interne oder externe Klienten bzw. Kunden oder anhand der Analyse von Kommentaren und Beschwerden gemessen werden.

Festlegung von Leistungsmaßstäben

Es ist wichtig, gleichzeitig mit den Zielen auch Leistungsmaßstäbe festzulegen. Dies ist die einzige Methode, mit der eine faire Beurteilung der Fortschritte und Erfolge möglich wird. Und eine erfolgreiche Definition von Leistungsmaßstäben stellt die beste Grundlage für Feedback dar.

Im folgenden einige Richtlinien für die Festlegung von Leistungsmaßstäben:

- Die Maßstäbe sollten sich nicht auf die Bemühungen, sondern auf die Resultate beziehen.
- Der Mitarbeiter muß es in der Hand haben, die Resultate zu erreichen.
- Die Maßstäbe sollten objektiv und beobachtbar sein.
- Es müssen Meßdaten verfügbar sein.
- Soweit dies möglich ist, sollten die existierenden Maßstäbe angewandt oder den veränderten Erfordernissen angepaßt werden.

Literaturverzeichnis

Adair, J.: Action Centred Leadership. McGraw-Hill, London 1984.

Anderson, B.: The visionary leader. In: Management Theory and Practice, September 1993, S. 3–7.

Back, K.: Assertiveness at Work. McGraw-Hill, Maidenhead 1982.

Bandura, A.: Social Boundaries of Thought and Action. Prenctice-Hall, Englewood Cliffs, NJ 1986.

Beckhard, R.: Organizational Development: Strategy and Models. Addison-Wesley, Reading, MA 1969.

Beer, M.: Reward systems. In: Beer, M.; Spector, B. u. a. (Ed.): Managing Human Assets. The Free Press, New York 1984.

Beer, M.; Eisenstat, R.; Spector, B.: Why change programs don't produce change. In: Harvard Business Review, November/Dezember 1990.

Bell, C.: The Convention of Crisis. Oxford University Press, Oxford 1971.

Bennis, W.; Nanus, B.: Leaders. Harper & Row, New York 1985.

Burns, J.: Leadership. Harper & Row, New York 1978.

De Bono, E.: Lateral Thinking for Mangers. McGraw-Hill, London 1971.

Dignam, L.: Strategic Management: Concepts, Decisions, Cases. Irwin, New York 1990.

Dixon, N.: On the Psychology of Military Incompetence. Futura, London 1979.

Drucker, P.: The Practice of Management. Heinemann, London 1955.

Drucker, P.: The Effective Executive. Heinemann, London 1967.

Drucker, P.: The coming of the new organization. In: Harvard Business Review, Januar/Februar 1988.

Egan, G.: The Skilled Helper: A Systematic Approach to Effective Helping. Brooks Cole, London 1990.

Fiedler, F.: A Theory of Leadership Effectiveness. McGraw-Hill, New York 1967.

Follett, M. P.: Creative Experience. Longmans Green, New York 1924.

Gowers, Sir Ernest: The Complete Plain Words. Penguin, London 1987.

Hall, W.: Survival strategies in a hostile environment. In: Harvard Business Review, März/April 1976.

Handy, C.: The Age of Unreason. Business Books, London 1989.

Handy, C.: The Empty Raincoat. Hutchinson, London 1994.

Harvey-Jones, J.: Making it Happen. Collins, Glasgow 1988.

Heller, R.: The Business of Success. Sidgwick & Jackson, London 1982.

Institut of Personnel Management: Statement on Counselling in the Workplace. IPM, London 1992.

Jay, A.: Management and Machiavelli. Hodder & Stoughton, London 1967.

Kakabadse, A.: The Politics of Management. Gower, Aldershot 1983.

Kanter, R. M.: The Change Masters. Allen & Unwin, London 1984.

Kanter, R. M.: When Giants Learn to Dance. Simon & Schuster, London 1989.

Katzenbach, J.; Smith, D.: The Wisdom of Teams. Harvard Business School Press, Boston, Mass. 1993.

Deutschsprachige Ausgabe: Teams. Der Schlüssel zur Hochleistungsorganisation. Wirtschaftsverlag Carl Ueberreuter, Wien 1994.

Koestler, A.: The Act of Creation. Hutchinson, London 1984.

Kotter, J.: What leaders really do. In: Harvard Business Review, Mai/Juni 1980.

Maslow, A.: Motivation and Personality. Harper & Row, New York 1954.

McClelland, D.: Power, The Inner Experience. Irvington, New York 1975.

McGregor, D.: The Human Side of Enterprise. McGraw-Hill, New York 1960.

Mintzberg, H.: The Nature of Managerial Work. Harper & Row, New York 1973.

Mintzberg, H.: Organization design: fashion or fit. In: Harvard Business Review, Januar/Februar 1981.

Mintzberg, H.: Crafting strategy. In: Harvard Business Review, Juli/August 1987.

Mumford, A.: Management Development: Strategies for Action. Institut of Personnel Management, London 1989.

Pascale, R.; Athos, A.: The Art of Japanese Management. Simon & Schuster, New York 1981.

Pascale, R.: Managing on the Edge. Viking, London 1990.

Pedler, M.; Burgoyne, J.; Boydell, T.: A Manager's Guide to Self-Development. McGraw-Hill, Maidenhead 1986.

Peter, L.: The Peter Principle. Allen & Unwin, London 1972.

Peters, T.; Waterman, R.: In Search of Excellence. Harper & Row, New York 1982.

Peters, T.: Thriving on Chaos. Macmillan, London 1988.

Pettigrew, A.; Whipp, R.: Managing Change for Competitive Success. Blackwell, Oxford 1991.

Piccard, J.: The real meaning of empowerment. In: Personnel Management, November 1993.

Porter, M.: Competitive Advantage: Creating and Sustaining Superior Performance. Free Press, New York 1985.

Richardson, W.: The visionary leader. In: Administrator, September 1993.

Schelling, T.: Strategy of Conflict. Harvard University Press, 1960.

Schumacher, C.: Structuring Work. In: Industrial Participation, Winter 1976/77.

Stebbing, S.: Thinking to Some Purpose. Penguin Books. Harmondsworth 1959.

Steward, R.: Manager and Their Jobs. Macmillan, London 1967.

Taylor, F.: Principles of Scientific Management. Harper & Row, New York 1911.

Townsend, R.: Up the Organization. Michael Joseph, London 1970.

Walton, R.: From control to commitment. In: Harvard Business Review, März/April 1985.

Ware, J.; Barnes, L.: Managing interpersonal conflict. In: Gabarro, J. (Ed.): Managing People and Organizations. Harvard Business School Publications, Boston, Mass. 1991.

Waterman, R.: The Renewal Factor. Bantam, New York 1988.

Welch, J. zitiert in: Gabarro, J. (Ed.): Managing People and Organizations. Harvard Business School Publications, Boston, Mass. 1991.

Wickens, P.: The Road to Nissan. Macmillan, London 1987.